权威·前沿·原创

皮书系列为
"十二五""十三五"国家重点图书出版规划项目

深圳蓝皮书

BLUE BOOK OF SHENZHEN

深圳法治发展报告（2018）

ANNUAL REPORT ON THE RULE OF LAW IN SHENZHEN (2018)

主　编／罗　思
副主编／李朝晖

社会科学文献出版社
SOCIAL SCIENCES ACADEMIC PRESS (CHINA)

图书在版编目（CIP）数据

深圳法治发展报告.2018/罗思主编.--北京：
社会科学文献出版社,2018.6
（深圳蓝皮书）
ISBN 978-7-5201-2760-8

Ⅰ.①深… Ⅱ.①罗… Ⅲ.①社会主义法制－研究报告－深圳－2018 Ⅳ.①D927.653

中国版本图书馆 CIP 数据核字（2018）第 103585 号

深圳蓝皮书
深圳法治发展报告（2018）

主　　编／罗　思
副 主 编／李朝晖

出 版 人／谢寿光
项目统筹／张丽丽
责任编辑／连凌云

出　　版／社会科学文献出版社·区域发展出版中心（010）59367143
　　　　　 地址：北京市北三环中路甲29号院华龙大厦　邮编：100029
　　　　　 网址：www.ssap.com.cn

发　　行／市场营销中心（010）59367081　59367018
印　　装／三河市龙林印务有限公司

规　　格／开　本：787mm×1092mm　1/16
　　　　　 印　张：21.25　字　数：318千字
版　　次／2018年6月第1版　2018年6月第1次印刷
书　　号／ISBN 978-7-5201-2760-8
定　　价／89.00元

皮书序列号／PSN B-2015-470-6/7

本书如有印装质量问题，请与读者服务中心（010-59367028）联系

▲ 版权所有 翻印必究

《深圳法治发展报告（2018）》编委会

主　编　罗　思

副主编　李朝晖

编　辑　徐宇珊　邓达奇　王庆恩　李朝星　秦　芹

撰稿人（以文章先后为序）

李朝晖	秦　芹	张　京	钟　澄	瓮洪洪
王　荣	黄祥钊	邓达奇	黄海波	黄振东
欧宏伟	成少勇	王　杰	严　俊	田　娟
秦兴伟	思筱妮	赖　彬	吴　娜	邓宪方
林秀萍	林昌炽	魏汉蛟	杨　逍	徐　天
肖伟东	陈国平	许文浩	李土炎	熊　婷
杨　波	曾艳青	穆　清	王　伟	徐宇珊
李翊菲	吴燕妮	张钦昱	谢志肖	倪晓锋
徐秋菊	戴航宁	李亚平	蒋　彬	吕春宝
马　菁	王　玮	黄瑞栋	王庆恩	钭哲园
李朝星				

主编简介

罗 思 深圳市社会科学院党组成员、副院长,中山大学法律系毕业,先后在深圳市工商物价局、深圳市委政策研究室、深圳市政府发展研究中心、深圳市社会科学院工作。长期从事公共政策和社科理论研究,尤其关注城市发展战略、法治建设和人才政策领域,参与《深圳质量研究》《提升深圳法治化建设水平研究》《深圳人才发展研究》《深圳社会组织发展和管理体制研究》《深圳建成现代化国际化创新型城市研究》《城镇化过程中珠三角村居治理模式及路径研究》《深圳市供给侧政策效果评估》等20余个深圳市重大课题的研究,推动形成一批具有前瞻性、可操作性强的研究报告,多项调研成果获省、市主要领导批示,被评为哲学社会科学优秀成果。

摘 要

《深圳法治发展报告（2018）》由深圳市社会科学院编纂。报告从立法、政府法治、司法、法治社会等方面系统总结了2017年深圳法治发展的基本情况、突出特点，分析存在的问题，并提出对策和建议。

2017年深圳积极推进法治中国示范城市和落实依法治国基本法治方略先行区建设。立法方面，制定与修改并重，不断完善法规规章体系；立法前评估和立法后评估并进，完善科学立法机制。政府法治方面，严格审查、统一标识、定期检查清理，从源头上管好规范性文件；不断推进执法标准化规范化，执法监督工作不断增强，执法效果明显；行政复议程序不断完善，发挥良好纠错作用。司法方面，全市法院案件数量延续前几年的持续快速增长态势，检察院案件数量也有一定增长，法院、检察院通过持续深化改革，不断提高司法效率和公信力。社会法治方面，法律服务行业加快发展，律师人数和创收总额均呈两位数增长；公共法律服务体系不断完善，探索建立各种新型公共法律服务平台。

2017年深圳法治建设有两个突出特点：一是通过持续深化商事制度改革、改革和做大做强商事仲裁机构、加强知识产权保护等，不断优化营商环境；二是执法、司法及法律服务与信息技术的深度融合，智能化正成为法律领域工作新特点。

2018年是党的十九大胜利召开后的第一年。作为经济特区，深圳肩负着建设社会主义现代化先行区的重任，根据《法治中国示范城市建设实施纲要（2017~2020年）》的要求，继续深化依法治市实践，打造落实全面依法治国基本方略的法治先行区。

关键词： 深圳　法治　全面依法治国

目 录

Ⅰ 总报告

B.1 2017年深圳法治发展状况及2018年展望与建议
　　…………………………………………… 李朝晖　秦　芹 / 001
　　一　推动法治中国示范城市建设 ……………………………… / 002
　　二　以深化商事制度改革和加强知识产权保护为
　　　　重点优化国际营商环境 ………………………………… / 016
　　三　执法、司法及法律服务与信息技术深度融合 …………… / 018
　　四　2018年展望与建议 ………………………………………… / 022

Ⅱ 地方立法篇

B.2 深圳经济特区授权立法二十五年总结与思考 ………… 张　京 / 028
B.3 深圳市城市规划法治发展研究报告 ………………… 钟　澄 / 040
B.4 深圳市安全生产立法研究 ………………… 瓮洪洪　王　荣 / 051
B.5 《深圳经济特区公共安全视频图像信息系统管理条例》
　　立法前评估研究 ……………………………………… 黄祥钊 / 065
B.6 深圳市立法后评估工作研究报告
　　——以《深圳经济特区环境保护条例》为例 ……… 邓达奇 / 076

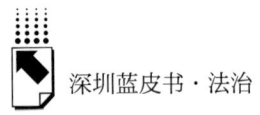
深圳蓝皮书·法治

Ⅲ 执法司法篇

B.7 深圳检察机关逮捕案件诉讼式审查工作机制研究………… 黄海波 / 088

B.8 深圳地区加强知识产权司法保护问题研究
………………………………… 深圳市中级人民法院课题组 / 100

B.9 深圳法院破解司法供需矛盾的实践和思考………… 田 娟 / 116

B.10 法院购买社会化服务的范围与边界 ………… 成少勇 王 杰 / 128

B.11 检验检疫机构口岸出口打假工作初探
——以深圳口岸打假工作为例
………… 秦兴伟 思筱妮 赖 彬 吴 娜 邓宪方 / 141

Ⅳ 社会法治篇

B.12 2017年深圳市经济犯罪综合分析与应对策略 ………… 林秀萍 / 153

B.13 深圳青年律师发展状况调研报告 …… 深圳市律师协会课题组 / 166

Ⅴ 专题研究篇

B.14 《深圳经济特区物业管理条例》若干问题及修订建议
………………………………… 李朝晖 徐宇珊 李翙菲 / 184

B.15 比较视域下深圳自由贸易试验区法治政府建设
………………………………… 吴燕妮 张钦昱 / 205

B.16 深圳校外午托机构管理制度存在的问题及完善建议
………………………………… 深圳市社会科学院课题组 / 219

B.17 深圳参与式预算建设的实践研究 ………… 戴航宁 / 230

B.18 深圳市政府投资体制改革现状与展望
………………………………… 深圳市企业评价协会 / 242

Ⅵ 区域法治篇

B.19 深圳沙头角边境特别管理区条例立法评析 .... 黄祥钊 / 255
B.20 《深圳经济特区大鹏新区条例》立法若干问题研究
　　　　 .... 吕春宝　马　菁　王　玮 / 266
B.21 前海建设有中国特色社会主义法治示范区的探索历程
　　　　 .... 黄瑞栋 / 280

Ⅶ 附　录

B.22 2017年深圳法治大事记 .... 王庆恩　李朝星 / 291
B.23 2017年深圳新法规规章 .... 王庆恩 / 300

Abstract .... / 307
Contents .... / 309

皮书数据库阅读 **使用指南**

总 报 告
General Report

B.1
2017年深圳法治发展状况及 2018年展望与建议

李朝晖 秦 芹*

摘 要： 本报告从立法、政府法治、司法、社会法治等方面回顾了2017年深圳一流法治城市建设新进展，并指出，2017年深圳法治发展中，着重通过深化商事制度改革、发展商事仲裁、加强知识产权保护等优化营商环境，以及执法司法及法律服务与信息技术深度融合、走向智能化的特点。本报告还对2018年深圳法治发展进行展望，认为深圳经济特区作为改革开放先行区，2018年要继续深化依法治市实践，打造落实全面依法治国基本方略的法治先行区；并提出优化制度供给、提高依法行政和执法能力、完善多元化纠纷解决机制、全面优化国际营商环境等四个方面的对策建议。

---

* 李朝晖，深圳市社会科学院政法研究所所长，研究员；秦芹，深圳市社会科学院办公室。

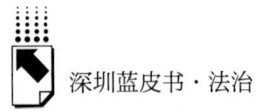

关键词： 深圳法治　法治中国　营商环境

一　推动法治中国示范城市建设

2017年8月深圳市委正式出台《法治中国示范城市建设实施纲要（2017~2020年）》，明确提出2020年基本建成法治中国示范城市的总体目标，从立法、法治政府建设、司法体制改革、法治社会建设、前海示范区、法治队伍建设等六个方面提出33项任务。12月27日，深圳市召开建设法治中国示范城市工作会议，对有关事项进行全面部署实施，力图打造全面落实依法治国基本方略的法治先行区。

（一）立法情况

1. 立法修法并重，不断完善法规规章体系

2017年是全国人大授予深圳经济特区立法权25周年。这25年，深圳运用特区立法权和后来《立法法》确定的设区市立法权（2015年《立法法》修改前为较大市立法权）制定了大量法规，截至2018年1月22日，深圳共通过法规及有关法规问题的决定445项，现行有效法规166项，其中特区法规127项，较大的市法规39项。深圳制定的法规中，创新变通类约占四分之一，先行先试类约占一半，通过不断立法创新保障特区先行先试，为深圳的经济社会发展和城市建设管理做出了不可替代的贡献，也为国家立法提供了宝贵的可复制可推广的经验。

2017年，深圳市人大及其常委会继续大力推进立法工作，全年通过新的特区条例3项。《深圳经济特区质量条例》将近年来有关深圳质量的重点工作和行之有效的经验做法以法规的形式予以确定，是国内首部宏观层面的质量地方法规；《深圳经济特区人才工作条例》将长期适用的政策和实践中成熟的经验做法法定化，系统规定了人才培养、人才引进与流动、人才评价、人才激励、人才服务与保障等方面原则和具体措施，旨在以立法推动和促进人才发展体制机制改革,破除制约创新和发展的体制机制障碍;《深圳经济特区警务辅助人员条例》则对全国辅警改革进行创新突破,明确辅警身份为"公安机关工作人员",赋予辅警有限执法权,大幅度提高辅警薪酬待遇水平,并以法规形式加以确认。

与此同时,根据中国"放管服"改革和生态文明建设及环境保护的最新要求,对《深圳经济特区环境保护条例》等 16 项法规进行了修订,并暂停适用《深圳经济特区出租小汽车管理条例》部分条款,主要涉及出租车营运牌照有偿使用及公开拍卖、出租车租费实行政府定价、出租车排气量等方面的规定。另外,废止法规 1 项(《深圳经济特区人口与计划生育条例》)。

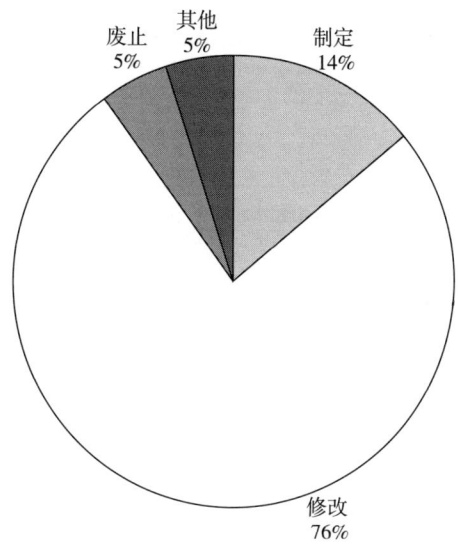

图 1　2017 年深圳市人大立法情况

近年来,随着改革进入深水区和国家法治的不断完善,深圳除了继续用好特区立法权进行突破性立法,也重视对过往法规的修订完善工作,以及对不合时宜法规的废除工作,修订法规、废止法规在立法通过的法规问题决议中的比重远超过新制定的法规。2014~2017 年深圳市人大及其常委会共通过法规问题决议 42 项,其中制定法规仅 8 项,修订法规 26 项,废止法规 6

项，立法解释1项，其他法规问题1项。2017年修订法规达16项，为历史以来最多的一年。同时，对于法规部分内容不符合上位规定，但修法条件还不成熟的《深圳经济特区出租小汽车管理条例》，采取暂停适用部分条款的方式，以使法规规定不与国家现行规定冲突，既保障了国家法治的统一，又不致在调研论证不足的情况下因仓促修法带来新问题。

表1 2014~2017年深圳市人大及其常委会通过法规性决议情况

单位：项

年份	通过法规及有关法规问题	制定法规	修订法规	废止法规	立法解释	其他法规问题决定
2014	7	1	6	0	0	0
2015	6	1	3	1	1	0
2016	8	3	1	4	0	0
2017	21	3	16	1	0	1①
合计	42	8	26	6	1	1

注：①关于暂停适用《深圳经济特区出租小汽车车管理条例》部分条款的决议。
资料来源：通过深圳市人大常委会网站发布的深圳市人大及其常委会决议统计而得。

政府立法方面，2017年全年新制定规章8项，修改6项，废止1项。新制定的规章包括《深圳市实施〈校车安全管理条例〉若干规定》《深圳仲裁委员会管理办法》《深圳市地下综合管廊管理办法（试行）》《深圳市公共信用信息管理办法》《深圳市人民政府关于深化规划国土体制机制改革的决定》《深圳市龙华现代有轨电车运营管理暂行办法》《深圳市计划生育若干规定》《深圳市大鹏新区管理规定》等8项，这些规章，有的是为了更好实施国家法律法规，有的则是根据深圳经济社会发展对精细化管理的需要而制定的。2017年深圳围绕政府职能调整和环境保护，开展法规规章专项清理，修订的规章包括《深圳经济特区城市雕塑管理规定》《深圳经济特区生活饮用水二次供水管理规定》《深圳市计划用水办法》《深圳经济特区在用机动车排气污染检测与强制维护实施办法》《深圳市房地产市场监管办法》《深圳市绿色建筑促进办法》等6项，主要是取消了部分审批事项。此外，由于坪山区已于2016年底批准成立，因此废止了《深圳市坪山新区管理暂行办法》。

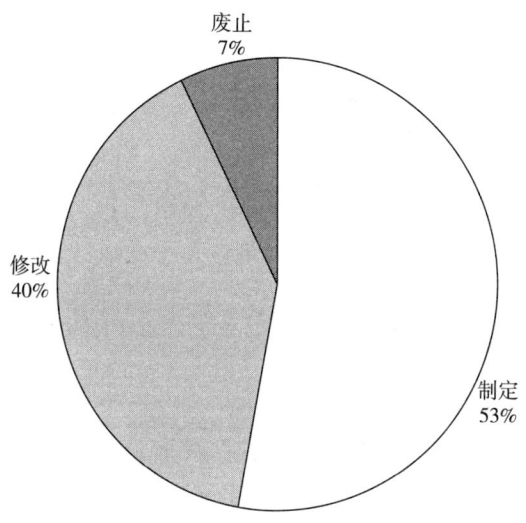

图2　深圳市政府规章制定情况

2.立法前评估和立法后评估并进，完善科学立法机制

2017年深圳立法机关继续推进科学立法工作，在不断完善立法听证、立法咨询专家、立法联系点等工作机制的基础上，不断完善立法前的提前介入、立法后评估等工作。一是建立完善立法前评估制度。要求所有法规均首先经过立法前评估，立法工作启动前就对必要性、可行性以及对拟设主要制度内容的可操作性等有较充分论证，并对立法出台的时机以及实施的社会效果等进行预先评估，确保有限的立法资源不浪费，并减少立法的试错成本。二是介入法规起草工作。深圳市人大加强对立法工作的主导作用，通过主动开展立法调研、与法规起草部门沟通研讨、督促重点问题研究等，促进法规起草质量的提升。三是难点焦点问题重点审议。审议阶段着重围绕法规中重大制度设计、焦点问题进行充分的讨论，力求平衡各方利益诉求，增强法规的针对性和可执行性。四是立法后评估工作逐步常态化。2017年开展了《深圳经济特区前海深港现代服务业合作区条例》的立法后评估；政府在《深圳

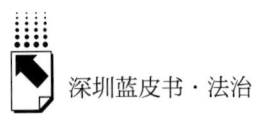

市政府规章实施后评估办法》颁布后也于2017年首次开始政府规章的立法后评估工作,如深圳市政府法制办联合深圳市教育局对《深圳市校外午托机构管理办法》的立法后评估、深圳市交通运输委对《深圳市绿色出租小汽车管理规定》的立法后评估等。可以说,深圳的立法后评估工作渐趋成熟。

3. 建立政府立法联系点,进一步推进民主立法

在继前几年深圳市人大在律师协会、企业、社区建立立法联系点之后,深圳市政府法制办也于2017年7月确定了深圳市留学生创业园、深圳市工业总会、深圳市外商投资协会等12家单位作为政府立法的首批联系点,民主立法再向前迈进一步。

(二)政府法治建设情况

2017年9月26日,中国政法大学法治政府研究院发布的《法治政府蓝皮书:中国法治政府评估报告(2017)》,基于2014年该评估开展以来深圳排名始终名列前茅,授予深圳"法治政府建设典范城市"称号。这无疑是对深圳政府法治工作的最好肯定,这一权威第三方的客观评价也给予深圳法治工作者极大的鼓舞。

1. 严格审查、统一标识、定期检查清理,从源头上管好"红头文件"

严格规范性文件审查,2017年深圳市法制办审查市政府工作部门提请的规范性文件188件,审查通过数165件,略少于前两年(具体情况见表2)。完成市政府规范性文件的集中清理工作,对1979~2015年以深圳市政府及市政府办公厅名义发布的39万余份红头文件进行了清理,清理出不需要继续实施的规范性文件1050件、需继续实施的规范性文件291件,形成了深圳市规范性文件有效目录和失效目录。统一全市规范性文件标识,继市直部门和各区政府规范性文件实现统一标识之后,从2017年7月开始深圳市政府及市政府办公厅规范性文件也在文号中标注"规"字。建设全市规范性文件统一查询平台,全市生效的规范性文件①文本,均可在

---

① 包括市政府、市政府办公厅、市政府各部门以及各区政府对外公布的生效的规范性文件。

"深圳政府法制信息网"和"深圳法制"微信公众号上查询。建立规范性文件定期检查机制，2017年对涉及简政放权、放管结合、优化服务改革措施的相关文件进行了专项清理。通过清理，拟废止或者修改49项规范性文件①。

表2 2014~2017年深圳市政府法制办审查市政府工作部门规范性文件情况

单位：件

	2014年	2015年	2016年	2017年
市政府工作部门提请审查规范性文件数	154	230	196	188
市法制办审查通过数	154	189	176	165

资料来源：深圳法制办《2014年工作总结和2015年工作计划》《2015年工作总结和2016年工作计划》《2016年工作总结和2017年工作计划》《2017年工作总结和2018年工作计划》。

2. 不断推进执法标准化规范化，执法监督工作不断增强，执法效果明显

完善执法权责清单，编制处罚、强制和检查权责清单通用目录，统一市、区、街道三级权责清单事项；启动处罚、强制和检查职权清单标准化工作，对权责清单应涵盖的要素进行细化和补充。

执法监督引入民主参与机制，建立特邀行政执法监督员制度，首批聘任社会各界共60名监督员，监督员将通过参与行政执法案卷评查、执法现场观摩等多种方式参与执法监督。

建立执法全过程记录和执法公示制度，卫生监督部门在全国率先启动"双随机+执法全过程记录"新模式，利用信息技术建立执法人员库和监督对象库。具体执法中，随机抽取执法人员和监督对象开展跨区交叉检查，并使用智能终端进行全程记录，检查结果全面公示，从而实现执法数据动态云存储、执法全程可追溯、执法结果实时全公开。"双随机+执法全过程记录"有效避免了随性执法、运动执法、人情执法和冲突执法，提升了执法透明度、文明度和公信力。深圳市场监管部门在全国率先实施"双告知一

---

① 包括市政府规范性文件2件，部门规范性文件25件，区政府及其部门规范性文件22件。

警示",促进商事登记和后续监管衔接。城管部门正式启动城管执法改革,按规定对全体城管执法人员进行轮训和统一换装,统一规范执法车辆、办公场所标识、协管员制服,全面推进综合执法全过程记录制度。其他执法部门也都建立了行政执法的"双随机一公开"工作机制,执法公正性、透明性、威慑力不断提高。

执法创新措施也不断推出和完善,深圳交警创新推出的铁骑勤务模式,形成全路段、高密度、网格化的巡控;深圳环保部门持续开展"利剑一号"等20项执法行动,联合公安等部门协同作战,重拳打击环境违法行为,顶格严惩环境违法企业,产生极大的震慑与警示作用。

3. 行政复议案件持续增加,行政复议发挥良好纠错作用

2017年深圳市法制办行政复议案件数量继续增长,提出申请数达3148宗,审结2880宗,裁定维持的比重较上年提升了15%。与往年比较情况如表3所示。

表3 2014~2017年深圳政府法制办行政复议案件及办理情况

年份	收到申请案件数(宗)	审结案件数(宗)	维持		终止		撤销或确认违法		驳回		直接纠错率(%)	综合纠错率(%)
			宗	占比(%)	宗	占比(%)	宗	占比(%)	宗	占比(%)		
2014	2204	1846	1727	93.6	104	5.6	12	0.7	3	0.2	0.7	6.3
2015	2236	1693	1360	80	152	9	153	9	28	2	9	18
2016	3017	2209	1040	47	258	11.7	671	30.4	240	10.8	30.4	42.1
2017	3148	2880	1795	62	251	8.7	390	13.5	444	15.4	13.5	22.2

资料来源:深圳法制办《2014年工作总结和2015年工作计划》《2015年工作总结和2016年工作计划》《2016年工作总结和2017年工作计划》《2017年工作总结和2018年工作计划》。

从上述数据可以看出,2017年尽管深圳行政复议案件数量仍持续增多,被裁定终止、撤销或确认违法的案件比例有所降低。这可能因为执法规范化要求不断提高,且受上年大量复议案件被裁定终止、撤销或确认违法影响,

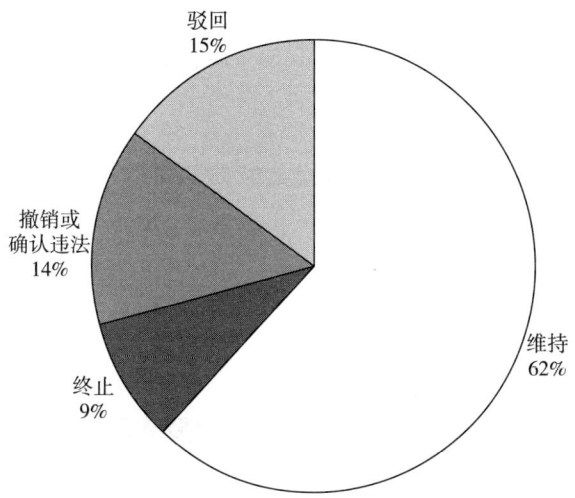

图3 2017年深圳市法制办行政复议案件办结情况

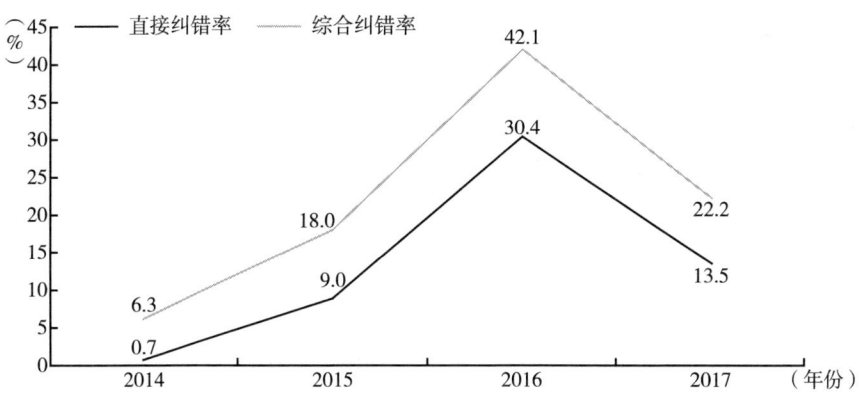

图4 2014~2017年深圳市法制办行政复议办结案件纠错情况

行政机关依法行政、依法执法水平得到较大提高，显示行政复议对行政执法的监督作用充分发挥出来。

（三）司法状况

2017年7月6日，中国法学会在北京发布《深圳市司法体制改革第三方评估报告》，对2014年以来深圳司法改革进行了全面评估，给予充分肯定[①]。2017年，深圳继续深化司法改革，司法效率、司法公信力进一步提升。

1. 法院工作情况

2017年，深圳全市法院案件数量延续前几年的持续快速增长态势，全年全市法院共受理各类案件448842件，比上年大幅增长31.7%，是2013年的2.4倍；办结各类案件376913件，比上年大幅增长35.8%，是2013年的2.1倍；全市法院法官人均结案达408件，比上年大幅增长44.2%，接近2013年的2.6倍。案件的持续快速增长一方面反映了社会矛盾纠纷多发，同时立案登记制的实行也在客观上导致案件增多，另一方面也反映了群众对司法公正权威的认同度提高。

表4 2013～2017年深圳全市法院案件情况

单位：件

	2013年	2014年	2015年	2016年	2017年
受理各类案件数	188015	224927	236887	340793	448842
办结各类案件数	178894	207471	224488	277631	376913
人均办案数	158	194	217	283	408

资料来源：历年深圳市中级人民法院工作报告。

2017年，无论是深圳市中级人民法院还是各区人民法院，受理案件、办结案件、法官人均办结案件数量都大幅增长，其中增长幅度最大的是福田区，受理案件数大幅上升69%，办结案件数大幅上升75%，法官人均办结案件数更是大幅上升78%，达到870件。

---

① 该报告对2014年以来深圳制定司法"权力清单"、构建新型办案组织、推行人财物市级统管、深化案件繁简分流等重大改革进行全面评估。评估认为，作为全国首批司法改革试点地区，深圳的改革实践既高度契合中央精神，在先行先试与深化落实结合方面具有典范性，又严格遵循司法规律，在管理体制和权力运行机制方面凸显了科学性，更有力回应实践需求，在破解影响公正效率的深层次问题上彰显了实效性，为全国深化司法体制改革提供了可复制、可推广的经验。具体内容参见中国法学会《深圳市司法体制改革第三方评估报告》，法律出版社，2017。

表5 2016年、2017年深圳市中院及各区法院[①]案件情况比较

单位：件

	受理各类案件数		办结各类案件数		法官人均办结案件数	
	2016年	2017年	2016年	2017年	2016年	2017年
市中院	52483	54212	42489	43957	暂缺[②]	暂缺[③]
福田	66150	111942	52664	92244	488	870
罗湖	41885	50165	36269	45004	305	402
南山	26175	41011	27611	34937	350	437
盐田	10599	13721	8789	12206	暂缺[④]	381
宝安	80324	103796	66342	86432	474	732.47
龙岗	50789	62005	41337	52683	306	376.3

注：①龙华、坪山两区法院虽于2016年底成立，但2017年未受理诉讼案件，故2017年区级法院办理案件情况仍只有福田、罗湖、南山、盐田、宝安、龙岗六区法院的情况。
②深圳市中级人民法院工作报告及法院官网未公布该数据。
③深圳市中级人民法院工作报告及法院官网未公布该数据。
④盐田区人民法院工作报告及法院官网未公布该数据。
资料来源：法院工作报告或各区法院官网。

案件的快速增长促使法院不断深入推进司法改革，解决司法供需矛盾问题。在案件管理上，实现案件繁简分流机制改革全覆盖；在人员配备上，加大法官助理、书记员等司法辅助人员配备；在技术上，信息技术和智能化融入法院工作各流程。同时，法院在诉讼程序、审判公开、执行等各方面均有新的改革创新举措，不断提升司法公正与效率。

实现案件繁简分流机制改革全覆盖。2017年深圳市中级人民法院将刑事、行政、民事等各类案件，一审、二审和执行各程序均纳入繁简分流改革范围，在全国率先实现案件繁简分流机制改革全覆盖。深圳市中级人民法院制定《案件繁简识别标准》，运用"案由+要素"的智能识别分流系统，对案件进行自动分类；制定《简案快办标准化流程指引》，推行"要素式""门诊式"庭审，实现标准化速裁，大大提高了办案效率，全年以16%的法官办结同期53%的案件。通过简案快审、普案细审、繁案精审，办案质量不断提高，当事人服判息诉率稳步提升。

实行司法辅助人员员额制。总体上以入额法官为基数，按照不低于1:1:1

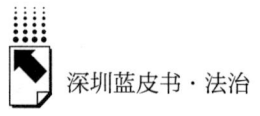

的比例核定法官助理、书记员的员额,并根据办案需求,确定人民法庭配置比例为1:2:1,速裁庭为1:3:1。在政法专项编制不足的情况下,深圳全方位完善劳动合同制司法辅助人员的职业保障制度,按不低于同级公务员的70%的标准给予经费保障,有效改善劳动合同制辅助人员的发展空间和薪酬待遇。2017年深圳法院采取劳动合同制方式聘用了一批高素质的司法辅助人员,担任法官助理、书记员,极大缓解了司法辅助人员的不足。

推进以审判为中心的刑事诉讼制度改革。2017年8月17日,深圳市南山区人民法院、人民检察院、公安分局会签并出台了《深圳市南山区侦查人员出庭作证工作指引》《深圳市南山区鉴定人出庭作证工作指引》两份规范性文件,推动以审判为中心的刑事诉讼制度改革。11月22日,福田区人民法院举办以审判为中心的刑事诉讼制度改革示范庭审活动,公开审理一宗职务侵占罪的刑事案件,展示以审判为中心的标准化、规范化庭审过程,为社会展现了以庭审实质化为核心的刑事诉讼制度改革的成果。

开展刑事案件认罪认罚从宽制度试点工作。出台《深圳市罗湖区刑事案件认罪认罚从宽机制实施方案(试行)》,罗湖区人民法院于2017年6月22日适用简易程序,公开开庭审理首批两宗认罪认罚案件并当庭宣判。

开展"千场直播、当庭宣判"专项活动。深圳全市两级法院2017年在中国庭审公开网进行了1891场直播,累计观看量达310万人次。直播庭审和当庭宣判不仅是司法公开的体现,也促进了庭审过程规范化,有利于提升公正司法的能力和水平。

深圳市区两级法院打造"执转破"无缝衔接样本。2017年2月,深圳市中级人民法院成立了全国首个跨立案、破产和执行三个机构的"执转破"合议庭,对"执转破"案件实行专业化审理。深圳各基层法院积极调整审判执行力量,设置了"执转破"系列程序,做好执行与破产两项制度的衔接。执行法院在办理执行案件过程中一旦发现被执行企业法人资不抵债、符合破产条件,在征得有关当事人同意后,即可将企业移送进入破产程序,以此化解相关矛盾纠纷。这有利于化解执行积案,释放司法资源,也有利于健全市场主体救治和退出机制,对债权人进行平等保护,改善营商环境。

2. 检察工作情况

2017年深圳检察机关办理各类案件104482件,其中受理审查逮捕刑事犯罪嫌疑人28034人,比2016年略有下降;受理审查起诉35723人,比2016年增加3814人,增长约12%;批准和决定逮捕23579人,比2016年略有下降;提起公诉29434人,比2016年增长7.7%;立案侦查职务犯罪嫌疑人282人,比2016年大幅增长31.2%。总体上,2017年深圳检察院办理案件数量较2016年有所增加,但少于2015年,显示社会环境总体安全稳定。

表6 2014~2017年深圳全市检察机关案件情况

单位:人

年份	受理审查逮捕刑事犯罪嫌疑人	受理审查起诉	批准和决定逮捕	提起公诉	立案侦查职务犯罪嫌疑人
2014	27658	28791	23572	26626	307
2015	31765	34761	27358	28872	252
2016	28150	31909	23649	27317	215
2017	28034	35723	23579	29434	282

资料来源:历年深圳市人民检察院工作报告。

2017年深圳检察机关受理审查起诉的案件中,侵犯财产案件占比仍为最高,为10961人,比2016年增加59人;妨害社会管理秩序案仍为第二,为9955人,比2016年增加708人,约增长7.7%;第三也仍是破坏社会主义市场经济秩序案,为4626人,比2016年增加329人,也约增长7.7%;而危害公共安全案及其他案件6650人[①],比2016年增加2553人,大幅增长62.3%;侵犯公民人身权利民主权利案2975人,比2016年减少28人;贪污贿赂案、渎职案566人,比2016年增加203人,大幅增长55.9%。

2017年,深圳检察机关继续深入检察改革,检察监督关注公益领域。2017年11月,针对共享单车乱停乱放、押金难退、堵塞交通甚至消防通道

---

① 其中危害公共安全案6614人,其他案件36人。

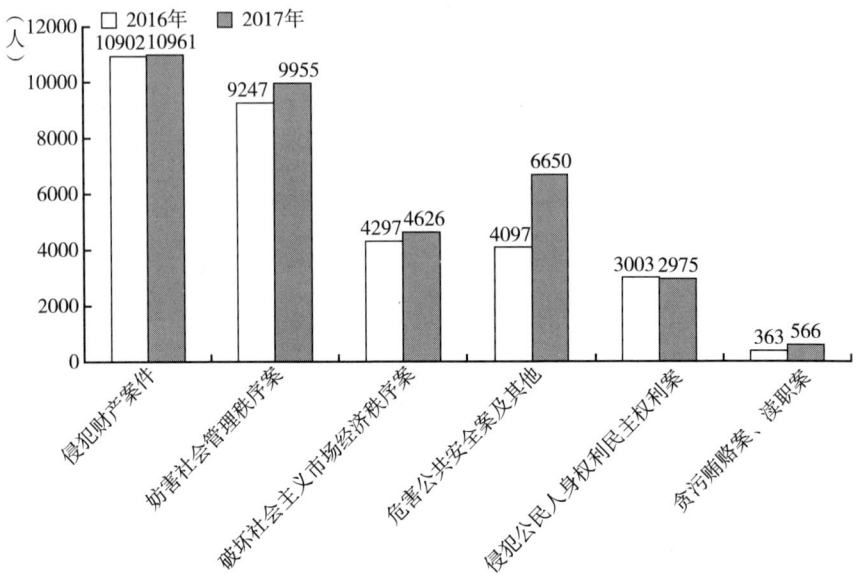

图5　2016年、2017年深圳检察机关受理审查起诉案件罪名比较

资料来源：深圳市人民检察院工作报告。

等乱象，深圳市检察机关协同相关监管部门，举行共享单车民事行政检察监督约谈会，对7家共享单车企业进行约谈，督促其切实承担起社会责任，也督促行政监管单位加强执法力度、开展专项治理行动，推动共享单车投放运营秩序的改善。

不断完善涉罪未成年人的帮教和司法保护机制。2017年6月深圳检察机关与团市委联合发起成立全国首家专门从事涉罪未成年人帮教和受害未成年人帮扶工作的社工机构——深圳市点亮心光社会工作服务中心，建立起业务覆盖市、区两级检察院，集专业社工帮教、心理干预、劳动技能培训以及义工服务、社会企业支持等在内的综合性的涉罪未成年人帮教机制。同时加强涉罪未成年人司法保护，共对67名未成年犯罪嫌疑人做出附条件不起诉，其中对香港未成年人陈某走私毒品附条件不起诉案件，被评为2017年全国检察机关未成年人全面综合司法保护典型案例。

诉讼式审查逮捕引入法律援助，保障诉讼式审查的对抗性和犯罪嫌疑人人权。从2017年7月起，福田区人民检察院对审查逮捕阶段有委托辩护律师并提交无社会危险性意见的案件，一般情况下均开展逮捕公开审查，充分听取辩护律师对案件事实、证据和法律适用的意见。罗湖区人民检察院自开展诉讼式审查工作伊始，即与罗湖区法律援助中心达成协议，检察机关发出法律援助通知书后，法律援助中心即指派法律援助律师会见犯罪嫌疑人并出席公开审查会，提供法律援助。

（四）社会法治

2017年深圳法律服务行业加快发展，律师行业规模保持快速发展态势，律师队伍不断壮大，全市共有律师事务所762家，比上年增加98家；执业律师11775名，比上年增加1588名。全市律师全年办理诉讼案件133985件，办理非诉讼案件24439件，律师业务创收56.13亿元，比上年增加10.74亿元。律师办理法律服务业务同时，积极参与公益活动，全年办理法律援助案件12069件。2017年深圳迎来首家外国律师事务所驻华代表处——美国布林克斯律师事务所深圳代表处。该所2011～2016年连续获得美国新闻界报道颁发的"全美最好知识产权事务所"荣誉。

启动"一带一路"法治地图项目。2017年前海管理局启动全国首个服务于"一带一路"建设的大型中文法律公共数据库——"一带一路"法治地图，在此基础上建立国际化公共法律服务平台，为政府和企业等提供"一带一路"宏观环境指南。该项目涉及5大法系、64个国家的3000多部商贸法规。截至2017年底，已完成中亚、西亚、南亚片区22个国家和地区法律的编译工作。

深圳消费者组织发起"好人举手，共建品质消费生态圈"活动。2017年5月22日，深圳市消费者委员会、深圳市品质消费研究院发起的"品质消费"共建活动，按照"好人举手、一流标准、品质挑战、众筹监督"的创新机制，联合行业和企业共建"品质消费生态圈"，给优质产品点赞，既使优质产品在活动中脱颖而出，又通过公众的广泛参与加强了产品监督。

深圳发布了反贿赂管理体系深圳标准。2017年6月12日，由深圳标准

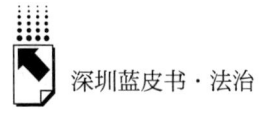

研究院制定的反贿赂管理体系深圳标准发布,这是国内首个反贿赂管理地方标准。该标准从财务控制、尽职调查、规范礼物招待等八个方面提出管控措施,建立和实施反贿赂管理体系的整个流程,为企业等各类组织提供了反贿赂全面的管理框架和指南。这是运用标准化手段提升企业反腐水平的积极探索,也是推动预防腐败工作向社会领域延伸的重要突破。

二 以深化商事制度改革和加强知识产权保护为重点优化国际营商环境

2017年,深圳市委市政府不断强调要优化营商环境,持续深化商事制度改革,不断优化营商环境,积极营造不同市场主体之间的公平竞争环境。同时,作为创新型城市,深圳高度重视知识产权保护,通过不断完善立法、加强执法司法,完善知识产权保护机构,加强知识产权服务,为创新发展保驾护航。

(一)持续深化商事制度改革,营造公平竞争环境

2017年,深圳商事登记中,"多证合一"的范围从6证扩展到12证,启用简化版深港跨境工商文书;股权转让变更登记取消公证材料要求,推广"邮寄发照"的便民服务;出台企业名称等四张负面清单,提高商事登记质量;出台商事登记撤销规定,简易注销实施范围拓展到个体户,完善企业退出机制。

2017年,深圳组织召开了首次全市公平竞争审查联席会议,推动各区各部门建立内部审查机制,对24个政府部门涉企收费开展检查,督促落实涉企减免收费政策,全年为企业和社会减负306亿元,清费减负降成本取得良好成果。

(二)努力建设国际商事争议解决"中国方案"的"第一方阵"

2017年深圳商事仲裁工作获得跨越式发展,商事仲裁业务快速发展。

华南国际经济贸易仲裁委员会（深圳国际仲裁院）与深圳仲裁委员会在中国仲裁机构受案金额统计中，分别排在全国第5位和第6位。两家仲裁机构已经服务来自113个国家和地区的当事人，争议解决（含仲裁、谈判促进和调解等三种主要争议解决方式）总金额达1100亿元人民币，其中谈判促进业务涉及争议金额超过了800亿元，为化解国内市场和国际市场纠纷发挥了重要的作用。其中深圳国际仲裁院已经在北美设立了首个海外庭审中心；与非洲共同建设了中非联合仲裁中心深圳中心，并在中国法学会的支持下与上海国际仲裁中心共同扩大了中非联合仲裁中心的合作；与世界银行国际争端解决中心、联合国贸法会、国际商会仲裁院（ICC）、世界贸易组织上诉机构等四大国际组织建立了不同形式的合作关系。

出台仲裁机构管理地方规章。2017年8月4日，深圳市人民政府审议并通过《深圳仲裁委员会管理办法》。该办法尝试通过创新民商事争议解决机制，规范深圳仲裁委员会运作，从而独立、公正、高效、和谐解决境内外民商事争议，维护境内外当事人的合法权益，保障经济社会健康发展。

深圳两大仲裁机构合并成立深圳国际仲裁院。2017年12月25日，华南国际经济贸易仲裁委员会（深圳国际仲裁院）与深圳仲裁委员会整合为深圳国际仲裁院（深圳仲裁委员会），这是国内首例仲裁机构合并。通过两个仲裁机构的整合资源、优势互补、融合创新，新的深圳国际仲裁院在业务范围上更加全面，在业务规模上也将比肩世界主要仲裁机构。合并后的深圳国际仲裁院将延续原深圳国际仲裁院基于理事会的法人治理结构，并实行用人市场化。新的深圳国际仲裁院将加大国际合作，力争使深圳成为国际商事争议解决"中国方案"的"第一方阵"。

（三）加强知识产权保护立法和服务

创新是深圳经济特区的特质，为保护创新，深圳不断加强知识产权保护。2017年7月，深圳被国家知识产权局确定为第一批知识产权综合管理改革试点城市，深圳市政府与国家知识产权局签署部市合作协议，明确要将深圳打造成知识产权强国建设高地。在前期修订《深圳经济特区加强知识产权保护工作若干规定》的基础上，《深圳经济特区知识产权保护条例》也正在紧锣密鼓地制定中，由深圳市市场监管委起草的条例送审稿已于2017年10月面向全社会征求意见。

成立深圳市知识产权法律保护研究中心。2017年7月31日，在深圳市人民检察院的推动和腾讯公司的支持下，在民政部门注册成立了深圳市知识产权法律保护研究中心。该中心获得了深圳市中级人民法院、科技创新委、知识产权局、公安局经济犯罪侦查局、工商联、律师协会等相关单位的支持，业务范围包括知识产权相关的民事、行政与刑事法律保护等广泛领域。

依托深圳市标准化研究院在前海挂牌成立市知识产权保护中心。2017年8月8日，深圳市知识产权保护中心在前海蛇口自贸片区揭牌。该中心是在深圳市标准技术研究院加挂"深圳市知识产权保护中心"牌子，并相应增加知识产权保护业务咨询、维权指引、纠纷调解、侵权分析、鉴定评估、监测预警、快速维权服务等职能，从而建立起知识产权保护的综合性服务平台。

加强知识产权司法保护。2017年深圳法院全面深化和发展知识产权案件刑事、行政、民事三合一审判制度，审结知识产权案件占广东省二分之一、全国十分之一，达23508件。检察机关依法严惩侵犯知识产权犯罪，批捕466人，起诉656人。深圳检察机构还探索将知识产权保护触角延伸到创新最前沿，龙华区检察院在3个科技园区设立专门的知识产权检察室。2017年12月26日，经最高人民法院批复同意，深圳知识产权法庭正式揭牌。深圳知识产权法庭负责办理由深圳中院管辖的知识产权案件，肩负着探索建立符合知识产权司法规律、契合现代信息技术发展形势的审判机制的重任，将为全国法院推出更多可复制可推广的经验。

三 执法、司法及法律服务与信息技术深度融合

2017年，大数据、人工智能等信息技术在执法、司法和法律服务中被广泛运用，司法及公共法律服务与信息技术深度融合趋势明显。

（一）政府服务与执法智能化探索

公安部门打造线上线下一站式民生警务平台。2017年，深圳市公安局通过数据精准融合推动民生警务改革，打造了"线上线下"一站式民生警务深微平台。以微信公众号为统一入口，整合118项业务"一网"办理，让市民最多跑一次；推出全国首个多功能警务自助服务平台，多警种业务"一机"办结，让市民最多刷一证；实现前端窗口无差异化受理，后台一站式审批的"一窗"受理，让市民最多进一门；利用AI技术建设智能客服，并整合各警种服务热线号码，实现"一号"咨询，让市民只需记一个电话号码。民生警务平台是"互联网＋政务服务"的成功探索，"让数据多跑路、让群众少跑腿"，提高了公安服务质量，提升了市民满意度。

城管执法部门加快"智慧城管"建设步伐。2017年数字城管功能不断完善，"优优城管"可视化电子地图系统已经覆盖全市74个街道、1926个监管单位、7922个维护单位，并实现对城管信息采集员在岗情况、巡查工作的实时管理。智慧城管项目已完成立项和可行性研究报告编制，并已在龙华、南山、盐田进行城管综合执法指挥调度平台技术试点，该平台全部建成后将实现对全市城管执法队伍的统一指挥、统一调度，有效提升问题处置效率。

市场监管领域将智能技术应用到执法工作中。2018年将提升基层监管执法装备现代化水平，"一人一机"配备执法终端，强化科技手段支撑。充分运用"大数据"分析手段，探索以数据驱动任务的监管方式，推动形成智能预警防范、智能联动监管、智能联合奖惩的新型智慧监管模式，有效提升监管精准化和智能化水平。

（二）智慧法院建设有序推进

2017年深圳法院制定了《智慧法院建设三年规划》，统筹推进两级法院信息化建设。根据规划，深圳法院首创由法官主导，工程师、科技公司共同参与的"JEC"开发模式，探索并建立了"类案在线办理系统""电子卷宗随案生成系统"等多个信息化办案系统（平台），办案信息化、智能化水平大幅提高，既方便了法官和诉讼当事人，提高了办案效率，也增强了办案透明度和司法公信力。通过智慧法院建设，目前已经在多个具体办案领域或工作环节形成智能化平台。

金融纠纷类案全流程线上办理平台——巨鲸智平台。2017年6月28日，深圳市福田区人民法院巨鲸智平台正式上线，这是全国首个类案全流程在线办理平台，该平台根据信用卡纠纷等类型化案件的办理特点建立信息化办案平台，实现金融纠纷类案立案、审判、执行全流程线上办理。

线上行政诉讼服务平台——法智云端。2017年7月12日，深圳市中级人民法院与盐田区人民法院共同启动法智云端平台。这是全国首个专门针对行政诉讼的服务平台，目前能够为行政机关提供网上立案、电子送达、网上阅卷、网上答辩、网上庭审、案件管理、案例查询、统计分析等八方面诉讼服务。未来该平台还将拓宽服务对象扩展到所有诉讼当事人，增加网上预约、网上缴费、信息查询、材料收转、材料下载等功能，使所有行政诉讼当事人能享受到该平台的"e站式"诉讼服务。

案卷流转智能管理系统。依托微信平台，2017年8月深圳市南山区人民法院开发的案卷流转智能管理系统微信小程序正式投入使用。该系统是法院内部案卷管理系统，以微信小程序的形式存在，依托微信App运行。当发生案卷流转时，案卷接收人在核对纸质卷宗无误后，只需打开微信中的该小程序界面，扫描卷宗上的二维码，即可完成签收卷宗工作；当案卷需要流转到下一环节时，系统可短信通知下一环节责任人取卷，当前卷宗持有人卷宗流转即告终结。该系统构建了"线上+线下"全流程节点管理链条，使审判执行各环节有序高效衔接，案卷流转全程留痕，明晰了案卷管理各环节责任，确保了审判流程顺畅。

电子卷宗随案同步生成系统。2017年10月12日，深圳市中级人民法院和盐田区人民法院共同启动深圳法院电子卷宗随案同步生成系统。该系统具有"一键归档无需二次扫描"的功能，利用人工智能图像识别技术识别扫描文件的种类，扫描文件按照卷宗目录要求自动归类。该系统为电子卷宗的科学管理和深度应用奠定了基础。

多元化纠纷解决机制信息化平台。2017年11月1日，福田区人民法院正式上线运行"融平台"，依托信息化平台把多元化纠纷解决机制从线下移到线上，对诉前调解案件实现全流程信息化办理和管理，由于突破时间和空间的限制，纠纷化解工作更高效、便捷。目前"融平台"已实现在线立案、在线司法确认、类案推送、一键转诉讼立案四大功能，平台具备的类案繁简分值自动生成、案件状态变更短信自动发送等优势也能有效优化利用审判资源、减轻当事人诉累。其中在线司法确认是通过福田区人民法院与福田区司法局在街道办事处设立的在线司法确认工作室，以远程视频的形式为当事人完成调解协议的司法确认，使司法确认由以往的一天缩短为半个小时。

交通事故损害赔偿纠纷网上数据一体化处理中心。该平台是由罗湖区人民法院、罗湖区司法局和人保财险深圳市分公司共同探索开发的，集责任认定、理赔计算、人民调解、司法确认、一键理赔等业务于一体，由于运用互联网技术打通部门之间的数据壁垒，实现数据共享、工作联动，使双方当事人更容易就赔偿金额达成一致意见，而配套的司法确认、一键理赔功能，实现一网办案，有利于纠纷便捷高效地解决。

（三）人工智能进入法律服务领域

人工智能也悄然进入法律服务领域。深圳国际仲裁院建立"基于移动互联网的办案平台"，该项目以微信服务号为服务载体，通过深入整合移动互联网办案平台与仲裁案件管理系统，植入国内领先的仲裁人工智能机器人3i等方式，为当事人、仲裁员、办案秘书及业务关联方提供全智能、多层次、多维度、全闭环、便捷高效的互联网争议解决服务，大大提升了当事人的仲裁体验。该项目从全国100多个项目中脱颖而出，成功入选"2017年互联网法律服务创新项目"。

深圳市司法局关注到人工智能对法律服务领域的深刻影响，于2017年9月指导深圳市律师协会等机构承办"2017人工智能与模式创新——法律服务业变革之路"论坛，集聚业界精英，共同探讨了人工智能（AI）

和互联网对传统法律服务行业的冲击,以及由此带来的行业变革机遇。法律服务机器人"艾娃"也在论坛上亮相。"艾娃"可存储十万余条法律法规、三万多个典型案例数据、五千多条案情分析点以及海量专业问答信息,具有申请法律援助、援助审查、援助实施、法律咨询等服务模块。"艾娃"应用了智能语音识别技术,可实现法律援助及法律咨询中的人工智能化。

深圳市司法局还与南京擎盾信息科技有限公司联合研发了智能法律援助机器人"小法"。"小法"存储了十万余条法律法规、十万余个法律问题、八千多条案情分析点以及海量专业问答信息,具有人工智能和机器深度学习技术,可以智能分析市民经常遇到的法律问题,为市民提供专业、全面的法律咨询服务。2017年已有10台智能法援机器人"小法"在深圳市法律援助处服务大厅工作。

四 2018年展望与建议

党的十九大指出,全面依法治国是国家治理的一场深刻革命,必须坚持厉行法治,推进科学立法、严格执法、公正司法、全民守法。深圳经济特区作为改革开放先行区,2018年要继续深化依法治市实践,打造落实全面依法治国基本方略的法治先行区。

(一)加强法规规章的立改废工作,优化制度供给

"法与时转则治,治与世宜则有功",立法要主动适应新时代的新要求,主动适应改革和经济社会发展的需要,充分利用两个立法权优化制度供给,继续发挥立法引领、推动和保障改革创新的作用,通过立改废和加强重点领域立法,积极推进科学立法、民主立法,提升城市治理体系和治理能力现代化水平。

1. 加快现有法规规章的清理和问题法规规章的修订废止工作

深圳经济特区取得立法权已经将近25年,这25年立法对于推进改革、

鼓励创新、城市治理发挥了重要作用。但随着经济社会的发展,有些法规规章已经与现实不适应,要加大法规规章清理和立法后评估工作,加快问题法规规章的修订和废止工作,及时修订法规规章中不符合当前经济社会发展状况的条款,及时废止已经不符合当前经济社会发展状况的法规规章,清除过时的、不符合当前经济社会发展的法规规章导致的制度障碍,解决经济社会管理领域的"痛点"。

2. 突出问题导向和实践需求推动创新型立法

用好用足特区立法权和设区市立法权,紧紧围绕新时期改革发展方向,推动创新型立法,加大有关保障和推进供给侧结构性改革、实施创新驱动发展战略、构建开放型经济新体制方面的立法,实现制度供给的优结构。近期重点围绕简政放权、社会自治、民生保障、城市管理等领域加大立法工作力度,重点加快城市更新改造、知识产权、物业管理、地下空间管理、食品安全等事关全市发展大局和民生热点领域的立法。

3. 完善鼓励和保护创新的法律环境

立法规范电子商务、互联网金融以及其他"互联网+"行业,完善创新激励、知识产权保护等方面的法律法规,营造适宜新业态、新模式、新产业成长的法治环境,激励创新要素流向新经济。

4. 增加政策法规制定过程中的公众参与

拓宽市民参与公共政策和法规规章制定的渠道和途径,增加参与的机会和方式,并将各类事务社会组织和市民参与的方式方法制度化。重视通过征求意见、协商、咨询、听证、辩论等方式引导诉求表达、理性沟通,使政策法规制定者找准问题关键、分歧所在,探索较为普适的解决方案,增强政策法规制定的科学性和可接受度。

(二)加快法治政府建设,提高依法行政和执法能力

政府机构是法律的具体执行者和操作者,其行为影响着群众切身利益,同时也影响着群众对法律的态度。"其身正,不令而行;其身不正,虽令不从",政府机构依法行政是在全社会树立法律信仰的基础,要充分利用新兴

技术和管理理论,在创新中规范,推进法治政府建设。

1. 顶层规范政府行政行为

充分利用现代信息技术和管理理论,通过创新不断优化政府工作流程,规范政府行为,加强权力制约和执法监督,提高依法行政和公共服务能力与水平。加快完成规章规范性文件清理和规范工作,尽快完成与上位法相抵触或不合时宜的规章规范性文件的修改或废止工作,理顺政府行政管理和公共服务中的各种关系。

2. 细节上提高行政和执法行为的规范性

继续规范执法,加强执法标准化建设,压缩执法人员自由裁量权。针对深圳市民行政复议、行政诉讼维权意识强,行政复议案件和行政诉讼案件一直处于较高水平的现象,政府部门要适应这一形势,加强人员培训和流程管理,探索实行行政审批、行政执法、行政监督"全程留痕",不断提高具体行政和执法行为的规范性,减少行政和执法中的纠纷争议。

3. 加强政府行政复议能力建设

推动行政复议工作的集约化、信息化和规范化,探索建立行政复议相对集中办理机制,建设全市统一的行政复议案件办理系统,进一步提高行政复议案件的审理水平,将更多行政争议引导到行政复议渠道解决,减少行政诉讼案件。

4. 以法治政府考评促法治政府建设

加强法治政府建设考评工作,从目前每年确定一项重点内容进行考核向全面考核转变,并建立可纵向比较的考核体系,推动政府部门法治化建设水平的全面提高,并实行考评结果公开,加强社会监督,以考评促建设。

(三)协调各种解纷方式的发展,完善以司法为后盾的多元化纠纷解决机制

纠纷解决机制的成熟、完备和有效运作,是治理现代化的基本标志。党的十九大报告要求,加强预防和化解社会矛盾机制建设,正确处理人民内部矛盾。根据新时代的新形势新要求,社会矛盾化解要从主要依靠政治解决机

制、道德解决机制、信访制度等,向主要依靠法律解决机制化解社会纠纷矛盾,构建以司法为后盾的社会多元矛盾解决机制转变。

1. 继续深化司法改革

进一步深化法官职业化、司法人员分类管理、案件繁简分流、审判权检察权运行机制等各项改革,深入落实司法责任制,完善标准化办案体系,规范法官自由裁量权,实施裁判指引例外适用的报备制度,统一裁判思路,明确案件处理标准,避免和减少"类案不同判",不断从细节上优化司法权运行机制,提升公正司法水平,从根本上扭转群众"信访"不"信法"的局面,真正使司法成为维护社会公平正义最后的屏障。

2. 提高调解工作的覆盖面和专业化水平

加快律师、公证等法律服务行业的发展,继续完善以法律咨询、人民调解、法律援助为主要内容的公共法律服务体系,为社会提供优质高效的法律服务。充分发挥好律师、调解员等法律工作者在化解社会矛盾、解决社会问题中的积极作用。鼓励行业协会、商会和其他专业性社会组织成立专业调解机构,为专业性强、法律关系复杂的纠纷案件提供专业化、高水平的调解服务,发挥人民调解在社会矛盾化解工作体系中的基础作用。

3. 推动各种纠纷解决机制的衔接

推动诉讼与非诉讼各类纠纷解决机制之间的衔接、联动,促进各类解纷方式的统筹发展,完善适应不同需求的具有深圳特色多元化纠纷解决机制,形成解纷合力。支持律师、行业协会、商会等社会力量参与诉前联调,支持法院开展诉调对接的探索创新。建立调解、仲裁对接机制,充分利用专业调解机构、专家调解与仲裁机构的对接机制,将一些专业性比较强的纠纷引入仲裁程序,提高纠纷解决效率。建设统一的纠纷化解信息和数据管理平台,使调解、仲裁、公证、行政裁决、行政复议、诉讼等各类解纷主体统一接入平台,积极利用大数据、云计算、物联网、人工智能等现代科技手段,创新在线纠纷解决方式,依托电子邮件、即时通信、视频会议系统等,搭建在线调解、在线立案、在线司法确认、在线审判、电子督促程序、电子送达等为一体的信息平台,实现案件预判、信息共享、资源整合、数据分析等智能辅助功能，进一步提升多元化纠纷解决机制的功能效应。

（四）以前海社会主义法治示范区建设为推手，全面优化深圳国际营商环境

前海蛇口自贸区承担着紧密深港深度融合发展、助推香港长期繁荣稳定的独特功能，承担着统筹服务"两个大局"，为内地贡献更多可复制推广成果，向世界输送中国经验、中国模式、中国方案的历史任务，需要全方位、各领域协同突破，聚焦商事、贸易、金融、市场监管等领域制度创新，加快构建开放型经济新体制，为改革创新启动新引擎。

1. 缩短市场准入负面清单

减少实行投资准入特别管理的行业、领域、业务，使更多行业、领域、业务对所有市场主体开放，各类市场主体皆可依法平等进入。进一步简化投资项目管理程序和企业设立、变更管理程序，除法律法规有明确规定或确需投资者提供信息外，均统一内外资、各类企业业务牌照和资质申请的标准和时限，营造更加公平、宽松的市场准入环境。

2. 落实公平竞争审查制度

按照《国务院关于在市场体系建设中建立公平竞争审查制度的意见》的规定，对现有地方政策进行全面的公平竞争审查，按要求及时清理、修改有关不同市场主体在资质获取、招投标、权益保护等方面实行差别化待遇的有关规定。

3. 营造更加便利化的贸易环境

继续以信息化、智能化为支撑加速推进贸易便利化，建设具有国际先进水平的国际贸易"单一窗口"；推进企业信用等级的跨部门共享，对高信用等级企业降低查验率；推进口岸间信息互换和服务共享，探索具有国际竞争力的离岸税制安排，把前海蛇口自贸试验区建设成为规则开放透明、投资贸易自由、营商环境便利、监管公平高效的国际高标准自由贸易园区，带动深圳整体国际营商环境的优化。

4.扩大法律服务领域开放和法律服务行业服务开放的方式途径

继续探索扩大法律服务领域的对外开放,吸引更多外资律师事务所在前海设立办事处、更多中外联营律师事务所在前海注册成立;还可以探索建立中外联营专利、商标代理机构和其他法律服务机构。继续探索法律服务行业服务对外开放的方式与途径,增强公证、鉴证、专利代理、商标代理等行业服务开放型经济能力,提升调解、仲裁、诉讼等各种解纷方式办理涉外业务能力,为外资"引进来"和中资"走出去"提供优质服务与法治保障。

地方立法篇
Local Legislation

B.2
深圳经济特区授权立法二十五年总结与思考

张 京[*]

摘　要： 深圳经济特区授权立法工作已经走过25年的发展历程。25年来深圳通过先行先试、灵活变通与立法创新推动体制机制创新，成为法治试验区，为深圳经济社会发展做出了重要贡献。在中国特色社会主义法律体系已经形成的新形势下，在维护国家法制统一和确立中国特色立法体制的大背景下，深圳经济特区立法将在为国家探索创新发展、高质量发展、建设法治国家和推动社会治理现代化等方面继续发挥不可替代的积极作用。

关键词： 特区立法　创新发展　高质量发展　法治国家　社会治理

---

[*] 张京，深圳市人大常委会内务司法工作委员会，中国政法大学法学学士、武汉大学公共管理学硕士。

自 1992 年 7 月获得全国人大常委会的经济特区立法授权以来，深圳经济特区立法工作已经走过 25 年的发展历程。深圳经济特区作为中国改革开放的试验田和排头兵，在经济发展、法治政府建设、社会建设、生态文明建设等方面，都取得了突出的成绩。截至 2018 年 1 月 22 日，深圳共通过法规及有关法规问题的决定 445 项，现行有效法规 166 项，其中特区法规 127 项，较大的市法规 39 项。这些法规覆盖了经济社会发展的各个方面，贯穿了改革开放的全过程。通过先行先试、灵活变通与立法创新推动体制机制创新，实现了深圳经济特区从经济试验区向经济、法治双重试验区的转变，为深圳的经济社会发展做出了不可替代的贡献。

进入中国特色社会主义事业建设的新时代，法治建设日益成为保障城市持续健康稳定发展的基石。实践证明，国家赋予经济特区立法权的决策是十分正确的。在深圳经济特区率先实现社会主义现代化的征程中，深圳经济特区立法将继续发挥不可替代的积极作用。

一 深圳经济特区立法的历史贡献

（一）为深圳探索建立社会主义市场经济体制奠定了坚实的法律基础

20 世纪 80 年代初期，国家建立经济特区的首要目的就是探索建立社会主义市场经济体制。深圳在这方面先行先试，积极探索，取得了巨大的成功，这是有目共睹的。1992 年深圳获得经济特区立法权以来，深圳市人大及其常委会敢闯敢试、敢为天下先，勇于突破传统经济体制束缚，在一些缺少国家层面的法律规范的领域，从零开始，率先制定了商事登记若干规定、经纪人管理条例、股份有限公司条例、有限责任公司条例、土地使用权出让条例等 50 多部法规，这些法规很好地促进了深圳社会主义市场经济体制的发展和完善，营造了良好的市场经济环境。

（二）为深圳高新技术产业发展保驾护航

2000 年，在深圳经济特区成立 20 周年之际，中央要求深圳经济特区要带头加快体制创新，要带头大力推进科技创新，加快结构调整和产业优化升级，在实现经济增长方式的根本转变上创造新鲜经验。如今，深圳高新企业蓬勃发展，成功实现经济转型，率先将自主创新提升为城市发展的主导战略，紧密结合区域创新体系，培育出华为、中兴、招商、平安、腾讯、比亚迪、大疆科技等一大批具有国际竞争力的创新型企业，成为全国创新发展的一面旗帜。这些成绩的取得也都离不开特区立法提供的法治保障。深圳先后制定的有关高新技术产业园区、技术秘密保护、知识产权保护、促进科技创新等方面多部法规，强有力地保障和推动了深圳的自主创新和高新技术产业发展。

（三）为深圳城市管理法治化提供具有鲜明特色的制度保障

短短30余年，深圳从一个边陲小镇发展成为一个现代化的大都市，城市管理法治化程度相当高，政府和市民的法律意识非常强。这里当然离不开整个国家法治化水平提高的大环境，离不开国家法律、行政法规以及广东省地方性法规的保障，但深圳运用两个立法权制定了一大批具有鲜明特色的城市管理方面的法规，从市容环境卫生管理、公园和城市绿化、交通运输，到文化教育、医疗卫生、法治政府、社会保障等各个方面，都有一批独具特色的经济特区法规提供全方位的法治保障，使深圳在城市管理领域"小政府、大社会"的理念得以成功践行。

（四）为深圳的生态文明建设提供了极具前瞻性的法律武器

党的十八大提出"五位一体"的总体布局，首次将生态文明建设提高到与经济建设、政治建设、文化建设和社会建设并列，成为习近平总书记治国理政新理念新思想新战略的重要组成部分。党的十九大报告中提出，加快生态文明体制改革，建设美丽中国。近年来，深圳坚定不移走绿色低碳可持续发展之路，各项生态工程有序推进，良好的生态环境已经成为城市的新标签。在生态文明建设领域，深圳市人大共制定了25部法规，除以特区环境保护条例作为基本法之外，25部法规涵盖了生态文明建设方面的诸多内容，其中仅涉及水环境的就有7部经济特区法规。这些法规为深圳的生态文明建设提供了有力的法治保障。

（五）为国家立法和其他地方立法提供了经验和借鉴

深圳有105部法规先于国家立法，其中40多部特区法规直接成为国家立法重要参考，如两个公司条例、律师条例、劳动合同条例等。深圳的这些法规，有的在制度创新方面为国家和其他地方立法提供了有益的借鉴，如商事登记制度、房地产登记制度、无偿献血制度、建筑节能制度等，有的在观念创新方面为国家立法和其他地方立法提供了有益的借鉴，如改革创新条例体现的依法改革和宽容失败等理念、质量条例提出的质量引领标准先行理念、劳动关系决定贯穿的和谐共生理念、两个交通法规体现的文明礼让理念等。全国人大2015年修改《中华人民共和国立法法》（以下简称《立法法》），赋予所有设区的市地方立法权，也正是基于深圳等多个城市在地方立法方面的成功实践。可以说，深圳特区立法为推进中国完善社会主义立法体制做出了重要贡献。

二 新时代经济特区立法面临的新形势、新要求

党的十九大报告中，将"坚持全面依法治国"作为新时代坚持和发展中国特色社会主义的基本方略之一。应该明确的是，经济特区立法要立足法治发展新阶段，在全面推进依法治国的大背景下推进。如何理解并适应社会发展、经济变革和社会主义民主法治建设的新形势、新要求，是摆在经济特区立法机关面前的一个重大课题。

（一）中国特色社会主义法律体系的形成与深化

2011年3月10日，全国人民代表大会常务委员会委员长吴邦国向十一届全国人民代表大会四次会议作全国人大常委会工作报告时庄严宣布，经过改革开放近四十年的法治建设，一个立足中国国情和实际、适应改革开放和

社会主义现代化建设需要的中国特色社会主义法律体系已经形成。当前站在崭新的历史起点,要深刻认识下一步深化完善特区立法面临的新形势、新要求。

1. 经济社会发展变革带来的挑战

国家政策需以法律形式阐述是现代社会的一个显著特点。发展即变革,法律是国家合法行使权力的基本渊源。中国特色社会主义法律体系是一个开放且动态的体系,不断完善与发展应该贯穿始终。法律体系的形成并不意味着立法任务的完成,法律体系的不断完善也是一个长期的、艰巨的历史任务。对深圳而言,要开创各项工作的新局面,经济特区在法治建设方面提供的有力保障十分必要。经济特区立法要精准把握经济特区经济社会发展的新特点,针对经济特区立法工作适应改革发展新情况的需要,尽快制定相关经济特区法规,保障深圳经济社会发展,完善社会主义法律体系。

2. 提升经济特区立法质量的要求

立法质量是法律法规体系建设的生命线,是一个国家和一个地区法治水平的标尺,更是推进依法治国的基石。在中国特色社会主义法律体系已经形成的新格局下,中国已迈入"后立法时代",立法要从数量型和速度型立法向质量型和效益型立法转变。经济特区立法应该更加重视立法质量和效益,例如,如何设置新立法项目的"门槛";如何提高经济特区法规的可行性;如何促进经济特区法规的有效实施;如何保障法律体系的协调性;如何提高立法技术,统一经济特区法规的体例、结构、用语,使之更为准确、精练、规范等。

(二)依法立法,维护国家法制统一

党的十九大报告提出,要推进依法立法,以良法促进发展、保障善治,要维护国家法制统一、尊严、权威。《立法法》规定,立法应当从国家整体利益出发,维护社会主义法制统一和尊严[①]。依法立法是把握立法正确方

[①] 《立法法》第四条。

向、维护法制统一的根本要求。

随着《立法法》的修改、地方立法体制的调整，地方立法维护法制统一的任务更加繁重。在行使经济特区立法权时，应当从国家整体利益出发，维护国家法制的统一，在《立法法》和授权立法的权限、程序和原则下开展立法活动，在适合的领域进行创新，当变通则变通，该试验就试验，真正体现出特区特色。

1. 符合宪法与法律精神

宪法是国家根本大法，是党和人民意志的集中体现。宪法明确规定了中国的立法体制和原则，所有法律法规的制定和修改都必须体现宪法精神，并不得同宪法相抵触。依法立法还要贯彻《立法法》。《立法法》是"管法的法"，规定了立法工作应当遵循的基本原则，明确了立法权限的划分，对立法工作的各个环节都做出了具体规定。只有贯彻《立法法》，才能使立法工作有章可循，防止违反宪法原则和法律精神的现象发生。依法立法还要研究上位法，在工作中体现上位法的精神和具体要求。不管是法律还是行政法规，都是地方性法规的上位法，都要认真学习研究，熟悉它，只有熟悉了上位法，才能做到相互衔接，上下位法一致，维护法制统一。

2. 严格遵守立法权限

根据授权决定，经济特区立法要遵守宪法、法律和行政法规的基本原则以及《立法法》有关的授权规定。从授权立法的情形来看，经济特区立法的立法权来源于全国人大及其常委会的授权，具有国家性；从经济特区立法权运用的主体、适用的范围来看，经济特区立法权具有地方性。《立法法》第90条允许特区法规对法律、行政法规、地方性法规作变通规定，这一规定从本质上说即同意经济特区在其范围内部分修改法律和行政法规的规定。但在实践中，经济特区立法应当受《立法法》第8条所规定的法律保留原则的限制。

（三）中国特色立法体制的确立

立法体制与维护国家法制统一、发挥地方主动性积极性密切相关。宪法在强调维护国家法制统一的同时又规定:"中央和地方的国家机构职权的划分,遵循在中央统一领导下,充分发挥地方的主动性、积极性原则。"① 与其他国家使用的单一制、复合制和制衡制等立法体制对比,显然,中国的立法体制具有自己的特色。一是立法权的行使主体不只是一个机关,这不同于单一制。二是立法权种类繁多,包括国家立法权、行政法规立法权、一般地方立法权、民族自治地方立法权、经济特区立法权和特别行政区立法权,立法权分属不同机关,这不同于复合制。三是虽然行使上述立法权的部分机构在内部具有从属关系或监督关系,但并不能理解为相互制衡。

综上所述,中国特色立法体制是由中央统一领导的,分散部分立法权限,多级多类立法并存的集合。总体而言,国家立法权由中国最高国家权力机关及其常设机关——全国人大及其常委会统一领导,国务院也享有一部分立法权;地方立法权由地方人大及其常委会及地方政府行使。经济特区立法必须在现行中国特色立法体制框架内推进。

三 新时代经济特区立法的新定位、新任务

2017年4月,习近平总书记对广东工作作出了"四个坚持、三个支撑、两个走在前列"的重要批示,赋予深圳新征程中的新使命。深圳25年来的立法成就,是中国法治建设取得伟大成就的缩影,彰显了社会主义制度的巨大优越性。如果说过去25年,经济特区立法为国家改革开放和深圳现代化建设做出了贡献,那么在全面依法治国加快推进的今天,经济特区立法在发展全局中的作用更加重要。

新时代赋予经济特区立法新定位和新任务。在下一步工作中,经济特区立法如何在维护国家法制统一的前提下,在全面依法治国进程中发挥先锋作用?作为地方立法,如何助力深圳核心发展方向,将特殊的立法权优势转化

---

① 《宪法》第三条。

为法治与发展优势?《立法法》修改后赋予设区的市地方立法权,在这"千帆相竞"的大背景下,深圳如何发挥自身优势,继续用好经济特区立法权?这些都是急需思考与阐明的问题。

(一)经济特区立法为创新发展提供法治保障

党的十八大以来,以习近平同志为核心的党中央高度重视创新驱动发展战略,围绕创新驱动发展战略进行了全面部署。党的十九大报告提出加快建设创新型国家,到2035年中国要跻身创新型国家前列。2017年12月,中央经济工作会议提出了要推进中国制造向中国创造转变。从中国制造向中国创造转变,核心是自主创新。对于中国来说,能否在未来发展中后来居上、弯道超车,要看能否在创新驱动发展上迈出实实在在的步伐。

近年来,中国在自主创新领域取得了一定成就。但我们也应该清醒地认识到,中国创新力度和产业发展能力仍然有待加强。以制造业为例,国家工业和信息化部部长苗圩在对《中国制造2025》进行全面解读时指出,中国已成为制造业大国,但还不是制造业强国。在全球制造业的四级梯队中,中国还处于第三梯队,与处于第一梯队的美国和处于第二梯队的日本、欧盟等国家地区有较大差距。其中,最突出的不足是自主创新能力薄弱,研发设计水平较低,关键共性技术缺失。而且这种格局在短时间内难有根本性改变,中国要成为制造强国至少要再努力30年。

深圳作为全国首个以城市为基本单元的国家自主创新示范区,在国内自主创新领域,是具有突出优势的,有责任也有能力在助力创新发展中发挥主力军作用。目前,除腾讯、华为、中兴等国际知名企业外,深圳拥有国家高新技术企业累计达到11230家。2017年PCT国际专利申请量约2万件,占全国的46.6%,连续14年稳居全国首位。2017年,新兴产业占GDP比重为40.9%,先进制造业占规模以上工业增加值比重达到71.0%。世界知识产权组织等机构发布的《2017年全球创新指数报告》指出,在全球热点地区创新集群中,深圳居第二位,仅次于东京,领先硅谷。

法治是创新驱动发展战略持续深入推进的根本保障。运用好经济特区立法权这一有力武器，进一步提高法治化水平，为国家自主创新保护开展探索，是深圳经济特区立法在新时代责无旁贷的使命。2018年1月，深圳在国家和广东省尚未针对国家自主创新示范区的建设发展制定上位法的情况下，出台了《深圳经济特区国家自主创新示范区条例》，以深圳经济特区法规形式率先立法，在拓宽财政科技资金投入渠道、政府部门登记许可类信息共享和规范科技项目评审以及后续监管等方面进行了创新，在知识产权保护管理和简化建设项目环评等方面对上位法进行了变通，为推动深圳创新驱动发展保驾护航。

经济特区立法权的先行性、变通性和地方性，较之国家立法，能够快速适应区域产业发展需求，促进特区新技术、新产业、新业态成长。深圳在科技创新领域的蓬勃发展急需通过完善国家和区域法治环境，构建技术创新制度体系，培育创新型领军企业，保护科技创新成果。经济特区立法要在积极维护国家法制统一和权威的前提下，坚持改革决策与立法决策相衔接，继续突出制度创新和观念创新，为国家产业创新发展服务，助推以制造业为代表的各类产业进入全球第一、第二梯队。

（二）经济特区立法为高质量发展营造法治环境

党的十九大报告中指出，中国经济已由高速增长阶段转向高质量发展阶段。2017年12月召开的中央经济工作会议提出，要推进中国速度向中国质量转变，追求高质量，推动高质量发展成为今后一个时期中国经济发展的根本要求。

深圳具有高度市场化的体制优势和多元自由平等的文化优势，是国家探索推动高质量发展的重要试验田。向质量要发展，也是深圳的主动抉择。2010年，深圳就提出了"深圳质量"。接下来连续7年的深圳市政府工作报告中，都出现了"深圳质量"的表述。2013年，深圳被国家质检总局授予全国首个"质量强市示范城市"称号。近年来，深圳质量引领全国，通过提升各领域标准化水平，累计研制国际标准1655项，研制国家和行业标准3758项。2017年7月1日起施行的《深圳经济特区质量条例》是国内针对宏观质量管理领域的首部地方性法规，为深圳质量建设提供了法治保障，标志着深圳进入了质量新时代。

新时期，经济特区立法要充分发挥自身优势，为推动高质量发展营造良好法治环境。转向高质量发展阶段，必须跨越非常规的中国经济发展现阶段特有的关口和常规性的长期性的关口。深圳市场环境较为完善，初步形成了合理优化的梯次型产业结构，建设现代化经济体系具有较好基础。经济特区立法要制定和完善促进经济高质量发展的法律法规、标准和政策，要着眼近年来的重点工作。从深化供给侧结构性改革，激发各类市场主体活力，提高保障和改善民生水平，加快建立多主体供应、多渠道保障、租购并举的住房制度等方面着手，高度关注、集中调研，着力推进特区法规的立改废释工作。营造更适应高质量发展的法治环境，助推构建指标体系、标准体系、统计体系和绩效评价体系，推动中国经济在实现高质量发展上不断取得新进展。

（三）经济特区立法为建设法治国家开展有益探索

中国社会正处在由传统农业社会到现代工业社会、由计划经济到市场经济的双重转型过程中。改革开放以来，中国经济发展模式相对单一，长期依赖的是粗放型发展方式（如我们熟知的 OEM 贴牌加工模式）。这类模式处于产业链的最低端，只能赚取最少的利润，而且随着中国制造业人力成本、资源成本优势的逐渐消失，这种发展方式必将无法维系。目前中国已经建成的中国特色社会主义法律体系，与这种经济发展模式是相适应的。

另外，随着经济发展重心的转变和市场对供给要求的不断提升，法律法规配套不足的问题日渐凸显。以知识产权保护为例。十九大报告提出要强化知识产权创造、保护、运用。加强知识产权保护是中国经济转型发展的必然选择。但长期以来，中国知识产权意识较为薄弱，企业运用知识产权战略的层次较低、重视度不高。同时，中国虽然已经形成了与 TRIPS 协议要求基本一致的专利法、商标法和著作权法等部门法，但知识产权法律体系缺乏系统性、可操作性和配套制度建设，总体状况仍与国家经济、科技和社会的发展要求，与面临的国际新形势的发展要求不相适应。

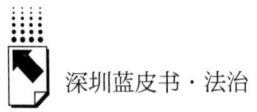

在中国探索全新发展模式、产业结构更新换代的新时代大环境下，重构并完善与经济发展模式相适应的法律体系势在必行。随着互联网时代的到来，我们即将面临从工业社会进入信息社会的重大变革，深圳经济特区作为先行先试的排头兵和试验田的功能没有变，经济特区立法为经济特区提供有力法律保障的作用没有变，为国家立法先行先试的试验田作用也没有变。经济特区立法仍然任重道远。

下一步，深圳应当充分运用经济特区立法权，配合国家产业结构升级换代，开展立改废释工作，真正发挥立法的引领、推动和保障作用。除此之外，经济特区立法应当先行先试，在经济社会的各领域开展探索，如劳动关系、产权制度、市场制度、资源管理模式，乃至整个民法体系的建构等。

（四）经济特区立法为社会治理现代化打造最优模式

与国内其他城市相比，深圳在推进社会治理模式体系和治理能力现代化方面具有独特的优势条件：一是深圳以民营经济为主体，社会活力充足；二是高度开放，深度融入国际和国内市场；三是政企关系处理得当，企业是经济活动的主角，政府甘当配角；四是移民城市造就务实、诚信、敢为人先的文化优势，使多元、自由、平等、法治这些现代市民社会价值观成了深圳社会的主流价值观。这些不仅是深圳经济社会稳步前行的强大助力，更是深圳先行先试、探索社会治理现代化的重要支持。

近年来，深圳推动实现多方参与、多元共治的社会治理体制，直面社会治理短板，破解城市发展难题，社会治理水平不断提升。2017年12月，广东省综治考评组来深圳开展2017年度综治工作和法治广东建设考评时，认为深圳充分发挥调动社会各方力量，共同支持和参与综治和法治工作，坚持党委领导、政府负责、社会协同、公众参与、法治保障的社会治理共治共享格局基本形成。

坚持立法先行是探索社会治理模式创新的重要手段，法治是社会治理模式创新的最优模式。在推进经济特区立法工作时，面对社会治理过程中出现的种种问题,要充分运用法治思维构建社会行为有预期、管理过程公开、责任界定明晰的社会治理体系,善于运用法治方式把社会治理难题转化为立法问题加以解决。尤其是针对社会治理的重点领域,如城市综治、社会组织培养、食品安全和社会保障等方面法律法规的立改废释工作,完善社会治理法律体系,为加强和创新社会治理提供坚实的法治基础。

B.3
深圳市城市规划法治发展研究报告

钟 澄*

摘　要： 深圳在建市之初就十分重视城市规划工作，建市二十年即通过"编制城市总体规划——制订规划编制准则——制定城市规划立法"三部曲完成了城市规划从注重技术走向注重法治的历程。目前已经建立了较完善的城市规划立法体系、科学的城市规划审批机制、严格的城市规划执法制度。城市规划工作既保障城市建设和经济社会发展需要，又坚持公共利益底线，确保生态平衡。当前深圳土地资源紧缺，城市规划工作面临"上天入地""海陆统筹""旧区改造"的新局面，需要在完善法规体系、改善城市规划委员会制度、增强公众参与、严格法定图则修改等方面进行加强。

关键词： 城市规划　空间利益　法定图则　公众参与

一　深圳城市规划法治发展回顾

在改革开放至今近40年的城镇化发展中，城市规划经历了"落实政府需求的工具"——"城市空间发展管控工具"——"调整空间利益公共政策"的演变，[①] 逐步从"技术化"走向"法治化"。深圳作为"一张白纸上

---

* 钟澄，法学博士，副研究员，深圳职业技术学院教师，广东省房地产法学研究会常务理事。
① 张京祥、罗震东：《中国当代城乡规划思潮》，东南大学出版社，2013，第27页。

画画"的新兴城市,城市规划工作从一开始就在城市发展中扮演着重要的角色并纳入法制轨道。

(一)深圳城市规划法治的起步阶段(1980~1990年)

1980年深圳经济特区成立时,在担负对外开放、对内改革探索任务的同时,也承担着市场经济体制下新城市建设的重任。此时中国的城市规划工作刚开始复苏,为了能在来之不易的经济特区科学绘就发展蓝图,特区建立之初"市委市政府就把制订和实施经济发展规划与城市建设规划紧紧扭在一起"[①],1982年制定了《深圳经济特区社会经济发展大纲》,在此基础上1986年又制定了《深圳经济特区总体规划(1986~2000)》,成为政府主导城市建设的有力手段。同时,根据深圳的地理情况提出了"带状组团式"结构。随后,开始编制总体规划下的分区规划。到1989年,分区规划基本覆盖了原特区内所有的建设用地。[②] 在根据规划开展的城市建设上,市政府积极主导建设策略,1982年启动罗湖上步38平方公里开发,并组织罗湖小区建设,同时开展罗湖、蛇口和沙头角的组团发展。1988年市政府大力投入口岸、基础、港口、公路等大型基础建设,为之后20世纪90年代的大规模建设打下了基础。

1989年《深圳市城市发展策略》《深圳市规划标准与准则(试行)》制定并发布,这是中国首个区域规划和地方性城市规划标准。同年,市规划部门提出了进行规划工作改革,准备将规划编制分为三个层次五个阶段,即全市性规划纲要、次区域规划、法定分区规划(即法定图则)、发展规划图(是对法定图则的深化和补充)和详细蓝图。这五个阶段分别从宏观—中观—微观三个层次分层研究落实。

总体来看,深圳经济特区成立之初,就重视城市规划对城市建设的引导和约束作用,城市规划在一定程度上成为城市发展的法则,从总体规划实施效

---

① 周鼎:《深圳城市规划和建设的回顾》,《城市规划》1986年第12期,第3页。
② 王富海:《从规划体系到规划制度》,《城市规划》2000年第1期,第29页。

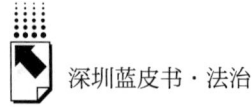

果来看，初步确立了特区的6个组团，包括目前福田的中心区地位；特区内规划了3条东西向主干道以及机场、广深高速、码头等选址。"在重视规划、统一实施的片区，均成为优美的城区，而忽视规划、切块建设的片区较为混乱。"①

（二）深圳城市规划法治的发展阶段（1990~2000年）

1990年《中华人民共和国城市规划法》施行，全国各城市进行城市规划工作时有了上位国家法律依据，该法律确立了控制性详细规划的地位，深圳此时也开始大规模推进控制性详细规划。深圳的规划部门和国土部门1992年合并，同时又纳入了房地产管理职能，如此，深圳市政府从每年的土地出让收益中拿出约5%用于规划设计编制费用②，保障了规划编制、修订的常态化和高质量。1997年，第一版正式的《深圳市城市规划标准与准则》（以下简称《标准与准则》）经市政府批准施行，该版《标准与准则》侧重微观层面建筑控制和方案的审批。③ 接着，1998年5月15日，《深圳市城市规划条例》（下简称《条例》）在经过三年的广泛讨论后由深圳市第二届人大常委会第二十二次会议通过，于当年7月1日施行。该《条例》系统地将深圳的规划体系及其实施制度通过立法手段固定。上述《标准与准则》和《条例》的发布表明深圳城市规划工作正式由技术性转向制度性④，是深圳市城市规划正式走向法治化的重要标志。《深圳市城市规划条例》的主要内容包括：

（1）确立深圳市行政区为城市规划区，特区内外统一纳入规划范畴，协调发展。明确规定按照法律程序制定的城市规划，不经过法定程序不得变更或丧失效力，土地管理及各项城市建设活动都要符合城市规划，服从城市规划管理。

---

① 王富海：《从规划体系到规划制度》，《城市规划》2000年第1期，第29页。
② 王富海、李贵才：《对深圳城市规划特点和未来走向的认识》，《城市规划》2000年第8期，第26页。
③ 黄卫东：《城市规划实践中的规则构建——以深圳为例》，《城市规划》2017年第4期，第52页。
④ 李百浩、王玮：《深圳城市规划发展及其范型的历史研究》，《城市规划》2007年第2期，第71页。

(2) 组建了城市规划委员会。委员会委员 29 名，由公务人员（不超过 14 名）、专家及社会人士组成，每届任期三年。市长担任市规划委员会主任委员，2 名副主任委员及其他委员由市人民政府聘任。委员会下设三个专业委员会：发展策略委、法定图则委、建筑与环境委。城市规划委员会有权审议总体规划、次区域规划、分区规划、重大项目选址，并对专项规划、法定图则[①]和重点地段城市设计进行审批。市规划委员会会议每季度至少召开一次，参会人数不少于 15 名，非公务人员不少于 8 名，须参会人数的 2/3 作出的决议方能通过。

(3) 从立法上正式落实先前提出的"总体规划—次区域规划—分区规划—法定图则—详细蓝图"的规划体系。总体规划由市政府组织编制，市规划委员会审议前必须公开展示草案 30 日并向社会公众征求意见，规划审议后再由市政府提请本级人大常委会和省政府同意后报国务院审批；次区域规划则由规划部门组织编制，规划委员会审议并经市政府同意后报本级人大常委会审批；分区规划由规划主管部门组织编制，经市规划委员会审议后报市政府审批；详细蓝图由规划主管部门编制和审批。

(4) 专章规定了法定图则制度，明确法定图则是具体建设的直接依据，从而成为各方关注的核心。当时的深圳市政府认为，市场经济体制下，传统的控制性详细规划的控制力受到挑战，随意改变用地性质和容积率的现象时有发生。控制性详细规划只改变了规划编制的技术问题，未解决规划管理问题。[②]《条例》规定，法定图则由规划主管部门编制，审批权和修改权均属于市规划委员会，初审同意后须公开展示 30 日，公开征询和回复社会公众意见。法定图则的编制在技术程度上采用控规层次。规划成果成为地方法规，避免规划执行过程中的长官意志，控规中的重点要素，如用地性质、开发强度、公共服务设施等，在社会公众参与的基础上，经过咨询、评议和审批后进行固定。

---

① 法定图则指城市规划在操作层面的技术成果，是由法律授权的权力部门经过法律规定的制订和批准程序确认的文件和图纸，是城市规划管理的法定依据。
② 李子彬：《法定图则规划体制的探索与实践》，《中外房地产导报》2000 年第 8 期。

(5) 确立了城市设计在城市规划工作中的法律地位。《条例》规定城市设计分为整体城市设计（对应总体规划、次区域规划和分区规划）和局部城市设计（结合法定图则和详细蓝图），前者对城市设计各方面提出原则性意见和建议，后者规范具体片区城市设计。对重点地段，如商业文化中心、交通枢纽、广场、生活型海岸线、重点旅游区等还须进行单独的设计。城市设计须贯穿于城市规划各个阶段。

(6) 规范了规划的具体实施，包括建设用地规划和建设工程规划管理。就前者而言，《条例》规定了绿地、文教体卫用地、市政公用设施用地、自然植被保护区、水源保护区、海岸线等不得侵占和改变用途；对旧区改建进行了原则性的规定；规范了发放《选址意见书》的程序和范围；申请《建设用地规划许可证》的程序和有效期；以及临时用地的申请程序。就后者而言，《条例》规定了建设工程范围；申请《建设工程规划许可证》的程序和有效期，规划验收程序等。

此外，随着城市开发强度的增加和土地价值的提升，深圳的违法建筑问题也逐步凸显，为了加强对违建行为的管控，1995年11月3日深圳市二届人大常委会第四次会议通过了《深圳经济特区规划土地监察条例》，于1996年1月1日正式实施。该条例旨在监督检查单位和个人执行遵守规划土地法律法规的情况，查处违反规划国土法律法规的活动。条例赋予市规划国土主管部门及其派出机构的监察权，并对两级部门的管辖权进行了规定，同时，对立案、调查、强制措施和执行进行了详细的规定。

总体而言，20世纪90年代，以国家立法和深圳市立法为契机，深圳的城市规划法律制度正式确立，特别是城市规划编制通过法定图则得以深入，既简化了规划决策，方便了规划管理，提高了城市建设效率，也满足了市场主体对土地开发的测算，促进了房地产业的发展。但由于法定图则"过于追求可操作性，忽略了城市美学和城市景观，同时短周期规划也加剧了规划与公众之间的隔阂，也存在着修改操作缺乏规则的情况"[①]。

---

① 王富海：《从规划体系到规划制度》，《城市规划》2000年第1期，第31页。

(三)深圳城市规划法治的完善阶段(2001~2010年)

该阶段深圳市进一步完善城市规划各项制度,保证规划既能科学编制,又能得到切实落实。深圳市第三届人大常委会2001年3月22日对《深圳市城市规划条例》进行了修改,增加了市城市规划委员会下设发展策略、法定图则和环境艺术等专业委员会的规定,并规定法定图则委员会在规划委员会授权下可行使法定图则审批权。2004年,市政府发布了第二版《深圳市城市规划标准与准则》,突出了"微观层面建筑控制和方案的审批"①。

2001年,深圳的地铁建设开启,为规范地铁的修建,加快城市轨道交通建设,2001年7月22日市政府以101号令发布了《深圳市地下铁道管理暂行规定》,规定了地铁路网规划管理,规划控制器管理,工程管理和地铁沿线土地综合开发。此后,随着地铁二期工程的展开,以及土地资源的紧张,对地下空间进行开发势在必行,2008年市政府又以188号令发布了《深圳市地下空间开发利用暂行办法》,明确应在城市总体规划的基础上进行地下空间开发利用专项规划,并在规划、设计标准和准则中专门对地下空间利用进行规范。

深圳城市化进程加快的同时,环境问题也越来越得到关注,为了保持生态平衡,避免过度开发造就"水泥森林",深圳也开始在规划方面注重生态立法。2002年2月9日市政府以108号令发布了《深圳市内伶仃岛——福田国家级自然保护区管理规定》,对福田红树林湿地生态进行系统保护,作了总体规划。2005年深圳发布《深圳市基本生态控制性管理规定》,使深圳成为中国内地首个以立法方式划定生态边界的城市,划定了基本生态控制性范围,规范了在控制线内进行重大项目的程序,管控了城市开发空间增长,约束了控制线内的违法建设和破坏环境行为。随后,市政府将生态保护区规划为974平方公里。2008年1月4日市政府以178号令发布了《大鹏半岛

---

① 黄卫东:《城市规划实践中的规则构建——以深圳为例》,《城市规划》2017年第4期,第52页。

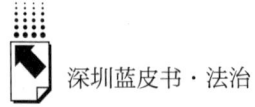

保护与发展管理规定》,加强大鹏半岛的生态环境保护,促进其可持续发展。该规定要求对大鹏半岛实施空间管制,划定核心生态保护区和三级建设控制区,并进行生态补偿。2009年深圳市第四届人大常委会第二十五次会议通过了《深圳经济特区梧桐山风景名胜区条例》,规定应当对风景区编制总体规划和详细规划,对其进行适度开发和严格保护。

2004年原特区外土地实行"统转"后,市委市政府进一步意识到落实城市规划的重要性。2005年11月24日,中共深圳市委、深圳市人民政府发布了《关于进一步加强城市规划工作的决定》(深发〔2005〕17号),进一步牢固树立城市规划的"龙头"地位,指出空间资源短缺成为深圳发展专项的突出矛盾,要求进一步形成科学合理的城市规划体系、高效有序的城市规划管理体制、有力的城市规划监督机制和完善配套的城市规划法规体系,提升城市规划工作的法制化水平。

在执法方面,2001年和2005年,市三届人大常委会两次对《深圳经济特区规划土地监察条例》进行了修订。2001年强调了除规划国土监察机构以外的其他部门,如公安、城管、工商、建设部门的责任,并明确了各区政府协调辖区内规划国土监察执法工作的责任,并根据深圳违法建筑的特点,授权主管部门对送达《停止违法行为通知书》后的抢建部门径行拆除的权力。2005年随着深圳市执法部门职能的调整,该条例将规划土地的监察权授予城市管理综合执法部门,而规划土地部门只负责指导和监督。

为了进一步释放城市发展空间,2005年深圳开始对旧屋村、旧工业区和城中村进行改造,至2009年,深圳市的新增土地已经接近极限,在广东省的"三旧"改造政策出台后,深圳市迅速反应,于2009年10月22日以111号令发布了《深圳市城市更新办法》,标志着深圳的城市建设进入"更新时代"。该办法对城市更新规划进行了详细的规定。

总体而言,在进入21世纪的第一个十年中,随着原特区内外一体化发展,城市建设的全面铺开,土地资源利用从平面转向"上天入地"空间化立体化,城市规划立法一方面跟上了经济社会发展的需要,另一方面也坚守了公共利益底线,维护了深圳的绿水青山。

（四）深圳城市规划法治的新时期跨越阶段（2011年至今）

从 2011 年开始，深圳的城市建设以存量土地的二次开发为主，此时的"规划不是简单地在空地上搞建设，而是对已建用地上既有利益格局调整"①，其复杂性不同于传统的政府主导规划编制，必须要政府、社区、市场主体共同参与，平衡各方利益，因此采取"协商式"规划方法为妥。在 2012 年《深圳市城市更新办法实施细则》的基础上，深圳市规划主管部门分别于 2013 年和 2015 年发布了《深圳市城市更新单元规划制定计划申报指引（试行）》和《深圳市城市更新单元规划容积率审查技术指引（试行）》，指导城市更新单元项目的申报主体组织规划编制，指导城市规划委员会及"强区放权"后的各区对申报主体提交的城市更新单元规划进行审查。

2014 年第三版《深圳市城市规划标准与准则》发布，为适应新形势下深圳城市发展的需要，建立了"总体—街区—地块与建筑"三层次空间控制结构。"从已经发布的三版《深标》的发展脉络来看，深圳的城市规划制度根植于该城市的制度演进过程、社会发展环境、市场运行系统以及特区的特别政策之中"②。

执法方面，2013 年和 2014 年，深圳市再次对规划国土监察部门进行调整，修订了《深圳经济特区规划土地监察条例》，明确了规划土地监察施行市、区、街道三级管理和市、区两级执法机构，厘清了三级管理部门的权限；探索规划土地监察机构和公安机关联合执法机制，鼓励公民、媒体和业主举报监督违法行为；创新了卫星遥感监测、航拍等巡查方式。同时，根据 2011 年《中华人民共和国行政强制法》对相关执法程序进行了完善。2017 年 5 月 16 日，根据深圳市"强区放权"的改革精神，市人大常委会再次修

---

① 邹兵：《行动规划 制度设计 政策支持——深圳近 10 年城市规划实施历程剖析》，《城市规划学刊》2013 年第 1 期，第 65 页。
② 黄卫东：《城市规划实践中的规则构建——以深圳为例》，《城市规划》2017 年第 4 期，第 52 页。

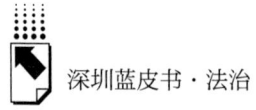

改《深圳经济特区规划土地监察条例》，规定了市一级监察机构仅管辖跨区的或市政府以上部门指定的重大案件。

另外，2012年深圳市海洋管理也纳入了市规划国土部门，城市规划方面也开始向"海陆统筹"发展，作为海滨城市，深圳250余公里岸线开始统筹规划发展，相关的海洋管理特区立法亦进入起草阶段。

二 深圳城市规划法治发展展望

（一）修改《深圳市城市规划条例》

现行的《深圳市城市规划条例》（以下简称《条例》）在2001年修订后就未作修改，部分规定已经不能适应深圳市当前的发展情况。此外，2001年后国家也陆续出台了与城市规划工作相关的法律、行政法规、部门规章和规范性文件。因此，社会各界对该《条例》修改的呼声很高，2006年深圳市法制办曾经公开过《条例》的修订草案征求社会各界意见，但后来并未有进一步的消息。作为深圳市城市规划工作的"根本大法"，目前深圳市规划编制和执行中的诸多问题都需要通过该《条例》的修改加以解决和落实。

（二）完善城市规划委员会制度

深圳市城市规划委员会自1999年成立以来，通过制定和遵守《深圳市城市规划委员会章程》，规范了规划项目审议审批的法定程序，推进了规划决策的科学化和民主化。但也存在一些突出的问题，如专项规划方面的审批权以及其他规划与重大项目选址方面的审批权的界定较为模糊；规划委员会与下设专业委员会之间以及各专业委员会之间的职能划分有待优化；会议制度过于固化，要求三分之二的委员到场方能开会，影响了审批效率，且举手表决方式会产生相互影响的情况；日常工作中，规划项目报审、签发、公布的程序、委员的工作守则、规划委员会秘书处的工作规程等操作细则均缺少制度规定，造成项目从审批通过到公布实施耗时较长，以致影响规划审批；

非公务委员比例较低，且一直未换届，影响实际工作；秘书处人员流动性较强，影响工作效率和连贯性等。

上述问题都需要通过在修改《深圳市城市规划条例》的基础上，对现行的《深圳市城市规划委员会章程》进行修改，并制定较为细致的运作规程，以更好地发挥城市规划委员会在宏观决策咨询、统筹各项规划、强化规划主导与刚性、推动公众参与规划方面的作用。

（三）加大规划编制中的公众参与度

"规划的作业是根据整体效益最佳原则对城市中各利益主体开展活动的引导和规范，而规划工作的目标之一是使规划成为人人遵守的法律规则"[①]，这就需要在规划编制中体现公众参与，保证其科学性、可行性，以达到自觉遵守的效果。公众参与是城市规划法治化的必需手段，"公众"是一个十分宽泛的概念，包括各种利益集团、法人、居民和社区等，他们是城市的建设者和使用者，也是城市发展红利的分享者。《深圳市城市规划条例》虽然规定了规划委员会审议总体规划和法定图则草案前必须向社会公众公开展示30日并征求意见，但有效的公众参与规划活动太少，并且法定图则编制中的公共展示和社会公众意见征询设置在草案之后，公众只能提一次意见，参与程度不高。提意见者也没有公开申辩和交流的机会。另外，社区基层组织作为最了解社区情况的部门，参与度也不够。因此，可以通过趣味性和通俗性的方式，主动"打广告"，增强公众的参与热情，在规划编制前、中、后期均可安排参与活动，亦要在受规划编制影响的单位和社区主动公示和要求，"送规划到基层"。

此外，可以考虑建立城市规划申述制度。目前的制度下对公众的城乡规划异议的救济途径存在不足，多数情况下都是"木已成舟"的事后个案救济，效果不佳。可以考虑在城市规划委员会下设立"申述委员会"，作为政

---

① 顾汇达、白玉：《规划走向法制——兼议深圳城市规划的发展趋势》，《规划师》2000年第3期，第60页。

府部门与公众之间沟通的平台，负责公众对城乡规划草案或方案申述的处理，从专业角度处理和化解因规划编制而产生的纠纷①。

（四）严格法定图则的修改程序

法定图则是经法律确定的规划，对私人的权利义务产生影响，对行政行为和行政审判也有效力，具有刚性约束。目前法定图则委员会根据市规划委员会的委托审批法定图则，该委员会由19名委员组成，设主任委员、副主任委员各1名，分别由规划委员会秘书长、副秘书长兼任。其他委员由政府相关部门派出代表、专家和社会人士组成。表面上看，市规划委员会人员构成较为广泛，但实际代表的阶层广泛性并不高，委员主要来自规划部门及与其工作联系密切的规划设计单位。而且每次委员会会议设置的议程多，审议时间少，难以在审批中充分体现公众意愿。② 随着城市更新的全面铺开，法定图则的刚性受到了较大的挑战，因此，进一步严格法定图则的修改程序，扼守城市公共利益底线成为当前的重要工作。

---

① 钟澄：《城乡规划申述制度具体设计》，《规划师》2014年第10期，第65页。
② 周丽亚、林晨：《深圳城市规划中的公众参与》，《规划师》2000年第5期，第68页。

B.4
深圳市安全生产立法研究

瓮洪洪 王荣*

摘 要： 本报告针对深圳市安全生产立法存在的问题，结合深圳安全生产新形势和实际需要，明确完善深圳安全生产立法的思路和需要关注的重点内容，提出深圳安全生产立法的路径、框架和具体建议。报告认为，安全管理立法路径可以分为综合立法和专项立法，共同推进。在新的安全生产立法中，应对加强安全生产政府监管、强化安全生产企业主体责任落实、推进安全生产社会共治等内容予以考量。

关键词： 深圳 安全生产 地方立法

近年来，深圳市高度重视安全生产工作，积极完善安全生产责任体系，强化政府监管，落实生产经营单位主体责任，取得了一定成效。但是，2013年"12·11"重大火灾事故及2015年"12·20"特别重大滑坡事故的发生，说明深圳安全生产依然面临严峻挑战，存在突出问题和薄弱环节。为此，深圳应当进一步健全安全生产立法，完善安全生产管理工作机制，夯实安全生产工作基础。

一 深圳安全生产立法的背景和实践

对于安全生产工作，中国建立了以《安全生产法》为基本法律，《劳动

---

* 瓮洪洪、王荣，深圳市法制研究所。

法》《建筑法》《特种设备安全法》等行业法律为骨干，法规、规章为枝叶的安全生产法律体系。目前，国务院制定了20余部行政法规，安监总局和相关部委制定了80余部规章。在地方层面，各省还结合本地实际，进行了相关的地方立法。如广东省以省人大常委会2002年制定的《广东省安全生产条例》（2006年、2013年、2017年三次修订）作为本省安全生产基本法规，其下统辖省人大制定的其他安全生产法规①、各地市地方性法规、省政府制定的安全生产规章②及各地政府规章。总体来看，中国安全生产立法体系完整，层次相对合理，安全生产基本做到有法可依。

深圳安全管理立法工作起步较早，1998年就采用"大安全"的管理理念，制定了全国首部地方性安全管理法规——《深圳经济特区安全管理条例》。该条例分为总则、安全管理职责、应急救援、生产安全管理、公共场所的安全管理、事故调查处理、安全检查与整改、法律责任和附则等九章，在适用范围方面不仅包括生产经营单位的安全生产管理，还包括公共场所安全管理，这些公共场所包括文体娱乐场所和旅游景区、商业经营场所、交通枢纽场所、公共交通工具以及其他对公众开放、人员聚集的场所等。深圳以该条例为中心，制定了一系列法规、规章、规范性文件，形成了具有本地特点的安全管理法律体系③。

2002年，国家《安全生产法》出台后，深圳没有直接复制国家安全生产立法体例，而是继续沿袭了旧条例"大安全"的管理理念。2009年，深圳市制定《深圳市安全管理条例》（以下简称《条例》）。该《条例》放弃了经济特区立法，采用了较大市立法，目的是将适用范围扩展到全市，以解决特区内外"一

---

① 如《广东省燃气管理条例》《广东省突发事件应对条例》《广东省电梯使用安全条例》《广东省特种设备安全条例》等安全生产地方性法规。
② 如《广东省渡口渡船安全管理办法》《广东省实施〈校车安全管理条例〉办法》《广东省安全生产责任保险实施办法》《广东省渔业船舶安全生产管理办法》等规章。
③ 目前，市人大制定了一系列专项安全法规，如《深圳经济特区道路交通安全管理条例》《深圳经济特区消防条例》《深圳经济特区建设工程施工安全条例》《深圳经济特区特种设备安全条例》《深圳市学校安全管理条例》《深圳市海上交通安全条例》；市政府也制定了一些规章，如《深圳市燃气管道安全保护办法》《深圳市海上休闲船舶运营安全管理办法》《深圳市工业和商贸企业安全生产主体责任规定》等。

市两法"的问题①。随着安全管理形势的变化,部分地方在安全生产立法中借鉴了深圳"大安全"的立法经验,在其立法中逐渐加入公共场所安全内容,如《江苏省安全生产条例》第28条,《福建省安全生产条例》第27条,《贵州省安全生产条例》第23条,均对宾馆、饭店、民用机场、客运车站、客运码头、商场、集贸市场、体育场馆、旅游景区、公共娱乐场所等人员密集场所做了规定。

2009年《条例》实施后不久,深圳市实施大部制改革,安监局职能被打散归入各行业管理部门,牌子被保留,与深圳市应急办合署办公。2012年,为强化工业和商贸企业安全生产主体责任,市政府制定了《深圳市工业和商贸企业安全生产主体责任规定》(以下简称《规定》),适用于当时的深圳市经信委主管领域。

《条例》《规定》等安全生产法规规章实施以来,取得了显著成就:一是安全生产监管责任体系进一步完善,全市建立起"党政同责、一岗双责、齐抓共管"的安全生产责任体系,形成各级安委办综合协调、各行业部门和专业监管部门各司其职的安全生产监管格局;二是企业安全生产主体责任进一步落实,重点行业领域企业安全生产状况得到改善,累计排查整治各类隐患120余万处,全市重点风险得到有效管控;三是安全生产法规标准体系

表1 "十二五"期间安全生产指标完成情况

指标	2010年	规划目标	2015年	升降幅度	完成情况
各类安全事故死亡人数	675	下降10%降至608人	568	下降15.85%	已完成
亿元本地生产总值(GDP)生产安全事故死亡率	0.071	下降10%降至0.064	0.0325	下降54.23%	已完成
工矿商贸就业人员十万人生产安全事故死亡率	1.233	下降10%降至1.11	1.435	上升16.39%	未完成
道路交通万车死亡率	3.41	下降20%降至2.73	1.35	下降60.41%	已完成
火灾十万人口死亡率	—	控制在0.08以内	0.0649	—	已完成

资料来源:《深圳市安全生产"十三五"规划》。

---

① 2010年5月27日,国务院作出批复,同意将深圳经济特区范围扩大到深圳全市,将宝安、龙岗两区纳入特区范围。

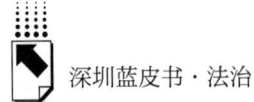

进一步健全,针对重点行业领域安全监管的突出问题,制定修订了安全生产地方性法规、政府规章、规范性文件和地方标准,为依法治安提供法制保障;四是安全生产应急指挥体系基本形成,强化安全生产领域专业救援队伍和专家组建设,提高应急演练参与面和覆盖面,安全生产应急救援能力逐步得到提升。

二 存在的问题

随着经济社会形势的变化,《条例》《规定》等一批法规规章已经不能有效满足深圳安全生产、安全管理的现实要求。

(一)部分内容与上位法相抵触

从法律体系上讲,下位法不得与上位法相抵触。由于《安全生产法》修订于2014年,《广东省安全生产条例》修订于2017年,而《条例》制定于2009年,《规定》制定于2012年,《条例》与《规定》等法规规章的部分内容与《安全生产法》和《广东省安全生产条例》发生了抵触。尤其是新《安全生产法》对健全安全生产责任体系、加强安全监管机构建设、完善监管执法方式、加大责任追究和处罚力度等条款作了较大幅度的调整,内容丰富,《条例》的主要内容已经被上位法所覆盖;而且《条例》关于相关部门安全监管职责、生产经营安全管理和法律责任等内容,与《安全生产法》的规定发生了较大冲突。如设置安全生产管理机构或者配备专职安全生产管理人员的标准低于《安全生产法》[1];再如未按照规定配备安全生产管理人员、未按照规定制定生产安全事故应急救援预案,且逾期不改正的法律责任,《条例》的规定也明显低于《安全生产法》[2],《规定》也存在类似问题。

---

[1] 《安全生产法》规定为其他生产经营单位"从业人员超过一百人的,应当设置安全生产管理机构或者配备专职安全生产管理人员;从业人员在一百人以下的,应当配备专职或者兼职的安全生产管理人员"。而《条例》规定的标准为"从业人员超过三百人"。

[2] 未按照规定配备安全生产管理人员、未按照规定制定生产安全事故应急救援预案,且逾期不改正的法律责任,《条例》规定责令停产停业整顿,并处五千元以上二万元以下罚款,《安全生产法》责令停产停业整顿,并处五万元以上十万元以下的罚款,对其直接负责的主管人员和其他直接责任人员处一万元以上二万元以下的罚款。

（二）安全生产监管体制尚不完善

近年来，深圳安全生产各类监管体制机制逐步完善，尤其是2016年深圳恢复设置市安全生产监督管理局，并调整了政府部门安全生产监管职责。但是仍然存在薄弱环节：一是"部分行业领域安全监管职责不清，产生了新的职能交叉和监管盲区，横向部门之间协调联动不足。行政执法与刑事司法未能有效衔接，规划、审批、建设、运营、生产等多个环节未能形成合力"[1]。二是基层安全监管人员配备不足，执法能力不足，缺乏有效的法律制度保障。如宝安区某街道安全生产执法部门反映，有效执法力量大约为7名，管理行政区域所辖企业为7000多家，两者比例严重失衡，造成安全生产执法检查流于形式。而且，基层安全生产监管队伍任务重、压力大、待遇低，人员流动性很大。

（三）滞后于安全生产形势的发展

随着城市的快速发展和特区一体化的不断推进，深圳安全管理和发展与人口、经济、社会、环境发展协调性不足，安全生产与经济发展之间的矛盾没有得到根本解决，安全生产面临严峻挑战，比如一些行业领域安全生产基础仍然薄弱，企业主体责任不落实，违法建筑、"三小"场所、中小微企业数量巨大，安全监管力量建设、信息化和应急救援水平不能满足实际需要。因此，虽然深圳安全生产整体形势趋向平稳，但发生重特大事故的风险依然存在[2]。

从政策形势来看，2016年12月中共中央、国务院发布的《关于推进安全生产领域改革发展的意见》（中发〔2016〕32号，以下简称"中央32号

---

[1] 见《深圳市安全生产"十三五"规划》。
[2] 近年来深圳发生了数起重大事故，如2010年南山区"3·13"建筑施工安全事故（9人死亡、1人重伤）、2013年光明新区"12·11"火灾事故（16人死亡、5人受伤）以及2015年光明新区"12·20"滑坡事故（73人死亡、4人下落不明、17人受伤）。这些事故的发生，充分暴露了深圳安全生产工作中存在的突出问题和薄弱环节。

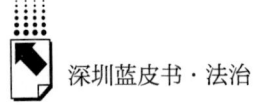

文"),以及2017年9月广东省委、省政府发布的《关于推进安全生产领域改革发展的实施意见》(粤发〔2017〕16号),对改革安全监管监察体制、推进依法治理、建立安全预防控制体系等提出了新的要求,而这些要求需要体现在《条例》等立法中。

(四)未及时固化深圳安全生产成功经验

《条例》出台后,尤其是2016年深圳市安全生产监督管理局恢复之后,深圳市制定了一系列安全生产、安全管理的制度,如《关于进一步加强安全生产工作的意见》《深圳市党政部门安全管理工作职责规定》《深圳市危险化学品重点监管企业安全管理暂行办法(试行)》《深圳市安全生产巡查工作办法》《深圳市安全生产举报奖励办法》等,其中一些做法实施证明是可行的、有效的,但由于是规范性文件,法律权威不高,强制力较低,不能充分发挥其作用。《条例》修订时,应当将这些做法和措施以立法的形式固化下来。

正是由于《条例》《规章》等存在不一致性、不适应性等问题,所以深圳市迫切需要对安全生产相关立法作进一步修改完善,在总结立法经验的基础上,创新相关制度建设,为新形势下的安全生产活动及其相关管理工作提供法律制度保障。

三 安全生产立法修改路径

安全管理立法路径可以分为综合立法和专项立法。所谓综合立法,指的是在一部立法中对深圳安全生产监管原则、有关区政府及市政府部门的安全生产监管职责、生产经营单位的安全生产主体责任、生产安全事故的应急救援和调查处理机制等各方面内容进行统一规定。而所谓专项立法,指的是就深圳安全生产监管的某一产业、事项或具体制度进行专门单独立法,如就安全生产的监督管理、管理委托服务、责任保险,以及生产经营单位主体安全生产责任、隐患排查治理监督管理、安全生产领域中介服务等方面进行专门立法。但无论是采用综合立法路径还是采用专项立法路径，两种模式都各有其优劣之处。

（一）综合立法模式

采用综合立法，可以系统规定安全生产管理制度，并统领深圳其他专项安全生产法规规章，有效整合各专项立法，为日后安全生产专项立法奠定良好的基础。同时，综合立法也与地方安全生产监管立法的主流模式保持一致。目前我们搜集到的广东、上海等28个省份也都采用综合立法模式。但是综合立法限于篇幅，不宜对具体制度规定过细，一些制度设计需由规章或规范性文件进一步细化。

（二）专项立法模式

采用专项立法，可以有效解决安全生产局部问题，但存在诸多问题：一是《条例》与上位法《安全生产法》的冲突问题被搁置；二是特区安全生产监督管理条例等专项立法在管理手段、措施上的创新，可能与《条例》原有规定不一致；三是专项立法、《条例》与《安全生产法》法规之间的不一致，容易造成生产经营单位和市民的误解和混淆，形成法律适用上的困惑，影响安全生产执法的权威；四是无法系统解决安全生产存在的问题。

在综合立法和专项立法中，我们认为综合立法与专项立法之间并无绝对冲突，建议共同推进，选择综合立法的同时，推进专项立法。一方面，《安全生产法》修订之后，《深圳市安全管理条例》部分内容与上位法不一致，影响了立法权威和政府形象，《条例》应当及时修订，同时这也是对"12·20"特别重大滑坡事故的重要回应；另一方面，专项立法可以选取深圳安全生产工作矛盾突出、问题严重的方面，采取"小切口、大纵深"的方法，进行深入细致规定，有效集中解决存在的问题。

四 安全生产具体立法建议

就全市综合性安全生产立法来看，根据2017年深圳市人大和市政府立法计划，深圳准备制定《深圳经济特区安全生产监督管理条例》《深圳市生产经营单位安全生产主体责任管理规定》，采取了"急用先立"的模式，即一是由于规章立法周期短，因此在立法形式上先制定规章，再制定市人大立法；二是在内容上优先制定《深圳市生产经营单位安全生产主体责任管理规定》，可以使当前最突出的生产经营单位安全生产主体责任落实问题先得到解决，然后再针对政府监管进行立法。换句话说，也就是先废止《规定》，制定立法周期较短的《深圳市生产经营单位安全生产主体责任规定》，再制定《深圳经济特区安全生产监督管理条例》，强化政府安全生产监督管理工作。从立法进展来看，《规定》即将于2018年出台，《深圳经济特区安全生产监督管理条例》也已经进入市法制办审查程序。无论采取何种立法形式及步骤，以下内容均应在新的安全生产立法中予以考量。

（一）加强安全生产政府监管

1. 厘清安监局与安委会的职责权限

《安全生产法》第9条明确规定了安全生产监督管理部门对安全生产工作实施综合监督管理职责，同时也规定在其职责范围内对有关行业、领域的安全生产工作实施监督管理。这实际上混淆了政府与安监部门的职责，综合监督管理应当是政府的工作职责，安监部门承担具体监督管理工作。在实践中，安全生产委员会架构下，安监部门一般作为安委会办公室，从而履行安委会的综合监管责任。但这并不意味着，综合监管是安监部门的职责。《安全生产法》规定安监部门承担综合监管责任，实质上是使安监部门承担起政府责任，因此安监部门在安全生产立法时，应当明确安监部门作为安委办，承担综合监管职责；作为监管部门，承担职责范围内安全生产监管职责。

2. 强化风险分级管控和分级监管

风险分级管控是指按照风险不同级别、所需管控资源、管控能力、管控措施复杂及难易程度等因素而确定不同管控层级的风险管控方式。风险分级管控可以有效地分配生产经营单位的资源，集中治理较高风险，降低安全生产隐患。对于安全生产监管机构来讲，也是同样的道理。安全生产监管不应当均匀施力,而应该根据不同行业的特点,进行风险分级管控,将监管重点放在易发重特大事故的行业领域,按照"分区域、分级别、网格化"原则实施差异化动态监管。因此,安全生产立法时,一方面应当强调生产经营单位进行定期风险评估,辨识风险,分析和确定风险等级,从而有针对性地确定管控措施和组织管控;另一方面,负有安全生产监督管理职责的部门应当落实习近平总书记"对易发重特大事故的行业领域采取风险分级管控"的要求,区分不同行业生产经营单位安全生产风险,进行区别监管。

3. 建立安全生产违法行为黑名单制度

新《安全生产法》规定了建立安全生产违法行为信息库并向社会公告及有关部门通报的制度①。2015年国务院安委办发布的《生产经营单位安全生产不良记录"黑名单"管理暂行规定》,更明确规定实施安全生产"黑名单"制度,对纳入"黑名单"的安全生产违法违规生产经营单位,通过媒体向社会曝光,并严格限制或禁止其新增项目的核准、土地使用、采矿权取得、政府采购、证券融资、政策性资金扶持等,并作为银行决定是否贷款等的重要参考依据。在安全生产立法时,应当细化《安全生产法》安全生产社会信用体系的相关规定,将企业安全生产信用记录纳入全市统一的信用信息共享平台,与项目审批、税收减免、上市融资、招标投标、工伤保险缴费、政府采购、土地出让、资质审核等挂钩,完善"一处违法,处处受限"的安全生产联合惩戒及守信激励机制。同时,应当强化对重特大安全生产事故责任人的信用制裁。

4. 建立安全生产公开道歉和承诺制度

《深圳经济特区环境保护条例》就建立了污染环境公开道歉和承诺制度②,

---

① 《安全生产法》第七十五条规定,负有安全生产监督管理职责的部门应当建立安全生产违法行为信息库,如实记录生产经营单位的安全生产违法行为信息;对违法行为情节严重的生产经营单位,应当向社会公告,并通报行业主管部门、投资主管部门、国土资源主管部门、证券监督管理机构以及有关金融机构。

② 《深圳经济特区环境保护条例》第八十一条规定:"依据本条例第六十八条、第六十九条、第七十二条规定被吊销排污许可证的,排污者应当按照环保部门的要求进行整改,并在所在地主要媒体上公开道歉和承诺。整改达到要求的,可以依法向环保部门重新申领排污许可证,但依据本条例第六十八条第(二)项规定被吊销排污许可证的排污者,自吊销排污许可证之日起三个月内不得重新申领排污许可证。"

违法企业通过公开道歉和承诺，提高了环保意识，同时也加强了公众的监督。实践证明，违法行为道歉承诺制度具有良好的执法效果。安全生产立法时可以规定安全生产违法行为道歉承诺制度，对造成死亡1人或者重伤若干人安全生产事故的，强制生产经营单位在本市主要媒体进行道歉和承诺，并向社会公开整改措施，接受社会监督。

5. 制定部门安全生产权力和责任清单，尽职照单免责、失职照单问责

安全生产是生产经营单位的主体责任，行政机关及其公职人员只承担监管责任。对于公务人员来讲，其承担的责任与其职权是对应的，有什么样的权力，就承担什么样的责任。权力有边际，而责任也有边际。不能要求安全生产执法人员承担无边际的责任。如《香港职业安全及健康条例》第28条明确规定在"真诚相信作出或不作出该作为是由本条例或根据本条例所规定或授权的"情形下，公职人员"无须为该作为或不作为承担个人责任"。现实中，一些本应是企业承担的主体责任，责任追究时由安全生产执法人员来买单，这一现象大大挫伤了安全生产监管工作人员的工作积极性，甚至出现"检查是找死，不检查是等死"这样的说法。安全生产监管人员不是生产经营单位技术人员，不熟悉具体操作，也不可能24小时蹲守在生产经营单位内，而且，生产经营单位众多，安全生产监管工作人员有限，也不可能实现全覆盖无死角的监督。为此，中央32号文提出"依法依规制定各有关部门安全生产权力和责任清单，尽职照单免责、失职照单问责"。因此，建议安全生产立法时应当明确制定部门安全生产权力和责任清单，尽职照单免责、失职照单问责。

（二）强化安全生产企业主体责任落实

1. 重点突出某些特殊生产经营单位安全生产主体责任

（1）特殊行业企业安全生产主体责任

涉爆粉尘、锂电池、危化品、液氨等是深圳近年来安全生产中存在较大隐患或者发生安全生产事故概率较高的行业。如2016年7月10日龙华新区的美拜电子发生锂电池爆炸事故。对于此类行业的企业，安全生产立

法时应当有所侧重，提出更高的要求，设置更为严格的主体责任制度，赋予更加严格的义务和责任，加大监管力度。同时，对于金属冶炼、施工建设、交通运输等安全事故风险较高、发生安全事故较多的行业，在约束相关企业的同时，应当对其行业主管部门提出更为明确的安全监督管理要求。

（2）园区安全生产经营管理责任

工业园区作为深圳经济发展的载体，为深圳经济发展做出了很大贡献，但其数量大、组织形式多样化、规模大小不一、权属关系复杂、管理模式不尽相同、安全生产管理水平参差不齐，致使法律责任不明确，安全主体责任落实不到位，安全生产监管困难。因此，加强和促进园区安全管理是安全生产监管的重点之一，也是减少事故的有效手段。安全生产立法时，建议针对工业园区安全生产管理的特殊性进行制度安排，以保障园区安全生产。

（3）商业楼宇物业安全管理责任

楼宇经济是深圳中心城区经济发展的亮点。目前国内主要是针对住宅小区物业管理在法律法规方面做出相应的规定，并没有针对商务楼宇物业管理的法律法规，但商业楼宇与住宅小区在服务对象、服务要求以及服务内容上均存在较大差异。安全生产立法时，可以专门对商业楼宇物业管理做出相应的制度设计，明确商业楼宇物业服务企业安全管理责任主体地位，在安全生产管理制度、岗位要求、从业人员要求、政府监督检查等方面提出相应的要求或者做出相应的规定。

2. 加强企业生产安全管理机构建设与人员配备

随着深圳经济增长方式的改变、产业结构的转型升级，区域内高危行业和较大危险行业的生产经营单位呈现减少的趋势，尤其是随着商事登记制度改革的进行，深圳小微企业日益增多，300人以上的生产经营单位少，大多是100人以下的中小企业，企业资金规模较小、用人灵活、转产频繁、业态属性多样、安全生产管理基础较差。在对《条例》进行修订时应当考虑到深圳小微企业众多的现实问题，做出针对性的规定，如采用合作管理、兼职管理、委托管理等多种形式。

另外,《条例》原来设定了安全主任制度,但该制度因行政审批制度改革而被取消,但安全主任这支专业队伍的作用不容低估,安全生产立法时应当设计相应制度,保障该队伍的稳定性。

3. 强化生产经营单位安全生产事故隐患排查治理

《安全生产法》规定,生产经营单位应当建立安全生产事故隐患排查治理制度,采取技术、管理措施,及时发现并消除事故隐患。事故隐患排查治理情况应当如实记录,并向从业人员通报①。深圳在安全生产立法时,应当在具体如何进行排查治理安全生产事故隐患问题上,进一步强调生产经营单位安全生产事故隐患排查治理责任主体,要求生产经营单位在建立事故隐患排查治理责任制、事故隐患定期排查分析、事故隐患治理和监控制度、隐患排查治理资金保障、重大事故隐患管理、事故隐患举报奖励、事故隐患排查治理报表填报以及隐患排查治理档案管理等方面做出规定并根据相应规定对安全生产事故隐患进行排查治理。

4. 强化安全距离管理

《安全生产法》规定:"生产、经营、储存、使用危险物品的车间、商店、仓库不得与员工宿舍在同一座建筑物内,并应当与员工宿舍保持安全距离。"② 但在现实中,由于各种原因,一些生产经营单位与居民区距离过近。如规划滞后于现实,一些区域先有建筑,后有规划,规划与现实不能适应。而且,目前推行工商登记制度改革,企业登记在先,许可在后,这一改革激发了市场活力,但另一方面,如果安全距离管理不到位,一些企业租赁厂房办理工商登记之后,安全生产监管部门检查时,发现其厂房与居民区距离过近,造成安全隐患,要求整改,生产经营单位将要付出巨大成本,为此怨言较多。

安全生产立法时,建议对安全距离予以规范,一方面,相关部门应当在事前予以规范,对不符合安全距离的单位,应当采取严厉措施予以整改;另

---

① 参见《安全生产法》第三十八条第一款。
② 参见《安全生产法》第三十九条第一款。

一方面，应当强化出租方的责任，要求其在签订出租协议或发包协议时，应当履行告知义务，确认其场所与周边居民区等的距离符合国家规定，从而在事前以较小成本消除安全生产隐患。

5. 在高危、较大危险行业推行安全生产责任险

安全生产责任险是发达国家企业普遍采用的一种保险形式，主要作用是引入独立的第三方监督，促使企业加强安全生产，并进行事故的善后处理，维护社会稳定。从中国《安全生产法》的规定看，国家也鼓励生产经营单位投保安全生产责任保险[①]。此外，中央文件也要求高危行业建立健全安全生产责任制[②]。建议深圳在进行安全生产立法时，对高危行业、较大危险行业的企业推行安全生产责任险，鼓励其他类型企业投保安全责任险。

6. 强化相邻高危行业生产经营单位之间的互助义务

基于地理上的联系，相邻的生产经营单位相互之间会存在一定的交往甚至业务往来，具有一定程度的互信。另外，生产经营的边界不是安全生产事故影响的边界，一个生产经营单位的安全生产事故可能影响到周边生产经营单位的员工人身安全与财产安全。现实中也曾发生多起安全生产事故波及相邻单位的实例。因此，生产经营单位与周边生产经营单位之间存在着种种牵连。基于这种牵连，相互之间可以在安全生产及其他方面开展合作。安全生产立法时，应当将这些企业之间的关系，以立法的形式予以固化，指引其进行互助。如高危生产经营单位应急预案应当载明相邻生产经营单位联系方式，并报主管的负有安全生产监督管理职责的部门备案；生产经营单位之间可以联合建立应急救援队伍、开展联合演练、事故发生时互相通知以及在应急救援时进行互助。

---

① 参见《安全生产法》第四十八条第二款规定。
② 中央32号文明确规定，"取消安全生产风险抵押金制度，建立健全安全生产责任保险制度，在矿山、危险化学品、烟花爆竹、交通运输、建筑施工、民用爆炸物品、金属冶炼、渔业生产等高危行业领域强制实施，切实发挥保险机构参与风险评估管控和事故预防功能"。

（三）推进安全生产社会共治

1. 充分发挥行业协会在安全生产工作中的积极作用

《安全生产法》虽然规定，行业协会组织应当为生产经营单位提供安全生产方面的信息、培训等服务，发挥自律作用[1]。但这一规定相对比较原则。深圳进行安全生产立法时，可以规定各行业协会组织促进生产经营单位加强安全管理方面的各种激励措施，引导、鼓励、支持各行业协会发挥安全生产工作中的积极作用。

2. 引导、促进和规范安全生产技术服务机构服务行为

目前，深圳安全生产中介机构一方面数量少、规模小，应当鼓励发展；另一方面，其服务规范程度不高，应当强化其责任。在安全生产立法时，应当注意更好发挥有关中介机构的作用，探索建立安全生产技术服务机构公示制度、政府购买安全生产服务制度和由第三方实施的评价信用评定制度，引导、支持、促进相关机构开展安全生产技术服务。同时，完善失信惩戒制度，对安全生产技术服务机构不能客观、公正提供安全生产评价报告，或存在与生产经营单位共同欺骗、隐瞒安全生产风险等违法行为进行严厉惩处。

---

[1] 参见《安全生产法》第十二条规定。

B.5
《深圳经济特区公共安全视频图像信息系统管理条例》立法前评估研究

黄祥钊*

摘　要： 对深圳经济特区公共安全视频图像信息系统管理立法的目的意义、主要内容、可行性、实施条件、社会影响等进行分析评估，形成客观的评估结论，为立法机关制定《深圳经济特区公共安全视频图像信息系统管理条例》提供参考。

关键词： 公共安全　视频管理　立法前评估

立法前评估，是在立法程序启动前对立法的目的意义、必要性、可行性及其主要制度内容的可操作性进行论证，对立法出台的时机以及实施的社会效果等进行预先评估，以解决是否需要立法、何时立法和如何立法等问题[①]。立法前评估的目的，一是为启动有关立法项目提供客观和全面的信息；二是为立法机关进行科学合理立法提供决策参考；三是为科学立法、民主立法奠定基础。与立法后评估相比较，立法前评估是利用信息分析手段[②]，通过综合分析对立法项目所作的提前评估，避免立法后评估的滞后性，从源头上排除影响立法质量的各种不利因素，进而减少立法的试错成本，对于加强立法的科学性、民主性，提高立法质量具有重要意义。为有效

---

* 黄祥钊，深圳市人民政府法制办公室经济法规处处长。
① 周怡萍：《立法前评估制度研究——以地方立法为视角》，《人大研究》2014年第8期。
② 董有恒：《浅议中国立法前评估制度的建构》，《湖北函授大学学报》2016年第8期。

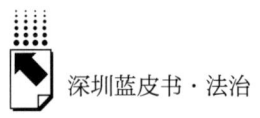

利用立法资源,提高立法质量,深圳积极推进立法前评估工作,2017年就《深圳经济特区公共安全视频图像信息系统管理条例》(以下简称《条例》)的制定开展了立法前评估工作。

根据公共安全视频图像信息系统被广泛应用在社会管理各个领域的现状,以及进一步规范公共安全视频图像信息系统的规划、建设、管理和使用的要求,深圳经济特区亟须制定公共安全视频图像信息系统管理法规。为此,深圳法制部门对公共安全视频图像信息系统管理立法的目的意义、主要内容、可行性、社会影响、实施条件等进行分析评估,形成客观的评估结论,为深圳市立法机关制定《条例》提供参考。

一 立法的目的意义

公共安全视频图像信息系统,作为社会治安防控体系的重要组成部分,在维护社会治安、保障公共安全方面被广泛运用,成为打击防范违法犯罪活动、推进反恐斗争和维护社会稳定的重要手段。深圳经济特区作为改革开放的前沿阵地,在防范违法犯罪活动、推进反恐斗争和维护社会稳定方面也承担着重要任务。结合深圳经济特区的实际,尽快就公共安全视频图像信息系统管理进行立法,其目的意义如下。

(一)贯彻落实十九大报告关于加快社会治安防控体系建设的要求

党的十九大报告明确提出了打造共建共治共享的社会治理格局的目标,要求提高社会治理社会化、法治化、智能化、专业化水平,加快社会治安防控体系建设,依法打击违法犯罪活动。为贯彻落实十九大精神,有必要根据国家有关法律、法规的基本原则,结合深圳治安防控需求和公共安全视频图像信息管理的实际,尽快制定公共安全视频图像信息系统管理立法,保护公共安全视频图像信息的安全,防范、打击和震慑各种违法犯罪,为维护社会发展稳定大局提供法治保障。

（二）进一步规范公共安全视频图像信息系统管理的需要

自 2006 年开始，深圳先后开展了三期较大规模的视频图像系统建设。2006~2009 年开展一期工程，全市公共场所共安装摄像头 20 万个；2012~2014 年开展二期工程，全市摄像头总数增加至 74 万个；2015 年 9 月开展三期工程，全市摄像头总数超过 130 万个。此外，为加强流动人口和出租屋管理，深圳从 2010 年开始组织建设 15.6 万套视频门禁系统，其中城中村出租屋 6.6 万套、商业楼宇和住宅小区 9 万套，同时在全市 240 个城中村建设了"科技围合"系统，覆盖居住人口 800 余万人。2017 年按照国家和广东省的统一部署，深圳市已经启动"雪亮工程"建设，全市新建 2 万个一类高清摄像头，对原有的 2 万多个标清摄像头进行高清改造，实现全市一类摄像头"全高清"目标；在口岸、地铁、城中村、重点场所出入口新建 2 万个动态人脸系统，形成"主干道车牌识别、人行道人脸识别"的格局。在全市城中村新建 20 万套视频门禁系统，实现全部系统的联网，居住登记数据、出入刷卡数据将为全市大数据应用以及智慧城市建设提供鲜活、海量的数据支撑。争取到 2020 年全市一类摄像头数量突破 10 万个，二、三类摄像头 190 万个，各类摄像头达到 200 万个左右。

深圳公共安全视频图像信息系统建设规模、地域密度和管理应用已走在全国前列，但同时也存在一些社会关注、反响强烈的问题：一是建设管理不够规范，直接影响安全防范效能。深圳的公共安全视频图像信息系统建设布局不合理、管理不规范等问题突出，在某些公共区域、重要机关和要害部位，或者重复建设造成投资浪费，或者责任不明应建未建，不能支撑公共服务和维护公共安全管理的需要；同时，一些私人承建的公共视频未履行告知义务和安全保护义务，而社会建设的公共视频图像信息系统，因标准不统一无法互联互通，从而制约了公共视频图像信息系统整体效能的发挥。二是公共安全视频图像信息隐私保护问题突出，随着高清化、网络化技术的发展，在前端采集、网络传输、后端平台处理等环节，存在的网络安全风险日益凸显，给公共视频图像信息安全带来隐患。同时，公共安全视频图像信息在采集、传输、使用过程中缺乏统一有效监管,侵犯公民个人隐私等合法权益的问题比较突出,已经成为社会关注的焦点。三是公共视频图像数据开放和服务缺少规定,对公共视频图像信息数据如何调取和服务尚无明确的依据;对公共安全视频图像信息从业单位的管理和中介机构的竞争和发展也缺少立法规范。四是对城中村公共安全视频图像信息系统的安装和管理缺乏明文规定,实践中城中村公共安全视频图像信息系统安装和使用混乱,亟须通过立法加以规范。为此,迫切需要通过立法将公共安全视频图像信息管理纳入法治化轨道。

(三)上位法现行有关规定存在一定缺陷

按照"放管服"改革的精神和要求,深化"简政放权、放管结合、优化服务"改革,是推进深圳公共安全视频图像信息系统管理的重要内容。按照2017年8月1日起施行的《广东省安全技术防范管理实施办法》[①] 的规定,广东省公安机关对全省安全技术防范系统的设计、施工、维修单位实行资格证等级管理,《资格证》分为四个等级,一、二级《资格证》由地级以上市公安机关初审,广东省公安机关核发;三、四级《资格证》由地级以上市公安机关核发,未取得《资格证》的单位不得承接安全技术防范系统的设计、施工和维修业务。《资格证》的具体业务范围由广东省公安机关规定并向社会公布。安全技术防范从业单位按所持《资格证》等级承接业务,不得越级[②]。可见,现行广东省的有关规定,客观上仍旧存在"重建设轻管理、重应用轻安全、重审批轻服务"的现象,不完全符合"科学统筹、创新服务、安全应用、集约共享"的要求。为突破广东省的现行规定,需要通过特区立法创新和变通其资格管理制度,在条例中规定公共安全视频图像信息系统的设计、施工、维修,改为采取"备案制",由公安部门备案即可,不搞资格等级管理,以减少审批手续,简化办事程序。因此,通过特区

---

① 广东省政府令第238号,2017年5月27日签发。
② 参见《广东省安全技术防范管理实施办法》第十四条、第十五条。

立法变通上位法的《资格证》管理规定，强化主管部门的事中事后监管非常必要和迫切。

（四）填补公共安全视频图像信息管理特区立法空白

目前，国家层面和深圳经济特区针对公共安全视频图像信息系统管理均无专门的法律或法规。2011年公安部就开始了《公共安全视频图像信息系统管理条例》的调研起草工作，但该条例还在调研起草阶段，至今仍未提请审议。国家《反恐怖主义法》《治安管理处罚法》规定了一些与视频信息系统相关的内容，但没有对公共安全视频图像信息系统管理做出具体规定，对深圳公共安全视频图像信息系统管理也不具有针对性。因此，尽快制定条例，既是规范深圳公共安全视频图像信息管理的需要，也可以填补公共安全视频图像信息系统管理立法空白。

（五）为加强公共安全视频图像信息系统管理提供执法依据

法无授权不可为。深圳各级公安机关在对公共安全视频图像信息系统管理执法中，目前还缺少最直接的执法依据。由于公共安全视频图像信息系统建设主体责任不明，对于随意建设安装、管理不规范等问题，执法部门难以处理；对公共视频图像信息安全隐患及给相对人造成名誉损害和财产损失，同样存在执法无据；由于缺少公共视频图像数据公开和服务的规定，对公共视频图像信息数据如何调取和服务尚无依据。通过特区立法可以结合深圳特区的实际，为公安机关及有关部门在公共安全视频图像信息系统管理方面开展执法提供明确的法规依据。

二 立法需要规范的主要内容

作为调整和规范深圳经济特区公共安全视频图像信息系统管理的专门立法，其主要内容应包括以下几个方面。

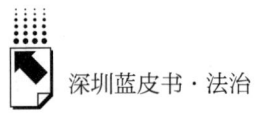

（一）明确应当安装公共视频信息系统的范围

《条例》应当明确规定应当安装公共安全视频信息的范围主要包括：危化品及毒品生产储存场所、重点保护单位及重要场所、贵重物品存放场所、重要交通及水利设施、公众娱乐场所、公众聚集场所、重要公用事业单位及其设施，以及法律、法规、规章规定应当建设公共安全视频信息系统的其他场所。

（二）明确系统运行维护的责任主体

针对公共视频建设后运行维护责任主体不明确的问题，《条例》应当明确"谁使用，谁管理"的原则，即系统的使用单位应当是管理责任主体，由其负责维护、保养，保障系统正常运行，并做好视频图像监控系统资源基础数据的采集、录入、更新等工作。应当安装公共视频图像信息系统的社会公共区域属于市政基础设施，维护公共安全视频图像信息系统运行是政府应当履行的公共服务责任，由市、区政府负责组织建设，公安机关负责管理、使用和维护。其他应当安装公共视频图像信息系统的场所和部位，包括港口、码头、机场、大型车站以及公共交通工具等，由这些场所和部位的治保重点单位负责安装、管理和使用、维护，履行公共视频图像信息系统管理的社会责任。

（三）创新和变通广东省实行的资格证等级管理规定

为进一步推进"放管服"改革，结合深圳的实际，深圳有必要在立法中突破《广东省安全技术防范管理实施办法》规定资格等级管理制度，明确规定深圳的公共安全视频图像信息系统的设计、施工、维修管理采取"备案制"，即公共视频信息系统的设计、施工、维修单位无需取得广东省规定的《资格证》，也无需按照资格等级承揽公共视频图像信息系统的设计、施工、维修管理业务，从而减少审批手续，简化建设单位的申办程序。

(四)明确保护公民隐私权

为了避免公共安全视频图像信息被不当利用,从而保护公民的隐私权,《条例》应当对公共安全视频信息系统使用单位的信息管理和查看程序等做出具体规定。一是除政府组织安装建设外,任何单位和个人不得在社会公共区域安装公共安全视频图像信息系统;二是禁止在宾馆客房、医院病房、集体宿舍、公共浴室、公共温泉、卫生间、更衣室、哺乳室,以及其他涉及公民个人隐私的场所和区域安装公共安全视频图像信息系统;三是规定公共安全视频图像信息系统使用单位要建立信息查询、调取、登记、保密制度,并规定信息查看、复制、使用的限制条件及程序;四是明确对买卖或者违法使用、传播公共安全视频图像信息,以及利用公共安全视频图像信息侵犯他人隐私权等行为做出禁止性规定,并规定相应的法律责任。

(五)明确规定个人紧急查看权

《条例》应当规定个人因人身、财产等权利遭受侵害,情况紧急的,可以要求查看公共安全视频图像信息系统中的相关信息,但不得复制和调取。公共安全视频图像信息系统使用单位应当做好查看人员身份信息登记工作。公安机关等因工作需要查阅、复制或者调取公共安全视频图像信息的,必须根据账号管理权限查阅、复制或者调取,系统还要自动记录使用日志。调取社会视频图像信息的,应填表和经过审批,由办案民警或者具有视频图像监控员证的人员实施。其他行政管理部门对于需要查阅、复制或者调取公共安全视频图像信息的,需经过公安机关批准,并出示批准文件。公民涉及自身财物丢失等情形需要查阅公共安全视频图像信息的,经批准由社区民警或者持有视频图像监控员证的人员陪同实施。

(六)明确公共安全视频图像信息系统管理法律责任

《条例》还应当明确规定各种违反公共安全视频图像信息管理行为的法律责任。

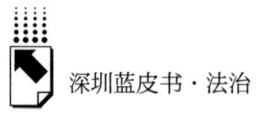

三 立法的可行性及实施条件

（一）通过特区立法制定《条例》完全可行

1. 特区立法权可发挥先行先试功能

深圳有经全国人大授予的经济特区立法权，在国家层面尚未制定出台公共安全视频图像信息管理立法的背景下，深圳可结合经济特区实际，用好用足经济特区立法权，就公共安全视频图像信息系统的规划、建设、使用和管理先行立法，在特区范围内先行先试，并可为国家相关立法提供有益的借鉴。

2. 深圳公共安全视频图像信息管理立法已有较好基础

深圳自2006年开始先后开展了三期较大规模的公共安全视频图像信息系统建设，经过十多年的投入和建设，全市摄像头总数现已超过200万个。深圳不断加强社会治安防控体系建设，公共安全视频信息系统建设规模、地域密度和管理应用均走在全国前列。深圳公共安全视频图像信息系统管理工作经验受到中央政法委和公安部充分肯定并在全国推广。公安部还多次在深圳召开现场会，推广学习深圳公共安全视频图像信息系统建设工作的先进经验和成果。深圳已经以立法形式将公共安全视频图像信息系统管理有关做法进行规范固化，并在特区范围内创造全面实施的条件。

（二）出台实施《条例》的条件已经具备

1. 具备实施《条例》相应的执法机构和执法力量

深圳市、区两级公安机关以及公共安全视频图像信息系统相关责任主体分工明确，配合协调，运作顺畅，具备实施该《条例》的相应机构和力量。2013年11月，经深圳市编制部门正式批复，深圳市公安局已成立视频警察支队（安全技术防范管理办公室），负责全市公共安全视频图像信息系统管理工作的规划、管理、指导和监督检查。深圳十个区公安分局也成立了视频警察大队,同时在交警、公交、机场公安分局也成立视频警察大队。全市十三个视频大队全面承担着公共安全视频图像信息管理的职能,同时指导各派出所开展相关执法工作。截至2017年底,全市共有视频(技防)专职民警323人,另外还组建了视频监控员专职队伍,辅助开展安全技术防范管理工作。各派出所按照视频监控和安全技术防范管理工作配备视频监控员,目前全市共有专职视频监控员1200多人,在开展视频图像信息安全管理方面发挥着重要作用。全市公共安全视频信息管理执法的基础扎实,执法力量到位。

2. "放管服"改革为《条例》实施提供便利条件

市、区政府的发展改革、住房建设、交通运输、市场监管等有关部门配合实施《条例》的有关规定,无需增加新的管理机构和管理人员。负责公共安全视频图像信息系统设计、施工、维修业务的建设单位,对承建单位的建设能力进行约定和审查,并按规定报公安机关备案。行业组织、通信运营商、互联网服务商负责落实网络安全制度和安全技术防范措施,加强公共安全视频图像信息系统网络传输安全管理,提升网络安全防护能力,保证公共安全视频图像传输网络和信息安全。公共安全视频图像信息系统的规划、设计、维修采取"备案制",不按资格等级管理,不仅能够精减审批人员,大幅降低人力、物力、财力和时间等成本,行政管理的成本得到有效控制,社会效益也可以大大提高。

3. 深圳有较强的公共安全视频图像信息系统专家团队

深圳市公安局从各分局选调了一批精通专业技术、法律知识的人员充实到公共安全视频图像信息系统管理工作岗位,派出所也安排专门力量负责辖区公共安全视频图像信息系统建设、应用和执法工作。此外,深圳还成立了安全技术防范专家委员会,组织了一批安全技术防范行业、职业院校和社会组织的专家,为全市的公共安全视频图像系统管理执法工作提供技术和法律支持。

4. 深圳安全防范产业标准健全

目前深圳市已组织深圳市安全防范产业标准联盟制定出安全技术防范方面的技术标准文件14项,正在制定安全防范领域的技术标准文件27项,包括报警产品与技术、视频监控产品与技术、出入口控制产品与技术等技术标准文件。今后将建立以法规为统领、标准为配套的技术支持保障新模式，为《条例》的实施提供强大的技术标准支撑。

5. 立法的行政成本和社会成本在承载能力范围之内

制定并出台实施《条例》，市、区政府有关机构和人员完全可以承担起公共安全视频图像信息系统的管理任务，无需另行增加机构和人员，现有的行政经费预算也足以保障《条例》实施的需要，不会增加其他成本。因此，制定《条例》的行政成本和社会成本，以及实施该《条例》所需的人力、物力、财力等成本，均在深圳市的经济社会发展和财政承载能力的范围之内。

四 立法的社会影响

（一）立法为加强视频信息系统管理提供依据

立法明确规定建设公共安全视频图像信息系统的范围，突出公共安全视频图像信息系统建设的重点场所、重要部位和重要区域范围，有利于加强深圳市公共安全视频信息系统的统一规划、分级建设和规范使用，保护公共安全视频图像信息安全，维护社会稳定。

（二）立法深化"放管服"改革

对广东省政府规定的公共安全视频图像信息系统建设实行资格等级管理制度进行创新和变通，明确规定深圳公共安全视频图像信息系统设计、施工和维修采取"备案制"，不搞资格等级管理，进一步减少审批手续，简化办事程序，是切实转变政府职能，"简政放权、放管结合、优化服务"的"放管服"改革的体现，有利于为行政管理相对人提供更加便利的服务，降低了行政成本，提高了行政管理效率。此项改革意义深远，将会受到公民、法人和社会组织的普遍欢迎。

（三）立法注重保护公民隐私权

《条例》对公共安全视频图像信息系统使用单位的信息管理和查看程序

做出严格规定，禁止在宾馆客房、集体宿舍、公共浴室、更衣室、卫生间以及针对居民住宅等涉及他人隐私的场所和部位安装、使用视频信息系统，使用单位要建立查询、调取、登记、保密制度，买卖或者违法使用、传播公共安全视频图像信息，以及利用公共安全视频图像信息侵犯他人隐私权等行为必须承担相应的法律责任。该项立法将为公民保护个人隐私权提供充分的法律保障。

（四）立法体现为民和便民

《条例》规定个人因人身、财产等权利遭受侵害，属于情况紧急的，可以先行查看公共安全视频图像系统的相关信息，但不得复制和调取。立法规定紧急查看权，体现了立法以民为本，实现为民和便民的立法价值取向。

五　结论

通过分析评估认为，制定《深圳经济特区公共安全视频图像信息系统管理条例》，对于加强和规范深圳经济特区公共安全视频图像信息系统管理，维护社会经济安全稳定发展，促进社会和谐安定，保障人民生命财产安全都具有十分重要的作用和意义，能够取得较好的社会、经济和安全效益。为此，建议尽快启动《深圳经济特区公共安全视频图像信息系统管理条例》立法程序。

B.6
深圳市立法后评估工作研究报告

——以《深圳经济特区环境保护条例》为例

邓达奇*

摘　要： 深圳市是中国较早探索立法后评估的地方城市之一。多年来，立法后评估工作取得了较大的进展。为提升立法质量，保障经济社会的快速发展起到了重要作用。当前，深圳市立法后评估主要有评估主体的专业性、评估程序的严谨性、工作方式的先进性以及评估依据的明确性等优点。但是，深圳市的立法后评估在主体、程序与内容三方面仍存在提升空间。未来应当通过拓展评估主体的多元性、丰富评估体系、建立立法后评估与立法修改的衔接机制等措施来进行完善。

关键词： 立法后评估　深圳市立法　评估主体　评估内容　立法质量

深圳市作为同时拥有特区立法权和设区市立法权[①]的城市，在地方立法先行先试方面为中国的法治建设做出了重要贡献，是中国立法建设重要的试验田和试验场。在过去的三十余年中，深圳市共通过法规和法规性决定超过400件。截至2018年3月，现行有效的法规就有190部。这些法规以及相关的政府规章，不仅对深圳市的经济社会发展起到了重要的促进和保障作用，也为全国立法的建设与完善提供了重要经验。然而，随着社会的飞速发展，

---

* 邓达奇，法学博士，深圳市社会科学院政法研究所副研究员。
① 2015年《立法法》修改前为较大市立法权。

一些较早制定的地方立法由于缺乏与当下时代的适应性,逐渐与社会实践脱节甚至背离。因此,立法后评估的重要性就显现出来了。深圳市是中国较早探索立法后评估的地方之一。当前,深圳市立法后评估工作取得了较大的发展,在许多方面都独具特色。为此,应当总结经验,发现不足,以期推动深圳市立法后评估工作进一步向前发展。

一 深圳市立法后评估工作的发展概况

深圳市立法的制定和实施中出现的大量的问题,成为深圳市立法后评估活动蓬勃发展和快速制度化的基本背景。在这样的立法实践需求之下,早在2006年,深圳市就已经启动了立法后评估工作,并且把它列为当年深圳市人大常委会的重点年度工作计划之一。与之前的执法检查活动主要侧重于法律制定和督促实施相比,深圳市早期的立法后评估活动就有对立法的质量和实施实效进行全面评估的意识和计划,他们通过评估立法的效果、质量和效益,来对立法的科学性、合理性及可操作性进行检讨,以修改完善法规,改进立法工作,提高立法质量。

在立法后评估活动正式启动的当年,深圳市就对《深圳市学校安全管理条例》和《深圳经济特区档案与文件收集利用条例》进行了立法后评估。在立法后评估制度化工作方面,在2013年底,深圳市就出台了《深圳市人大常委会立法后评估暂行办法》,并在出台后首先对实施了十余年的《深圳市人民代表大会常务委员会听证条例》进行立法后评估,2017年又对《深圳经济特区前海深港现代服务业合作区条例》进行了立法后评估,取得较好效果。2014年,深圳市人大在综合多次立法后评估工作经验的基础上,制定了《深圳市人大常委会法规即时清理办法》,在全国率先建立起法规即时清理制度,其以法规梳理和清理工作为核心,将深圳市实施超过一年的153项地方性法规全部列入法规梳理范围,对这些地方立法进行深入的评估和系统的检查。从对法规的不定期清理,到每年有计划地清理和评估,深圳市的立法后评估工作应该说取得了长足的发展和进步。

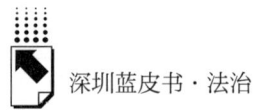

2015年，深圳市人民政府专门颁布了《深圳市政府规章实施后评估办法》，在制度层面对立法后评估作出了较为全面的规定。近年来，根据这些制度，深圳市政府以及各职能部门开展了较多的立法后评估工作，典型的如2017年深圳市交通运输委对《深圳市绿色出租小汽车管理规定》的立法后评估，深圳市政府法制办联合深圳市教育局对《深圳市校外午托机构管理办法》的立法后评估。可以说，深圳的立法后评估工作已渐趋成熟。

二 深圳市立法后评估工作的主要成就

当前，中国多个地方都已经出台了相关的立法后评估规定并有了立法后评估实践。对比来看，深圳市的立法后评估具有鲜明的特色。在某些方面呈现出一些先进性与创设性。以下笔者将以一次立法后评估工作为素材，对深圳市立法后评估的主要成就与特色进行微观考察。

《深圳经济特区环境保护条例》制定于1994年，经两次修订后自2010年1月起施行至今。20多年来该条例为深圳经济特区的环境保护工作提供了充分的法制保障，也为全国环境立法提供了"先行先试"的宝贵经验。但是，随着深圳市经济社会的快速发展以及全新的环保法的实施，现有《深圳经济特区环境保护条例》中已经有很多制度不能适应当前环保工作发展的需求。在此背景之下，2015年8月深圳市人大正式启动了《深圳经济特区环境保护条例》的立法后评估工作，委托深圳市人大常委会立法调研基地具体实施相关评估活动。此次评估可以说是较为典型的一次立法后评估实践，代表了深圳市立法后评估工作的现有水平。因此对其的考察具有典型意义。通过对此次评估工作的考察，可以发现深圳市的立法后评估工作主要取得了以下四个方面的成就。

（一）评估主体的专业性

本次立法后评估由深圳市人大常委会立法调研基地具体组织和实施。深圳市人大常委会立法调研基地于2015年4月在深圳市律协正式成立。该基地的主要职能就是参与新法规草案的调研、论证、起草、制定等工作，参与旧法规的调研、修改和废止等工作，受委托进行立法后评估工作等。值得注意的是，虽然立法基地或者立法研究中心的设置在各地都很普遍，但是敢于把立法基地设在律协内部的却非常少见，深圳市这一工作不仅有助于立法的专业性，而且把整个律师群体引入立法过程之中，事实上也起到了扩大立法过程中的民主参与和社会共识的作用。而从该基地的人员组成来看，深圳市立法调研基地首批34位立法专家全部是来自深圳市律协的专职律师。这些立法专家来自近万名的深圳律师群体，多年来深圳律师积极参与到深圳市各项立法过程之中，而该立法调研基地的建立更是将律师群体作为立法精细化发展的重要主体，为律师群体有序参与到立法工作中来，为深圳市地方立法贡献力量提供了良好的平台。在确定了首批34位立法专家之后，该基地还按照其专业领域和执业方向的不同，在参照深圳市人大专门委员会和工作机构对应市政府相应工作部门的设置方法之后，将这些立法专家按照专业不同分为6个专业小组，各自负责不同领域立法的制定起草和评估工作。

　　由于深圳市立法调研基地设置的特殊性，所以就使得由该基地所承担的立法评估项目天然地具有了在评估主体上的创新，而这一评估主体的创新又将从根本上影响其各项评估活动的开展。从本次评估来看，以律师为主体参与评估具有三个方面的优势：（1）专业性。作为深圳市立法调研基地成立后的首次立法后评估，本次活动是全国首次真正由律师参与、律师协会作为第三方独立进行的立法后评估工作。与以往律师只能作为社会代表参与到立法后评估活动的实践不同，在此次评估活动中，律师群体首次由评估活动的参与者转变为评估活动的主导者，这一角色的变化所带来的直接影响就是律师群体的积极性被广泛调动起来，律师群体的专业性和社会性优势得以放大和充分发挥。（2）良好的协调能力。因为由律师群体作为评估的主体，受其职业特征的影响，其在执业活动中所形成的良好的斡旋和利益调和能力，使其能够更加注重社会各阶层以及各利益群体的平衡，在调研过程中也会更为耐心和细致地倾听各方的声音，这些特质都决定了由其作为评估主体可以

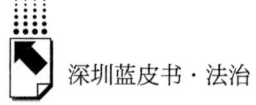

为立法后评估带来本质上的变化。(3)广泛的调动性。深圳律协在接到市人大常委会的委托之后,精心组织行业内从事环保专业的知名律师建立起了本次评估活动的律师团队,并且邀请了多名立法调研基地专家参与到评估活动中来。

(二)评估依据的明确性

此次《深圳经济特区环境保护条例》的立法后评估活动,是由深圳市人大委托深圳市人大常委会立法调研基地所具体实施的一次立法评估活动。深圳市人大作出此次评估活动决定的依据,主要来自2013年所颁行的《深圳市人大常委会立法后评估暂行办法》(以下简称《暂行办法》)以及2014年所颁行的《深圳市人大常委会法规即时清理办法》(以下简称《清理办法》)。而此次评估的《深圳经济特区环境保护条例》,就成为《深圳市人大常委会立法后评估暂行办法》实施以来第二部接受评估的特区法规。在此之前,已有《深圳市人大常委会听证条例》先行接受了全面的评估。根据以上办法的要求,对于实施满5年且社会反映意见较集中的法规应当再次组织立法评估,而《清理办法》则进一步规定在法规的实施过程中就可以根据实际情况对其进行评估,而不需要等到将其纳入人大的年度计划之中后再行评估,这样常态化和即时展开的立法后评估制度设计就为本次立法后评估活动的进行提供了充分的制度支持。而《暂行办法》和《清理办法》都对委托第三方机构对法规的立法质量和实施效果进行调查并作了详细规定,这些立法内容都为本次立法后评估的启动提供了充分的法律依据,保证了本次评估的启动方式和主体构成的合法正当。

(三)工作方式的先进性

在本次立法后评估活动的准备过程中,项目组在工作规则中专门规定了成员之间的沟通和协调机制,以解决兼职的律师成员因为自身的执业活动需求而缺乏沟通和了解的问题。为此,他们运用了高效便捷的科技手段,更新了立法后评估活动的工作方式,专门建立了由五个微信群组成的全方位协调平台，使得项目组成员之间的沟通更加方便，也降低了立法后评估工作本身的时间成本和经济成本。而通过这种方式所形成的协调配合机制也为以后的立法后评估制度发展提供了新的思路，现代化科技手段的运用在提高效率的同时，还起到了明确责任分工、统一认识和加强团结的作用，有利于保证评估工作的顺利进行。

（四）评估程序的严格性

除了实体内容上的特色，从本次评估来看，深圳市的立法后评估在程序上也体现出比较严谨的特色。而这种严谨的程序也为提高评估质量提供了保障。这种程序上的严格性具体体现如下。

1. 评估前的准备

项目小组在成立之后，广泛征求了深圳市内外法学专家的意见和建议，并在研究和学习其他省市立法后评估经验的基础上，在正式的评估和调研活动开始之前，制定了详细的《〈深圳经济特区环境保护条例〉立法后评估工作方案》和《立法后评估调研组工作规则》，确立了此次立法后评估工作的评估目的、评估组织和人员构成、评估时间安排、评估活动形式、评估方法运用、评估调研活动的组织和协调等内容。并对《立法后评估调研组工作规则》中对于调研组的工作原则、工作纪律、工作内容、成员分工、沟通协调的方式、相关程序性事项等内容进行了明确。这些活动方案的准备和工作规则的确立，都是开展立法后评估活动所必需的前提和准备。

2. 评估工作的开展

接受市人大委托后，依据项目小组前期所制定的《〈深圳经济特区环境保护条例〉立法后评估工作方案》和《立法后评估调研组工作规则》，市律协组建了专业的评估组织，选拔了34名专业人士分成四个组分工进行。在评估活动正式启动后三个多月时间里，项目组建立了四个协调平台，以便及时进行信息交流，确保工作进展。评估工作组在评估活动的开展过程中，分别采用了座谈、实地调查和问卷调查等方式。

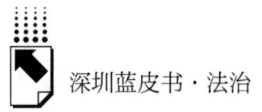

（五）评估结果的应用性

从本次评估来看，深圳市立法后评估的一大亮点是评估结果的应用性较强。相关部门对评估结果较为重视并且积极进行了回应。在本次评估报告和验收会之后，报告中所提出的立法建议，即对《深圳经济特区环境保护条例》的修改也纳入市人大重点立法项目，而具体的立法修改建议也将在法规修改中有所体现，如"按日计罚"制度就以对第六十九条的内容修改的方式进行了规定。值得注意的是，作为此次立法后评估最大亮点的深圳律协，其组织律师参与到地方人大工作尤其是立法工作中的经验相当丰富。在此后的立法后评估工作中，深圳律协参与的评估报告都得到了较大程度的重视。

三　深圳市立法后评估工作有待提升的方面

尽管取得了较大的发展，但相较于国外而言，深圳市的立法后评估仍然属于新生事物，起步较晚。具体而言，深圳市的立法后评估工作仍有以下方面有待完善。

（一）立法后评估主体的多元性有待拓展

尽管深圳市立法后评估选择了律协这一专业性的主体，而且具有一定的中立性。但总体而言，由于其评估工作由深圳市人大常委会立法调研基地具体实施，因此仍然是受人大领导。由此观之，这种评估仍然是一种内部评估，即由地方人大或政府的法制部门具体负责对立法的评估工作。[①] 其形式外观依然保留了与"执法检查"和"法规清理"活动极为相似的工作流程，事实上这样的评估依然是"自己做自己的裁判"的自我评估。而正如学者们所一再强调的那样，这种内部评估模式存在严重的客观性不足的问题，由

---

① 张德森、刘琦：《立法后评估制度的科学性及限度》，《湖南科技大学学报》（社会科学版）2016年第1期，第52页。

单一的内部主体进行的立法后评估基本很难保证以足够客观全面的心态去开展各项调研活动。① 其所采集到的数据和材料在一定程度上也将受到部门利益的影响,从而很难充分关照到各方的利益诉求,也很难放弃评估主体自身的部门利益。其结果就是导致立法后评估活动流于形式,其结果的客观公正性将受到质疑,从而影响立法后评估制度功能的发挥。②

(二)立法后评估的启动程序有待完善

立法后评估活动的启动,作为立法后评估活动的首要环节,其决定的作出必须审慎科学。具体来说,就是要合理把握立法评估的周期,合理选取立法评估的对象。一般而言,立法后评估都需要在立法颁布实施一段时间后进行,如果未经过合理期限的实践检验,立法的实施效果和制定质量就不能很好地反映出来。不少地方在立法后评估决策作出之时,缺乏必要的准备和考察,有些地方直接根据政策需要和领导的个人意志贸然启动立法后评估活动,有些地方则是为迎合上级检查需要而匆匆上马立法后评估项目。在缺乏对立法后评估必要性考察的前提下所启动的评估工作,由于评估活动所需的各项条件都准备不足,其结果只能是导致评估活动的形式化,成为只有评估活动形式的"伪评估"。这样的做法不仅是对社会公共资源的严重浪费,长此以往也会导致立法后评估活动权威性的丧失。因此,立法后评估应当秉承有序、合理的原则,设立完备的启动制度和程序。只有这样,方能使立法后评估常态化。③

(三)立法后评估的内容有待丰富

每一项评估都有标准,否则就难以体现评估的价值,立法后评估当然也不例外。但在立法后评估的具体实践中,各评估主体对评估对象和评估内容

---

① 张禹:《立法后评估主体制度刍议——以地方行政立法后评估为范本》,《行政法学研究》2008年第3期。
② 汪全胜:《论立法后评估主体的建构》,《政法论坛》2010年第5期。
③ 陈书全:《论立法后评估常态化启动机制的构建》,《现代法学》2012年第3期。

的选择都往往缺乏标准。从本次深圳市人大常委会对《深圳经济特区环境保护条例》的评估实践来看，这一问题仍然存在。评估主体过于注重对已有问题的评估，而没有去积极发现未发现的问题。过于注重对合法性问题的评估，如是否与上位法相抵触，而忽略了对合理性、有效性、科学性等问题的评估。实际上，合法性评估仅仅是立法后评估的一个基础方面。更为重要的方面是合理性、科学性等问题的评估。因为有些规定，在历经多年以后，可以说已经不符合现实情况了。如果继续存在，必然会阻碍社会经济的发展。

四 深圳市立法后评估工作的完善

深圳市的立法后评估在全国较早开始，目前已经进入了相对稳定发展的阶段。当前的主要任务是总结经验教训，进一步推动该工作的发展，以期为全国的立法后评估创造范本。从当前的评估实践来看，未来深圳市立法后评估工作的完善可以采取以下措施。

（一）建立多元化的评估主体模式

立法后评估主体设置科学合理与否将直接影响到评估结果的客观性、公正性与有效性，立法评估主体模式主要有以下三种：第一种是由立法机关担任评估主体；第二种是由执法机关担任评估主体；第三种是由独立的第三方组织担任评估主体。这三种评估主体模式各有利弊，具体而言：由立法机关担任评估主体的优点在于立法机关本身掌握大量的立法资料，其对于立法目的和重要制度设计的意义等信息都会比较了解，有利于评估活动的顺利开展，但缺陷是立法机关"自己做自己的裁判"容易先入为主，在评估标准设定和评估内容选择上带有部门利益的色彩，从而导致评估结果缺乏公正客观性；而由执法机关担任评估主体的优点在于其更加了解立法实施的情况，了解立法实施中所暴露出来的问题，能够从实务部门的实际工作出发提出有针对性的意见，但是由于其本身就是立法所调整的法律关系的一方，在评估时不可避免地会更多地考虑自身的利益，这样的评估虽然具有专业领域的知识，但其自身立场的天然局限会导致客观性和公正性的缺失。①而由独立的第三方担任评估主体，其地位的超脱性可以使其能够较为独立客观地进行评估活动，但是第三方评估也面临着相关资料不充分，要受到评估责任主体的制约等问题，"受委托的评估者往往在评估经费、评估资料等方面受到委托人的控制，有时会造成评估者只对委托人负责，而不对评估对象或者公众利益负责的现象，在这种情况下，评估者很可能为了迎合委托人的要求而放弃科学公正的评估结论"。同时，如果独立的第三方评估者与评估对象存在利益关联也会影响到评估结果的客观公正性。基于此，在主体模式的建构上，结合深圳市的实际，深圳市立法后评估应当构建多元的评估模式，即以评估机构为主体，制定机关、专家学者、执法机关以及社会大众共同参与的模式。简言之，即在当前的基础上，拓展立法后评估主体的范围。

（二）健全立法后评估内容体系

第一，完善合理性评估。合理性评估主要解决的是评估对象中各项规定是否公正、合理，是否具有现实可行性，规定的措施及手段是否适当、必要。评价法律、法规、规章的立法质量，不仅要看这些立法在各个方面是否符合法律的规定，立法依据、立法权限、立法内容是否合法，而且还要看是否在立法过程中贯彻和落实决策者的立法决策以及是否能够准确、全面和充分地反映立法制定之初所确立的立法目的，具体包括：（1）立法是否符合立法的价值追求；（2）立法是否符合立法的特定目的；②（3）立法是否符合社会实际情况。除此之外，立法的协调性和可操作性也是合理性评估必须要进行的内容，法律规范要具体、可操作，不能原则性太强而缺乏具体标准，要有针对性，能解决具体实际问题。立法调整的范围及对象必须界定清晰，执法主体应权责明确，措施要细致可行且有针对性等。

---

① 丁贤、张明君：《立法后评估理论与实践初论》，《政治与法律》2008年第1期。
② 参见李长喜《立法质量检测标准研究》，载周旺生主编《立法研究》，法律出版社，2001。

第二,强化实效性评估。通过研判立法施行来评估立法的积极和消极影响。包括:评估对象在实施中产生了何种实际效果,立法目的是否科学、合理,是否能够达成,实施中存在何种问题,问题的产生是由于立法本身的问题还是执行中出现了问题,着重把握评估对象在执行、适用、遵守过程中出现的问题。立法的实效性评估还必须注意对立法回应性进行检验,尤其是来自社会公众的意见反馈和执法机关的意见反馈,这些意见或建议都是我们下一步进行立法完善工作的重要资料准备。此外,在实效性评估中还要着重进行立法的成本效益分析,通过对立法实施所需成本与立法实施所获效益进行权衡比较,以此来判断立法是否具备效益性和可取性。通过成本效益方法对立法收益的考察,可以确保立法的有效运行,为社会带来正增长的净效益。

(三)构建立法后评估指标体系

立法后评估指标体系的设计是事关立法后评估目标任务和价值取向的重点内容,为了构建起科学合理、具有可操作性的评估指标体系,评估主体就必须花大力气研究适应的指标内容。可以借鉴公共部门绩效评估模式,建立"维度—基本标准—评估指标"的立法后评估模式,其中,维度是对评估对象和内容的类型化区分,维度的固定可以基本确定评估的基本样态和面向,指导相关主体从宏观上来科学合理地制定评估标准体系。在评估维度之下可设置若干个评估基本标准,基本标准是具有普遍性和一般性的评估标准,也是各项法律、法规、规章进行评估时均要用到的可以反复适用的普通标准,此外,还是立法评估的定位、价值取向及评估原则的具体体现。

评估指标是对基本标准的细化和分解,是评估的具体手段,可以看作基本标准的直接载体和外在表现。[1] 同一个评估标准之下再设置若干个评估指标,通过这样相互联系、相互确证的逻辑体系,全面和系统地对立法理念和价值、立法制定质量以及立法实施效果进行评估。一般来说,对法律、法规、规章进行评估,在维度层面主要是从立法价值和理念维度、立法制定质

---

[1] 王称心:《依法治理评价理论与实践研究》,中国法制出版社,2006,第165页。

量维度、立法实施效果维度等三个方面进行，在基本标准层面主要包括价值标准、法理标准和规范标准、实施效果标准等类型，具体包括立法的合法性、合理性、规范性、可操作性、实效性等内容，在指标层面就是对各项立法后评估标准进行具体化和拓展，详细考量立法的制定质量、实施情况等内容。此外，运用这一指标体系对立法进行评估，还必须对这些指标确定科学的权重关系，以实现对这些指标体系功用的良好发挥。

（四）建立立法后评估与立法完善的衔接机制

立法后评估实际上就是下一次立法的准备阶段。[①] 立法后评估的结果如何有效地运用于立法机关和执法机关等相关主体的日常工作中，落实立法后评估对立法修改的反馈作用，是内含于立法后评估制度中的内容之一。因为立法后评估的功能预设就是要通过评估促进法律的完善。[②] 通过评估，研判立法在具体情境中的实践意义，可以为地方性法规、规章的进一步完善提供具体而明确的建议，这是立法后评估制度的重要应用价值之一。法律是有滞后性的。当前制定的法律随着经济社会的发展可能会显现出一定的落后性，此时就需要通过立法后评估找准与社会脱节的地方，以便精准地加以修改完善。因此，实现这种功能，避免评估走过场和形式主义，深圳市应当在制度层面细化评估制度和评估体系。规定评估结果与法规规章修改的衔接程序，发挥立法后评估的应有价值。

[①] 沈国明：《在规则与现实之间——上海市地方立法后评估报告》，上海人民出版社，2009，第5页。
[②] 史建三：《地方立法后评估的理论与实践》，法律出版社，2012，第53页。

执法司法篇

Administration and Judicature

B.7
深圳检察机关逮捕案件诉讼式审查工作机制研究

黄海波*

摘 要： 探索建立审查逮捕案件诉讼式审查机制是检察机关侦查监督工作制度改革的重点之一。深圳市检察机关探索建立逮捕案件公开审查工作机制，力图在实践探索的基础上形成较为规范的逮捕案件诉讼式审查模式，以期增强审查逮捕工作的司法属性，提高侦查监督的法治化水平。

关键词： 审查逮捕　诉讼化　公开审查

---

* 黄海波，深圳市罗湖区人民检察院检察委员会委员、侦查监督部部长，法学博士。

探索建立审查逮捕案件诉讼式审查机制是检察机关侦查监督工作制度改革的重点之一。最高人民检察院《"十三五"时期检察工作发展规划纲要》中提出"围绕审查逮捕向司法审查转型，探索建立诉讼式机制"，第十四次全国检察工作会议要求"探索建立审查逮捕案件诉讼式审查机制"。各地检察机关纷纷开启探索之路，如广西检察机关出台《广西检察机关审查逮捕案件"诉讼式审查"试点工作指导意见》，明确了逮捕案件适用"诉讼式审查"的5类案件：一是对于案件事实清楚、证据收集到位，在是否构成犯罪、是否具有社会危险性上争议较大；二是侦查机关（部门）与犯罪嫌疑人及其辩护人对案件事实、证据认识存在严重分歧，犯罪嫌疑人及其辩护人提供了相当的抗辩证据；三是案件社会影响大，社会各界高度关注；四是需要做刑事和解工作，有可能达成刑事和解；五是其他经审查认为可进行"诉讼式审查"等①。

逮捕案件诉讼式审查是审查逮捕司法化的重要途径，也是以审判为中心的诉讼制度改革和司法体制改革的内在要求。深圳检察机关发扬敢为人先的特区精神，勇于探索，勇于实践，正确处理司法公正与诉讼效率的关系，探索建立科学规范的逮捕案件诉讼式审查工作机制。

一 逮捕案件诉讼式审查的理论思考

（一）羁押司法审查制度的域外考察

国际公约中对于羁押司法审查有着明确的规范依据，如《公民权利与政治权利国际公约》确定逮捕羁押被追诉人非经正当司法程序不得实施，《世界人权宣言》也确定了"任何人不被任意逮捕"原则。西方国家的逮捕和未决羁押相互分离，逮捕仅是强制犯罪嫌疑人到案的方式，是否羁押需要

---

① 《广西：探索开展审查逮捕案件"诉讼式审查"》，http://news.youth.cn/jsxw/201703/t20170320_9319020.htm，2017年3月20日发布。

经过严格的司法审查。针对羁押性强制措施适用的审查程序，世界两大法系普遍呈现"诉讼"形态。所不同的是，英美法系国家主要采用诉讼化开庭的方式进行，大陆法系国家主要采用单方面讯问犯罪嫌疑人的方式进行。但近来也出现了融合，部分大陆法系国家也采用控辩对抗的诉讼化方式，辩护律师越来越多地参与到羁押司法审查中来①。

在中国刑事诉讼语境中，逮捕是拘捕和羁押合一的强制措施，审查逮捕制度与域外国家的刑事羁押法官审查制度大体相当，审查逮捕权由具有独特司法权属性的检察官依法决断。因此，对于一旦决定批准逮捕犯罪嫌疑人则丧失人身自由的批准逮捕权而言，当面听取侦查机关和犯罪嫌疑人双方意见不仅必要，而且重要，也是审查逮捕程序司法属性的基本要求。唯其如此，才能体现审查逮捕权的独立、中立、公开和亲历性。

（二）逮捕案件公开审查与逮捕权的司法属性

逮捕是由法律制定的执法机构依照正当的法律程序，针对可能判处一定刑罚的犯罪嫌疑人、被告人采取的有时限羁押、剥夺其人身自由的最严厉的强制措施②。逮捕虽然是一种程序上的处置，但有时甚至比某些轻微刑事案件的实体处理还要严厉得多，因此对待审查逮捕必须慎之又慎。

司法权是一种裁判权，需要存在一定利益争端，牵涉两方以上主体，一方将案件提交给中立第三方司法机构，由司法机构举行听证，各方以言词争辩方式提出意见并提交证据，裁判者在此基础上认定事实适用法律作出裁决③。就审查逮捕而言，它由侦查机关提起，犯罪嫌疑人一方参与，检察机关决定，符合基本诉讼构造，是一种程序性裁判权利，具有明显的司法属性。一直以来，检察机关审查逮捕程序由于其行政化、封闭性和审批的科层性而饱受诟病。2012年《刑事诉讼法》修改后，审查逮捕程序逐步由书面化、行政化向准诉讼化转向。主要体现在三方面：一是强化了审查逮捕中的

---

① 参见陈瑞华《比较刑事诉讼法》，中国人民大学出版社，2010，第285~294页。
② 孙谦：《逮捕论》，法律出版社，2001，第150页。
③ 陈瑞华：《司法权的性质》，《法学研究》2000年第5期。

辩方参与，细化了讯问机制和律师介入侦查；二是注重对犯罪嫌疑人社会危险性的考察，以减少不必要的羁押；三是确立了捕后羁押必要性审查制度，适时变更条件发生变化的羁押措施。这些规定体现的立法精神倾向就是要减少审查逮捕的行政化色彩，打破司法神秘主义，增强审查逮捕的司法属性，这为审查逮捕程序的诉讼化改造奠定了可行性基础。

以审判为中心的本质是以被追诉人人权保障为重心，而以裁判为中心恰恰是以审判为中心的应有之义和逻辑延展。作为检察机关最具司法属性的一项职能，审查逮捕工作应当打破内部化和封闭性，以批准权为中心对审查逮捕程序进行诉讼化改造，驱散公众对审查逮捕程序运作的不公正质疑，提高逮捕决定权威和公信力，减少不必要的审前羁押，树立检察机关独立公正形象。

（三）"诉讼式审查"与"公开审查"的糅合和区分

刑事程序的诉讼化是指程序的设计应当依照诉讼的特有规律，具体表现为控辩双方充分平等的参与以及裁判者的中立性。诉讼化是程序正义的基本要求，要求犯罪嫌疑人在刑事诉讼中不是作为单纯的客体，而是获得主体地位，能够以主体的身份参与到刑事诉讼中来。中立的第三方在充分听取双方意见的基础上，客观分析，做出公正判断，使当事人合法权益得到保障，程序的公正性得到维护。建立控辩裁三方共同参与的机制，是审查逮捕程序诉讼化的基本特征。

在中国当前的宪法和法律构架下，审查批准逮捕权专属于检察机关。但这种模式曾引发激烈争论，认为剥夺人身自由的羁押措施应当统一由法院审查决定，方能满足程序正义和控辩平衡原则。随着中国法制建设不断完善，由检察机关履行审查批准逮捕职责已固化为刑事诉讼现实。在目前的法治体制下，由检察机关行使批捕权在很大程度上体现了权力制衡以及权利保障的要求，同时也与中国国情相符[①]。

[①] 陈光中等著《中国司法制度的基础理论问题研究》，经济科学出版社，2010，第226~227页。

由于审前程序中缺乏中立法官的参与,难以形成典型的诉讼形态,审查逮捕程序的诉讼改造就是要强化和改进检察官作为法律监督者的客观义务,淡化检察官的追诉职能,把检察官从强硬的追诉者拉回到中立的被动裁判者角色,强调并保障辩护律师的参与,使犯罪嫌疑人得到有效的法律帮助以对抗强大的国家追诉。基于此,深圳检察机关选择"逮捕案件公开审查"的方式来表达诉讼化审查内容,强调启动公开、审查公开、各方意见公开、意见采信公开、审查结论公开。公开审查模式探索建立检察官居中裁判、侦辩两造对抗的控辩裁三方构造,与典型的法院充当"裁判官"的控辩审三方构造区分开来。使得逮捕案件诉讼式审查作为审判前程序,既不泄露侦查秘密,又不沦为审判程序的预演。

二 深圳市检察机关逮捕案件诉讼式审查工作机制的探索

深圳市福田区人民检察院和罗湖区人民检察院于2017年3月被确定为广东省检察机关开展审查逮捕诉讼式审查机制试点单位,罗湖区人民检察院于2016年11月2日组织了深圳市首次逮捕案件公开审查会。深圳检察机关按照以试点单位为重点,全市检察机关整体铺开的工作思路,强化机制保障,完善制度设计,全面探索逮捕案件诉讼式审查工作新机制。截至2017年12月,深圳检察机关侦查监督部门共开展75次逮捕案件诉讼化审查,涉及犯罪嫌疑人86人,涉及故意伤害、盗窃、赌博、销售假冒注册商标的商品、寻衅滋事等多个罪名。

(一)深圳检察机关逮捕案件公开审查的主要做法

1. 坚持依法审查原则

紧紧围绕程序正义原则,切实保障审查程序的合法规范。具体来说:一是坚持客观中立原则。案件承办人在公开审查中保持中立、客观,不偏听偏信、预设立场。二是坚持直接言词原则。案件承办人亲自参与公开审查,全面听取侦查机关办案人员、犯罪嫌疑人及其辩护人的意见。三是坚持侦查秘密原则。公开审查中特别注意侦查秘密保护,不泄露侦查秘密,不妨碍刑事诉讼流程。四是坚持检察公开原则。邀请被害人、犯罪嫌疑人家属以及人大代表、政协委员、群众代表参加公开审查会，使审查逮捕程序公开、透明，实现法律效果和社会效果双提升。

2. 坚持规范审查原则

深圳市人民检察院于2016年12月出台了《关于探索建立审查逮捕案件诉讼式审查机制的指导意见》，强调要科学选取诉讼式审查案件范围，深入研究细化程序，积极创新，稳妥推进。罗湖区人民检察院制定了《逮捕案件公开审查工作办法（试行）》，明确了公开审查的原则、范围、参与人员、程序、场所等，确保公开审查机制规范化、精细化。此外，罗湖区人民检察院还制作了《提供法律援助通知书》《用警通知书》《逮捕案件公开审查流程说明》等统一的规范性文书，并建立公开审查案件台账，保障公开审查高效、有序开展。福田区人民检察院也制定了详尽的逮捕案件诉讼式审查工作办法和配套制度。

3. 坚持权利保障原则

深圳检察机关在探索逮捕案件诉讼式审查工作中，坚持打击犯罪与保障权利并重理念，把充分保障犯罪嫌疑人和被害人权利放在重要地位，确保诉讼式审查参与各方的合法权益。福田区人民检察院规范告知程序，把申请逮捕公开审查纳入犯罪嫌疑人权利告知范围；福田区人民检察院还在看守所设立逮捕案件公开审查告知及受理申请窗口，律师到看守所会见犯罪嫌疑人时即可被告知相关权利义务，可向检察机关提出审查申请。罗湖区人民检察院对被羁押的犯罪嫌疑人开展诉讼式审查时，均由其本人聘请或者法律援助机关提供的律师进行现场辩护。

（二）深圳检察机关逮捕案件诉讼式审查的工作创新

1. 利用远程视频，注重诉讼化审查方式的科学化

诉讼化审查的直接言词原则要求当面听取犯罪嫌疑人意见，考虑到在押犯罪嫌疑人到场参与公开审查会造成警力、安全、效率等多方面压力，深圳市检察机关探索利用远程视频开展公开审查，即检察官、办案单位警官、律

师和其他参与人在检察机关逮捕案件公开审查室参加公开审查，犯罪嫌疑人在看守所专用审查室参加，各方通过视频实现面对面的可视交流。龙岗区人民检察院首次开展诉讼式审查就采用了远程视频方式，罗湖区人民检察院远程视频诉讼式审查的流程已经较为成熟规范。通过远程视频参与方式开展诉讼式审查工作，既防范了犯罪嫌疑人提押过程中的安全风险，也极大提高了审查逮捕工作效率，具备在诉讼式审查工作中全面复制推广的必要性和可行性。

2. 引入法律援助，注重诉讼式审查的对抗性和犯罪嫌疑人人权保障

福田区人民检察院从2017年7月起，对审查逮捕阶段有委托辩护律师并提交无社会危险性意见的案件，一般情况下均开展逮捕公开审查，充分听取辩护律师对案件事实、证据和法律适用的意见。罗湖区人民检察院自开展诉讼式审查工作伊始，为切实保障犯罪嫌疑人合法权益，经与罗湖区法律援助中心协商，认为为参加公开审查的犯罪嫌疑人提供法律援助，是落实程序正义理念、保障犯罪嫌疑人诉讼权利的重要途径。因此确定检察机关发出法律援助通知书后，法律援助机关即指派法律援助律师会见犯罪嫌疑人并出席公开审查会提供法律援助。

3. 强化内外联动，注重工作协作配合

开展逮捕案件诉讼式审查工作是一项关乎案件实体正义和程序正义的系统工程，绝非检察机关一家独力能为之。深圳检察机关在积极调动法警、技术等检察辅助资源的同时，主动争取公安机关、法律援助机关和犯罪嫌疑人及其辩护律师的支持，全面推动此项工作稳步推进。福田区人民检察院、罗湖区人民检察院和公安机关会签了逮捕案件诉讼式审查工作文件，罗湖区人民检察院和区司法局法律援助处达成了工作共识，各诉讼参与人主动参与诉讼式审查，提高审查质量，使审查逮捕结论更加正确和准确。

三 逮捕案件诉讼式审查工作探索中的困惑

（一）加剧案多人少矛盾，办案压力增大

以罗湖区人民检察院为例，侦查监督部2016年人均办案量高达175件

259人。但入额检察官数量有限,辅助人员配备不齐,办案力量严重不足,员额制改革与案多人少矛盾激烈。推行逮捕案件公开审查工作,在原有证据审查、讯问犯罪嫌疑人的基础上,增加了远程审讯、提供法律援助、通知各方人员参与、主持公开审查等工作内容,在当前审查逮捕工作任务重、人手少、时限紧的情况下,导致办案压力显著增加,程序成本高昂,这也决定了诉讼式审查模式不可能大范围适用于逮捕案件,且侦监部门开展逮捕案件公开审查工作的积极性和主动性不高。

(二)审查程序不完善

逮捕案件诉讼式审查目前尚处在检察机关主要是基层检察机关的试行探索阶段,既没有明确的法律规范文件支撑,又尚未在检察改革层面有清晰的趋势指向。因此各地在探索中对于公开审查案件的范围、审查的场所、参与的主体、审查的重心、举证责任的分配、程序的启动权和告知程序以及审查的效力等具体环节上百花齐放、做法不一,影响审查程序的效果和权威。例如,在公开审查程序的启动上,目前主要由检察机关依职权启动,依犯罪嫌疑人申请启动的案例较少,实践中未出现侦查机关、被害人及其法定代理人、诉讼代理人提出申请的情形,一定程度上说明刑事诉讼参与人对逮捕案件公开审查机制的不熟知、不重视,深圳两级检察机关程序启动情况基本相似。又如,关于逮捕案件诉讼化审查的案件范围,深圳两级检察机关规定较为笼统粗糙,案件标的选取标准不一。

(三)诉讼对抗性不足

在逮捕案件公开审查中,控辩双方没有形成实质的有效对抗。换言之,深圳检察机关开展的逮捕案件诉讼式审查程序中,并未真正形成检察机关居中听断,侦查机关与犯罪嫌疑人及其辩护律师对立控辩的等腰三角形构造,检察机关与侦查机关并未隔绝天然的联手追诉情感,审查程序的诉讼式改造尚任重而道远。

另外,侦查机关对于社会危险性认识不深,较少提取和固定社会危险性证据，社会危险性证据在整个案件证据体系中处于边缘甚至被忽略的地位，在诉讼式审查会上侦查机关多是单纯重复论述经侦查认定的犯罪事实和《刑事诉讼法》关于社会危险性的规定，很难以事实证据为基点对犯罪嫌疑人的悔罪表现、人身危险性进行具体说明。而犯罪嫌疑人的辩护律师尤其是法律援助律师囿于时间和时机的不足，参与公开审查的深度和广度有限，掌握的证据信息不完备，缺乏对法律适用的充分论证，部分律师没有深入调查了解犯罪嫌疑人的社会危险性情况，收集或提供社会危险性材料较少，发表观点针对性不强、论辩性不高，大多止步于机械引用法条规定，抗辩效果不佳。

（四）犯罪嫌疑人辩护权保护不足

一是参与公开审查的犯罪嫌疑人获得法律援助的依据不足。按照《法律援助条例》规定，法律援助是"为了保障经济困难的公民获得必要的法律服务"，并规定了因经济困难可以申请法律援助的情形，可以看出"经济困难"是除法定特殊情形外申请法律援助的必要条件。基于此项要求，检察机关侦查监督部门通知法律援助部门提供法律援助主要是工作协调、工作配合，没有明确法律支持。二是犯罪嫌疑人及其辩护律师辩护能力不足，包括书面阅卷不能提取关键性事实证据，会见时不能有效沟通信息，审查对抗时不能准确表达己方意见和诉求，难以结合犯罪的构成要件和逮捕的条件进行辩驳，因此很难在诉讼式审查时说服检察官接受律师观点，犯罪嫌疑人诉讼利益的最大化难以实现。

（五）检察人员办理诉讼化审查案件能力有待提高

长期以来，由于无须出庭支持公诉，较少直接与犯罪嫌疑人及其辩护律师面对面论争，检察机关侦查监督部门检察官普遍存在年龄结构老化、言语归纳总结能力不强等不足，在办理公开审查逮捕案件时暴露出长于书面案卷审查、短于现场主持控辩的突出特点，因此在公开审查中寻找辩点、焦点，引导侦辩双方积极对抗，总结阶段性诉讼结果等能力不足，就检察官办案能力一环而言，推进逮捕案件实质化诉讼式审查的道路尚任重而道远。

（六）程序化、仪式化的典型特征引发此项工作的必要性问题

毋庸讳言，公开审查的案件是事先挑选的，承办检察官的内心是有较强的倾向性的，有的案件还与检务公开工作相结合，因此具有比较明显的程序化、仪式化特征，有一定的形式主义色彩，导致对诉讼式审查工作必要性的质疑。

（七）诉讼化审查的质量不高

审查的大部分案件是犯罪嫌疑人有无社会危险性问题，在没有专业的社会危险性评估体系支撑的情况下，检察机关在短暂的审查逮捕期限内，对社会危险性这一比较复杂的逮捕条件做一个比较仓促的判断，判断的质量难以保证。

四 完善逮捕案件公开审查机制的方向

（一）完善审查程序，实现公正与效率

应当在今后的工作中继续大力推进，树立诉讼对抗意识，充分听取各方意见，改变传统审查逮捕工作行政化、封闭化特征，高度重视关于无罪和无社会危险性的意见，审慎做出捕或不捕的决定；增强检务公开意识，扩大审查参与面，在不影响案件侦查的情况下，可适当邀请人大代表、人民监督员等第三方参与，引入第三方参与公开审查。通过完善诉讼式审查程序，引导参与各方实质性主动参与并针对案件事实和证据阐述己方意见，可以为检察机关更加客观公正地作出批准或者不批准逮捕决定提供更充分的案件信息和更全面的参考意见，又强化了审查逮捕流程的公开透明度。

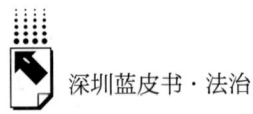

诉讼式审查程序的完善，必须符合刑事诉讼原则和刑事证据规则，推动检察机关侦查监督工作现代化转型，在保障犯罪嫌疑人诉讼权利的同时使犯罪嫌疑人感悟到国家追诉的宽容和饶恕，引导犯罪嫌疑人真诚悔罪并复原被犯罪破坏的社会关系，维护社会公平正义，提升检察机关执法办案的公众认同感，树立司法尊严和权威。深圳检察机关应当在积累案件样板和总结审查经验的基础上，归纳内在规律，调适程序制度，以审查程序促案件质量，将逮捕案件诉讼式审查工作长效化和机制化。

（二）强化程序正义，简化审查程序

按照程序正义原则，在审查逮捕中，犯罪嫌疑人应当被告知追诉的性质和理由，有权与侦查机关一起在检察官面前论辩并有权向检察官陈述自己的观点和意见。检察机关应当秉持程序正义原则，在审查逮捕案件中不得有任何的偏见和预断，以中立平等的立场听取警察和犯罪嫌疑人的意见，以更好地维护法律实施和诉讼公平而非单纯地追诉犯罪；检察官应当认真听取侦、辩双方意见，尤其是直接背负可能被剥夺人身自由危险的犯罪嫌疑人一方意见和辩解，才能实现程序正义和实体正义的平衡。

在逮捕案件诉讼式审查中应更加注重兼顾司法公正与诉讼效率，既要重视审查程序的启动和流转，重视及时送达审查程序的结果，也要重视审查程序的繁简分离。因为在审查逮捕环节，检察机关面临的案多人少、办案时限紧张（法律规定七天审结，实际仅有五个工作日）等办案资源短缺问题尤其突出，对逮捕案件几乎不可能大范围适用诉讼式审查，也不可能对所有诉讼式审查的逮捕案件一律采用完整的审查程序。由于诉讼式审查程序相对复杂缜密，应当不断校正，规范程序，对于事实简单清楚，侦查机关和犯罪嫌疑人对证据和法律适用均无异议，只对是否有逮捕的社会危险性存有分歧的案件，可以适当简化审查程序，对案件事实不再辩争，直接进入社会危险性条件的论辩环节，这样既不侵犯犯罪嫌疑人权利，又节约诉讼资源，提高司法效率。

但是，对于侦查机关和犯罪嫌疑人对事实、证据和法律适用存有较大分

歧的案件，应当按照完整的诉讼式审查程序进行审查，以查明案件真相，匡扶实体正义。

（三）听取辩护律师意见，充分保障犯罪嫌疑人诉讼权益

犯罪嫌疑人是审查逮捕后果的承受者，一旦被施加逮捕这一最严厉强制措施，则人身自由、经济活动、社会评价等诸多方面遭受损害。检察机关要去除"重打击、轻保护"和"重配合、轻制约"的陈旧诉讼理念，恪守客观公正义务，弱化追诉倾向，按照无罪推定原则保障犯罪嫌疑人的诉讼主体地位，保障犯罪嫌疑人在审查程序能够自主充分地陈述和辩解。要重视听取律师意见，凡是犯罪嫌疑人聘请有辩护律师的，都应当召开公开审查会，犯罪嫌疑人及其辩护律师也有权申请检察机关对案件进行诉讼式审查。检察机关应当主动听取辩护律师关于犯罪嫌疑人罪与非罪、此罪与彼罪、罪重与罪轻以及有无逮捕的社会危险性等意见，兼听则明，全面审查，反复斟酌，并将听取和采纳情况在审查逮捕意见书中予以说明。要加强与侦查机关的沟通，确保侦查机关提请审查逮捕时告知检察机关犯罪嫌疑人是否聘请律师，以确保及时听取律师意见，充分审查案件证据条件、刑罚条件和社会危险性条件。

结　　语

审查逮捕是刑事诉讼中的重要程序，长期以来运行的行政化审查逮捕程序深刻地影响着中国检察机关对审查逮捕程序的认识理念和行为模式。任何权力都应当受到约束，只有被合理规制的权力才不会被误用和滥用，审查逮捕权亦是如此，实现审查逮捕程序诉讼化形态的归位正是制约审查逮捕权的有效模式，也是彰显逮捕权程序价值的重要形式。但是也必须看到，虽然最高人民检察院提出了探索建立审查逮捕诉讼式机制的新任务，但我们要正视既存制度的惯性、新旧理念的碰撞给改革和探索带来的困难，要在探索工作中不断总结、力求完善，以期通过理论和实践的全面互动，增强审查逮捕工作的司法属性，提高侦查监督法治化水平。

B.8
深圳地区加强知识产权司法保护问题研究

深圳市中级人民法院课题组*

摘　要： 党的十九大报告明确提出，创新是引领发展的第一动力，是建设现代化经济体系的战略支撑；要强化知识产权创造、保护、运用。作为全国首批知识产权示范城市、国家自主创新示范区、国家首批知识产权综合管理体制改革试点城市，深圳提出要实施最严格的知识产权保护制度。司法是保护知识产权最有效、最根本、最权威的手段。对标实施最严格的知识产权保护制度要求，目前司法保护还存在一些问题和短板。应当进一步加强司法保护力度，高标准建设知识产权法庭（法院），探索完善审判机制和诉讼程序，加强司法保护与行政保护配合衔接，更好地发挥司法保护知识产权主导作用，促进知识产权案件纠纷多元解决，为推动深圳创新驱动发展营造良好法治环境。

关键词： 深圳　司法保护　知识产权法庭

---

* 执笔人：黄振东，深圳市中级人民法院审判员；欧宏伟，深圳市中级人民法院审判员；成少勇，深圳市中级人民法院审判员；王杰，深圳市中级人民法院研究室干部；严俊，深圳市中级人民法院研究室干部。

一 加强知识产权司法保护的必要性和紧迫性

（一）加强知识产权司法保护是深圳建设国际科技、产业创新中心的重要保障

国家"十三五"规划明确提出，深圳要建设国际科技、产业创新中心，作为全国首批知识产权示范城市和全国首个国家自主创新示范区，深圳已经成为实施国家知识产权和创新驱动发展战略的重要典范。加强知识产权司法保护，有利于围绕深圳建设国际科技、产业创新中心，明确知识产权司法保护新问题、新需求，明确目标、定位和路径，为深圳在全球新一轮科技革命与产业变革中抢占经济、科技制高点，提供强大推动力和法治保障。

（二）加强知识产权司法保护是知识产权综合管理改革试点的重要方面

作为国家首批知识产权综合管理体制改革试点城市，深圳担负着完善知识产权创造、保护、运用、管理、服务体系，为国家知识产权综合管理改革破冰、探路的重要使命。加强知识产权司法保护，既是推进知识产权综合管理改革试点的关键环节，也有利于提高知识产权创造质量、运用效率和管理效果，推动构建与创新驱动发展相匹配、与国际通行规则相接轨的知识产权综合管理体系。

（三）加强知识产权司法保护是深圳实施最严格的知识产权保护制度的重要依托

《深圳市关于新形势下进一步加强知识产权保护的工作方案》明确提出，深圳要率先在全国建立最严格的知识产权保护制度，打造成为全国知识产权严格保护示范区和具有世界影响力的知识产权保护高地。司法是保护知识产权最有效、最根本、最权威的手段。加强知识产权司法保护，有助于更

好发挥司法保护主导作用,震慑侵权行为,激发创新创业热情,促进创新驱动发展和知识产权强市战略的实施。

(四)加强知识产权司法保护是化解知识产权纠纷、增强创新原动力的重要途径

目前,深圳科技创新日益繁荣,高新技术产业迅猛发展,国家级高新科技企业达1.12万家,科技型创新企业超过30000家,导致知识产权纠纷持续增多,司法保护知识产权的需求日益增长。加强知识产权司法保护,解决知识产权侵权成本低、维权成本高的难题,有利于促进创新型成果转化运用,充分实现知识产权价值,推动"大众创业、万众创新",为深圳继续保持创新活力,增强区域竞争优势营造公平、透明、可预期的法治环境。

(五)加强知识产权司法保护是构建知识产权大保护体系的重要环节

严密的知识产权保护体系是激发创新原动力的重要保障,在知识产权保护体系中司法发挥着重要的引领、推动和示范作用。加强知识产权司法保护,推动司法保护与行政保护手段的协调、配合与衔接,统一执法司法标准,完善知识产权纠纷多元化解机制,形成以司法保护为主导,行政保护为支撑,仲裁调解、行业自律和社会监督为补充的知识产权大保护体系,有利于提高知识产权保护的综合效益。

二 深圳知识产权司法保护的成效和存在的问题

(一)深圳知识产权司法保护的成效

1. 发挥审判职能,知识产权审判质效显著提高

2015~2017年,全市法院共审结知识产权一审案件47518件、二审案件9169件(详见图1),一审结案数约占全国的1/10、全省的1/3;2012年以来，获评最高人民法院典型案例有7件（详见表1），引领了社会风尚，彰显了行为规则和司法导向，提升了司法保护知识产权的威慑力、权威性和影响力。

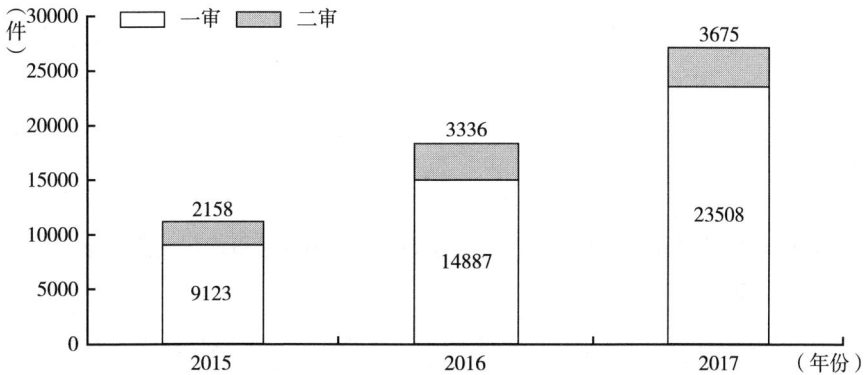

图1 全市法院2015～2017年审结一审、二审知识产权案件数量

表1 深圳法院审结的案件入选全国知识产权典型案例一览

序号	案例名称	入选典型案例
1	美国苹果公司、IP公司诉唯冠公司IPAD商标权属纠纷案	2012年度"中国法院十大典型知产案例"
2	华为公司诉美国IDC公司标准必要专利垄断案	2013年度"中国法院十大热点案件"
3	华为公司诉IDC公司标准必要专利使用费纠纷案	2013年度"中国法院十大典型知产案例"
4	内蒙古小肥羊公司诉深圳市周一品小肥羊公司侵害商标权及不正当竞争纠纷案	2014年度"中国法院十大创新知识产权案件"
5	乐视网公司诉中国电信深圳分公司、第三人上海百视通公司等侵害信息网络传播权纠纷案	2014年度"中国法院50件典型知识产权案例"
6	南京微盟公司诉泉芯电子公司侵害集成电路布图设计专有权纠纷案	2015年度"中国法院50件典型知识产权案例"
7	深圳市引领平安文化传媒有限公司诉中国平安保险(集团)股份有限公司、中超联赛有限责任公司侵害商标权纠纷案	2016年度"中国法院50件典型知识产权案例"

2.深化司法改革,知识产权审判机制日益完善

一是深化和发展知识产权审判"三合一"的"深圳模式"。自2010年开始率先在全国全面推行知识产权民事、刑事和行政案件审判"三合一"改革,经过不断探索完善,"三合一"审判"深圳模式"日趋成熟。二是探索知识产权案件审判的"互联网+"模式。2014年市中院指导南山法院在全国率先设立"知识产权案件互联网审理中心",采取在线立案、在线庭审、在线调解、在线司法确认等形式,快速办理知识产权案件,缩短周期、提高效率,平均结案周期缩短40%以上。三是完善知识产权案件裁判标准统一机制。加强审判监督指导,加大关联案件的协调和指导力度,促进疑难法律问题解决和裁判标准统一;完善法院、公安、检察机关的沟通协调机制,统一法律适用标准。四是实施知识产权案件繁简分流改革。完善"简案快办、繁简分流"工作机制,缩短审判周期、提高审判效率,降低知识产权维权成本。五是积极推进知识产权裁判文书改革。适应外观设计专利和商标侵权案件特点,将专利或商标图片以及被控侵权产品照片引入裁判文书,增强比对的直观性,实行裁判文书要素化、类型化。

3.明确行为规则,司法保护主导作用日益增强

一是依法加大侵权赔偿力度。2015年以来审结超出法定赔偿金额判赔案件9件,最高判赔金额近2000万元。在惩治知识产权犯罪中,重视财产刑的适用,如在审理袁某发等人侵犯著作权罪一案中,对其中4名被告人各判处100万元罚金,成为首例判处高额罚金的知识产权刑事案件。二是加强司法建议。针对发现的知识产权管理和保护的漏洞和薄弱环节,积极向行政机关和相关企业发出司法建议。三是加强知识产权保护宣传教育。以"4·26世界知识产权日"为契机,通过个案普法、发布十大典型案例、庭审直播、新闻发布会、发布白皮书等方式,发布知识产权司法保护情况,增强全社会知识产权保护意识。

4.加强队伍建设,司法保护能力不断提高

加强政治建设,改进司法作风,确保司法廉洁,提高知识产权审判人才的专业能力和综合素质,知识产权审判人才正规化、专业化、职业

化水平持续提升。目前全市两级法院从事知识产权审判的法官52人,助理67人,书记员4人。其中博士3人、硕士42人、本科78人;从事知识产权审判工作10年以上的有14人,5~10年的有26人,3~5年的有16人,分别占比11.38%、21.14%、13%。市中院知识产权审判法官共19人,博士2人、硕士13人、本科4人,其中博士后1人,具有境外留学经历的4人;且有1名全国知识产权领军人才、全国审判业务专家。

(二)当前知识产权司法保护中存在的主要问题

1. 知识产权专门审判机构设置规格与科技创新地位不匹配

2017年深圳全社会研发投入超过900亿元,占GDP比重为4.13%;全市有效发明专利量达106917件,每万人发明专利拥有量为85.3件,仅次于北京(94.5件),有效发明专利维持5年以上的比例高达86.3%,高于北京(74.2%)、上海(75.9%)、广州(64.8%);PCT国际专利申请突破2万件,达20457件,占全国的43.1%,连续14年稳居全国榜首,可以说,深圳的科技创新水平稳居全国前列,日益成为中国最具创新活力和动力的城市之一。但目前深圳知识产权专门审判机构设置与科技创新水平并不相匹配,虽然深圳知识产权法庭于2017年12月26日正式设立并运作,但与北京、上海、广州的知识产权法院对比,深圳目前知识产权法庭无论是在设置规格、人员编制、内设机构,还是在案件管辖范围等方面,都无法与之相提并论,这在一定程度上制约了知识产权案件审理专门化、管辖集中化、程序集约化和人员专业化,从长远看也不利于深圳科技创新活力和核心竞争力的持续释放。

2. 司法保护效果与创新主体的期待不相适应

与企业的预期相比,知识产权司法保护的实际效果还有所差距,知识产权维权领域"举证难、赔偿低、周期长"的问题凸显[①],主要体现在:一是

[①] 从全国范围看,这也是知识产权维权领域的共性问题,如全国人大常委会关于专利法、著作权法执法检查报告指出,知识产权维权领域存在"举证难、赔偿低、周期长"等问题。

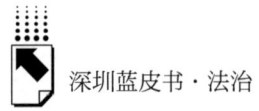

举证难问题突出,影响司法救济效果。部分案件中,根据法律规定和证据规则,法院依法只能以现有证据认定赔偿金额,往往出现法院判定的赔偿额与权利人的实际损失存在较大差距的现象。二是侵权赔偿金额低,难以体现知识产权市场价值。深圳专利侵权案件平均赔偿标准仅为14.6万元,远远低于美国专利侵权平均判赔数额450万美元的标准,在课题组对企业的问卷调查中,近七成被调查企业认为知识产权侵权赔偿标准过低。三是部分案件审理周期过长,与企业快速维权的需求有差距。尤其是技术类知识产权案件,由于技术类事实专业性强、认定难度大,案件审理往往旷日持久,客观上影响权利人的维权效果。

3. 司法保护与行政保护的配合衔接机制不顺畅

目前,中国采取行政与司法保护并行的"双轨制"保护模式。实践中,行政保护和司法保护配合协调中问题日益凸显。一是行政保护和司法保护标准不够统一。对同一知识产权侵权行为,可能出现司法和行政执法机关认定结果不相协调甚至冲突的情况,既浪费了司法执法资源,也影响了知识产权保护的效果。二是知识产权行政执法、刑事司法的衔接机制运行不顺畅。一方面,信息共享机制运作不畅,检察机关难以及时发现以罚代刑等侵犯知识产权犯罪线索,法院也对前期行政机关执法情况知之甚少;另一方面,对涉嫌刑事犯罪知识产权侵权行为,应当移送司法处理但未移送或未及时移送的现象时有发生,如2017年深圳市法院共一审受理知识产权刑事犯罪案件743件,审结731件,而市场和质量监管系统共查处知识产权侵权案件896件,结案850件,移送公安机关涉嫌犯罪案件仅28件。

4. 知识产权纠纷化解社会合力发挥不理想

健全知识产权纠纷多元解决机制,对于快速解决争端、降低维权成本、提高知识产权保护水平具有重要现实意义。虽然全市两级法院均已设立诉调对接平台,各级法院通过签订合作备忘录、战略合作协议等方式,积极推动相关行业协会、专业机构进驻诉调对接平台,参与知识产权纠纷诉前调解工作,取得了一定成效。但与知识产权纠纷多发易发的态势相比,由于政策支持、工作激励、经费保障不充分,相关行业协会、专业机构参与诉前调解的热情不高、参与度不够、作用发挥有限,诉调对接工作机制欠缺,可持续性差,诉讼与非诉讼方式协同化解矛盾纠纷效果不理想的问题尚未得到根本解决。

5. 知识产权审判的司法人力资源供给不足

近年来,随着深圳高科技产业发展和创新成果大量涌现,对知识产权司法保护需求不断增强,知识产权纠纷案件也呈现迅猛增长态势。2015～2017年,全市法院新收一审知识产权民事案件从13239件攀升到23607件,年均增长33.5%。但知识产权审判法官及辅助人员数量并没有明显增加,"案多人少"的矛盾十分突出。在繁重的审判任务下,为尽快解决矛盾纠纷,法官疲于结案,往往抽不出更多精力对每个案件精耕细作、精细打磨,也影响了对知识产权审判经验和新情况、新问题的梳理、研讨和总结,一定程度上制约了审判质量和效率,也对持续提高司法保护水平产生负面影响。

6. 专业化智库建设亟待推进

知识产权案件中,相当一部分案件涉及专利、技术秘密、集成电路布图、植物新品种等技术,这些案件涉及复杂的科学知识,技术事实查明和分析判断复杂、疑难,没有相关专业背景的法官往往难以弄清技术争议的全部事实,不利于案件争议事实的客观、准确认定,必须建立技术事实查明机制,借助专业技术人员帮助法官查明事实。但目前深圳市法院尚未设置技术调查官为法官提供专业的技术审查意见,有关专家咨询的费用亦缺乏保障,技术事实查明机制有待建立和完善。

三 加强深圳市知识产权司法保护的对策和建议

随着新一轮科技革命与产业变革的兴起,知识产权越来越成为国际竞争力的核心要素,而高标准、严格的知识产权保护制度成为衡量一个国家、地区和城市创新环境和国际竞争力的关键要素。司法保护具有稳定长效、明确规则、终局权威的优势,是国际通行的知识产权保护的主导性机制。因此,建议更好地发挥司法在知识产权保护中的主导作用,为深圳实施创新驱动发展战略,建设更具国际竞争力的"创新之都",打造成为具有全球竞争力的创新先行区奠定坚实基础。

(一)高标准建设知识产权法庭(法院),夯实知识产权司法保护的组织基础

按照"创造一流业绩、建设世界一流知识产权审判机构"的要求,高起点、高标准建设深圳知识产权法庭,并争取政策支持,积极创造条件,设立深圳知识产权法院。

(1)配齐配强知识产权法庭领导班子,遵循"精简、统一、效能"原则,科学设置内设机构,确保深圳知识产权法庭按独立机构模式运行。

(2)围绕实施最严格知识产权保护制度要求,加强知识产权审判力量配备,科学测算知识产权法庭法官员额,依据案件的受理数量、增长态势、难易程度等,尽快弥补法官员额缺口,加强司法辅助和行政人员调配,提高知识产权法庭审判队伍正规化、专业化、职业化水平。

(3)按照知识产权法院建设标准和功能要求,高标准规划建设深圳知识产权司法保护大厦,为知识产权法庭履职尽责提供良好保障。

(4)积极汇报、沟通工作,争取最高人民法院支持,赋予深圳知识产权法庭更多改革试点任务,依托最高人民法院在深圳中院设立的"知识产权司法保护调研基地",积极开展知识产权司法保护前沿问题研究,为全国知识产权司法保护提供更多"深圳样本"和"深圳经验"。

(二)探索完善知识产权审判机制和诉讼程序,努力破解知识产权维权"举证难、赔偿低、周期长"问题

1. 完善知识产权审判工作机制

优化完善审判工作机制,有效提高办案效率,着力破解部分知识产权案件审理"周期长"的问题。一是继续完善知识产权审判"三合一"改革,健全知识产权刑事案件侦查、批捕、公诉、审判等各环节的协调配合机制,实现各类诉讼案件审理有序衔接、统筹协调,做大做强"三合一"审判体

制改革的"深圳模式"。二是深化知识产权案件繁简分流改革。完善知识产权案件繁简识别标准，提高繁简识别准确率；进一步规范和简化简单案件办案程序，适当扩大简易程序的适用案件范围，尤其是对事实清楚、权利义务明确、争议不大的简单的知识产权案件，简化审理程序；推行简便灵活的送达方式，统一排期开庭，集中时间多案同审、多案连审，提高当庭宣判率。三是优化知识产权案件审理方式。探索建立庭前程序和庭审程序并重的审理模式，推动诉讼材料电子化和庭审信息化，提高庭审效率；强化知识产权临时措施运用，依法、及时采取行为保全、财产保全、证据保全措施，提高司法救济的针对性和有效性。

2. 探索建立体现知识产权价值的侵权损害赔偿制度

一是进一步加强对知识产权侵权违法行为的惩治。制定规范知识产权侵权赔偿标准的裁判指引，建立以补偿为主、惩罚为辅的侵权损害司法认定机制，积极运用法律规定的惩罚性赔偿制度，对于具有重复侵权、恶意侵权以及其他严重侵权情节的，依法加大赔偿力度，提高赔偿数额，由败诉方承担维权成本，有效遏制和震慑侵权行为。二是探索符合市场规律和满足权利保护要求的损害赔偿计算机制，提高损害赔偿计算的科学性和合理性。三是建立法院与政府职能部门、行业协会、科研院校和电商平台的合作交流机制，共建相关行业发展情况、利润水平、研发投入及知识产权运用等情况数据库，为侵权获利查明、同类产品市场价格评定提供依据和便利。四是积极探索运用大数据、云计算、人工智能等现代技术，加强对各类知识产权侵权赔偿情况进行分类统计，为同类型、类似案情的知识产权纠纷赔偿提供基准。

3. 探索建立符合知识产权案件特点的诉讼证据规则

适应知识产权无形性、时间性和地域性等特点，积极探索符合知识产权案件特点的诉讼证据规则，积极破解知识产权案件"举证难"问题。一是根据不同类型知识产权案件的审理特点，加强举证责任、举证要求告知，释明法律后果和诉讼风险，引导当事人对关键事实问题积极举证。二是探索完善证据保全、行为保全制度，依法运用诉前、诉中证据保全以及法院依职权

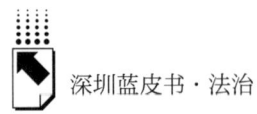

调查取证,建立激励当事人积极、主动提供证据的诉讼机制。三是充分发挥公证在知识产权案件中固定证据的作用,引导当事人用好专家辅助人、委托鉴定以及行业评估等制度和机制。四是综合运用诉讼证据开示制度,设置完善的举证程序和规则,降低权利人取证负担。五是完善诚信诉讼机制。探索建立证据披露、证据妨碍排除等规则,合理分配举证责任。针对当前举证妨碍制度执行效果差、威慑力低的现状,对有证据证明侵权人持有证据无正当理由拒不提供的,作为高额赔偿甚至惩罚性赔偿的重要依据。对于当事人故意毁损、隐匿、伪造证据,阻挠证据保全或妨碍证人作证的,推定该证据证明的事实不利于该方当事人,并考虑依法予以民事制裁,情节严重的可予以刑事追究。

4. 优化技术事实查明机制

积极探索完善由技术鉴定、技术调查、技术咨询、专家陪审等构成的四位一体、协调统一、运转高效的技术事实调查认定体系。一是明确技术调查官、技术鉴定人员、技术咨询专家等参与技术事实调查的方式,提高技术事实查明的科学性、专业性和中立性。二是建立专家咨询库名单,合理设置技术咨询专家的权利义务,规范选任程序,明确专家咨询的案件范围、专家咨询意见的效力等。三是规范技术调查辅助主体提供的技术调查意见的法律定位,规范专家咨询意见、技术调查报告、鉴定报告等技术调查文件的撰写格式和采信机制,完善鉴定人出庭接受质询的程序,维护司法鉴定公正性与严肃性。四是完善专家陪审制度,进一步明确专家陪审的案件范围、专家陪审员的选任条件、产生程序,引入懂技术、懂专业的专家参与知识产权案件审理。

(三)加强司法保护与行政保护的配合协调,提升司法保护的整体效应

健全司法保护与行政保护配合衔接工作机制,消除知识产权"双轨制"保护模式弊端。

1. 统一各类知识产权侵权案件办案标准

依托全市知识产权保护联席会议平台，加强司法执法突出问题的研判和业务研讨，以发布会议纪要、办案指引、典型案例等方式，统一典型知识产权侵权案件办案标准，引导推动行政执法的调查取证、证据审查、事实认定、侵权判定等向司法裁判标准看齐，切实增强知识产权保护的及时性、权威性和实效性。

2. 完善知识产权行政执法和刑事司法的衔接机制

加强法院与知识产权行政执法机关、公安机关、检察机关的配合衔接，完善执法司法协作机制。一是通过业务交流、专题研讨、会议纪要、办案指引等方式，统一知识产权犯罪案件证据审查、事实认定和法律适用标准。二是完善侵权行为追究刑事责任的机制、程序，建立知识产权案件移送的"绿色通道"，规范案件移送标准、程序，加大刑事侦查和检控力度，促进行政执法和刑事司法无缝对接。三是升级改造两法衔接信息共享平台，研发知识产权刑事案件跨部门大数据办案平台，实现知识产权刑事案件网上证据审查、移送流转和高效办理。

（四）完善知识产权纠纷多元化解决机制，充分发挥知识产权保护合力

1. 完善知识产权案件诉调对接机制

发挥诉调对接机制功能，促进知识产权纠纷快速、妥善化解。一是进一步完善知识产权纠纷诉调对接平台。加强法院诉调对接中心建设，推动知识产权执法部门、知识产权行业协会、调解组织、律师事务所、公证机构、仲裁机构等在诉调对接平台设立调解工作室和调解窗口，参与知识产权纠纷案件调解。二是扩大司法确认的覆盖面。对经知识产权执法机关、人民调解组织、商事调解组织、行业调解组织或其他具有调解职能的组织调解达成的具有民事合同性质的协议，由法院或仲裁机构确定其效力。对和解协议、调解协议具有给付内容的，可以向公证机构或仲裁机构申请办理具有强制执行效力的债权文书公证或仲裁确认。

2. 强化调解激励、经费保障、人员培训和绩效考核

细化相关操作规程、标准和要求，推动《深圳市健全完善多元化纠纷解决机制的实施意见》落地。一是完善调解激励机制，对积极参与知识产权纠纷诉调对接的调解员按一定标准发放补贴、补助，对成绩突出的调解组织和调解员，在积分入户、税收减免和荣誉授予等方面给予优先考虑。二是发挥诉讼费用杠杆作用，引导推动当事人通过和解、调解方式化解矛盾纠纷。三是健全完善培训体系，鼓励发展专业化、职业化的知识产权纠纷调解培训机构，提高调解能力。四是将知识产权纠纷调解所需经费纳入市、区两级财政预算，为知识产权纠纷多元化解提供充足经费支持和保障。五是把知识产权纠纷多元化解机制作为综治工作（平安建设）考评的重要内容，将组织、机制、平台、制度建设等工作任务纳入年度综治考核方案，发挥激励导向作用，提高纠纷解决实效。

3. 设立"一站式"知识产权维权服务平台

加快建设中国（深圳）知识产权保护中心、南方知识产权运营中心，同步设立区级知识产权保护中心，吸纳行政执法、商事调解、商事仲裁、鉴定评估、律师服务、公证服务和司法保护等部门和组织进驻，打造集知识产权咨询指引、鉴定评估、监测预警、企业维权援助和纠纷解决于一体的"一站式""门诊式"知识产权维权运营平台。

（五）全面发挥司法裁判的引导、规范和预防作用，提升司法保护的影响力

1. 全面推进知识产权司法公开

一是完善知识产权裁判文书上网管理机制，提高裁判文书上网率；二是做好典型性强、社会关注度高等案件的庭审公开，开展常态化庭审网络直播；三是定期向社会发布知识产权司法保护状况、典型案例，充分展示司法保护成果，在全社会营造保护知识产权的良好社会氛围。

2. 全面加强知识产权领域的司法建议

积极发挥审判实践的专业优势，紧扣司法办案中发现的知识产权创造、

运用、管理和保护中的漏洞、风险和薄弱环节，围绕企业海外知识产权布局、维权、风险应对，加强调研总结，积极向相关部门和创新主体提出精准度高、针对性强的司法建议。并做好司法建议的跟踪和信息反馈，切实督促堵塞漏洞、防控风险、消除隐患。

3. 加强知识产权的普法宣传

一是建立司法和执法机关联合宣传机制，充分利用"4·26"世界知识产权日、"12·4"全国宪法宣传日等重要节点，加强宣传策划和议题设置，展示实施最严格保护的决心和成果。二是丰富普法宣传形式，坚持法律宣讲、咨询答疑、以案说法相结合，以群众喜闻乐见的形式，增强亲和力和感染力。三是拓宽宣传渠道，健全媒体公益普法制度，充分利用微信、微博等新媒体，开设专题宣传板块，提升司法宣传的实时性、互动性和影响力。

（六）加强知识产权司法保护领域的交流与合作，提高司法保护前瞻性

1. 加强与知识产权管理机构的交流合作

加强与专利复审委员会、商标评审委员会等知识产权专门管理机构的沟通交流，签订交流合作协议，建立高层会商、人员交流、信息共享、业务研讨等机制，培养专家型、复合型知识产权审判人才，提高司法保护针对性和有效性。

2. 加强与高校的交流与合作

借助高校在司法保护理论研究方面的优势，通过双向挂职、专题研讨、座谈交流、联合调研等方式，破解司法保护实务中的难题；尤其是依托最高人民法院深圳大学知识产权司法保护理论研究基地，加强与深圳大学在知识产权理论和实务方面的研究，及时了解掌握国内外司法保护动态，开阔视野，提高司法保护能力。

3. 加强与国内司法机关的交流与合作

加强与北京、上海、广州知识产权法院的交流合作，建立常态化合作交流机制，推动提升深圳知识产权保护的专业化水平。同时，加强知识产权保

护方面司法协作。在财产保全、委托执行、证据调查等方面，加强与其他地区的合作协作，破解知识产权案件审判难题，提高审判质量效率，降低权利人的维权成本。

4. 加强国际交流与合作

积极开展具有国际影响力的知识产权研讨交流活动，通过派员参加国际论坛、国际会议、出国培训以及邀请外国法官和学者来深交流等各种方式，掌握国际知识产权保护最新动态，培养法官的国际视野和世界眼光，增强知识产权司法保护的国际影响力。

（七）建设高素质知识产权审判人才队伍，切实提高司法保护能力

1. 实施知识产权审判人才培育工程

一是完善教育培训机制，借助知名高校的教育资源，加强司法能力培养和科技知识培训；同时，依托深圳大学建立知识产权法官培训基地，完善常态化教育培训机制，切实开阔视野，提高知识产权保护理论水平。二是加强司法实践历练。通过两级法院之间人员挂职、庭审观摩、案件评查、学术研讨、裁判文书评比、课题调研等形式，锤炼司法调研能力，提高知识产权审判专业化水平。三是推动将知识产权审判人员纳入深圳市高层次人才、"孔雀计划"、产业发展与创新人才等政策范围，享受深圳市各级人才在奖励、补贴、住房等方面的优惠待遇。

2. 加强知识产权前沿问题理论研究

充分利用深圳的案例优势、人才优势和科技创新优势，聚焦深圳知识产权司法保护的前沿问题，依托最高人民法院在深圳设立的"知识产权司法保护调研基地"，联合深圳大学、深圳市知识产权各行业协会等积极开展知识产权前沿论坛、高峰对话等研讨活动，提升理论研究能力和水平。

3. 建立技术调查官队伍和技术咨询专家库

借鉴北京、上海和广州的有益经验，结合深圳实际，研究制定技术调查官的选任、考核、管理及培训等相关规范，对技术调查官的选聘方式、工作经历、选任教育资质和技术资质、薪酬待遇、配置数量、配置结构、业务范

围、业务考核、业务培训、职务层次、晋升机制等作出详细规定。与此同时，适时出台知识产权审判技术专家管理办法，按照不同的专业编制技术咨询专家名录，并可根据专家的个人意愿，选任为人民陪审员，积极发挥审判技术专家的作用，提升深圳司法保护水平和影响力。

B.9
深圳法院破解司法供需矛盾的实践和思考

田 娟*

摘　要： 深圳特区经济高速发展的同时，矛盾纠纷案件激增与性质复杂多元，使得深圳法院案件持续大幅增长，司法供需矛盾日益突出。为此，深圳法院通过多元纠纷化解、繁简分流等多项机制创新，在破解司法供需矛盾方面进行了有益探索。但是，目前法院的实际工作中仍存在纠纷分流、资源配置机制不够完善等问题，应进一步优化机制建设，切实提升深圳法院司法能力。

关键词： 深圳法院　司法供需矛盾　多元化纠纷解决机制　繁简分流

近年来，随着深圳特区经济高速发展，社会发展格局多元化，深圳地区的矛盾纠纷呈现出数量大幅增长、类型多元复杂的特点，这些矛盾最终转化为诉讼纠纷，需要通过司法程序进行处理，客观上造成深圳法院所面临的案件压力急剧增加。但是，现有的司法资源仍然有限，难以完全满足案件数量急剧增长、案情日益复杂对司法解纷效率、司法能动质量提出的高要求。为了化解司法供需矛盾对审判执行工作的巨大压力，尽可能满足人民群众日益增长的司法期待，深圳法院在体制机制方面做

---

* 田娟，深圳市中级人民法院审判员。

出了一系列探索,努力探索破解长期以来困扰司法工作的司法供需矛盾的"深圳样本"。

一 深圳地区司法供需矛盾的现状

三十多年快速发展和特殊区位,使深圳法院的案件结构及其审判工作具有一定特殊性,这是深圳地区司法供需矛盾日益突出的主要原因。

(一)案件数量持续增长

2013年,全市法院受理各类案件18.8万件,2014年、2015年分别达到22.5万件、28.6万件,2016年上升到34万件。深圳中院受理案件也从2013年的3.2万件上升到2016年的5.2万件。到2017年,全市法院受理各类案件448842件,比2016年多10.8万件,上升31.7%;办结376913件,比2016年多9.9万件,上升35.8%,占全省的21.5%;受理、办结案总量和法官人均结案数量均位居全省第一。市中院受理案件54212件,办结43957件,均位居全国中级法院第一。[1] 各基层法院收案数量在全国基层法院排名中均位居前列。

(二)民商事诉讼和执行案件占绝对多数

从历年收案情况看,各类民商事案件和与之相关的执行案件一般占收案总数的90%左右,刑事案件一般占8%左右,行政诉讼和行政机关申请强制执行审查案件一般占2%左右。从案件来源看,全市法院超过90%的案件由当事人直接向法院起诉或申请执行。民商事诉讼往往周期长、程序复杂,加之深圳"移民城市"的特点,在民事送达等方面的困

---

[1] 参见2018年1月17日深圳市中级人民法院院长万国营在深圳市六届人大六次会议上作的《深圳市中级人民法院工作报告》。

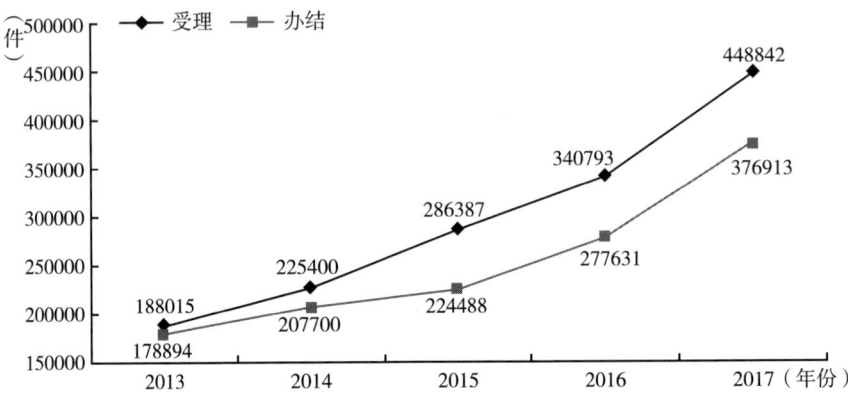

图1 2013~2017年深圳法院收结案走势

难相对比较突出；执行案件则面临着"执行难""无财产"等方面的长期困扰。

（三）新型、疑难案件日益增多

作为改革开放的"窗口"和"试验田"，国内许多新类型的案件首先出现在深圳，如网络域名纠纷、网络虚拟财产纠纷、金融衍生品纠纷等，有些案件法律关系复杂，处理难度很大，不仅需要准确查明事实、正确适用法律，而且需要进一步通过高质量的裁判引领规范社会发展和人民生活的规则，这些都对法院、法官的司法能力提出了更高要求。

（四）法官办案任务十分繁重

目前，深圳全市入额法官仅923人，不到全省法官的十分之一，需要承办全省法院五分之一的案件，常年处于超负荷工作状态。法官人均结案数维持在全省平均水平的2倍、全国平均水平的3倍以上，2016年全市法官人均结案达到283件，2017年达到408件，位居全省第一。①

---

① 参见2018年1月17日深圳市中级人民法院院长万国营在深圳市六届人大六次会议上作的《深圳市中级人民法院工作报告》。

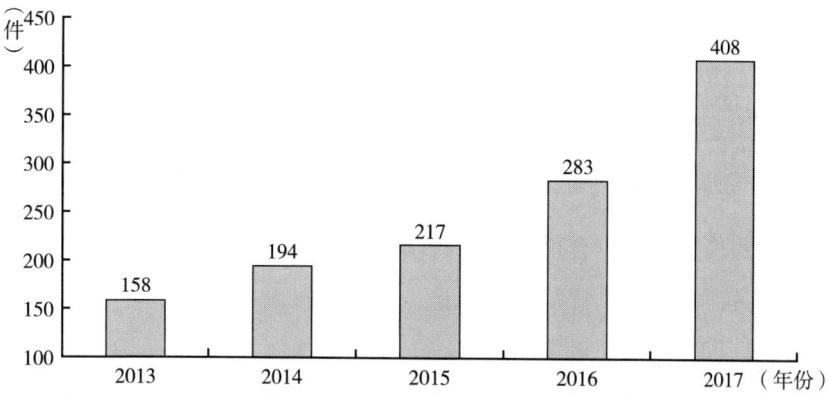

图 2 2013～2017 年全市法院法官人均结案对比

二 深圳法院化解司法供需矛盾的探索实践

整体来看,深圳法院已经成为全国的案件大户,面对案件持续大幅增长、长期高位运行的态势,始终坚持"以改革破解案多人少矛盾"的思路,在围绕中央确定的四项重点改革任务、全面推进综合改革的同时,采取有针对性的措施,在司法办案工作中提效率、强质量,在化解司法供需矛盾方面进行了有益探索。

(一)源头疏解:利用多元化纠纷解决机制推进前端治理

着眼纠纷化解的共性需求和当事人的个性需求,坚持诉外与诉内纠纷解决机制一盘棋,建立诉外多元化解、诉内分流办理、二者有机衔接的纠纷解决机制格局,为当事人提供多元选择。诉外多元化解,是对尚未进入诉讼程序的案件提前介入,从源头疏解纠纷。

一是全面建设多元纠纷化解新平台。深圳中院统一规划部署,要求两级法院同步推进、统一建设诉调对接中心,实现多方积极参与、诉非无缝对接。全市法院先后与深圳市贸促会、保险同业公会、粤港澳调解联盟、司法局等50多家单位达成联调联动协议，协同建立诉前联调联席会议制度，在诉调对接中心设立调解服务窗口。选取婚姻家庭、交通事故、医疗损害赔偿责任等适宜调解的纠纷，探索调解前置程序。通过与街道司法所合作，推行司法确认远程视频审查，实现人民调解与司法确认一线联通；开设"网上调解室"，把诉调对接模块植入办案系统中，开展"一站式、一网式"在线调解、司法确认工作。合理设定诉前调解期限，调解不成的及时立案，转入案件繁简分流程序快审快结。依托这一平台，推动矛盾纠纷诉前多元化解，对诉讼案件进行拦截、过滤。

二是推动建立常驻调解制度。由相关职能部门、行业组织选派调解员常驻法院开展调解，并将派驻单位的相关规章制度整合到法院的工作制度中来，形成联动合力。探索建立在线纠纷解决机制，开设"网上调解室"，提供"一站式、一网式"在线调解、司法确认服务，由法官、法官助理跟踪指导，提高调解成功率。开通司法确认绿色通道，部分案件通过远程视频，实时见证，完成司法确认。

三是实行专业调解制度。根据纠纷类型和专业特点需求，选聘相关专业组织、专业人士为特邀调解组织、特邀调解员，同时建立专门、专业的调解工作室或团队。当事人可以根据案件需要，自主选择匹配的调解组织、调解员或相关专业调解室、调解团队。如福田法院选聘28家特邀调解组织和125名特邀调解员，并与保险消费权益服务中心、福田区妇联等相关单位签署有针对性的合作协议；前海法院与粤港澳调解联盟14家单位开展战略合作；宝安法院设置商事、保险、社工、家事等专业调解室，提高了调解的针对性和有效性。

四是建立专家中立评估制度。对部分特殊类型案件，建立专家中立评估制度，帮助当事人预判结果，引导当事人理性维权。宝安法院针对医患纠纷，在司法鉴定人员、法医学专家或全市各公立医院副主任医师以上人员中，聘请专家组成医患纠纷专家库。经双方当事人同意或法院认为有必要的，可直接启动专家中立评估机制，邀请专家库成员出具早期中立评估意见，促进矛盾纠纷的调解解决。

（二）科学分流：深入推进案件繁简分流机制改革，加快案件流转

通常在进行诉前调解后，仍有相当一部分纠纷将进入诉讼程序。深圳法院对诉前调解不成或当事人拒绝调解而进入诉讼渠道的案件，开展案件繁简分流机制改革。在市区两级法院，在刑事、民商事、行政和执行各个审判业务领域，根据案件繁简程度，建立不同的办理机制。

一是科学识别案件，确保准确分流。繁简案件的识别是分流办理的基础。在人工分选的基础上，进行大数据分析，逐步构建起智能识别、分流体系。对一审案件，依据案由、标的和诉状字数三个核心要素，对二审案件，依据案由、标的、主体、审限和诉状字数五个核心要素，由系统自动识别、分案。经过不断完善，一审案件自动识别准确率超过70%，二审案件超过90%，辅助必要的人工甄选，确保案件准确分流。

二是组建专业团队，速裁案件集中办理。针对简案快办特殊要求，设立专门的速裁庭或组建专门的办案团队。在人力资源紧张的情况下，优先配备速裁合议庭和辅助人员，全市法院共设民商事、行政、刑事、执行等速裁快审快执团队70个，配备法官136人（占全市法院法官总数的16%），速裁法官与法官助理配备比例达到1∶2。[①] 2016年6月启动改革后，全市法院以16%的法官办结了同期53%的案件。

三是依法精简程序，缩短简案办理周期。适应简案特点，在办理程序、流程上依法精简、合并，如简化庭前准备程序，推行简便灵活的送达方式，引导当事人缩短举证等期限；推行"门诊式"办案模式，对简单案件统一排期开庭，集中时间多案同审、多案连审；实行庭审调查、辩论一并进行，集中审理争议焦点；对简单案件全面推行令状式、表格式、要素式文书，促进办案效率进一步提高。

[①] 《群众得实惠，法院减压力——深圳法院繁简分流简案快办效率高》，载最高人民法院微信公众号2017年9月21日。

（三）科技助力：依托信息技术提升办案与管理效能

着眼为法官减负、为群众服务，加快建设"智慧法院"，运用信息技术手段，提高办案质效，助推公正司法，满足人民群众多元司法需求。2017年，广东智慧法院建设推进会在深圳召开，省法院指定深圳中院和盐田法院为全省"智慧法院"建设试点单位。

一是制定智慧法院建设三年规划。调整充实全市法院信息化建设领导小组，各基层法院院长作为成员，一把手亲自抓信息化建设。组建信息化咨询委员会，聘请12名跨学科、跨部门、跨行业专家，调研论证"什么是智慧法院，智慧法院建什么、怎么建"。制定《深圳"智慧法院"建设三年规划》，从司法办案、司法决策、司法服务三个方面，总共安排18项任务，计划于2017年搭建"智慧法院"基本框架，2018年基本形成"智慧法院"工作体系，2019年建成"全业务网络办理、全流程依法公开、全方位智能服务"的智慧法院。

二是创设"JEC"开发模式。深圳法院改变以往技术部门牵头、业务部门协助开发模式，根据工作需求组建虚拟团队，由法官（Judge）主导研发系统，工程师（Engineer）和开发公司（Company）提供技术支持，确保项目符合需求、法官愿用好用。全市建立了九个JEC团队，例如速裁案件管理系统就是由速裁庭法官牵头，科信部门支持配合，经过3个月反复磨合，建立"案由+要素"智能识别繁简分流模式，目前中院案件识别准确率已达到90%。其他项目开发，也按照这一模式逐项推进。

三是推进重点项目建设。目前，深圳"智慧法院"建设已全面启动，重点项目取得阶段性进展，包括（1）电子卷宗随案生成平台。指定盐田法院先行试用，实现卷宗材料OCR文本识别、自动归类排序、案件要素智能提取、裁判文书辅助生成、一键移送归档。（2）南山区建立公检法跨部门办案平台，刑事案件卷宗实现电子化生成和网上流转。（3）执行案件在线办理平台。"鹰眼查控网"根据繁简分流的要求进行升级改造，依托最高人民法院"总对总"系统和深圳法院"点对点查控网"先行

"五查"过滤,已实现15%的案件通过在线查冻扣直接办结;其他需要财产变现的案件,依法进行网络司法拍卖,2017年全市法院网拍成交金额超过55亿元。(4)多元化纠纷解决平台。借助信息化手段,把多元化纠纷解决机制从线下搬到线上,对诉前调解案件实现全流程管理,兼具在线立案、在线调解、在线司法确认、"一键"转诉讼立案等功能。立足于连接一切矛盾纠纷化解主体,在线整合调解组织和调解人员,目前全市导入26891件纠纷进入平台,已结7739件。[①](5)E键确认平台。根据案件信息和当事人信息,自动生成应诉通知书、举证通知书、传票等程序性文书,一键发送邮局打印并送达,有效节省人力和时间成本。(6)与腾讯公司联合开发全国首家人脸识别微信送达平台,实现案件节点信息自动推送与法律文书电子送达。(7)打造类案在线办理平台。福田法院开发"巨鲸智"系统,在全国首创金融纠纷类型化案件立案、审判、执行全流程网上办理,法律文书自动生成、电子送达,全部无纸化办理,目前已在线受理案件超过1万件。(8)盐田法院开发运行"法智云端"网上行政诉讼服务中心,一期工程在全国首家实现行政非诉审查案件全流程在线办理。

(四)资源配套:推进劳动合同制司法辅助人员改革

为法官配备充足的辅助人员,确保其从诸多事务性工作中脱身,集中精力处理判断性的核心事务,是提升司法办案效率的关键要素。但是目前深圳法院中央政法专项编制有限,只能通过劳动合同制的方式聘用人才。如何让优秀人才招得进、留得住,是深圳法院正在积极探索的问题。通过在全国率先推进劳动合同制司法辅助人员改革,深圳法院为真正建设一支正规化、专业化、职业化的司法辅助人员队伍提供了制度保障。

一是积极争取党委支持出台配套政策。推动深圳市委常委会审议通过了

---

① 参见2018年1月17日深圳市中级人民法院院长万国营在深圳市六届人大六次会议上作的《深圳市中级人民法院工作报告》。

《深圳市劳动合同制司法辅助人员管理改革方案》及管理实施办法、招录办法、法院过渡办法、检察院过渡办法、薪酬待遇标准和劳动合同标准文本等6个配套办法的"1+6"改革文件。改革主要内容包括在全市法院建立劳动合同制司法辅助人员单独管理体制、建立层次分明的职业发展通道、完善和保障全面的薪酬待遇制度等。

二是实行司法辅助人员员额制。两级法院在政法专项编制不足的情况下,采取劳动合同制方式聘用司法辅助人员,担任法官助理、书记员。总体上以入额法官为基数,按照不低于1∶1∶1的比例核定法官助理、书记员的员额,并根据办案需求,确定人民法庭配置比例为1∶2∶1,速裁庭为1∶3∶1,相比于之前法官与助理约2∶1的比例现状,极大缓解了司法辅助人员的不足。在总体辅助人员员额确定后,根据各个法官承办案件数量和难易程度测算,确定每名法官具体配备法官助理的数量。劳动合同制司法辅助人员一般由法院聘用管理,书记员可以采用劳务派遣、购买社会服务等方式配置。

三是建立层次分明的职业发展通道。法官助理、书记员实行单独职务和等级制度,均设置初级、中级、高级3个职务层次和9个等级,实行分级管理。[①] 拓宽晋升渠道,提供良好职业发展预期,劳动合同制辅助人员等级晋升实行负面清单制度,没有不胜任工作等负面情形的,根据工作时长和工作表现,可定期晋升,业绩优秀者,还可择优晋升。改革有利于激发工作积极性、稳定人才队伍,同时倒逼司法辅助人员精细化分工,进一步优化审判资源的配置。

四是拓展职业保障的广度和深度。从薪酬待遇、社会保险、住房保障等方面全方位完善劳动合同制司法辅助人员的职业保障制度,按不低于同级公务员的70%的标准给予经费保障,有效改善劳动合同制辅助人员的发展空间和薪酬待遇。根据改革方案,合同制辅助人员薪酬待遇由基本工资、津贴

---

① 相关内容参见《争当"排头兵"勇做"试验田"——深圳司法体制改革坚持高位谋划统筹跟进勇于创新》,载《法制日报》2017年8月25日。

补贴和绩效奖金构成，对应单独职务序列，建立薪级工资制度，薪级工资随等级和工作年限逐级晋升。改革方案大幅提高了工资标准。9级（最低级）劳动合同制司法辅助人员的首年基本工资参照深圳市2015年度在岗职工平均工资标准确定。除购买社会保险、缴存住房公积金外，法院还将参照企业做法为合同制辅助人员缴纳企业年金，还可以承租人才住房或保障性住房。

五是严格套转标准，规范招录程序。现有政法编制外的法官助理和书记员符合任职资格，通过套转考试后，可以转任劳动合同制司法辅助人员。出台劳动合同制司法辅助人员招录办法，确保招录过程公开、公平、公正，实行统一招录、择优录用。目前已首批面向社会招录法官助理144名。

三 当前破解司法供需矛盾仍存在的几个问题

深圳法院通过系列配套举措，在一定程度上提升了司法生产力，司法供需方面的矛盾得到有效缓解。在新一轮司法改革后，近几年法官人数未增反减，面对受案数量爆发式的增长，结案仍每年保持明显增速，取得了较为明显的成效。但是，当前破解司法供需矛盾的机制仍存在以下几个问题。

一是替代性纠纷解决机制不健全，大量纠纷仍然转化为司法案件涌入法院。正如苏力所言："仅仅抽象地理解法院的功能是解决纠纷，就显然不够。一定要在社会格局和政治体系中来了解和理解法院适合以及能够接受和处理什么样的纠纷。"[1] 作为司法机关，法院已经是维护公平正义的最后一道防线，如果替代性纠纷解决机制不健全，绝大部分纠纷需要选择司法程序来加以解决，法院有限的司法资源将难以承受如此的重负。从深圳法院的现实情况来看，工作人员已长期超负荷工作，加班加点办案成为常态，在人均结案已达408件的情况下，2017年的存案仍然超过7万件，压力

---

[1] 苏力：《中国法学未能为法院系统改革提供急需知识》，载"社科大师"微信公众号2018年2月28日。

巨大。

二是资源配置还有待优化,新型诉讼机制尚有潜力可以挖掘。法官员额制改革后,法官的职业定位已十分清晰,但如何采取有效的措施,确保法官能够从审判辅助性事务中彻底剥离,如何确保法院人力资源集中于审判核心工作,还需要探索新的路径。案件繁简分流机制改革取得了较好的前期效果,但面对纠纷持续性的增长,如何利用这些新型诉讼机制寻求更多突破,产生长期效能,都需要进一步深入挖潜。

三是基层基础建设仍显滞后,司法服务条件有待改善。深圳法院基础设施老化、办公办案场所拥挤、诉讼服务场地狭窄、审判法庭数量严重不足的问题普遍存在,许多法院租用厂房、占用档案储存库办公办案。随着劳动合同制司法辅助人员配备逐渐到位,办公办案条件将更为紧张。此外,利用信息化手段辅助法官办案仍存在瓶颈,一定程度上制约办案效率,也影响诉讼服务质量。

四 下一步破解司法供需矛盾的几点思路和建议

司法供需矛盾的解决,不仅仅是法院的一家之事,更是关系到深圳社会综合治理的重大课题,需要地方党委给予高度关注和大力支持。比如加快解决审判法庭和诉讼服务用房,推进纠纷治理的协同配合,鼓励司法资源调配的创新优化。法院则应当发挥司法引领的作用,在源头疏导、司法提速和综合配套多个方面努力破解司法供需矛盾。现就下一步如何破解司法供需矛盾,提出几点思路和建议。

一是推进纠纷共同治理,着眼源头疏导减少进入诉讼的案件。加强纠纷前端治理,深入推进多元化纠纷解决机制改革。充分发挥政府相关部门、社会团体以及行业协会、商会、调解协会、仲裁机构、公证机构、律师事务所等社会组织的作用,在矛盾纠纷形成初期和发展过程中尽早介入、尽快处理,防止大量纠纷演变为诉讼案件。探索裁判结果评估预告机制,引导当事人形成对纠纷处理结果的合理预期,从而自愿选择通过仲裁、调解等非诉讼方式解决纠纷。同时，利用深圳享有特区立法权的优势，尽快推进深圳多元化纠纷解决机制地方立法进程，从社会治理层面加大纠纷多元化解的力度。

二是推进诉非机制①有效衔接，着眼程序简化提高诉讼案件审理效率。针对道路交通事故、劳动争议、婚姻家事等事实清楚、法律关系明确的简单案件，设置一定的期限进行诉前调解，并将调解过程中无争议事实、争议焦点加以固定，同时确定案件的难易系数，初步识别为简单、普通、复杂案件，做好当事人送达地址和联系方式的确认工作。调解不成进入诉讼阶段的，已固定事项可不需质证、认证即可在庭审中直接确认，进一步简化诉讼程序。全面推进速裁案件当庭宣判、连审连判。推广示范诉讼，采取对数量大但类型化案件先行示范判决，速裁法官参照处理的审理模式。

三是推进法院购买社会化服务，着眼资源配置提高司法运作整体效能。发挥市场机制作用，将法院部分事务性工作交由具有资质的市场主体和事业单位承担，实现减负增效。制定法院购买社会化服务的标准体系，编制人民法院购买社会化服务指导性目录和禁止购买负面清单，明确法院购买社会化服务的范围、程序。完善辅助事务购买社会化服务的准入门槛和竞争机制，探索公证机构、律师事务所等力量参与诉前调解、司法送达、调查取证、执行辅助等非核心审判事务。

四是推进信息化平台建设，着眼智能深度辅助办案。完善以法官为中心的需求导向型"JEC"技术研发模式。建设裁判文书一键生成系统、类案及关联案件强制检索系统、参阅案例和法规推送系统、类案裁判标准数据库、类案不同判预警系统、文书自动纠错系统，为法官办案减负增效。深化互联网智能审判辅助平台、大数据执行辅助平台建设，加强系统集成效能的发挥。探索建立区域性审判大数据平台，积极推动政法各单位系统融合对接，实现案件信息无损传递。优化信息化条件下的电子送达方式，充分利用微信、淘宝客户端、社区网格化送达，进一步提高送达效率。

---

① 诉，指的是诉讼；非，指的是仲裁、调解等非诉讼的多元纠纷化解方式。

B.10
法院购买社会化服务的范围与边界

成少勇　王　杰[*]

摘　要： 法院购买社会化服务尚处于起步阶段，实践中，法院购买服务内涵不清、边界不明的问题十分突出，亟待正本清源，推动相关实践深入开展。报告对法院购买社会化服务进行概念辨析，并基于重要性和专业性对法院主要业务事项归纳梳理，在此基础上提出法院购买社会化服务的范围与边界。

关键词： 法院购买社会化服务　服务外包　审判辅助　司法服务　后勤保障

最高人民法院制定的《全面深化人民法院改革的意见——人民法院第四个五年改革纲要（2014~2018）》提出，拓宽审判辅助人员的来源渠道，探索以购买社会化服务的方式，优化审判辅助人员结构。推进法院购买服务是优化审判资源配置的有效方式，对拓宽司法辅助人员来源，深入推进司法体制综合配套改革，有效破解"案多人少"矛盾，提高司法审判效率、质量具有重要价值。但由于法院购买社会化服务尚处于起步阶段，实践中，法院购买服务内涵不清、边界不明的问题十分突出，亟待正本清源，推动相关实践深入开展。

---

[*] 成少勇，深圳市中级人民法院审判员；王杰，深圳市中级人民法院副主任科员。

一 问题的提出

随着经济社会转型发展，人民群众日益增长的多元司法需求与不平衡、不充分的司法供给之间的矛盾日益突出，经济发达地区法院普遍面临"案多人少"的矛盾，且在新一轮司法改革推进中，由于立案登记制和法官员额制改革的叠加影响，人民法院人案矛盾更加突出。如何破解案多人少的矛盾？在推动外部疏源、内部提速，积极推进纠纷多元化解、案件繁简分流及建设智慧法院的同时，进一步优化司法资源配置方式，通过购买社会化服务，将法官和法院从繁杂的事务性工作中解脱出来，提高司法运作整体效能，成为重要的途径和方式。与此同时，随着人员分类管理改革及法官员额制的实施，在政法专项编制受限的情况下，审判辅助人员配置短缺问题凸显，亟待通过以购买服务方式，拓宽审判辅助人员的来源渠道。由此，在新一轮司法体制改革背景下，探索推进法院购买社会化服务，既有利于缓解案多人少的矛盾，同时也是深化司法体制综合配套改革的必然要求，对优化司法资源配置、提高司法服务效率都具有重要作用。探索实施法院购买服务，明确购买服务范围和边界是前提和关键。但法院购买社会化服务工作尚处于起步阶段，购买社会化服务内涵不清、边界不明、标准不一，是否购买服务考量因素欠缺等困惑和误区凸显，影响了购买服务机制的运作效果。亟待在梳理、细分法院各类业务事项的基础上，结合人民法院的司法审判职能，遵循司法权运作规律，从理论和实践上进一步澄清误区，廓清思路，推动法院购买社会化服务全面实施。

二 法院购买社会化服务的概念辨析

厘清法院购买社会化服务的概念是明确购买服务范围的基石。在司法部门的官方文件中，"法院购买社会化服务"的概念最早见于最高人民法院2015年2月发布的"四五"改革纲要。随着司法改革的推进，购买社会化服务的概念逐渐为人熟悉，法院购买社会化服务的探索实践日益增多，但目前官方和权威机构尚未对其做出明确的概念界定。从财政资金使用看，法院购买社会化服务实际上是政府购买服务的一部分。而对于政府购买服务，理论界已基本没有分歧，财政部、民政部和国家工商总局联合出台的《政府购买服务管理办法（暂行）》也已清晰界定①，这对于正确理解法院购买社会化服务的内涵意义重大。参考政府向社会力量购买服务的概念，可以初步界定法院购买社会化服务的内涵，即法院购买社会化服务是指法院通过发挥市场机制作用，将一部分以往由自己直接提供的公共服务事项以及履行司法审判职能所必需的服务事项，按照一定的程序和方式，交由具备条件的社会力量和事业单位承担，并由法院按照合同约定向其支付费用。法院购买社会化服务的本质是引入社会和市场资源，完成法院工作中的若干事务性、辅助性事项。在深化司法体制改革的背景下，通过购买社会服务的方式，将法院一部分事项交由社会组织或市场主体承担，既是完善法院人员分类管理制度改革的必然要求，同时也是确保法官员额制改革成效的配套性机制保障，对于更好地优化司法资源配置，缓解人案矛盾，深入推进司法体制综合配套改革，全面落实司法责任制都具有重要作用。

值得注意的是，当提及法院购买服务时，相关研究和实践中也会使用"服务外包""劳务派遣"等概念，有的法院甚至把通过订立劳动合同，聘用非在编人员作为法院购买社会化服务的方式。为避免混淆、混乱，有必要对相关概念予以梳理、澄清，以便明确法院购买社会化服务的概念和内涵，统一认识、消除分歧，推动实践在正确方向上发展。

（一）"购买服务"与"服务外包"

"服务外包"最早源于企业管理，是指企业把原来由自身提供的基础

---

① 《政府购买服务管理办法（暂行）》第二条规定，本办法所称政府购买服务，是指通过发挥市场机制作用，把政府直接提供的一部分公共服务事项以及政府履职所需服务事项，按照一定的方式和程序，交由具备条件的社会力量和事业单位承担，并由政府根据合同约定向其支付费用。政府购买服务范围应当根据政府职能性质确定，并与经济社会发展水平相适应。属于事务性管理服务的，应当引入竞争机制，通过政府购买服务方式提供。

性、共性和非核心IT业务和基于IT的相关业务流程进行剥离，发包于企业外部的从事专业服务的提供商来完成的经济活动。① 在政府购买服务理论研究中，部分学者使用"服务外包"的概念②，但从对"服务外包"内涵的剖析看，与"购买服务"的内涵并无本质差别，两者只不过是针对相同内涵的不同表述。在国家已经出台政策明确界定"购买服务"和"服务外包"的背景下，法院使用"购买服务"更加严谨、规范。

（二）"购买服务"与"劳务派遣"

根据《中华人民共和国劳动合同法》的规定，劳务派遣，实际上是指劳务派遣单位与接受以劳务派遣形式用工的单位订立劳务派遣协议，派遣劳动者为用工单位工作的用工方式。③ 劳务派遣关系中，劳务派遣单位与劳动者订立劳动合同，是用人单位，而接受劳务派遣用工方式的单位与劳务派遣单位签订劳务派遣协议合同，而不与劳动者订立劳动合同，为用工单位。在中国政府购买服务实践中，既存在政府机关根据需要与承接主体订立合同，由承接主体向政府机关派遣劳动者，劳动者在政府机关指挥监督下从事相关服务的方式，也存在政府机关与承接主体通过订立承揽合同，将相关服务项目交由承接主体承担，承接主体提供工作成果的方式。因此，"劳务派遣"只是政府购买服务中承接主体提供服务的方式之一，"购买服务"与"劳务派遣"属于包含与被包含的关系，二者并不等同。

---

① 企业服务外包事项范围主要包括信息技术外包（ITO）、业务流程外包（BPO）和知识流程外包（KPO）三大领域。2014年12月24日，国务院出台《关于促进服务外包产业加快发展的意见》，对服务外包产业发展的总体要求、发展目标以及培育竞争新优势、强化政策措施、健全服务保障等作出规定，旨在促进中国服务外包产业加快发展。
② 王慧娟：《政府公共服务外包的法理分析与制度选择》，《行政与法》2012年第10期，第25~29页；石佑启、邓骞：《论政府公共服务外包的风险及其法律规制》，《广东社会科学》2016年第3期，第234~242页，等等。
③ 《中华人民共和国劳动合同法》第五十九条规定：劳务派遣单位派遣劳动者应当与接受以劳务派遣形式用工的单位（以下称用工单位）订立劳务派遣协议。劳务派遣协议应当约定派遣岗位和人员数量、派遣期限、劳动报酬和社会保险费的数额与支付方式以及违反协议的责任。用工单位应当根据工作岗位的实际需要与劳务派遣单位确定派遣期限，不得将连续用工期限分割订立数个短期劳务派遣协议。

（三）"购买服务"与"聘用非编人员"

实践中，在收案量迅速攀升，政法编制受到严格控制的现实下，为缓解人案矛盾，一些地方法院不得不通过多种渠道增加人手，如通过订立劳动合同，聘请劳动合同制人员从事审判辅助工作；或通过劳务派遣方式，使用劳务派遣人员开展事务性工作。在法院购买服务实践和相关研究中，有的也将聘用劳动合同制人员作为法院购买社会化服务的重要形式。① 不可否认，通过订立劳动合同的形式，聘用非在编人员是当前人民法院解决人案矛盾的重要途径，但一方面，从法院与工作人员的法律关系看，人民法院与聘用制人员直接订立劳动合同，二者之间是直接雇用关系，不符合服务购买关系中双方地位平等的内在要求；另一方面，从现有政策要求看，个人也不符合承接主体的资质条件，不能成为服务承接主体。② 此外，直接聘用劳动合同制人员，仍需付出较大的人员招聘、培训和日常管理成本，不符合购买服务"养事不养人"的本质特征。因此，聘用劳动合同制人员不能纳入法院购买社会化服务的范围。

尽管法院购买社会化服务与政府购买服务概念相似，但人民法院作为国家审判机关，代表国家行使审判权，无论是职能定位、权力运行，还是业务性质和事项种类等，都与政府机关有所不同，这也决定了法院购买的社会化服务的内涵、外延与政府购买服务存在较大差异。因此，全面把握法院购买社会化服务的内涵，仍需对人民法院现有业务事项进行类型化、细分化。

---

① 洪一军、范玉、刘佳：《安宁市法院购买社会化服务助力审判一线》，《云南法制报》2015年11月18日；苏扬、林洁玲：《法院人员分类背景下的社会服务购买模式研究——基于对政府购买模式的借鉴和法院现有模式的思考》，全国法院第二十八届学术讨论会论文。
② 《政府购买服务管理办法（暂行）》第六条规定，承接政府购买服务的主体（以下简称承接主体），包括在等级管理部门登记或经国务院批准免于登记的社会组织、按事业单位分类改革应划入公益二类或转为企业的事业单位，依法在工商管理或行业主管部门登记成立的企业、机构等社会力量。

三 法院主要业务事项归纳：基于重要性和专业性的梳理

《中华人民共和国宪法》规定，人民法院是国家的审判机关，代表国家行使审判权。一方面，司法审判权的公正、高效行使，既需要必要的人财物保障，也需要审判管理、司法行政管理和人事管理，还应当坚持党的领导，开展党务管理、反腐和纪检监察工作；另一方面，经济社会迅猛发展，群众司法需求日益增多，人民法院在履行司法审判职能的同时，还需要顺应时代发展，满足群众需求，发挥好法治宣传、诉讼服务、司法公开及参与社会治理等职能。

推进法院购买社会服务，主要是将法院的部分事项通过购买服务的方式，交由社会组织、市场主体等社会力量承担。但这并不意味着，不加区别地把法院所有的业务社会化，否则，既不符合人民法院的职能定位，也不现实。因此，根据一定的原则和标准将人民法院主要业务事项类型化、细分化，将适合交由社会力量承担的事务通过购买服务的方式剥离出去，才是购买社会化服务的题中应有之义。

如何对法院各类事务进行类型化、细分化？从法院的职能特性看，人民法院的主要职能是开展司法审判活动，具有很强的法律专业性，而法院各类事务对法律的专业性要求不同；从各类事务的地位和作用看，任何事务都有重要性与非重要性之分，法院事务也不例外。因此，本文在对法院现有各类业务事项进行详细分类的基础上，根据重要性[①]和专业性[②]两个维度，将法院的主要业务划分为以下几类（见图1）。

第一类（第一象限）：司法裁决类事项。即行使判断权、裁量权，认定事实、适用法律对案件实体或相关程序做出裁决的事项，主要包括审查决定是否立案、管辖权异议审查、保全和先予执行审查、开庭审理、案件

---

① 这里的"重要性"是指该项事务是否直接保障和影响法院审判权的行使。
② 这里的"专业性"是指该项事务是否要求具备相应法律知识、司法经验和技能。

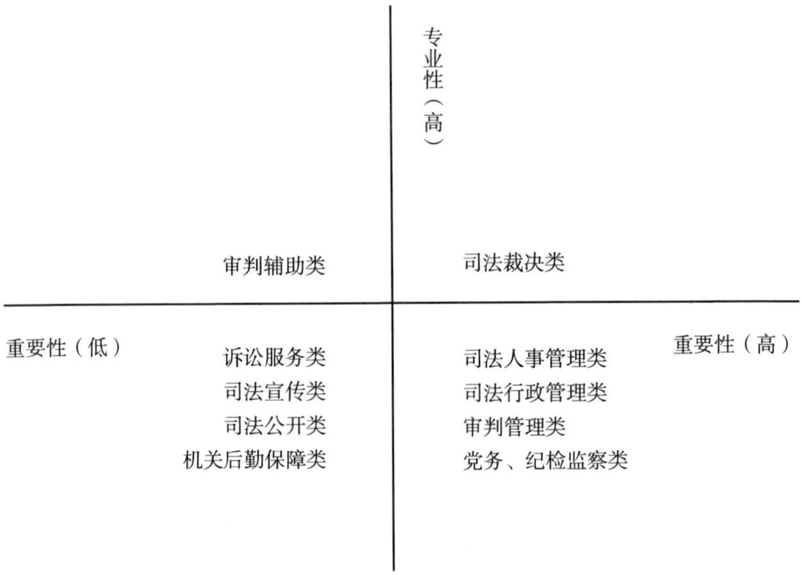

```
                         专
                         业
                         性
                         （
                         高
                         ）


              审判辅助类    │   司法裁决类
        ──────────────────┼──────────────────
   重要性（低）            │                     重要性（高）
              诉讼服务类    │   司法人事管理类
              司法宣传类    │   司法行政管理类
              司法公开类    │   审判管理类
              机关后勤保障类 │   党务、纪检监察类
```

图1 人民法院事务分类汇总

裁判、执行中的裁决等,其外在表现是出具裁判文书。司法权实质上是司法人员对争议的事项进行判断的一种权力。[①] 该类事项是人民法院行使司法审判权的最本质体现,是法院事务中专业性最强、重要性最高的事项种类。

第二类（第二象限）：审判辅助类事项。即为确保司法裁判权行使而开展的辅助类、事务类工作,主要包括排期、送达、审查诉讼材料、组织证据交换、委托鉴定评估拍卖、诉讼保全、庭前准备、庭审记录、组织调解、信息录入、归档和司法警务保障（值庭、押解、看管、配合案件执行、维护机关安全和办公秩序）等。这类事项虽然具有一定的专业性,但大多是辅助性、事务性工作,具有机械性、程式化、重复性特点,其重要性相对不高。

第三类（第三象限）：保障和服务类事项。以服务对象为区分标准,这类事项实际上可以划分为两个层面：其一是司法服务类事项,主要包括诉讼

---

① 胡夏冰：《司法权：性质与构成的分析》,人民法院出版社,2003,第181页。

服务、司法宣传和司法公开等；其二是机关后勤保障类事项，主要包括餐饮服务、物业管理服务、交通保障、机关安保、档案管理、信息化运维保障服务等。其中，机关后勤保障类事项旨在保障人民法院的正常运转，在性质方面与其他机关并无差别，而司法服务类事项实际上是法院向社会公众提供的公共服务。该大类事项对法律专业知识、司法经验和技能的要求不高，相比司法审判事务也不具有显著的重要性。

第四类（第四象限）：法院管理类事项。这类事项主要是为确保审判权公正、高效行使而进行的审判管理（主要包括组织、计划、指挥、调度审判活动，配置调整审判资源，建立完善管理制度，评价考核审判绩效等）、司法人事管理（主要包括组织人事、人员招录考核、机构设置和编制管理、等级职级评定和晋升、评优评先、表彰奖励、教育培训、离退休人员管理和服务等）、司法政务管理（主要包括行政办公管理、财务管理、固定资产管理等）和党务、监察等业务事项。"若将审判工作界定为审理和裁判具体案件的工作，那么为审判工作提供服务但与具体案件审判无关的审判管理、审判研究、司法统计、行政事务、人事监察等，原则上均可以划定为非审判事务从而剥离到审判工作范围之外。"[1] 这类事务主要功能在于保障审判活动规范、有序、高效进行，提升法官司法能力，提高法院的运作效率，确保审判权公正、高效行使，虽然对保障审判工作发挥着重要作用，但与审判工作相比，其法律专业性并不明显。

值得注意的是，实践中法院各类管理事项形态复杂、性质不一。从管理学角度来看，决策系统包括决策枢纽系统、决策咨询系统和决策信息系统，其中，决策枢纽系统承担着制定决策的功能，决策咨询系统和信息系统主要为枢纽系统提供参谋和辅助。[2] 此外，还有学者将一个组织的人员分为管理人员和作业人员，管理人员又包括高层管理者、中层管理者、基层管理者。高层管理者往往讨论涉及重大计划制订和重大利益调整的议题，中基层管理

---

[1] 傅郁林：《以职能权责界定为基础的审判人员分类改革》，《现代法学》2015年第4期，第14页。

[2] 宁骚：《公共政策学》（第二版），高等教育出版社，2011，第63页。

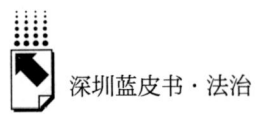

者重点关注采取何种措施保证决策目标的达成,而作业人员只是根据指令完成相应任务。[1] 同理,法院管理性事项也可以分为管理决策事项、决策咨询和操作类事项,其中决策咨询和操作类事项并不涉及管理对象重大利益变动和调整,具有辅助性、可操作性特征。

四 法院购买社会化服务的范围与边界

科学、合理厘定法院购买服务的范围和边界,是开展相关研究、推进实践发展的前提和基础。对此,现有的相关研究较为薄弱,基本上处于空白状态,实践中,在已经开展相关探索的法院中,做法也不尽相同,由于人民法院日常工作事务庞杂、繁多,目前对购买服务范围的厘定缺乏明确、客观的标准,各地对购买事项范围存在不同理解,实际购买的事项存在较大差异。比如有的将购买服务事项范围局限在法院机关后勤保障事项内,在购买审判辅助等事项方面,还存在种种顾虑和担心,法院购买社会化服务的特殊性、规律性无从体现;有的将诉前调解、特殊人群帮扶和心理疏导等不属于法院职责范围内的事项作为购买内容,不当扩大购买范围,导致购买主体错位;有的没有综合考虑法院核心业务范围、所需服务专业性及承接主体市场发育程度等因素,在强烈的现实需求裹挟下,盲目跟风,存在片面扩大购买服务事项范围的倾向。

前已述及,法院购买社会化服务本质上属于政府向社会力量购买服务的一部分。政府购买服务肇始于20世纪70年代的西方国家,以新公共管理理论、公共产品理论、治理理论和服务型政府理论为基础,起初发源于英国,在美国得到了迅速发展。对哪些事项可以通过购买服务的方式交由社会组织和市场主体承担,美国一般以"政府固有职能"(inherently government function)作为判断标准,禁止将政府固有职能委托民间办理。而在如何判断政府固有职能方面,美国联邦采购政策局于1992年发布了92号政策函,

---

[1] 戴淑芬:《管理学教程》(第三版),北京大学出版社,2009,第13页。

将"政府固有职能"阐释为：如果某项职能与公共利益密切相关，以至于应当由政府公务人员执行的，即属于政府固有职能。在范围上，这些职能主要包括行使公权力时进行自由裁量的活动，以及代表政府作出决定时进行价值判断的活动。① 在香港特别行政区，则采用"公共服务重要性标准"判断是否影响社会购买服务。以服务的重要性进行划分，将公共服务划分为核心服务、辅助服务和商业服务三种类型，同时，明确除了政府的核心服务，辅助服务和商业服务均可通过政府购买的方式由社会组织提供。②

党的十八大以来，政府购买社会服务的重要地位日益凸显。党的十八届三中全会首次将政府购买服务纳入重点改革规划进行总体部署，国务院出台了一系列文件，对推进和规范政府购买服务做了明确安排，对政府购买服务的边界作出了原则性和方向性的界定，且随着实践的发展和时间的推移，购买服务事项范围也日趋拓展、清晰（详见表1）。

表1 党中央和国务院相关文件对政府购买服务事项范围界定情况

发布时间	发布机构	文件名称	范围界定	禁止性购买事项
2013.11.12	中共中央	《关于全面深化改革若干重大问题的决定》	事务性管理服务	
2013.9.26	国务院办公厅	《关于政府向社会力量购买服务的指导意见》	适合采取市场化方式提供、社会力量能够承担的公共服务	应当由政府直接提供、不适合社会力量承担的公共服务，以及不属于政府职责范围的服务项目
2014.12.15	财政部民政部工商总局	《政府购买服务管理办法（暂行）》	适合采取市场化方式提供、社会力量能够承担的服务事项。主要包括：基本公共服务、社会管理性服务、行业管理和协调性服务、技术性服务、政府履职所需辅助性事项以及其他适宜由社会力量承担的服务事项	不属于政府职能范围，以及应当由政府直接提供、不适合社会力量承担的服务事项

---

① 常江：《美国政府购买服务制度及其启示》，《政治与法律》2014年第1期，第154页。
② 李海平：《政府购买公共服务法律规制的问题与对策——以深圳市政府购买社工服务为例》，《国家行政学院学报》2011年第5期，第94页。

综合域外实践经验及国内政府购买服务的政策要求，政府购买服务范围既包括政府提供的公共服务，也包括政府履职所需要的辅助性事项，而政府固有职能或者核心事项则被排除在购买范围之外。可以看出，是否属于固有职能或核心事项是厘定购买服务范围的重要"边界线"和"分水岭"。这一厘定逻辑及标准，同样适用于法院购买社会化服务。法院购买服务的范围厘定，也应当以是否法院核心业务为标准，明确法院购买服务的范围应当限定于非核心业务。在判断法院核心业务方面，应当结合司法裁判的判断权、裁量权的本质属性，在尊重司法权运行规律的基础上，充分考虑法院管理活动各类事务不能等量齐观的客观现实，以具体业务是否具有裁量、决断属性作为评判核心业务事项的标准。如果某类事项涉及实体裁量权或决策权行使，则应当为法院核心业务，反之，则为法院的非核心业务。

如上所述，虽然法院的各类工作内容庞杂、繁多，但可以根据是否涉及裁量和决断权行使，而作核心业务与非核心业务之区分。以此检视法院各类业务事项，属于判断权、裁量权的司法裁决类业务以及法院管理中具有决断属性的决策类业务应当为法院核心业务，而除此之外的司法辅助、决策咨询、管理辅助、后勤保障、司法服务等其他业务则为法院的非核心业务。在实施法院购买社会服务中，法院核心事务须由法院工作人员直接承担，禁止向社会购买服务，而对于法院的非核心业务，则可以通过购买服务的方式交由社会组织和市场主体承担。

需要强调的是，虽然在逻辑上，法院所有非核心业务均可以向社会购买服务，但为实现购买服务效应最大化，现阶段对非核心业务事项的购买还应当进行以下三种分析：第一，成本-效益分析。就是把购买服务成本与通过法院自身承担某项服务的成本进行对比，只有当购买服务存在成本优势时，才能考虑向社会购买服务。第二，承接主体市场发育程度分析。在实施购买服务时，应当首先考察承接该类服务事项的市场主体和社会组织发育程度，只有在相关主体发育成熟，服务提供能力较强的情况下，才能向社会购买服务。第三，法官后备力量储备分析。考虑到新一轮司法改革后，从事审判辅助岗位的法官助理仍然是员额法官的主要来源，在实施审判辅助事务购买时，还应当考虑合理确定购买的标准，保留一定数量的编制内法官助理。

在综合分析上述因素的基础上，现阶段应当在以下三个层面确定法院购买社会化服务的范围（见图2）。

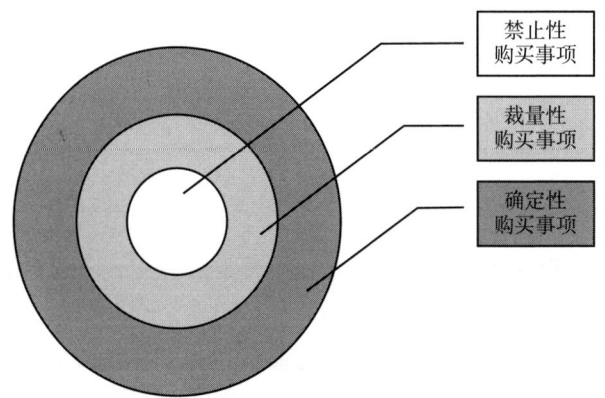

图2 人民法院购买社会化服务范围

（1）禁止性购买事项，即属于核心圈层的法院核心业务事项，包括司法裁决类、管理决策类事项。该层级事项或涉及司法裁判权行使①，或涉及法院管理中的决策类事项，应当禁止购买社会化服务。

（2）裁量性购买事项，即属于中间圈层的司法辅助类和法院管理中的咨询类、辅助类事项。② 该层级事项属于辅助类、事务类工作，其行使本身

---

① 关于涉及司法审判的具体业务中，哪些应当被列为禁止性购买事项范围，在深圳市办公厅出台的《关于政府购买服务的实施意见》所附《深圳市政府购买服务负面清单（试行）》中，将"司法审判"作为应当由"政府"直接提供的履行服务事项，列入购买服务负面清单，但在附注中，将"司法审判"解析为："各级人民法院根据现有法律法规和客观事实，对各类纠纷案件进行的公正裁决，包括裁定与判决。如全市各级法院的民事、刑事、行政审判工作。"由此可以得出两点启示：其一，行使裁量权的司法裁决类业务是法院各项业务的核心；其二，在司法审判权运行中，属于支撑和辅助法院履行司法审判职能的事项，在综合考量相关因素的基础上，可以向社会购买。

② 该层级业务事项中，可能引发争议的问题是法院管理中的咨询类、辅助类工作是否可以向社会购买，我们认为，一方面，从政府购买服务政策上讲，党的十八届三中全会强调，要推广政府购买服务，凡属事务性管理服务，原则上都要引入竞争机制，通过合同、委托等方式向社会购买；另一方面，实践中，也有法院通过购买岗位的方式将法院管理中的事务性工作交由承接主体派驻的人员承担，如安徽省铜陵市中级人民法院通过劳务派遣的方式，配置财务会计技术服务人员等。

并不从根本上影响当事人的权利义务关系,原则上可以向社会购买服务,但应当考虑各地经济社会发展水平、市场经济体制发达程度以及承接主体发育状况等因素,根据实际情况决定是否向社会购买服务。

(3)确定性购买事项,即属于外部圈层的法院后勤保障和司法服务类事项。该层级事项与司法审判权行使关联性小,考虑到该类服务事项的购买实践较成熟,且承接主体发育程度高,市场竞争较充分,通过购买服务,既可以提高服务质量、效率和效果,也有利于降低法院成本。因此,该服务事项应当通过购买社会化服务的方式,交由社会组织和市场主体承接。

当然,法院购买社会化服务还是一个开放的概念,随着市场经济的发育和发展,法院购买社会化服务的内涵与外延将会不断发生变化,法院购买社会化服务的范围和边界也应当随之进行调整,且随着社会化分工的精细化和专业化,有一个趋势是肯定的,那就是法院购买社会化服务的外延将越来越广阔,服务质量和效率将不断提升。

B.11
检验检疫机构口岸出口打假工作初探

——以深圳口岸打假工作为例

秦兴伟　思筱妮　赖彬　吴娜　邓宪方*

摘　要： 为全面提升"中国制造"的质量，维护良好的进出口秩序，作为进出口商品质量监管部门的检验检疫机构，按照国家关于质量战略方针的总体要求，对假冒伪劣行为予以严厉的打击。本报告从深圳检验检疫局口岸打假工作实际出发，对该局近年来打假工作进行回顾和总结，探讨当前检验检疫机构口岸打假工作存在的问题和困难，对如何构建更好的口岸打假机制进行初步的探索，以期更好地发挥检验检疫部门在出口打假工作领域的作用。

关键词： 检验检疫　假冒伪劣　口岸打假

在全球贸易多元化发展的今天，质量是维系贸易繁荣的生命线，国家也将质量强国战略放在更加突出的位置。为此，中共中央和国务院于2017年专门发布了《关于开展质量提升行动的指导意见》，用以指导开展质量提升行动，提升中国的质量水平。但同时也可以看到，目前仍存在着各种假冒伪劣商品充斥市场，损害进出口贸易方合法权益的现象。特别是近几年，出口假冒伪劣商品引发的贸易纠纷和质量安全事故频发，在海外造成了负面影

---

* 秦兴伟、思筱妮、赖彬、吴娜、邓宪方，就职于深圳出入境检验检疫局。

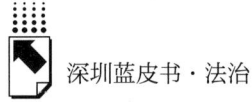

响,严重损害了"中国制造"的声誉。出入境检验检疫部门作为国家涉外经济执法监督机构,应履行法律赋予的职能,全力服务于国家"质量强国"战略目标,加强进口商品质量安全监管,严守国门质量安全底线,促进出口商品质量的全面提升。

口岸①打假工作是确保出口产品质量安全、促进质量提升的执法手段,在促进中国出口贸易转型升级、落实出口商品质量安全事后监管、维护对外贸易正常秩序和"中国制造"国际声誉、保障国家经济安全等方面发挥着重要作用。

一 深圳口岸打假工作概况

(一)基本情况

为促进对外贸易健康发展,全国打击侵犯知识产权和制售假冒伪劣商品工作领导小组决定,从2015年至2017年开展中国制造海外形象维护"清风行动"。国家质检总局结合"清风行动"的安排,要求检验检疫系统集中力量开展输非②及出口商品质量提升行动,认真履行双边检验合作协议,加强输非商品质量检验、监测和打假,严厉查处跨境制售假冒伪劣商品的违法行为。③

按照国家质检总局提升出口商品质量的要求及"清风行动"的工作部署,深圳出入境检验检疫局(以下简称深圳局)紧扣深圳口岸特点和情况,边打边摸索,逐渐形成了以构建并联相关处室、串联分支机构的"大稽查"网络,形成检验、稽查、法制各司其职、互相配合、协同作战的进出口打假

---

① 口岸是指经国家批准对外开放,供中外籍人员、货物、交通工具和国际包裹邮件出入国(关)境的港口、机场、边境铁(公)路车站、通道,以及经国家批准,可以与境外开展直达运输的内陆铁(公)路车站等。
② 包括西亚和非洲双边协议国家。
③ 志坚:《质检总局就落实"清风行动"答记者问》,《中国质量万里行》2015年第11期。

工作机制，以"口岸专项稽查行动"和"市场采购商品监管"为抓手的深圳口岸打假模式。

近三年来，深圳局集中执法稽查、检验监管和法制部门的力量，组织开展出口打假专项稽查。深圳是一个有着海、陆、空口岸的特区，口岸情况错综复杂，货物品种繁多，出口形式多样。深圳局结合各口岸业务特点，通过深入分析，制订了抽查布控计划。按照商品类别、安全风险等级、输往国家等相关信息，将出口非洲、中东、拉美地区和"一带一路"沿线国家和地区的商品及有异常记录的企业列为涉假高风险对象，运用企业备案申报管理系统和西部平台系统，在深圳盐田、蛇口等海港口岸和皇岗、文锦渡等陆路口岸，针对涉及高风险对象的集装箱及车辆实施精准稽查。仅2017年，就查验高风险集装箱近200个，查获涉嫌出口假冒蓄电池、假冒手机、假冒运动鞋等案件10宗，其中涉嫌侵犯知识产权移交海关案件6宗，涉及adidas、MCM、iPhone、HUAWEI、小米等品牌。

据统计，2015~2017年，深圳口岸共查获出口假冒伪劣商品案件58宗，涉案商品价值达412万元。其中，向地方公安机关移交14宗，向海关或其他行政机关移交14宗。这些案件的违法形式主要表现为产品质量安全不符合要求，如虚标电池容量、仿冒他人品牌、冒用产地、使用假证书出口等。涉案的产品主要集中在手机配件、电池及其配件、照明用具、家用电器、陶瓷及塑料制品、玩具轻工产品等方面。

通过案件的查处，极大震慑了出口假冒伪劣商品的行为，维护了良好的进出口商品检验秩序。

（二）出口打假具体工作措施

口岸执法打假是一个综合程度高、技术专业要求高的工作。深圳局除了从质量管理水平、现场稽查手段以及情报线索收集等多方面入手提高执法打假效率，还积极争取地方政府支持，与地方政府加强"口岸－辖区"检验检疫执法联动，建立部门联动、打建结合、内外协调的联防联动格局，形成执法打假合力。

1. 提升执法管理水平

为了确保出口打假稽查工作落实到位，深圳局积极完善口岸打假工作质量管理，建立健全执法协作机制。各个口岸分支机构成立了出口打假专项稽查工作组，集中了各项业务骨干，统一和规范执法行为，并制定下发出口打假口岸专项稽查工作方案。同时创新性地将"双随机一公开"和"行政执法全过程记录"工作模式融入打假工作。通过完善稽查系统功能，随机抽取执法人员和执法对象，实现对重点国家和重点产品的精密布控；在出口稽查行政执法过程中，利用执法记录设备、视频监控设施等对现场查验、调查取证、行政强制等进行全过程记录。由此，一方面提高了打假的工作效率，为办理违法案件有效提取了证据；另一方面，也进一步规范了行政执法行为，保障企业的合法权益。

2. 实施重点精准打假

通过不断地摸索，出口打假工作也逐渐完成了从"全面监管"向"重点监管"的转变。按照"数据驱动、港区联动、智慧创新"的理念要求，建立完善综合数据应用平台，并运用"海港电子稽查系统"对重点国家和重点货物设置风险规则，掌握分析各口岸出口数据，全面了解出口商品货物的基本情况，并结合现场巡查，选取重点领域、重点地区和重点商品，将工作重点集中锁定在重点输往国和重点商品上，实施精准打假，提高工作效率。近几年集中人力重点加强对输往非洲、阿拉伯、拉美和"一带一路"沿线国家和地区出口货物的监管，查获多起涉假案件。

3. 以打击假证书为切入点，开拓打假新阵地

假证与假货密切相关，深圳局不断开拓打假新阵地，将传统打假工作延伸到打击假检验检疫证书领域。通过建立假证线索统一汇总分析和处置机制，逐步建立多地合作、信息共享、调查联动的检验检疫打击假证网络。通过加强与公安部门的事前沟通协调、事中联合打击、事后配合举证等手段，使打击假证工作取得实质性的进展。同时，对制售用假检验检疫证书违法行为深入发掘，在口岸查处了多起使用假证书出口商品的行为，如查处了假冒装运前检验证书出口陶瓷案等案件4宗。前述对该违法行为的查获，从一定程度上杜绝了假冒伪劣商品流往协议国家。

4.建立沟通协作机制

口岸检验检疫机构与地方质监部门、海关签署了合作备忘录，加大打击走私、假冒伪劣产（商）品等违法行为的合作力度，加强对打击案件协办移送、联合执法、信息通报等方面的协作。由此，理顺了与地方打假办、公安、海关等部门合作、移交关系，双方建立了稳定的沟通渠道，在案件办理和案件资源共享上拓展合作途径。同时与口岸码头公司、船运代理公司、报检报关等相关企业进行不定期沟通，注重收集涉假情报，通报出口假冒伪劣商品的信息。

二 存在的主要问题与分析

（一）现有法律法规对口岸打假工作的支持力度有待提高

1.对打假职责规定不明确

目前开展口岸打假工作的主要依据是《中华人民共和国进出口商品检验法》第三十五条，并结合国家质检总局《关于开展出口商品质量提升打假维权"清风行动"工作的通知》等方案的要求开展工作。而第三十五条仅规定了法律责任，而未对检验检疫机构开展打假工作职能进行明确。"法无授权不可为"，如何对法检商品之外的进出口商品质量进行监督，开展打假工作，还有待法律法规给予进一步的明确。如现在出口商品目录的大幅度调整，检验检疫一线口岸机构对目录外出口商品的监督管理工作缺乏操作性强的法律细则指导和支持，出口企业难以理解，给口岸打假工作带来被动。

2.对相关概念的界定不明确，导致认定违法行为困难

（1）对假冒伪劣产品的外延界定不足。《中华人民共和国进出口商品检验法》第三十五条的规定从字面意思理解，检验检疫部门仅能对掺杂掺假、以假充真、以次充好、以不合格的出口商品冒充合格的出口商品四种违法行

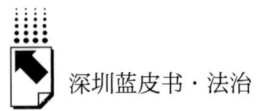

为进行处罚。① 而在实践中，一线口岸直接稽查到更多的是涉及侵犯知识产权、冒用产品产地、使用假证书等违法行为，但是在《进出口商品检验法》中对此却没有明确规定。这导致在认定这些违法行为时，会产生法律适用不当的风险，甚至还可能面临法律适用依据不足的困境。

（2）对"出口"这一概念的界定不明确。在实践中，对当事人是否实施了"出口"行为，主要存在的两种判定标准为：一是以进出口行为是否全部完成（办结所有法定进出口手续）为判定标准；二是以是否完成出口海关报关手续为判定标准②。而按照现行的"先报检、后报关"的操作模式，在口岸查验时发现的假冒伪劣产品很多时候都尚未报关，能否认定为出口，存在着分歧，尚缺乏明确的法律和政策支持。

3. 执法程序及手段缺乏明确的、可供操作的规定

对法定检验以外的出口商品进行稽查，特别是在对法定检验外的涉嫌假冒伪劣出口商品进行调查取证时，必然会影响企业的正常通关速度，如何在确保案件调查质量的情况下保障企业通关的便利，目前在法律上并没有对此进行规定，在各口岸也未形成统一的做法。实践中，出口商品绝大部分已不是法检商品，而违法行为是否存在仍需要等待检测结果。而过长的检测时间，可能影响了企业正常出口，给企业造成经济损失。相反，如若检验检疫机构先让企业出口，检测结果不合格再对企业进行行政处罚，则因不合格商品已经出口，检验检疫机构可能面临承担失职的风险。

（二）获取违法行为信息渠道有限，难以对违法行为实施精准打击

1. 出口产品信息获取困难

目前出口商品大部分已经调整出法检目录，企业没有向深圳局申报的责

---

① 《中华人民共和国进出口商品检验法》第三十五条规定，出口属于掺杂掺假、以假充真、以次充好的商品或者以不合格的出口商品冒充合格的出口商品的，由商检机构责令停止出口，没收违法所得，并处货值金额百分之五十以上三倍以下的罚款；构成犯罪的，依法追究刑事责任。

② 隋雨泉、陈丽：《关于检验检疫执法打假工作的思考》，《中国国门时报》2016年5月4日。

任和义务，只能通过全申报系统获得少量诸如目的地、船期、货物名称等简要的信息，具体详细的信息还得通过要求代报公司提供纸质的报关单复印件。而找到能配合的具体报关公司和当事人也很困难，无法直接获取有用的资料，制约了打假工作的开展。

2. 市场采购货贸易链条复杂

以市场采购方式出口的货物是口岸打假工作关注的重点。和传统的一般贸易出口相比，市场采购出口商品具有种类多、数量少、质量参差不齐、出口主体不明确等特点，贸易链条上各方责任不清，追责难度大，导致监管职能作用难以发挥。2017年查获的几宗案件中，企业均表示事先并不知道货物是假冒伪劣商品。至于货物的来源、制造商则难以追溯。由于缺乏充分有效的信息，阻碍了案件的后续调查取证，限制了对案件的进一步深挖细作。

3. 信息获取渠道未能充分开发

出口打假工作未能和企业维权有机结合，未能调动社会参与打假的积极性。如知识产权侵权是口岸打假工作关注的重点，海关在监管进出口货物过程中主动对企业知识产权实施保护的前提是企业知识产权已在海关保护申请备案，但部分自主知识产权企业维权意识薄弱，未能向海关提出申请。在口岸稽查中，遇到多起涉嫌伪造或冒用他人产品标识案件，由于被侵权方没有在海关申请知识产权海关保护备案，违法行为不能处理。

又如，投诉举报是获取打假线索的重要途径，但近三年来，该途径未能很好地发挥作用。一方面是因为社会公众对检验检疫工作认识不够深入，另一方面投诉举报的奖励力度不够也是重要原因。

（三）打假相关资源配套不足

1. 技术和经费保障不足

对假冒伪劣产品判定是一个专业的技术工作。对明显存在贴牌、套牌或者过期变质的产品，一线口岸在稽查工作中依靠简单感官检验可以进行立案调查。但对于那些如虚标容量、以次充好等涉及商品质量的案件，基本都需送实验室进行检测，待检验结果出来后才能够进行判断。但是配套的检验标准、实验室检测经费支持和对结果的认定都没有明确的制度来规范，要提高检出率难度很大。

另外，对出口货物进行稽查，出口查验过程中产生的费用需另外有专项稽查经费。此项经费相对较少，如盐田港口岸一年出口的集装箱有几百万标箱，而每年经费仅够抽查几十个集装箱，很难发现违法行为。

2. 机构和人员的配置不足

出口打假稽查是一个需要法律、稽查、业务等多方协调的综合过程，对机构和人员专业性、稳定性和可持续性的要求很高。目前，在口岸从事稽查工作的人员主要由法制部门承担，人数较少，且身上还肩负着大量的其他工作，精力有限。同时也缺乏系统的有针对性的关于如何判断假冒伪劣产品的专业培训，开展工作时受到掣肘。

三　构建口岸打假工作机制的几点设想

（一）完善打击进出口假冒伪劣工作法律法规

1. 在法律法规中明确打假职能

建议对商检法或其实施条例进行修改，对口岸检验检疫机构的打假职能予以明确，降低执法的行政风险。

2. 明确出口打假相关概念

一是对"假冒伪劣"产品进行界定。检验检疫机构是进出口领域商品质量的监督管理部门，对出口领域的产品质量违法行为应当按照职责予以打击和纠正。针对口岸打假工作违法行为的表现形式，建议相关法律法规拓宽假冒伪劣产品的内涵，除掺杂掺假、以假充真、以次充好、以不合格产品冒充合格产品这几种表现形式外，将伪造或者冒用认证标志等质量标志，伪造产品的产地，伪造或者冒用他人的厂名、厂址，使用伪造的检验检疫证单，国家明令淘汰或者禁止生产、销售的，商品质量不符合标识、说明书表明的质量状况的，改生产日期、安全使用期、有效期、失效日期或者保质期的等列入假冒伪劣的范畴①。二是对什么是"出口"予以明确。口岸是检验检疫部门的监管范围，对已抵达口岸范围内的都可视为出口。因企业将产品运至口岸，就具备了出口的意思，企业至少已经预备出口这个活动。

3. 出台规章，完善打假的工作程序

建议由国家质检总局出台规章，对出口打假的管辖权限、出口假冒伪劣产品的认定标准、调查程序、证据收集、结果采信、管辖权限、移送移交、自由裁量等方面进行明确，统一标准，指导基层口岸开展打假工作，规范执法。②

（二）立足口岸，建立日常、专项、个案稽查相结合的"三位一体"稽查体系

以日常稽查为基础，制订年度计划，有步骤地开展实施；以专项稽查为重点，突出对重点地区、重点产品、重点出口国等的监管，实现打假工作的重点打击；以个案稽查为补充，以通报反馈、日常监管、举报投诉等途径收集的线索为依托，实现目标性打击。通过三个层次的稽查，使口岸打假工作做到既全面又精准。

（三）探索完善的合作打假机制

在口岸，海关是口岸执法的另一个重要部门，口岸检验检疫机构可与海关在"三个一"查验的基础上，进一步落实信息互换、监管互认、执法互助，加强跨部门之间的执法协作，强化对侵权假冒商品的追根溯源、属地管理和联合行动，建立部门联动、打建结合、内外协调的联防联动打假格局。

在口岸之外，应注重与公安、质监、打假打私办等部门的沟通交流，可以以签订合作备忘录的形式，共同探索建立信息共享、联合行动、优势互补

---

① 陈敏健：《强化检验检疫技术职能落实打击假冒伪劣工作》，《检验检疫学刊》2017年增刊。
② 李华：《如何提升打击出口假冒伪劣商品效能》，《中国国门时报》2016年10月26日。

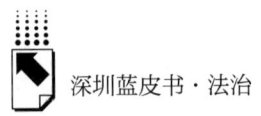

的合作机制,细化涉案货物、案件证据移送、办理情况反馈等工作流程,促进办案程序规范化,形成打假合力,进一步提升打击力度。

(四)完善出口商品的风险预警和快速反应机制,以风险分析为基础开展打假稽查工作

传统的出口商品监管是以法检商品为前提和基础的,但随着社会经济的发展,产品的种类划分越来越细,标准也千差万别,仅以法检和非法检作为区分实施产品监管,显然已经不适应目前产品监管的需要。

口岸打假稽查应建立起一套以货物风险预警、风险分析为基础的工作体系,脱离法检和非法检对工作开展的束缚。通过依托中国电子检验检疫主干系统,加快建设全国数据集成的进出口商品质量安全风险信息平台,以产品质量分析、风险信息收集、分类风险预警为前提,以时间段为基础,以容易出现质量问题的重点企业、重点商品、重点国家为监管要素,依规在全国口岸进行布控,如在稽查过程中发现问题,可提高稽查比例。如果稽查后合格率提高,可以恢复原有措施。如果稽查后问题严重,可以以此为基础反过来提高日常查验比例。这样口岸把关工作既可以做到张弛有度,也能更好地提高口岸出口打假的质量。

(五)扩宽信息来源,提高打假效能

信息来源是影响打假工作最重要的因素,收集全面而有效的信息,是推动口岸打假工作的前提和基础。可以从以下几个方面拓宽信息来源渠道:一是推动智慧口岸的建设,对信息平台进行整合,综合运用大数据、物联网等新理念,综合分析出口商品信息,提前介入监管,便于有针对性地进行稽查;二是加强与国外官方机构的信息收集合作,细化境外通报和出口退运时反馈要求,明确信息提及的相关因素,便于检验检疫机构进行溯源;三是充分发挥检验检疫系统12365投诉举报平台的作用,做好奖励机制建设,发动全社会参与打假;四是通过宣传提高企业的维权意识,积极主动向检验检疫机构提供出口假冒伪劣产品的相关信息;五是检验检疫机构应主动出击,加

强对产品舆情信息的收集，收集进口国消费者反馈和投诉情况进行风险监测，关注网络平台、跨境电商等新销售模式中可能出现的假冒伪劣产品问题；六是构建打假情报收集网络，对内组建情报收集工作队伍，加强对现有各类数据的挖掘和使用，对外可逐渐将行业协会、大型企业等纳入情报网络。

（六）做好执法的技术支持和经费保障

一方面，假冒伪劣产品的判定是打假的核心，需要技术方面的有力支持。何为假、何为冒、何为伪、何为劣，应当结合输往国家的标准、合同标准、产品本身等要素进行分析，明确检测的标准。建议可推动国际某些领域的执法互认，如由于出口到国外的产品已无法抽样检测，可采信国外检测机构认定的检测报告。另一方面，加大对执法设备、人员培训、口岸查验等方面的经费投入，做好打假的硬件保障。特别是口岸查验经费的落实。因为加强口岸查验是发现违法行为的重要途径，而口岸查验往往涉及吊柜费等费用，应当推动这部分费用由政府买单，加大投入，从而减轻企业的负担，防范执法风险，也能提升打假的效能。

（七）加强执法打假队伍的建设

口岸打假是综合性工作，涉及的业务广，专业性要求高，在口岸建立一支法律与业务并重的高素质执法稽查队伍很有必要。为解决目前打假工作任务重、涉及业务范围广与稽查队伍人员不足的矛盾，可建立一支"统一指挥、上下联动、快速反应"的"大稽查"打假队伍。在原负有打假工作职能人员的基础上，将涉及打假业务的各业务骨干纳入稽查队伍中，在面临突发的重大、疑难案件或有专项稽查任务时，可由深圳局按照工作需要进行安排，确保打假工作的有效开展。平时对口岸一线执法人员开展识假、打假、调查、取证等专项培训，定期开展假冒伪劣商品的现场识别与判定技巧业务交流会，提升一线执法人员的打假能力。

（八）关注打假成果的应用

一方面，要加强对打假成果的宣传力度，加大对典型案例的曝光度，达到办好一案、震慑一方的效果；另一方面，要注重对打假成果的总结分析，以问题为导向，强化以风险分析为核心的质量安全监管闭环管理，提高监管的针对性和有效性，提升出口商品的质量。

社会法治篇

Society Ruled by Law

B.12
2017年深圳市经济犯罪综合分析与应对策略

林秀萍*

摘　要： 当前，中国经济发展进入新常态，改革进入攻坚期和深水区，长期积累的经济矛盾和社会问题集中显露并相互叠加。深圳地处改革开放最前沿，是中国对外开放实验示范窗口、跨境人民币业务创新实验区，目前已经成为中国重要的跨境金融中心和最大的新金融、类金融机构聚集区。在跻身全球经济最为活跃的城市的同时，也带来经济犯罪向专业化、集团化、跨区域化、家族化发展的新情况，特别是以金融犯罪活动为主的经济犯罪案件持续高发、形势严峻，经济风险集中凸显，新型经济犯罪不断涌现。报告着重分析2017年深圳市经济犯罪

---

* 林秀萍，深圳市公安局经济犯罪侦查局综合处，一级警督。

态势、特点及原因,并对2018深圳市经济犯罪趋势进行研判,提出应对策略,即全力遏制涉众型经济犯罪势头、严厉打击地下钱庄犯罪活动、高压严打常见多发经济犯罪、建立经济犯罪打击防控中心、全面提升防范宣传水平等。

关键词: 深圳 经济犯罪 非法集资

一 2017年深圳全市经济犯罪总体情况

(一)受理立案经济案件数小幅下降

2017年,深圳全市共受理经济犯罪案件6572宗,较上年下降3.6%。其中,立案侦查5791宗,较上年下降4.8%,涉案总值为15.59亿元;不予立案236宗,较上年下降21.1%(详见图1)。

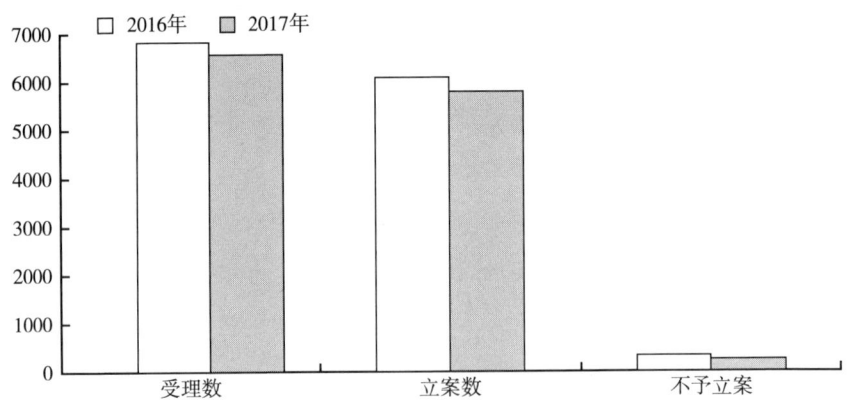

图1 全市受理立案经济案件数量对比

(二)破获经济案件数微降

2017年深圳全市共破获经济犯罪案件2741宗,结案1836宗,执行逮捕2146人，移送审查起诉案件1500宗，移送审查起诉2835人。与2016年相比，全市经济犯罪案件破案数下降1.2%，结案数下降1.6%，执行逮捕人数上升1.8%，移送审查起诉案件上升3.0%，移送审查起诉人数上升3.9%（见图2）。

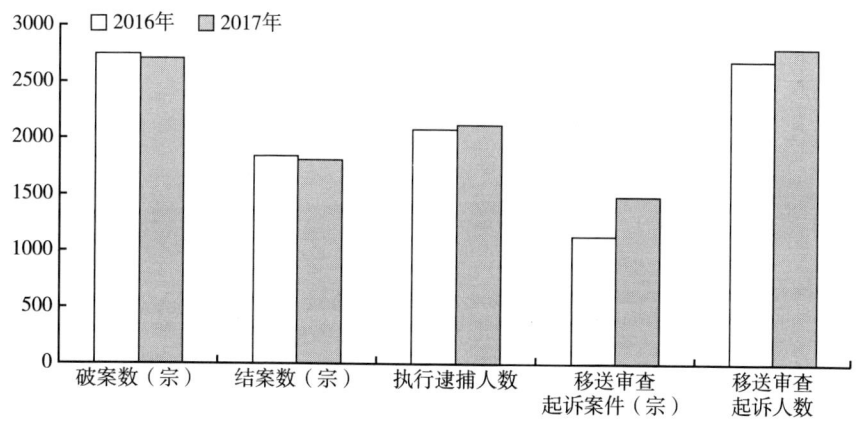

图2　全市破获经济案件情况

（三）经济犯罪案件分类有升有降

2017年深圳全市经济犯罪案件呈现出"三降三升"的态势：信用卡类案2743宗（2016年3468宗），同比下降20.9%；侵犯知识产权案394宗（2016年558宗），同比下降29.4%；职务侵占案314宗（2016年374宗），同比下降16.0%；涉众型经济犯罪案件立案350宗（2016年153宗），同比上升128.8%；扰乱市场秩序案件1429宗（2016年1100宗），同比上升29.9%；危害税收征管案件528宗（2016年163宗），同比上升223.9%（见图3）。

（四）八类案件多发

八类多发案件占经济犯罪案件总数的89.2%。这八类案件依次是信用卡诈骗案（2641宗，占45.6%）、合同诈骗案（910宗，占15.7%）、虚开

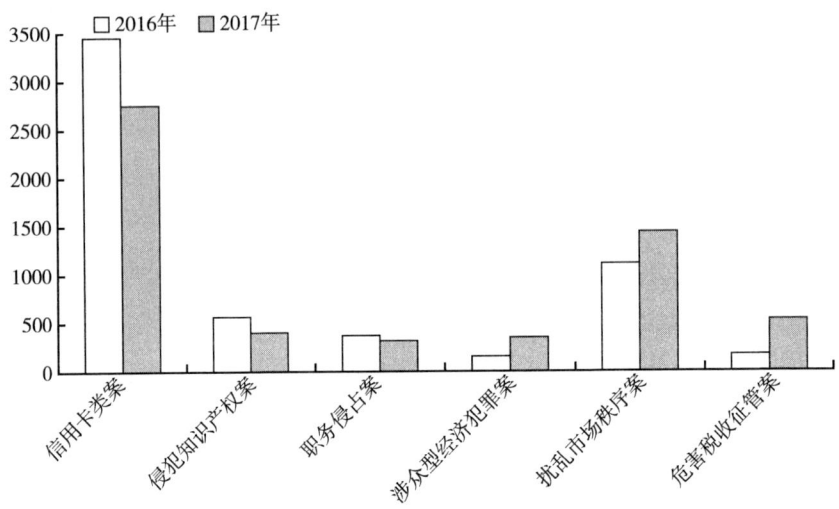

图3 全市经济犯罪案件分类构成情况

增值税专用发票用于骗取出口退税、抵扣税款发票案（434宗，占7.5%）、职务侵占案（314宗，占5.4%）、非法经营案（305宗，占5.3%）、组织领导传销活动案（200宗，占3.5%）、销售假冒注册商标的商品案（188宗，占3.2%）、假冒注册商标案（176宗，占3.0%）（见图4）。

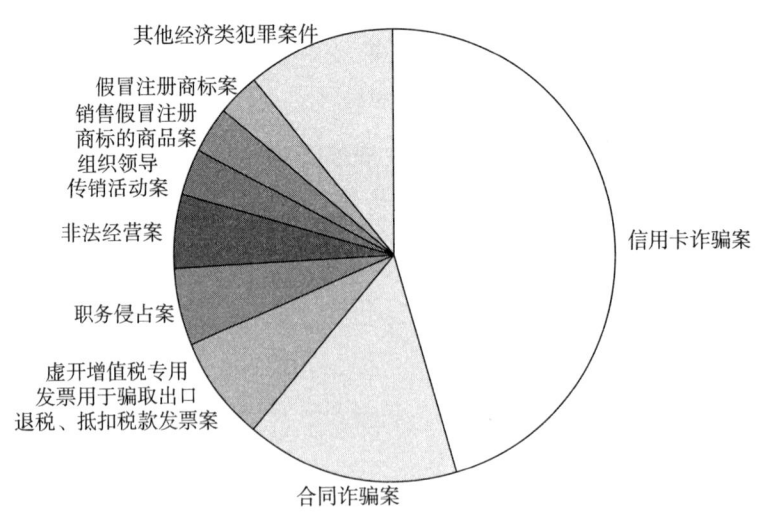

图4 全市犯罪案件集中度情况

（五）经济犯罪活动区域"六降三升一平"

从经济犯罪活动区域来看，呈现"六降三升一平"。降幅最大的是盐田区，立案54宗，同比下降37.9%；其次是龙华新区，立案557宗，同比下降18.8%；再次是福田区，立案976宗，同比下降13.6%。此外，龙岗区立案1216宗，同比下降11.8%；罗湖区立案763宗，同比下降2.4%；宝安区立案960宗，同比下降0.7%。升幅最大的是坪山新区，立案126宗，同比上升53.7%；其次是南山区，立案808宗，同比上升28.1%；再次是大鹏新区，立案35宗，同比上升25.0%。光明新区立案159宗，同比持平。（见图5）

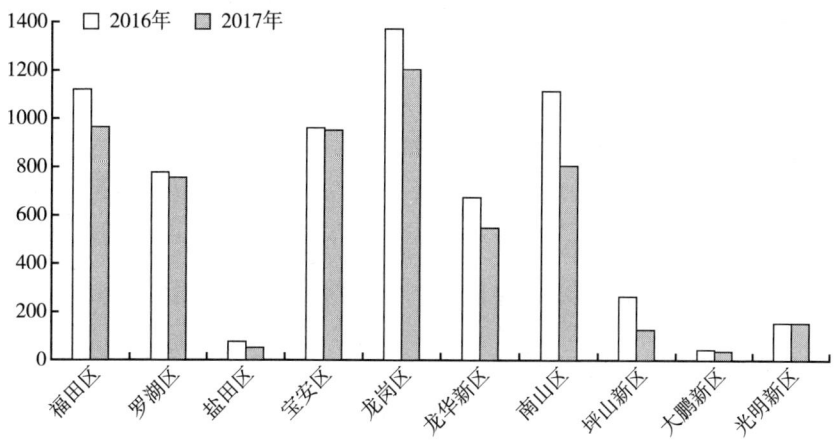

图5 全市经济犯罪活动区域情况

二 2017年深圳经济犯罪活动主要特点

（一）涉众型经济犯罪案件呈高发态势，尤其是传销和集资诈骗案件上升比较明显

2017年深圳全市受理非法吸收公众存款、集资诈骗和组织领导传销活

动案件382宗,同比上升106.5%;立案350宗,同比上升128.8%。其中立组织、领导传销活动案200宗,占涉众型案件的57.1%,同比上升669.2%;立集资诈骗案81宗,占涉众型案件的23.1%,同比上升170.0%。

(二)涉银行卡犯罪虽然有下降的趋势,但仍是当前深圳市经济犯罪主要类型

2017年深圳市共立妨害信用卡管理案和窃取、收买、非法提供信用卡信息案及信用卡诈骗案2743宗,占经济犯罪案件立案数的47.4%,同比下降20.9%。其中信用卡诈骗案立案2641宗,同比下降21.7%。信用卡诈骗案中,异地盗刷案件占84.0%,恶意透支案件占5.1%。

(三)扰乱市场秩序案件呈上升态势

2017年全市对扰乱市场秩序案件做立案处理的有1429宗,较上年上升29.9%,其中以非法经营和合同诈骗为主。合同诈骗案立案910宗,较上年上升5.9%。合同诈骗案中,主要是以投资理财为名骗人钱财的案件,占56.4%;其次是利用购销合同骗取现金或财物的案件,占18.7%。

(四)危害税收征管案件上升明显,其中尤以虚开增值税专用发票用于骗取出口退税、抵扣税款发票案突出

2017年深圳市危害税收征管案件立案528宗,较上年上升223.9%。其中虚开增值税专用发票用于骗取出口退税、抵扣税款发票案立案434宗,较上年上升751.0%。

(五)侵犯知识产权案呈下降趋势

2017年全市对侵犯知识产权案件做立案处理的有397宗,较上年下降29%。其中假冒注册商标案立案176宗,较上年下降38.6%;销售假冒注册商标商品案立案188宗,较上年下降23.0%。

（六）非国家工作人员职务犯罪案件小幅下降

2017年立职务侵占案、挪用资金案和非国家工作人员受贿案383宗，同比下降12.8%。其中立职务侵占案314宗，占非国家工作人员职务犯罪案件的82%，同比下降16.0%。

三 经济犯罪活动原因分析

（一）涉众型经济犯罪高发，导致打击面更为宽广

1. 以新型犯罪手法骗取受害民众钱财

打着大宗商品现货交易的旗号，从事非法期货交易。如2017年2月以来，深圳市经侦部门开展打击非法期货交易场所类犯罪统一行动，查处投资原油等大宗商品的非法期货会员单位（代理商）89家，逮捕犯罪嫌疑人448人。

2. 以高额利息诱骗受害民众

通过网络金融贷款（P2P平台）骗取投资人的投资款。据统计，2017年全市立案查处涉嫌利用P2P平台非法集资案件30宗，涉及106079人，抓获犯罪嫌疑人93名。如破获的深圳盈泰联合投资管理有限公司集资诈骗案。深圳盈泰联合投资管理有限公司以投资贵州、广东惠州房地产项目及广东东莞消费贷项目为由，在旗下稳银在线、小宝金服、e人e贷3个P2P平台发标集资，涉案5000万元，涉案人2500人。

3. 网络虚拟币成为犯罪新媒介

以"爱心慈善""帮扶农商贸""虚拟货币""金融创新"等幌子从事网络传销犯罪。如深圳市经侦部门破获的"善心汇"传销案、"龙爱量子"传销案、"农商贸公司"传销案、"霹克币"案、"9·28"虚拟货币案等。

4. 以理财产品高利返息非法集资

以出售公司股权、开加盟店的方式，以高利息为诱饵向不特定人群进行非法集资。典型的案件如深圳环某投资有限公司集资诈骗案。深圳环某投资

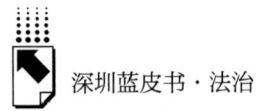

有限公司董事长陈某祥以公司计划在美国纳斯达克主板借壳上市为由,通过发售内部股权的方式,向社会募集资金,然后突然关门,卷款跑路。

5. 以"直销商城模式"为幌子,变相非法吸收社会不特定人群的存款后逃匿

6. 打着"文化"的幌子骗取钱财

犯罪分子以"文化交易所"的幌子,利用虚假行情软件构建虚假交易平台,虚构文化艺术品以期货的形式在平台上虚假交易,并暗扣高额手续费、延期费等费用,从而达到诈骗钱财的目的。

(二)犯罪活动智能化,导致信用卡类案件明显上升

涉银行卡犯罪仍是当前深圳市经济犯罪的主要类型。2017年深圳市共立妨害信用卡管理案和窃取、收买、非法提供信用卡信息案及信用卡诈骗案2743宗,占经济犯罪案件立案数的47.4%,同比下降20.9%。其中信用卡诈骗案立案2641宗,同比下降21.7%。信用卡诈骗案中,异地盗刷案件占84.0%,恶意透支案件占5.1%。如5月份深圳市侦破的部督"11·10"专案,抓获网上买卖银行卡犯罪嫌疑人7人,捣毁窝点3个,现场缴获银行卡150张以及身份证件、银行U盾、手机SIM卡一大批。

(三)利用高科技手段犯罪,扰乱市场经济秩序

1. 利用互联网发布虚假信息,扰乱市场经营秩序

犯罪分子在互联网上发布虚假信息,以电商代营公司名义与众多商家签订网店代运营合同,骗取钱财。其他还有非法经营"六合彩"、非法经营证券、非法经营出版物、非法经营网吧等。

2. 利用购销合同,骗取现金或财物

受市场经济规模化、多元化发展影响,深圳市的涉众型合同诈骗案件增多,如美容、早教、健身等行业集中收款后关门潜逃;珠宝、手机等行业成批量骗贷骗货以及制造业类企业诱骗多个供货商供货后潜逃。

3. 非法买卖外汇，扰乱外汇金融市场

如 2017 年 5 月 9 日，经侦支队联合相关部门，对地下钱庄窝点开展集中收网行动，连续侦破第 60 号、第 72 号《审计要情》地下钱庄犯罪团伙案件，成功端掉地下钱庄窝点 10 个，刑事拘留 32 人，涉案账户资金交易流水自 2012 年至今累计达上万亿元，是目前国内涉案金额最大的跨境地下钱庄团伙案件。

（四）危害税收征管犯罪增加，导致经济犯罪呈现专业化趋势

1. 犯罪分子作案手段不断翻新

危害税收征管的案件明显上升，其中虚开增值税专用发票用于抵扣税款发票、骗取出口退税案尤为突出。犯罪分子不仅沿用传统的骗税手法，而且不断翻新，借国家为企业减负出台的相关优惠政策之机，利用目前存在的一些监管漏洞，大肆虚开骗税，给国家造成巨大损失，如深圳市经侦部门办理的"飓风 26 号"专案。犯罪团伙利用他人海关票信息为深圳市 200 多户企业涉嫌介绍虚开及利用自己控制的 400 多家空壳公司对外虚开。

2. 作案形式更加隐蔽

3. 涉案人员多，涉案金额巨大

如上述"飓风 26 号"案，共有 34 名主要犯罪嫌疑人参与犯罪活动，涉案金额 200 多亿元人民币，给国家和人民造成巨大损失。

（五）侵权制假犯罪，导致涉案价值明显上升

1. 利用品牌效应，进行制假售假

2017 年全市侵犯知识产权案件中，假冒注册商标和销售假冒注册商标商品的案件占到 91.7%。制假售假案中涉及的物品主要是知名品牌手机及其配件、电脑、家用电器等电子产品，这类案件占 52.6%。如 2017 年 12 月 22 日，深圳市成功打掉了一个制造假冒苹果手机的工厂（富润智科技服务有限公司），刑事拘留 7 名犯罪嫌疑人，取保候审 3 人，现场缴获成品

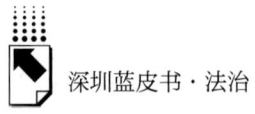

iPhone6 手机 134 台,二手苹果手机 578 台,iPhone6 苹果手机后盖(未装配)2012 个,iPhone6 苹果手机屏 47 个,带后盖半成品手机 49 个,单据账本一大批,查获用于激光雕刻标识的激光喷码机 2 台及屏幕生产机器若干台,涉案金额近亿元人民币。

2. 搭建虚假网站,利用网络进行售假

犯罪分子利用微信、QQ、微博、短信平台等网络工具存在监管上的漏洞和薄弱环节,不断拓宽售假面,打假工作面临新的挑战。如不法分子委托专业人士搭建销售假药的网站,利用服务器托管的方式规避审查程序,然后通过一系列方法提高售假网站在百度、谷歌等搜索引擎的热点排名,如提升点击量、推广非法广告等,再以提供网上咨询等服务为辅,假借"某某科研机构、某某疾病康复中心"的名义对神奇疗效进行鼓吹或以低价吸引眼球,诱导网民访问其网站,进而达到推销假药的目的。

3. 犯罪手段日趋多元化,呈现组织化、规模化、跨境经济犯罪

如 2017 年 5 月,深圳市成功侦破了富士康公司被侵入计算机系统案,抓获犯罪嫌疑人 9 人。2017 年 6 月 2 日,深圳市与香港海关同时开展打击跨境侵犯知识产权的"雷公行动",现场查获标有 UL 注册商标的假冒手机电池共 1870 个,用于生产假冒手机电池的标有 UL 注册商标的黄色商标标识共 77180 枚,抓获涉案人员 5 名(刑事拘留 2 人)。

(六)作案手段不断升级,侵吞公司财产

1. 伪造虚假账单,提高采购单价

职务侵占案中,主要是伪造公章、文件、订货单、出货单及其他虚假账单等侵占公司钱财的案件,占 40.8%,且此类案中嫌疑人是公司管理人员的占 55.6%。如深圳市经侦部门侦办的张某职务侵占案。犯罪嫌疑人张某利用其任公司设计部科长的职务便利,指定虚假的韩国某品牌手机屏幕保护膜提高采购单价,利用其实际控制的某商行向该公司一级供应商进行供货并侵占公司财产 90 万余元。

2. 利用职务之便，将公司财产占为己有

将公司代收款或者保管的公款占为己有的案件，占37.8%。如哈某淮职务侵占案。犯罪嫌疑人哈某淮利用自己临时担任公司收款员的机会，将收取的公司货款80多万元占为己有。

四 2018年经济犯罪主要趋势与应策

（一）趋势研判

1. 非法集资犯罪涉金额屡创新高，维稳压力持续增大

据股权众筹行业内部盈灿咨询、鸣金网统计数据，全国共有各类众筹（包含公益众筹、综合众筹、股权众筹等）平台达250多家，其中北京、广东、上海高居前三位。而广东的众筹平台则大多数集中在深圳。数据表明，继"创投之都"后，深圳已成为"中国股权众筹中心"。一些机构违规经营参与股权众筹，通过拆分份额或将项目卖给公众投资者，这种投资模式没有担保，易将风险转嫁给公众投资者，一旦无法兑付易引发群体性事件。

2. 网络传销犯罪改头换面、花样翻新，危害极易向社会稳定、政治安全问题传导

借助互联网金融发展东风，以往从事传统传销的犯罪分子转向以电子商务、金融互助、旅游互助、公益慈善为幌子，实施网络传销、金融传销犯罪。

3. 现货交易平台涉嫌非法经营期货犯罪、诈骗犯罪日趋严重，引发不稳定因素

几乎所有从事产权交易、文化艺术品交易和大宗商品交易的交易场所都在深圳设立会员单位，以炒现货名义从事非法期货交易，诱骗广大群众参与炒原油、贵金属等交易活动，犯罪手法隐蔽性、欺骗性强，给群众带来巨大损失。由于缺乏监管，现货交易平台及会员单位在深圳野蛮生长，违法违规问题日益突出，风险不断暴露。

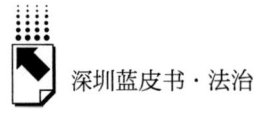

4. 金融证券业违法犯罪形势越来越严峻

深圳作为全球一流金融中心城市之一，防范发生系统性金融风险的挑战突出，主要表现在：一是证券犯罪活动越来越猖獗；二是内幕交易犯罪持续高发，政府官员、国企高管内幕交易情况时常发生；三是利用未公开信息交易犯罪危害严重且有蔓延的趋势；四是操纵证券市场犯罪作案手段多样，技术含量高，危害大，可能引发系统性金融风险；五是背信损害上市公司利益犯罪和违规披露、不披露重要信息犯罪时有发生，可能导致上市公司退市，进而引发不稳定因素；六是深港通存在一定安全运行风险，跨境证券犯罪呈高发多发态势。

5. 合同诈骗办案难度进一步加大

合同诈骗案是经济领域的特色案件，如何准确认定"以非法占有为目的"，如何准确区分经济犯罪和经济纠纷，一直是公安机关打击难点。而检察院和法院进行司法体制改革后，对于合同诈骗案的审查把关更加严格，从长远来看，这是司法的进步。但从短期来看，公安机关面临着"标准把握难、证据获取难、案件推动难"的困惑，将来还会延续。

6. 传统经济犯罪案件仍将呈多发态势

由于深圳市地缘性特征，银行卡犯罪、职务侵占、合同诈骗、制假售假等传统经济犯罪案件仍将维持较高发案趋势。原因在于传统经济犯罪案件大多涉及经济运行领域的常见环节，经济转型过程中暴露出的风险漏洞及不法分子不断翻新作案手段，导致防控难度加大，受害群众防范意识差，直接威胁经济秩序。

（二）主要应策

1. 全力遏制涉众型经济犯罪势头

抓住重点热点开展打击网络传销、非法集资等涉众型经济犯罪专项行动，坚决打击互联网金融领域非法集资犯罪，集中打击以"金融互助""虚拟货币""爱心慈善"等为幌子的网络传销犯罪，精准打击涉及金融机构的非法集资犯罪，全力遏制高发势头。

2. 严厉打击地下钱庄犯罪活动

提高政治站位,服务中央反腐败工作,持续推进境外追逃工作常态化、精细化、专业化,积极配合监察部门案件查处,努力实现"压存量、控增量、追逃追赃并举"的目标。继续组织开展打击利用离岸公司和地下钱庄转移赃款专项行动,对地下钱庄犯罪保持严打高压态势,有力策应反腐败工作。

3. 高压严打常见多发经济犯罪

对银行卡、假币、侵犯知识产权、虚开骗税、商贸犯罪等常见多发经济犯罪保持常态严打高压,维护群众财产安全,保护企业自主创新,全力护航经济发展。配合中央"扫黑除恶"专项行动,强力打击商业贿赂、串通投标、农村经济犯罪等相关经济犯罪。

4. 建立经济犯罪打击防控中心

积极开展金融风险排查,推动建立涉众型经济犯罪打击防控中心,对涉众型经济犯罪问题开展实质性综合整治。针对非法集资、网络传销、涉大宗商品交易平台等突出经济犯罪,联合金融办、人民银行、银监、工商、商务等部门开展专项整治,全力化解金融风险。

5. 全面提升防范宣传水平

组织开展"5·15"经侦宣传日活动,创新宣传手法,开展形式多样的宣传教育警示活动。做好做精"平安南粤"微信公众号经侦专栏,形成具有广泛影响力的经侦宣传品牌。适时组织开展专项行动宣传工作,向广大民众传授常见经济犯罪手段与防范技巧,全方位提高全社会防范经济犯罪的意识与能力。

B.13
深圳青年律师发展状况调研报告

深圳市律师协会课题组*

摘　要： 深圳律师协会通过线上和线下相结合的方式，就深圳青年律师发展状况进行了调研，并利用大数据的交叉对比分析，初步了解掌握本市青年律师的执业状况，分析其执业过程中面临的问题与困境，剖析青年律师的培养、发展路径和方法，提出相应解决对策，以期帮助青年律师健康成长、推动深圳市律师队伍可持续健康发展。

关键词： 青年律师　律师协会　执业状况

律师队伍是落实党中央依法治国基本方略、建设社会主义法治国家的重要力量，而青年律师代表着律师事业发展的未来和希望，他们的成长直接关系着律师行业的可持续发展，也关系到中国民主法治建设进程。2017年10月25日至12月6日，深圳市律师协会课题组对全市40周岁以下（含40周岁）专职律师发展状况进行了问卷调查（共收到有效问卷1612份），赴本市八家律师事务所进行调研并与青年律师代表进行深入座谈交流。通过线上和线下相结合的调研方式，并利用大数据的交叉对比分析，初步了解掌握本市青年律师的执业状况，分析其执业过

---

* 课题组负责人：林昌炽、魏汉蛟、杨逍；执笔人：徐天、肖伟东、陈国平、许文浩、李土炎、熊婷、杨波、曾艳青、穆清、王伟。

程中面临的问题与困境，剖析青年律师的培养、发展路径和方法，提出相应解决对策，以期帮助青年律师健康成长、推动深圳市律师队伍可持续健康发展。

一 调查样本基本情况

表1 调查样本基本情况

指标	类别	小计	比例(%)
1. 性别	男	929	57.63
	女	683	42.37
	合计	1612	100
2. 年龄	25周岁以下	103	6.39
	26~30周岁	612	37.97
	31~35周岁	519	32.20
	36~40周岁	378	23.45
	合计	1612	100
3. 执业年限	1年以下	354	21.96
	1~3年	527	32.69
	4~5年	300	18.61
	6~10年	346	21.46
	11年以上	85	5.27
	合计	1612	100
4. 学历	本科以下	6	0.37
	本科	1218	75.56
	硕士研究生	394	24.44
	博士研究生	14	0.87
	有留学经历	35	2.17
5. 政治面貌	中共党员	536	33.25
	民主党派	34	2.11
	统战部认定的无党派人士	8	0.50
	共青团员	140	8.68
	群众	894	55.46
	合计	1612	100

续表

指标	类别	小计	比例(%)
6. 所在行政区	宝安区	180	11.17
	龙岗区	154	9.55
	南山区	134	8.31
	福田区	941	58.37
	罗湖区	152	9.43
	盐田区	3	0.19
	龙华区	40	2.48
	坪山区	8	0.50
	合计	1612	100
7. 律所职位	主任	45	2.79
	执行主任或执行合伙人	34	2.11
	合伙人	257	15.94
	专职律师	1276	79.16
	合计	1612	100

二 青年律师发展状况

（一）近三年来平均每年在律师事务所的税前收入

问卷调查显示，超过三成青年律师年收入不足10万元，低于深圳的平均工资标准；超过六成青年律师年收入不足20万元；仅一成左右的青年律师年收入达到或者超过45万元，达到深圳律师行业平均标准。

（二）案件来源情况

问卷调查显示，原客户和亲友介绍是青年律师最主要的案件来源，均超过一半；自寻客户、等待客户上门、指导律师或团队负责律师介绍也占较大比例。

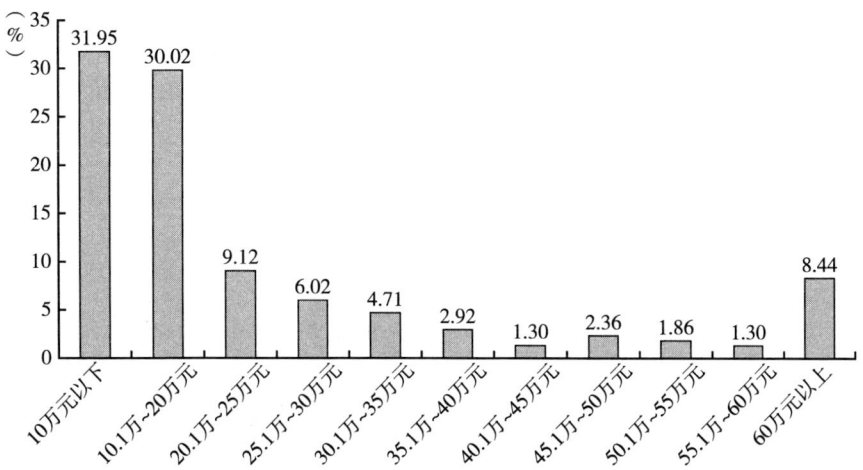

图1 每年在律师事务所的税前平均收入

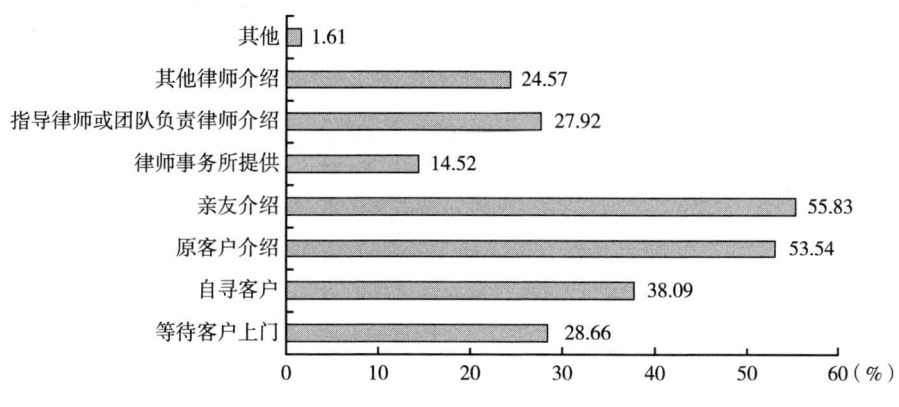

图2 目前的案件来源

注:"其他"一栏填写内容主要集中在网络推广、法务介绍、自建营销团队。

(三)压力源情况

问卷调查显示,45.1%的青年律师主要压力来自案源压力,生活压力、业务压力和对案件结果的压力也都超过14%。

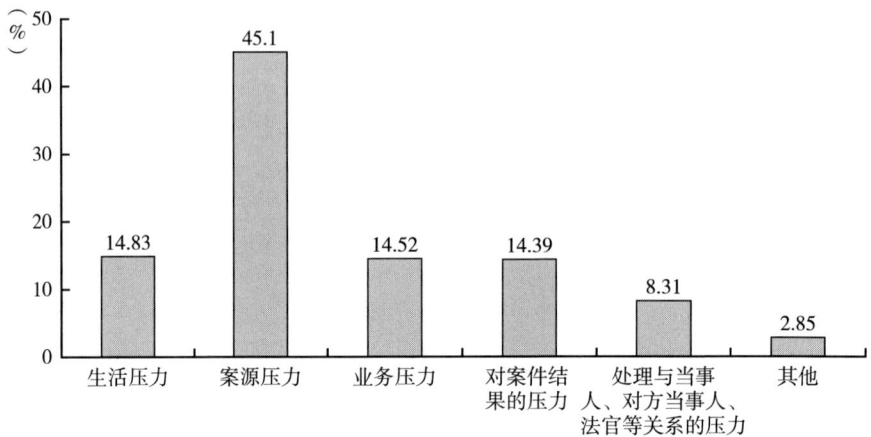

图 3　青年律师压力来源比例

注:"其他"一栏填写内容主要集中为对自我能力提升的压力,平衡家庭与工作的压力,律师事务所发展和团队管理的压力,执业环境的压力。

(四)参与培训学习情况

问卷调查显示,九成以上青年律师参与过市律协主办的培训,56%以上的青年律师参加过本所主办的培训。

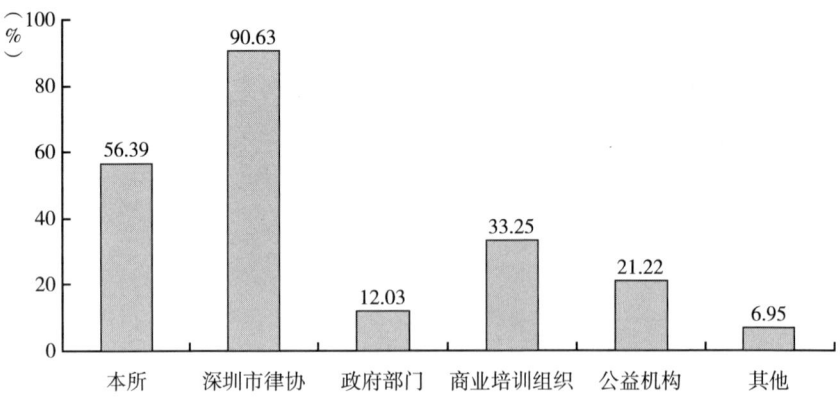

图 4　参与培训的组织举办机构

注:"其他"一栏填写内容主要集中为学校、学会、其他律师事务所等。

（五）执业状态

问卷调查显示，独立执业的青年律师超过六成；授薪律师占两成左右；授薪基础上接案不受限制的律师占14.39%。

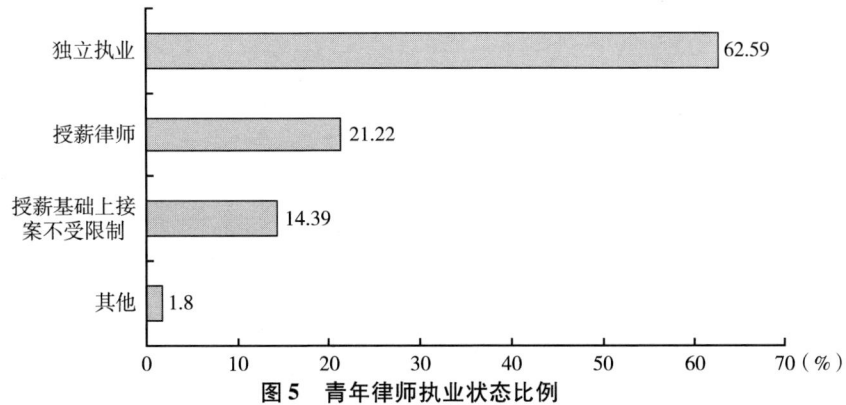

图5　青年律师执业状态比例

（六）客户类型

问卷调查显示，青年律师主要客户是个人类客户，其次是中小企事业单位，47.58%青年律师的客户类型为个人客户占多数，29.28%青年律师的客户类型为中小企事业单位占多数。

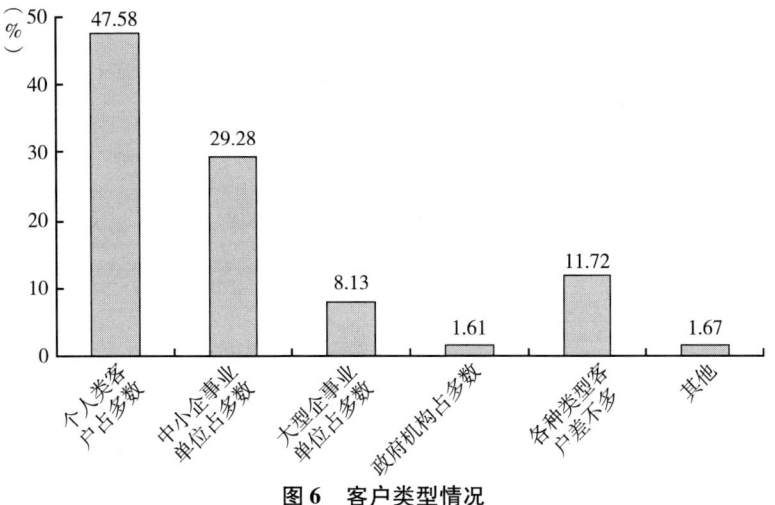

图6　客户类型情况

（七）薪资方式

问卷调查显示，青年律师取得薪资的最主要方式是扣除管理费和税费后余额归己，占55.96%；授薪和授薪加业务提成均接近二成；完全为业务提成的仅占4.78%。

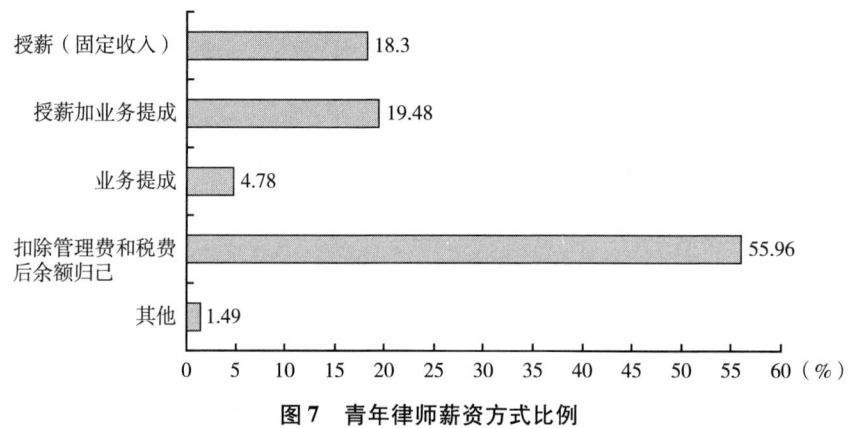

图7　青年律师薪资方式比例

注："其他"一栏填写内容主要集中为绩点制、授薪加分红、授薪加年终奖。

（八）参加公益活动的主要方式

问卷调查显示，青年律师参加公益活动的最主要方式是提供法律援助，接近六成，参加其他公益活动均在三成左右。

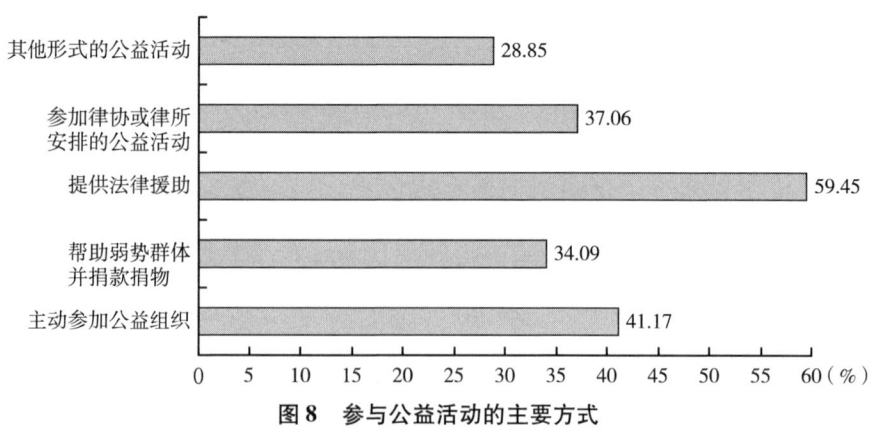

图8　参与公益活动的主要方式

三 青年律师发展主要困境

（一）收入普遍较低

1. 青年律师在执业前期收入普遍较低

如前所述，超过六成青年律师年收入不足 20 万元，通过交叉分析发现，青年律师的执业年限对收入影响较大，执业年限越长，总体收入水平越高。受访执业年限 1 年以下的青年律师中有 2/3 的年收入在 10 万元以下，超过九成收入不足 20 万元；而执业 1~3 年的青年律师年收入 10 万元以上的降为 34.16%，年收入 20 万元以下的总共为 79.32%；执业 4~5 年的，年收入 20 万元以下的已不到 50%。执业 11 年以上的律师有 36.47% 的年收入高于 60 万元。

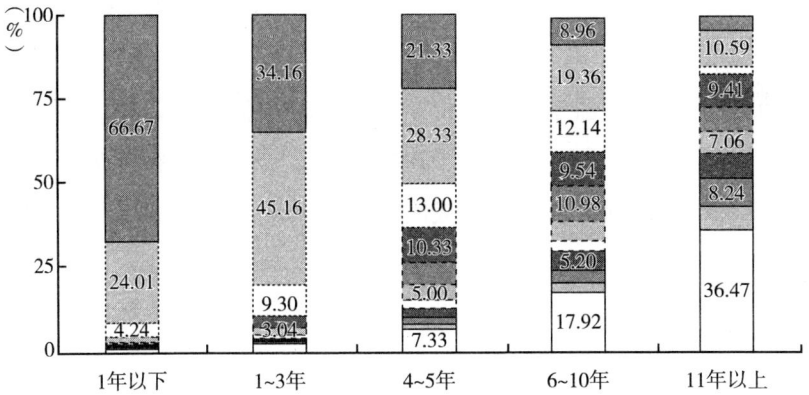

图 9　最近三年平均税前收入与执业年限交叉对比

2. 独立执业律师中低收入者占比相对低些，高收入者相对于授薪律师占比高得多

独立执业律师中，年收入低于 20 万元的不到一半；授薪律师超过半数年收入在 10 万元以下，低于 20 万元的总数超过 85%；授薪基础上接案不

受限制律师也有八成不到20万元。而收入超过60万元的律师绝大多数为独立执业律师或其他律师。

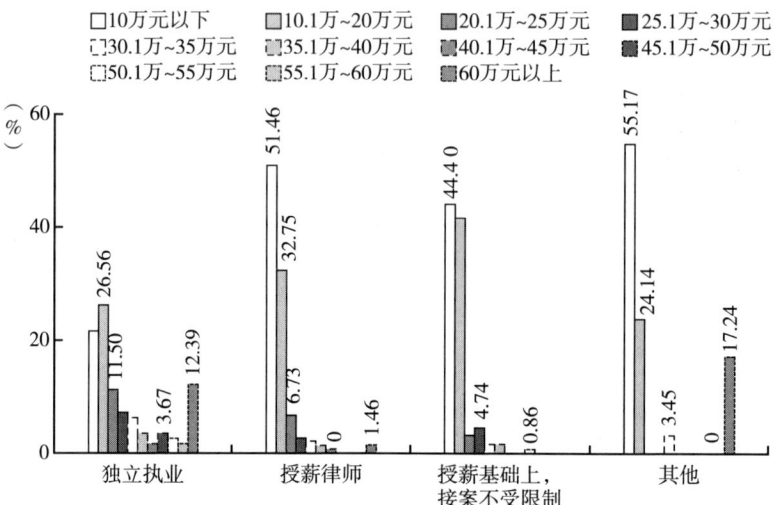

图10 最近三年平均税前收入与执业状态交叉对比

（二）案源、业务压力较大

调研问卷显示，六成左右青年律师存在案源、业务压力；案源方面靠原客户、亲友介绍占六成，同时，年收入在20万元以下中青年律师70%以上的案件来源是律师事务所、指导律师或团队负责律师以及其他律师的介绍。

1. 案源压力是青年律师压力最主要来源

不同执业年限的律师选择案源压力是主要压力来源，即使执业11年以上，仍有三成以上青年律师感觉有案源压力。同时，对案件结果的压力则随着执业年限的增加而增多。

2. 主要依靠律师事务所、指导律师或团队负责律师介绍案源的青年律师总体收入水平较低

超过70%的案件来源主要是律师事务所提供、超过76%的案件来源主要是指导律师或团队负责律师介绍的青年律师年收入在20万元以下。

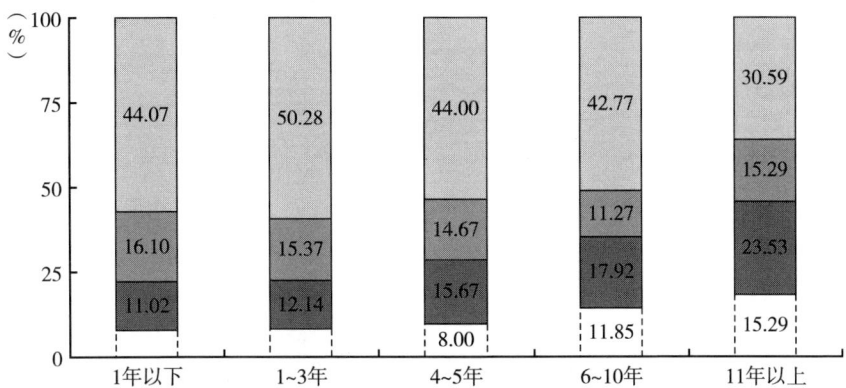

图 11 压力源与执业年限交叉对比

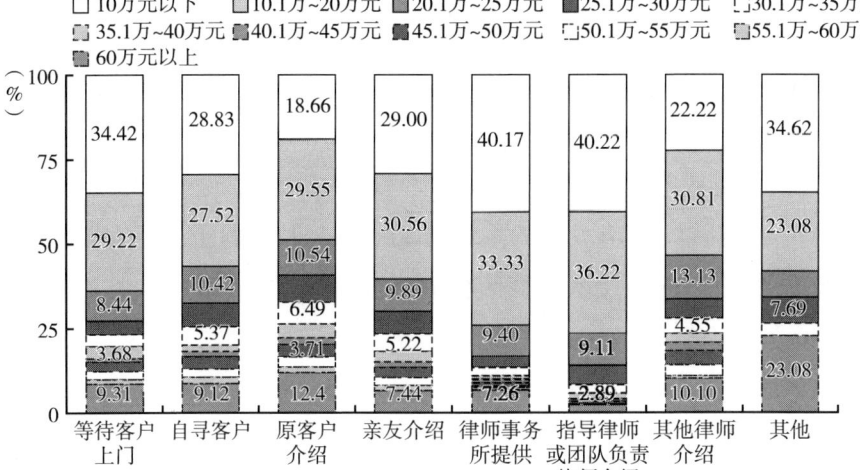

图 12 案源与收入交叉对比

3. 不同业务类型的律师压力来源有一定差异

在从事非诉业务的青年律师中，感受到更多业务压力；而从事诉讼业务和综合性业务的青年律师中，案源压力最大。

（三）其他困境

调研问卷显示，八成以上的青年律师主要从事诉讼业务、综合业务，专

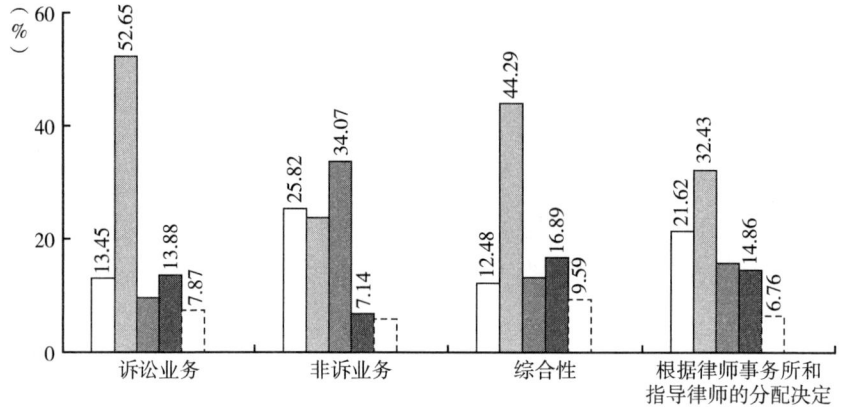

图13 压力与业务类型交叉对比

业选择以及专业化建设缓慢、从事高端业务人数少。制度、案源、经验和人脉等因素限制了青年律师的发展。

1. 青年律师业务发展的主要困境

当问及目前自己业务发展的主要困境时，82.32%的受访者认为社会人脉资源不足，选择难以接触高端业务的也超过三分之二。

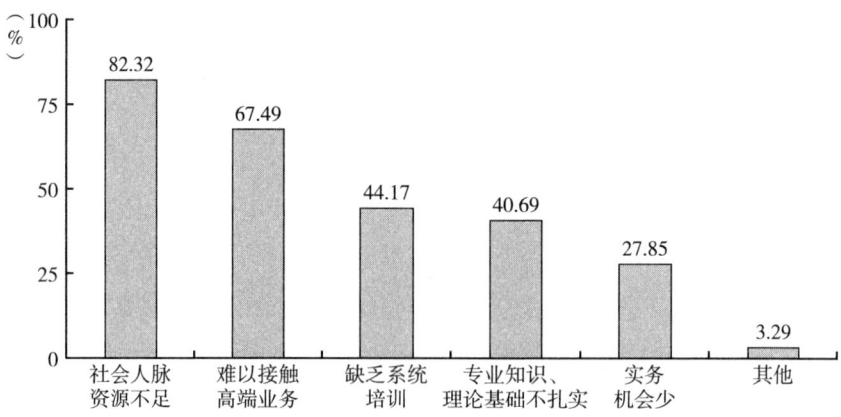

图14 青年律师认为目前业务发展的主要困境比例

2.律所培养青年律师的突出问题

约三分之二的青年律师认为所在律师事务所对青年律师的培养没有制度、缺乏计划、培训不成系统。认为重复低层次工作、资深律师不愿花时间精力予以指导,以及律师事务所不愿提供高端业务供青年律师学习实践的也都超过四成。

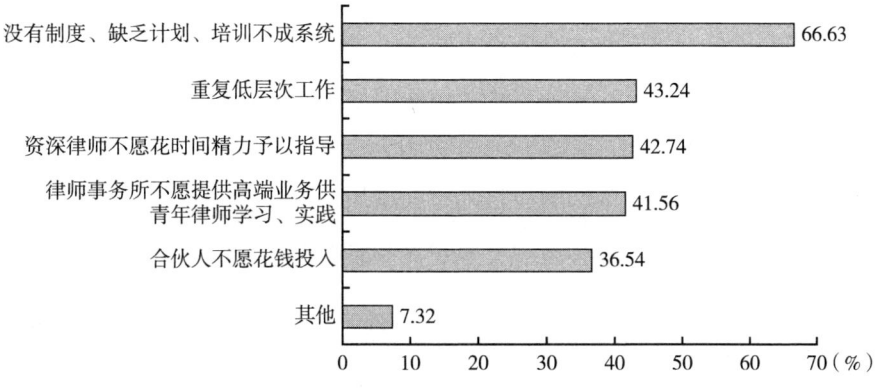

图15 青年律师认为律所培养青年律师的突出问题比例

四 发展困境主要原因

(一)现行收入分配类型以及经济压力,无法为青年律师提供稳定的成长环境

调研问卷显示,固定收入(授薪)的青年律师仅占二成左右,更多的青年律师都是提成制或者独立执业,而六成以上青年律师在案源以及业务拓展方面存在着较大压力;同时,主观上青年律师需要尽快确定专业方向,进行专业化发展,而客观上需要为了生计,忙于应付各类诉讼业务或者事务,由此造成青年律师在职业发展中无法得到较为适宜的发展环境。

(二)律师队伍规模持续高速增长,行业竞争激烈

调查显示,近三年深圳律师人数分别为9353人、10187人、11775人,每年保持10%以上的速度增长,同时还有2500余名实习人员等待进入律师

队伍。在业务范围无法拓展，业务类型无法创新、扩充的情况下，法律服务市场日渐饱和，行业竞争日益激烈，对于执业经验不足，专业化程度不高的青年律师而言，更是首当其冲。

（三）缺乏系统培养，"传帮带"无制度、缺效果

律师行业是高度依靠知识和经验积累的行业，由此指导老师的指导对于青年律师的成长显得尤为重要，然而现实中作为指导老师一方，往往担忧青年律师培养学有所成后独立执业而成为竞争对手，同时也担心客户资源以及知识保护等问题，所以对于青年律师的指导往往停留在表面，缺乏系统性培养，潜意识里存在自我保护意识，对于事务所而言亦是如此。

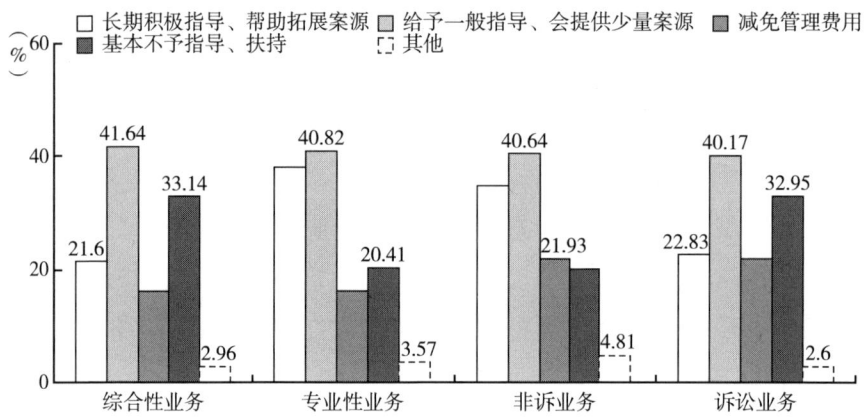

图16 律所业务特点与律所对青年律师扶持的交叉对比

专业性业务的律所和以非诉业务为主的律所对青年律师给予长期积极指导、帮助拓展案源的扶持力度，超过综合性业务的律所和以诉讼业务为主的律所。

（四）行业和政府扶持力度不足

青年律师入行初期90%的青年继续教育的主要途径为参加律师协会组织的培训，仅有约12%的青年律师参与过政府部门组织的培训。然而律师协会作为行业自律管理组织，其运作经费主要依靠会员所缴纳会费，受到资

金以及场地等多方面局限，无法针对青年律师开展系统化培训，同时政府在青年律师培养、扶持方面投入不足，倾斜度不够，以办理法援案件为例：77%的青年律师没有办理过法律援助案件。深圳市律师协会作为市级律师协会，所能支付的经费有限，亦没有对青年律师实行诸如北京、上海律师协会针对新执业的律师会费"一免二减半"的政策。

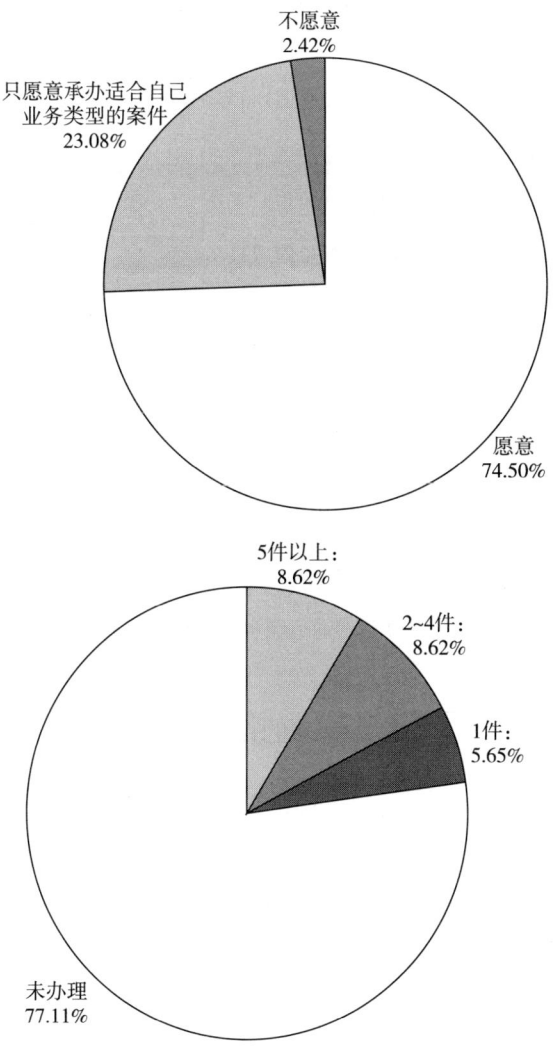

图17　青年律师对于承办法援案件态度和实际参与度的比例

同时，还存在着深圳生活成本、司法环境、就业环境以及律师事务所的管理体制等方面制约执业青年律师发展的困境。

五 深圳律协对青年律师扶持的相关工作

（一）青年律师对于提高执业能力的期望

调查问卷显示，大多青年律师希望通过建立扶持、激励青年律师的政策机制等方面提高其执业能力。

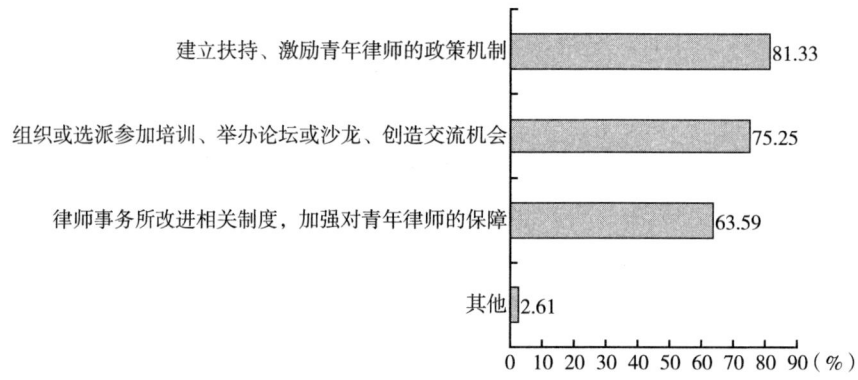

图18 青年律师希望通过何种形式提高执业能力比例

（二）律协目前对于青年律师的扶持措施

针对青年律师面对的困境和客观需求，深圳市律师协会从提高青年律师执业水平和展现青年律师自我风采两个维度，先后开展多项活动，有效解决了青年律师在执业初期所出现的部分问题，扶持青年成长。

1. 十年千人计划的稳步推进

制订深圳市律师行业十年千人人才计划，已开展实施九期深圳青年律师研修班，每期选定不同的专业，设定学习目标与任务，旨在打造专业律师，培养青年律师发展。

2. 推行"传帮带"的尊师重教理念

举办"传道·传业·传承"沙龙暨青年律师导师认拜活动,旨在鼓励传道授业解惑的"传帮带"精神、宣扬尊师重道与求学上进精神,推动青年律师发展,促进行业传承。

3. 帮助青年律师拓宽视野

加强与北京、上海、香港等地青年律师交流,组织优秀青年律师参加"两岸四地青年律师论坛"以及其他各种论坛活动,帮助青年律师拓宽视野。

4. 提高青年律师的实操技能

围绕青年律师生存与发展的痛点,多次举办旨在提高实操经验和职业素养的青年律师沙龙,并邀请律协高水平律师与青年律师现场分享和互动交流。

5. 搭建青年律师展示平台

组织"青年律师形象秀"系列活动,开展青年律师演讲比赛、微视频大赛、PPT设计大赛活动,提高青年律师的实战技能,促进青年律师交流和互动,引导青年律师提升专业水平。

6. 强化青年律师的归属感

通过创办《深圳青年律师文摘》(电子杂志),交流业务经验,共同探讨执业困惑和社会热点问题,加强青年律师之间的沟通与合作,强化青年律师职业荣誉感和归属感。

7. 鼓励青年律师参与更多社会公益活动

搭建青年律师与公、检、法、司等业务相关部门以及团市委、总工会、妇联、工商联等相关组织良好的沟通平台,建立青年律师与相关社会组织良好的交流渠道,鼓励青年律师积极为社会提供法律援助、法律咨询、普法等各类公益服务,形成良好的社会关系①。

---

① 根据《中华全国律师协会关于进一步加强青年律师培养工作的指导意见》开展相关工作。

六 优化青年律师发展环境的具体建议

（一）制定保障青年律师发展的行业指引

倡导加强对青年的劳动保障，完善指导老师对青年律师的培养制度，促使青年律师执业初期在业务能力、办案经验以及职业伦理方面得到有效的指导，研究制定并出台《律师事务所青年律师发展规范指引》（保障最低工资标准、鼓励设立专项发展扶持基金、加强对案件办理的指导等）。

（二）为青年律师力争更多政策支持

申请、推动政府加大对青年律师扶持力度，将青年律师纳入英才计划，全市推广以及深入拓展"福田英才荟"行动（福田为辖区内执业满两年律师一次性发放5000元奖励）；同时在法援案件指派中向青年律师倾斜；尤其是在刑事辩护全覆盖以及多元化纠纷调解机制背景下，建立相关制度帮助青年律师有效参与。

（三）拓宽青年律师成长路径

在"互联网+"大数据以及人工智能的大背景下，引导、加强青年律师业务培训，倡导技术工具办案、可视化等方式实现青年律师的快速成长。

（四）搭建更多青年律师展示平台

积极为青年律师搭建更多交流合作的平台，扩大青年律师与国内外优秀青年律师的交流与合作，组织引导青年律师服务社会，拓展人际交往，增长社会阅历以及从业经历，拓展案源。

（五）加大行业扶持措施的力度

研究行业政策，学习其他地市行业协会给予青年律师的优秀模式，行业协会应从实际工作出发，创新出台更多促进青年律师成长的扶持政策。

（六）加强与青年律师的即时交流

加强行业组织与青年律师的直接联系，建立青年律师工作微信群，开设邮箱，以此建立与青年律师的紧密联系，掌握情况，了解需求，为更好地服务青年律师打好基础。

专题研究篇

Research on Special Topics

B.14
《深圳经济特区物业管理条例》
若干问题及修订建议

李朝晖　徐宇珊　李翊菲[*]

摘　要：　深圳物业管理领域存在诸多问题，这与《深圳经济特区物业管理条例》不完善有直接关系。报告透过物业管理领域的现象性问题，分析条例在物业管理定性以及业主自治、行业管理、政府监管等方面具体制度设计上存在的理论与实践问题，在此基础上，从业主自治能力建设、政府监管方式、相关配套制度、行业管理制度等方面提出详细的修订建议。

关键词：　物业管理　业主自治　业主大会　物业服务

---

[*] 李朝晖，深圳市社会科学院政法研究所所长、研究员；徐宇珊，深圳市社会科学院政法研究所副研究员、博士；李翊菲，深圳市汇贤公共服务促进中心项目专员、硕士。

现行《深圳经济特区物业管理条例》（以下简称《特区物业管理条例》）于 2007 年颁布，对规范深圳市物业管理起到重要作用。但条例实施十年中也出现不少问题，物业管理纠纷问题日益凸显，信访投诉居高不下，物业管理领域的纠纷矛盾成为社会群体性冲突的主要类型之一。2017 年该条例的修订已经列入深圳市人大立法计划的一类立法计划，但仍有许多相关问题需要进一步探讨明确。

一 深圳物业管理领域存在的现实难题

（一）业主组织成立难、规范运作难、监督难

许多物业小区的业主对于参与社区管理热情不高，对于召开业主大会、选举业主委员会等事项参与不多。许多社区因为参加业主大会人数不足而无法召开业主大会，选举业主委员会也因此搁浅。有些物业小区业主委员会任期届满时，也因到会业主人数达不到法定比例无法召开业主大会，无法完成业主委员会换届选举。2017 年全市共有住宅小区仅四成成立了业主委员会，其中已经超期未补建约 800 个小区。

同时，目前深圳已经成立的业主委员会中，有很大一部分不能正常发挥作用。有的物业服务公司对业主委员会的监督置之不理；有的业主委员会委员私利得不到满足时不配合物业服务公司工作；有的业主委员会与物业服务公司合谋欺瞒广大业主，损害业主利益；有的业主因个人利益得不到满足而向政府部门进行不实投诉、向媒体作片面甚至不实的爆料，干扰业主委员会工作。

（二）物业管理费欠费追讨难、调价难，物业服务公司退出难

各物业小区或多或少存在业主不缴纳物业管理费的现象，对于不缴纳物业管理费的行为，物业服务公司基本上只能不断催缴，为了与业主维持良好的关系，加之通过诉讼解决程序复杂、成本高，除非欠费数额特别巨大，物

业公司一般不会通过诉讼追讨。这也导致一些业主长期欠费。此外，少数业主不遵守法律法规和管理规约，如违章装修导致漏水、宠物狗扰民、违章停车等，导致小区邻里关系紧张，甚至小区环境恶化，受害业主将之归责于物业公司工作不力，而不守规矩业主恼恨物业公司多事，均产生对物业公司的不满。

依据国家有关规定，物业管理费的确定，前期物业管理实行政府指导价，业主大会成立和选举产生业主委员会后实行市场定价。但是，实践中由于许多物业小区业主大会难以召开、业主委员会难以成立，无法启动物业管理费调价的投票程序；同时，由于物业管理费用支出不够公开透明，且缺乏公众可接受的参考依据，即使已经成立业主委员会的物业小区，调价也较困难，许多物业小区多年没有调整物业管理费。而近年来，物业管理成本大幅上涨，给物业服务公司经营带来很大压力，有的为此降低物业服务水平，由此导致物业服务公司与业主之间的相互不满与冲突。

有些物业小区业主大会决议解聘原物业服务公司，更换新的物业服务公司，但原物业服务公司以种种借口不进行相关资料交接、不退出物业小区，甚至产生激烈冲突。

（三）对开发商约束难

有些开发商在物业小区交付使用时，未按规定同时交付物业管理用房、公共配套设施及相关资料，或者存在管理用房、公共配套设施产权不清问题，为物业管理埋下隐患。同时由于规划管理不严，小区规划法定性也常常被开发商动摇，开发商在商品房销售后不按规划建设配套设施，甚至通过各种手段更改规划的现象时有发生，也为物业交付使用后的物业管理埋下隐患。

（四）政府监管难

一方面，政府监管部门监管任务重，但人员编制少。特别是基层街道、社区，处于监管一线，但没有专门编制和人员，监管事务多、监管压力大。对物业服务公司、业主委员会委员违反规定的行为，纠正制止和处罚不力的现象不少。另一方面，少数小区业主自治意愿强烈，意欲突破法规和政府监管规定的限制，产生业主与政府监管部门的矛盾。如有的物业小区谋求不通过政府平台而是由业主自己投票选聘物业服务公司，实行业主公共资金（主要为物业管理费）全部由业委会自管，实行业主自治，因政府监管部门不认可这种自我管理，反而引致业主与政府的矛盾冲突。

（五）城中村和老旧城区推行物业管理难

一些城中村和老旧城区因为历史的原因至今没有物业管理，或者物业管理一段时期后退出，存在基础设施不完善、环境卫生和治安差诸多问题。这些社区居民盼望物业管理进社区，但又不愿出资改善基础设施和缴纳物业管理费。同时，物业管理条例以产权为基础建立业主组织的规定也导致城中村社区无适格主体推动物业管理进社区工作。

二　问题根源：制度的缺陷

上述矛盾与问题，追根溯源绝大多数可从现行《特区物业管理条例》中找到相应的原因。

（一）条例规定单一的物业管理方式，限制了业主选择权

《特区物业管理条例》将物业服务企业提供物业服务作为唯一的物业管理方式①。但是法律位阶更高的《物权法》对于物业管理方式的规定，则不限于委托物业服务企业管理，还包括业主自行管理、委托其他管理人管理等方式，具体选择何种管理方式，取决于业主②。可依此推定，业主是物业管

---

① 参见《深圳经济特区物业管理条例》第六十四条规定："一个物业管理区域应当由一个物业服务企业统一提供物业服务。物业管理区域内地上以及地下建筑物、设施设备和相关场地不得分割管理。"
② 参见《物权法》第八十一条规定："业主可以自行管理建筑物及其附属设施，也可以委托物业服务企业或者其他管理人管理。"

理的主体。而现行《特区物业管理条例》的规定,剥夺了业主对物业管理方式的选择权,也导致物业管理主体的错位——物业服务公司成为物业管理的主体。

现实中,物业小区千差万别,不仅规模差异大(有的仅一两栋楼、一两百户,有的数百栋、上万户),而且配套设施情况、业主经济能力、参与治理意愿、自治能力等都存在较大差异,对物业管理有不同需求,选择不同的物业管理方式在情理之中。实践中,由业主委托物业管理的单一模式早已突破,且探索出成功经验。深圳已有数十个物业小区未聘请物业管理公司,而采取非物业服务公司管理或业主自我管理。虽然业主自我管理的比例较小,但却有些典型案例。深圳景洲大厦实施小区公共资金全部由业委会自管,走向真正的业主自治。可见,业主自我管理物业不失为一种选择,并且有些案例已经取得了较好的效果。但是由于政府监管部门不认可这种自我管理,反而引致业主对政府的抗争,业主与政府监管部门之间的关系处于紧张状态。因此,破解《特区物业管理条例》对物业管理方式的单一限定,允许业主在物业管理方式上有更多选择权和自主权,是《特区物业管理条例》修订要解决的一个重要问题。

(二)业主自治制度不健全,业主的管理权利无法实现

1. 业主大会法律地位不明,导致物业管理主要主体缺失

正如许多研究指出的,无论是《物权法》还是《特区物业管理条例》,均未对业主大会的法律地位予以明确。从有关法规条文规定看,业主大会"应当依法成立"[1],是作为一个组织而存在;但是业主大会既无需登记也无需备案,倒是业主大会会议选举产生的业主委员会应当在主管部门备案[2]。

---

[1] 《深圳经济特区物业管理条例》第九条第一款规定:"物业管理区域应当依法成立业主大会,选举业委员会。一个物业管理区域成立一个业主大会。业主较少的,经全体业主一致同意决定不成立业主大会的,由全体业主共同履行业主大会和业主委员会职责。"

[2] 《深圳经济特区物业管理条例》第二十八条第一款规定:"业主委员会应当自选举产生之日起十五日内,将成立情况向区主管部门备案。"

业主大会本身似乎只是隐形的存在，不具有主体地位，也无行为能力，不能以自己的名义对外实施法律行为，也无法开设银行账户，不能以自己名义收取物业管理费，也无需对外承担法律责任。因此，在物业管理中，业主一方的主体处于缺失状态。

2. 业主大会召开及业主委员会选举的程序不合理，妨碍了业主大会会议的召开

实践中普遍存在业主大会召开难、业主委员会成立难换届难问题，表面的原因有业主参与意识不强、房地产开发商及物业服务公司施加阻力等，深层次的原因在于看似完善的制度设计其实增加了业主大会会议召开的难度。

第一，首次业主大会召开程序的启动依赖于与业主存在利益相冲突的建设单位和前期物业服务公司。尽管《特区物业管理条例》规定物业管理区域符合召开业主大会条件时，可以由建设单位和前期物业服务公司或者业主书面告知物业所在地街道办事处①，但事实上，业主往往较难知道小区具体什么时候已符合召开业主大会、成立业主委员会条件，因此首次业主大会召开的启动实际上主要依赖于建设单位或物业服务企业，而在目前的制度安排下和现实中，这两个单位恰恰与业主存在利益冲突，它们往往不希望召开业主大会和成立业主委员会，因此存在一定的消极不作为现象。

第二，业主大会的筹备参与单位过多增加了协调难度。根据现行条例规定，业主大会成立需要街道办事处、社区工作站、建设单位或物业服务企业、业主等多个主体的行动，才有可能启动筹备②，有一个主体行动不力就

---

① 《深圳经济特区物业管理条例》第十九条第二款规定："物业管理区域符合前款条件后六十日内，建设单位或者物业服务企业应当书面告知物业所在地街道办事处；业主也可以书面告知物业所在地街道办事处。街道办事处应当在收到书面告知后一个月内，负责核实并组织、协调成立首次业主大会会议筹备组（以下简称筹备组）。"

② 《深圳经济特区物业管理条例》第二十条规定："业主大会筹备组由五至七名成员组成，其中社区工作站负责人一名、建设单位或者物业服务企业代表一名、业主代表三至五名。筹备组组长由社区工作站负责人担任。筹备组中的业主代表由社区工作站在愿意参加筹备工作，且有一定人数业主推荐的业主中确定。筹备组成员不得担任首届业主委员会委员。"

会导致业主大会难产。因此看似考虑到各个利益相关者的诉求，但实际增加了协调难度，增加了业主大会召开的难度。而筹备组成员中业主代表不得担任首届业主委员会委员的规定，更是莫名其妙地要求业主在参与筹备与参与业主委员会委员选举之间做出选择，实际上可能导致有意参与物业管理事务的业主通常会更愿意参与竞选业主委员会委员而不是仅仅参与业主大会的筹备工作，因此有可能在筹备组中业主代表确定上就需要社区工作站专门做工作，最终确定的业主代表可能对于物业管理事务积极性并不高，并非真有意愿参与物业管理事务，在筹备工作中积极性不高。

第三，业主召开大会要求的法定人数远超过现实中有参与意愿的业主的比例。现行条例规定，与会业主达到"双半数"①，业主大会会议方为有效。"双半数"的规定看似合理，似乎使会议决定能够体现多数业主、多数业权的意见，但显然在制度的程序设计上未考虑到现代化大型住宅小区业主人数众多、参与积极性有限的问题，目前规定的到会比例远高于实际有参与意愿的业主比例，导致业主大会常因到会人数达不到法定人数而无法召开。而如果业主大会会议无法顺利召开，法规规定的业主决策权的行使、业主委员会的选举等都无法实现，业主参与物业管理的渠道被自然封闭，由物业服务公司主导物业管理也就成为必然。即使成立了业主委员会，在换届中也存在问题，目前全市有一半左右的业主委员会超期未补建。

3. 业主委员会的权责不够明晰，对业主委员会委员的约束与履职保障均不足

业主委员会作为业主大会的执行机构，担负着对日常物业管理事务进行决策和监督物业服务公司的责任，这要求业主委员会委员既有能力又有热情，既有公心又有担当，法律既要制约业主委员会及其委员的权力和行为，又要对业主委员会及其委员正常履职提供必要保障。现行条例虽然在这些方面都有规定，但从总体上仍存在约束不足与保障不足同时存在的现象。一方

---

① "双半数"是指与会业主所持有的投票权超过本物业管理区域内投票权半数，且与会业主人数超过全体业主人数半数的。《深圳经济特区物业管理条例》第十四条规定："业主大会会议与会业主所持有的投票权超过本物业管理区域内投票权半数，且与会业主人数超过全体业主人数半数的，业主大会会议方为有效。"

面,业主委员会或其委员违反条例谋取私利所要担负的责任太轻,起不到威慑作用,导致少数业主委员会或其委员存在不按规定程序、规定标准批准使用住宅专项维修资金,要求物业企业减免物业费、停车费或优先安排停车位,在小区工程承包中私下要求物业公司选用与自己有利益关系的企业,或者出于私心擅自解聘物业服务公司、转聘与本人有利害关系的企业等。在这些现象被发现后,往往仅需停止侵害,而不用承担过多责任,至多缴纳少量罚款,或被罢免或者谋取私利后辞职甩手。另一方面,现有条例对业主委员会委员权益的保障也不足,缺少尽职免责的相关规定,对于业主委员会及其委员已经尽职履责的情况下出现的失误或未预计到的不利后果,没有明确规定可以免责,导致一些有能力的人因怕被误解或承担不可预计责任而不愿意担任业主委员会委员,不利于吸引德才兼备的业主进入业主委员会。

(三)"开发商控制"(前期物业管理)向"业主自治"过渡的交接制度不完善,给业主入住后物业管理埋下隐患

首次业主大会召开前,物业管理由开发商控制,这是不争的事实,也是难以避免的现象。实际上,在物业销售之前,开发商就是物业的业主;物业销售之中,开发商也是物业的最大业主。随着物业逐渐销售,开发商所占有的产权份额逐渐减少,直到全部售罄,开发商才从业主身份中彻底退出。开发商作为物业业主,主导前期物业管理并无不妥。况且,开发商为了顺利销售,一般都很重视前期物业管理的质量,不会直接侵害小业主利益。目前物业管理中关于前期物业管理带来的问题主要是对开发商约束不足,且由开发商控制向业主自治转移过程中交接制度不完善,使得许多开发中的问题带到业主入住之后。

1. 管理规约的签订滞后于物业管理主要事项的确定

物业小区在销售时,一般已经确定物业小区的配套设施、管理方式、基本的管理规则、前期物业服务企业,购房者在购买时一般也会关注物业小区未来的管理并作为购买商品房的考虑因素。但是根据现行条例规定,建设单位虽然在房地产销售前即已制定临时管理规约,并公示于销售场所,但并未

规定购房者在签订购房合同的同时签订临时管理规约，而是在交付使用办理入住手续时才签订临时管理规约。如此规定，一方面导致购房者在签订合同时可能只关注到前期物业服务公司及管理费标准，不会认真阅读临时管理规约，对临时管理规约的具体事项不甚了解，导致入住时对临时管理规约的认同度不高、遵守的自觉性不足，埋下业主之间矛盾纠纷的隐患。而且商品房入住时才签署临时管理规约，意味着如果拒签就无法办理入住手续，签署实际上成为业主没有选择而不得不为的行为。如果把临时管理规约视为合同，这是在胁迫下签订的合同，可以认定为无效合同。在实践中，管理规约更多被作为乡规民约，对相关主体的约束主要是道德约束而非法律约束。另一方面，由于临时管理规约不受购房者关注，建设单位在制定临时管理规约时可能模糊化自身责任，为其事后改变小区规划、共有物业产权及管理等暗藏伏笔，埋下业主与开发商之间矛盾纠纷的隐患。加之目前中国规划管理中，开发商在商品房销售过程中还可以通过开发商单方面申请修改规划而无需取得已购房屋业主同意，为开发商随意更改小区规划打开方便之门，成为业主入住后各种冲突矛盾的重要原因之一。

2. 业主组织成立滞后于区分建筑物小区成立

理论上，政府批准物业小区进行公开销售之时，区分建筑物小区在法律上即告成立。区分建筑物小区成立意味着关于小区共有物业管理的事务即已出现，如共有物业范围、共有物业如何管理等基本事务此时都应当已经确定，并借此在登记系统中锁定共有物业产权，防止开发商私自售卖或变更。但现行条例规定首次业主大会会议召开后才成立业主组织，使共有物业权利主体在较长一段时间内处于缺失状态，进而导致共有物业管理主体缺失，共有物业产权未能及时登记和转移控制权，极易导致开发商占用挪用或不按规划建设，损害业主利益。此外，业主组织成立滞后及因业主大会召开难而长期空缺，导致许多物业小区管理主体长期缺失，造成物业服务市场买方的缺位，卖方（即物业服务公司，特别是前期物业服务公司）借机垄断话语权。而买方的缺位和业主的弱势地位又人数众多，又迫使政府不断卷入具体物业管理事务，事实上成为物业管理的一方当事人，导致物业管理法律关系混乱，让所有事情剪不断理还乱。

3. "开发商控制"向"业主自治"交接制度不健全

前期物业管理实际上是由开发商主导的物业管理，这一时期的物业管理可以称为开发商控制时期。而业主自治组织（业主大会）成立后，理论上，物业管理事务应由业主大会主导，因此这一时期的物业管理可以称为业主自治时期。物业管理由开发商控制向业主自治转移需要完成一系列交接工作，但现行规定对交接制度的规定极不完善，主要体现在以下三个方面。

第一，由前期物业服务公司负责承接开发商移交资料[①]的制度设计本身就有重大缺陷。由于前期物业服务企业由开发商选定，无论设计怎样的招投标制度，都难免开发商与前期物业服务公司之间的利益共同性，因此由前期物业服务企业承接查验必然流于形式。这种状况最终造成了大量的开发遗留问题，诸如物业共用部位、共用设施设备达不到设计标准和规划要求，共有或共用部分被非法处分等，甚至根本没有移交竣工验收资料、物业规划与建设的有关资料、维修基金等，最终将对所有业主利益造成长期损害。而且由前期物业服务企业负责交接工作，必然导致物业服务的自动延续，甚至在财务上未进行结算和审计，导致业主与开发商之间责任未划清。

第二，开发商控制向业主自治交接过程中缺乏第三方专业机构参与，共有物业及设施存在的缺陷未能及时发现。物业小区的各种建设资料繁多，建筑物共用部位和共有设施设备差异性巨大，查验的专业性强，一般业主难以自行判断其相关资料是否齐全、共有物业的质量是否符合要求、前期物业管理账目是否清晰等。因此，为确保交接工作有序进行和提高交接工作质量，有必要制定交接查验的详细标准，并有工程、物管、审计、法律等第三方专业机构参与其中，为业主提供客观公正的指导，帮助业主发现共有物业以及前期管理工作中的缺陷。但现行条例缺乏相关制度设计，导致业主不得不依赖于前期物业服务公司。

---

① 《深圳经济特区物业管理条例》第七十条规定，建设单位应当按照国家规定向物业服务企业移交物业相关资料，并同时移交业主相关资料。

第三，业主自治制度不完善加剧了开发商遗留问题现象。由于业主自治的程序无法正常启动，物业小区长期处于开发商控制之中（开发商确定的前期物业服务公司控制亦属此列），并在开发商中形成这样的预期，产生利用这样的制度漏洞谋取利益的冲动，包括未实际按约定进行管理用房、公共配套设施，应该由开发商支付的维修费用通过物业管理费开支，建筑质量、配套设施质量拖延到过了保质期后物业服务公司才提出，等等。

业主组织的缺失也使物业管理费的支出无监督，价格与服务是否相符无从知道。从现实情况看，一般新的物业小区各种设施设备维护成本低，物业管理成本较低，成为物业管理的暴利期。而这一期间，往往也是开发商确定的物业服务公司管理的时期，一些开发商利用这一时期将部分开发建设成本（包括保修等）通过管理费支出而转嫁给业主。之后，随着各种设施设备的老化，在管理费不提高的情况下，物业服务公司的利润逐渐降低，特别是随着人工成本的快速增长，一些物业服务公司入不敷出的情况也是事实。这也是为何一些资质高、管理好的品牌物业服务公司在物业小区管理多年后要求退出的原因。即业主自治制度的不完善导致物业管理信息不对称，业主无法理性判断物业服务的质与价，往往导致前期物业服务费过高、后期物业服务费不足的问题，让物业服务公司既在前期赚足，又在后期抱怨管理费太低。

（四）政府缺位与越位并存，缺乏有效监管

尽管《特区物业管理条例》将政府监管作为物业管理的三大主要原则之一，并在总则中详细规定了各级政府部门的监管职责，提出了物业管理联席会议制度，将区主管部门、街道办事处、社区工作站等均纳入物业管理行政监督体系，并在各章详细规定了政府有关部门在具体事务中的监管责任。但是整个制度设计并未真正实现有效的行政监管，政府监管缺位与越位的情况并存。

一方面，政府越位主要表现在政府过多参与业主大会及业主委员会的成立及日常运作。《特区物业管理条例》要求街道办事处负责组织、协调业主大会成立及业主委员会的选举工作，指导、监督业主大会和业主委员会的日

常活动。这意味着基层政府对业主大会的运作负有直接责任,是用行政手段管理社区自治事务,导致政府卷入具体民事事务,而开发商作为建设主体责任被减轻。但与此同时,事实上,街道办事处的三定方案中,没有物业管理的相关职能,难以落实专职工作人员。社区工作站负责这项工作的人也往往身兼数职,且无物业管理方面的专业知识能力。面对物业管理中所涉及的大量统筹协调工作以及工程、财务、法律等专业问题,常常有心无力、不堪重负,只能被动应对,相关工作推进困难,政府监管不足也就显而易见,原本制度设计中的监管职责在实践中很难落实到位。

另一方面,政府缺位表现在对于业主委员会、物业服务公司、开发商的违法行为较少进行处罚,执法不力。《特区物业管理条例》对于政府监管,直接参与、主导具体事务的规定较多较细,以监管者身份进行监管的规定较原则,主要是处罚规定,监管手段有限。实践中存在对业主委员会失职、滥用职权,业主违规搭建、占用公共区域等缺乏监管手段,对物业管理企业的违法违规行为也面临着取证难、处罚难和执行难的问题。同时,《特区物业管理条例》对上述违法行为的处罚力度较轻,难以起到威慑作用,这使得各类违法主体在利益驱动下以较低的违法成本获得较高的不法收益,禁而不止。

(五)"业必归会"的行业管理模式,导致物业服务市场机制不健全

《特区物业管理条例》规定了物业服务企业"业必归会"的制度,初衷是希望发挥协会的行业自律功能,规范物业管理企业,从而维护业主利益。"业必归会"制度在当时也确实起到规范行业发展的作用。但是"业必归会"制度也带来了行业垄断,并使行业协会成为"二政府",未真正发挥行业代表、行业服务、行业协调、行业自律等行业协会的基本功能,成为行业发展的制约因素。

1. "业必归会"后的管理存在较多漏洞,导致行业市场机制不健全

一是物业服务企业资质等级认定方式不合理,资质与服务水平相关度不

高。现有以《资格证》作为重要考核指标的资质认定标准,导致大量物业服务企业在申请资质等级时,通过"借证"等方式满足资质要求,不少资格拥有者并未实际在公司任职和参加经营管理。由于资质审批部门只进行书面材料的审查,物业服务企业可以轻松"借证"获得资质证书。资质证书取得后,审批部门未进行持续的跟踪管理,未定期查核企业是否始终满足资质条件,也未建立资质动态管理机制,因此不少企业在经营中并未实际达到相应的资质。事实上,由于物业服务行业本身几乎是无本经营行业,物业服务企业除前期需要取得资质外,没有太多投入,主要是利用业主缴纳的管理费购置设备、聘请人员在业主的公共物业区域开展经营活动,在佣金制下完全没有经营风险,在包干制下如果能收足管理费亦无风险,甚至可以在前期获得高额利润。加之缺少物业服务企业信用状况的科学评价及公示制度,存在高度的信息不对称,鱼龙混杂。因此吸引大批企业从事物业服务业,企业服务能力和水平存在较大差异,行业规范性差。

二是在买方主体地位缺失的情况下垄断卖方造成物业服务市场机制失灵。"业必归会"造成行业规范的假象,并产生无需业主组织也可以管理好社区的误判。而实际状况是,表面上物业服务行业已经实现完全市场竞争,事实上由于这个行业尚未真正实现"自由准入",不具备健全市场经济的基本前提条件。前期物业服务市场不是开放的市场,由建设单位主导,具有一定的垄断性;业主入住后因业主组织缺失导致缺乏真正的买方,或者说缺乏有谈判、议价能力的买方,往往一直延续前期物业管理,使得物业服务市场处于有卖方无买方、卖方垄断的状态,物业服务企业即使不提升自己的业务水平也能够生存。

2. "业必归会"与上位法、行业协会发展方向不符

一是"业必归会"的规定与《物权法》关于物业管理不限于物业服务公司管理的规定相冲突①,它建立在物业管理只能由物业服务公司垄断提供

---

① 《物权法》第八十二条规定,业主可以自行管理建筑物及其附属设施,也可以委托物业服务企业或者其他管理人管理。

的情况下,而如果依据《物权法》规定,共有物业可以由业主自行管理或者业主委托其他管理人管理,"业必归会"丧失存在意义,亦违背公平竞争的市场原则。

二是"业必归会"与行业特征、行业协会发展方向不符。2014年实施的《特区物业管理条例》已经明确打破一业一会的限制,允许一业多会,良性竞争。物业管理中,较为重要的特殊领域,如保安、电梯维保等均有相应行业标准或行业协会,物业管理行业本身的特殊性并不十分明显,通过垄断性的行业协会进行整齐划一管理的必要性不足,实行一业一会、"业必归会"显然已不符合时代发展要求。

三 对特区物业管理条例修订的建议

他山之石,可以攻玉。考察美国、加拿大、新西兰、日本、德国、法国以及中国香港、台湾地区的物业管理相关法规,发现有以下几个共同特征:一是物业管理的主体是业主组织,因此物业管理立法的核心内容是业主参与业主组织的方式和业主组织的运作。一般业主组织在物业小区开始售卖前就完成注册手续,同时物业小区由开发商控制时期向业主控制转移有完备的制度;为确保业主自治,千方百计通过制度保障业主大会至少每年召开一次;物业管理的首要任务是为共有物业购买保险,并保障业主组织对拖欠物业管理费的追缴,对业主委员会则是监督和履职保障并重;总体上公权力介入有度;有的还规定业主之外人员(长期租客、抵押权人)对物业管理事务有一定的参与权[①]。境外物业管理立法经验对于完善深圳物业管理条例有一定参考价值。

(一)在制度上增强业主自我管理能力

物业管理条例的整个制度设计要围绕业主自治,尊重业主管理自己财产

---

① 参见李朝晖《境外物业管理立法经验与启示》,《南方论丛》2017年第6期。

的权利,并从便于实现业主自治出发,从细节上完善物业管理条例。

1. 突出业主大会在物业管理中主体地位并赋予其民事主体资格

首先,目前物业管理立法和实践对于业主组织,关注点都在业主委员会,而全体业主组成的业主组织——业主大会只以会议形式存在,又因为一般只有选举业主委员会(每届3年)才召开业主大会,使得业主大会事实上并非真正意义上的业主组织实体,导致很多人误将本为业主大会执行机构的业主委员会视为业主组织的实体,例如不少人主张赋予业主委员会法人资格,实际上就是误把业主委员会当作业主组织基础上的主张。物业管理条例修订应当首先解决业主大会虚化这一状况,确定业主大会在物业管理中的主体地位,并实行业主大会年会制度,使业主大会真正成为业主组织实体。与此同时,规定业主大会有权自行选择小区管理模式。

其次,如前所述,由于目前深圳的业主组织不具有民事主体资格,无法作为物业管理主体,如确定和收取管理费、聘请物业服务公司等活动都存在法律障碍,当出现物业管理纠纷时,业主组织亦无法通过诉讼解决纷争。《特区物业管理条例》修订应当学习境外立法的普遍经验,赋予业主组织法人资格。长期以来,明确业主大会或业主委员会法律地位、赋予业主大会或业主委员会法人资格的呼声很高。对于赋予业主委员会法人资格的吁求,由于业主委员会只是业主大会的执行机构,立法未赋予其法人资格是正确的。物业管理条例修订时,应当在原有立法已经确定业主大会为全体业主自治组织的基础上,赋予其法人资格,以确保《物权法》赋予业主的权利得到实现。

2. 调整业主大会召开的法定人数要求

尽管民主管理的简单方法是实行多数决,但多数决不等于全体权利人的多数决定,而是在给予全体权利人同等权利的基础上,以愿意参与决策的人的多数意见作为决议结果。

目前物业管理法规实行的业主大会召开必须两个过半数的要求实施起来的实际结果是业主大会召开难。实践证明,许多业主并不关心物业管理事务而选择不参加业主大会,而且目前深圳绝大多数物业小区户数多,一般都有几百户,多的达到几千上万户,业主人数众多,要达到与会业主所持有的投票权过半数和业主人数过半数非常难。为了确保业主大会顺利召开，有必要对业主大会召开的业主人数、代表物业权数的比例进行调整。可以借鉴境外立法经验，或者降低业主大会召开的业主人数比例要求，可以规定为20%；或者规定当通知开会时间超过而到会业主人数不足时，会议顺延到下周同一时间，届时无论与会人数多少，均视为达到法定数，通过的决议为有效决议。

3. 简化首次业主大会筹备组成员构成

政府从直接参与物业管理事务中退出，在未出现纠纷争议时，不直接负责业主大会筹备。首次业主大会由开发商或一定比例业主（可确定为10%）发起，筹备组成员为开发商和业主代表。物业服务公司可以作为筹备组工作人员协助工作，但不是筹备组成员。同时删除首次业主大会筹备组中业主代表不能担任业主委员会委员的规定，让热心于物业管理事务业主可以积极参与首次业主大会的筹备工作并平等参与竞选，推进业主委员会的选举工作。

4. 强化小区规划和管理规约的法律约束力

管理规约签订时间前移并赋予合同效力。理论上，管理规约是界定业主权利、权益和责任的法律文件，是确定物业小区共有财产范围和共有物业管理秩序的法律文件，从物业小区成立开始，相关主体就要受其约束，因此应当在房地产销售合同签署的同时签字确认管理规约。尽管《特区物业管理条例》规定了新建商品房必须制定管理规约并在房地产主管部门备案，这与美国的物业小区总协议书、香港的建筑物公契相似。但是，在境外类似的文件均规定为法律文件，并在区分建筑物销售前就已订立。而目前深圳的法规并未明确将管理规约规定为法律文件，要求相关各方主体像遵守合同一样遵守。管理规约更多被作为自律规则，对相关主体的约束主要是道德约束而非法律约束。这是管理规约与以前的业主公约一样无法约束开发商、业主、业主大会、业主委员会以及物业服务公司的重要原因。因此必须赋予管理规约与合同一样的法律文件的性质，才能确保管理规约在法律上约束物业管理相关各方的行为。同时目前管理规约是在业主入住时签订，导致无法约束开发商和前期物业管理，为物业管理埋下纠纷隐患①。

因此有必要借鉴境外做法，规定在商品房销售前就应当制定管理规约并在主管部门备案，并在签订商品房销售合同的同时签订管理规约，使管理规约成为售房合同的一部分，对业主、开发商、前期物业服务公司均产生约束力。另外，尽管管理规约中列明了小区全部物业及配套设施情况，能形成对开发商的约束，但小区规划文件本身更为详细；尽管管理规约规定了小区管理的基本事项，但业主大会章程的相关规定往往更为详细。因此，应当规定将小区规划文件、管理规约、业主大会章程作为购房合同的附件，在签订购房合同的同时签订；并规定商品房销售开始后，开发商要修改小区规划，必须征得已签订购房合同业主的同意。规划部门应当将业主的同意书作为修改规划申请文件的必备材料，从而形成对开发商的约束。

5. 完善前期物业管理与业主自治的交接制度

业主组织成立时期前移到商品房销售前。一方面，要明确业主入住后，楼盘销售完成前，开发商对于未售物业管理费的承担义务；明确楼盘保修期内开发商的保修义务，划清保修服务与物业管理服务的界限。同时，要建立完善的小区物业管理控制权交接制度。首次业主大会召开选举产生业主委员会后，由业主委员会与开发商对小区共有物业、共有资金及有关资料文件进行交接。在交接过程中，业主委员会可以聘请律师、注册会计师、工程师或建筑师等为顾问，在专业顾问的指导下对共有物业、共有资金的法律手续、财务状况、工程质量及相关文件、资料等进行交接。确保共有物业产权分明、共有资金审计合格、公共配套设施达到设计施工要求、有关文件资料齐备。

6. 强化对业主委员会及其委员的约束规范和保障

业主委员会委员有权无责是目前立法现状，对业主委员会及委员的最大约束也就只是解散业主委员会或中止委员职务，导致一些业主委员会或委员

---

① 参见李朝晖《试析物业管理中的法律关系——以物业管理费的收缴为例》，《特区实践与理论》2017年第4期。

在具体工作中为了一己私利不惜牺牲广大业主利益。因此必须建立业主委员会及委员责任制度，规定业主委员会委员必须审慎履行受托人的诚信义务，如果业主委员会委员未履行这一义务就要承担因此对业主造成的损害赔偿责任，如果业主委员会存在收受贿赂的行为，还应当按照受贿罪论处。同时建立尽职免责或诚信免责制度，规定业主委员会委员在行使业主大会授予的权力或履行业主大会授予的职责时，在已经尽到诚信和注意义务，以真诚且合理方式作为，却因未预见的原因造成的过失过错，则无须为所做出的行为承担个人法律责任。

（二）转变政府监管方式，由直接参与转变为以法规执行的监管

在制度上保障和提升业主自治能力的同时，也就理顺了业主、业主大会、业主委员会和物业服务公司之间的法律关系，明确了各主体各自权利义务，而且相互之间也建立起有效的制约机制，物业管理中的具体事务就无须政府监管部门的直接干预、直接参与。政府仅须监督物业管理法规规定的具体执行以及对业主大会成立、业主委员会选举等工作进行指导。具体而言，应当对目前以下三方面内容作修改。

1. 修订关于各级政府部门在物业监管中的职责规定

从总体上讲，应当对目前法规规定的由政府物业管理行政主管部门、街道办事处或其授权的社区工作站参与物业管理相关工作的规定作修改，仅保留这些部门对物业管理活动的指导、监督的规定，以及当物业管理各主体之间出现纠纷矛盾时，为化解矛盾纠纷而进行的必要干预。

2. 街道办事处、社区工作站不再主导业主大会成立的筹备工作

由于业主大会在物业小区成立时已由开发商筹备成立，因此需要修改街道办事处负责组织、协调业主大会成立及业主委员会的选举工作并由社区工作站负责人担任业主大会成立筹备组组长的规定，可规定由开发商或一定比例（可以规定为10%）的业主自发召集首次业主大会和选举业主委员会。只有当出现争议时，才由街道办事处负责组织、协调业主大会的召开。

3. 减少政府对业主选聘物业服务企业的干预

物业服务企业的选聘是业主自治范围内的事情，政府过多干预实属不必，目前强制要求以政府参与下的统一委托招标代理机构以招标方式选聘物业服务企业；而对于符合其规定的可以采用协议方式选聘物业服务企业条件的，仍要得到区主管部门批准，实属干预过头。建议条例修订应当规定由业主通过业主大会决议自主选聘物业服务企业，只有当物业管理区域出现无人管理或管理严重恶化的情况，政府才直接介入物业服务公司的选聘工作。此外，可以规定大宗物品采购，或者选聘物业服务企业、专业服务公司等必须通过公开招标，但招标过程无需政府直接参与；同时，从有利于节约管理成本和物业管理服务的连续性出发，规定上述事项续签合同仅需业主大会通过，无需重新招标。

（三）完善物业管理配套制度

1. 建立共有物业保险制度

借鉴国外做法，强制要求所有物业小区对共有物业投保财产险和意外伤害险，分散共有物业管理风险，避免万一出现共有物业重大损毁或共有物业造成人员伤害或财产损害时，给业主造成较大负担。还可探索建立业主委员会履职责任险，同时，为了鼓励有能力、愿出力的业主参与小区管理，国外普遍建立了对业主委员会委员履职保障制度。规定业主委员会（管理委员会）委员如果已经真诚地及以合理方式行事，则无须为行使业主组织授予的权力或执行业主组织授予的职责时所做出的行为或造成的过失承担个人法律责任。当然，对业主委员会的免责并不意味着受损者的权利得不到救济，而是规定，对业主委员会委员的保障不影响业主组织须为有关作为或错失而承担的法律责任。而这一责任，国外一般购买了保险，由保险公司支付赔偿金，通过保险化解责任风险。

2. 建立专业人士参与物业管理制度

以专业支持提升业主自治能力和水平。鼓励业主大会聘请律师、会计师或审计师、工程师或建筑师等，为小区物业管理中的专业问题提供顾问服务，为业主委员会工作提供专业支持，也为业主监督业主委员会提供客观依据。

（四）改革物业服务行业管理制度

1. 删除"业必归会"的规定

允许物业服务领域成立多个行业协会，形成行业协会之间的竞争，提高行业管理服务水平。物业服务公司可以根据自身条件、发展理念，自愿选择是否加入行业协会、加入哪个行业协会。

2. 建立物业服务行业信用信息公开制度

目前政府与行业协会均缺乏全面、真实、客观的物业服务企业信用状况的收集及公示，难以通过以往业主的体验向未来潜在业主反馈物业服务公司的情况，业主大会在选择物业服务公司时高度信息不对称。针对这一情况，一方面，政府要加强对物业服务企业的事中和事后监管，并完善信息公开制度，有关主管部门要建立专门的物业服务企业（包括专业服务企业）信用信息公开专栏，及时全面将物业服务企业的有关违法行为公之于众；另一方面，鼓励物业服务行业协会建立行业信用信息公开和评价体系，以完善准确的企业信用帮助业主做出明智的选择。

3. 允许和鼓励发展物业顾问

在物业管理模式多元化下，有些物业小区不想聘请综合性的物业服务公司进行管理，但直接聘请专业服务公司为小区提供服务或者由业主通过自我服务可能又面临有些专业问题自己无法很好解决的问题，需要有专业的物业顾问予以指导或者负责解决一些专业问题。对于规模不大、业主人数不多或者管理相对简单的物业小区，选择在物业顾问协助下聘请专业服务公司管理或由业主自我服务管理不失为一种可取的物业管理方式。因此，政府应当允许和鼓励物业服务行业发展专业的物业顾问，物业顾问可以是一个公司，也可以是个人，以个人或团队方式为物业小区提供服务。

4. 完善政府向物业服务公司购买服务制度

物业服务公司在为共有物业提供管理服务的同时，可以为居民提供付费服务，也可以承接政府购买服务。目前物业管理与政府公共服务和基层社会管理的边界不清，导致物业服务公司承担了一定量的政府管理事项，如协助违章搭建监管、出租屋管理、流动人口管理以及计生管理等，而政府并没有以购买服务的方式进行委托，物业服务企业普遍未因参与政府基层管理而获得报酬。因此，必须完善政府向物业服务公司购买服务制度，使物业服务企业在完成政府要求的基层管理工作时劳有所得。

5. 允许设立业主协会

加强业主之间有关物业管理事务的沟通与交流。允许成立业主协会或业主委员会协会，为业主、业主委员、业主委员会之间的沟通、交流、培训提供稳定的平台，不断提高业主、业主自治机构的自治能力。可以通过向协会购买服务方式，由协会承接新任业主委员会委员培训工作，增强业主委员会委员对有关法律法规政策理解和工作的规范性，提升其协调各方能力，使业主委员会成为维护社会稳定的重要力量。

（五）探索住户、租户、房屋实际所有人等参与物业管理

1. 允许通过管理规约、业主大会章程等规定租户参与物业管理

一是可以探索小区日常管理事务，特别是关于小区秩序维护方面的事务，租约一年以上的长期租户可以参与投票。二是可以探索允许业主将投票权转移给租户，在业主委员会登记，由租户行使业主大会投票权，而无需每次业主大会召开时授权。三是可以探索出租屋比重较大的小区（可以规定为出租屋占小区四分之一以上的小区），业主委员会委员中可以有租户代表。

2. 允许非商品房小区的住户或房屋实际所有人成立住户大会或所有人大会

探索在城中村等非商品房小区的住户或房屋实际所有人成立住户大会或所有人大会，通过大会会议进行民主决策和民主管理，在小区推行物业管理。

B.15
比较视域下深圳自由贸易试验区法治政府建设

吴燕妮 张钦昱*

摘　要： 党的十九大报告明确提出，必须坚持厉行法治，建设法治政府，推进依法行政，确保在法治轨道上推进改革。而作为中国先行先试的改革试验田，深圳自贸区的发展实践没有高度发展的法治作为保障是不可能成功的。深圳作为我国改革开放的排头兵，在诸多领域均担负着先行先试的责任。当前，广东自贸区法治政府的探索正在逐步深入人心，深圳在自贸区框架下的法治政府探索不仅有利于推动自贸区营造公平透明、法治化、可预期的营商环境，也为中国经济在新时代实现高质量转型发展提供了优秀的样本。在借鉴境外经验的基础上，我们不仅要妥善处理法治与改革的关系，实现改革法治化，也要深化行政体制机制改革，构建国际标准的行政管理体系，探索综合执法机制，构建事中事后综合监管体系，共同为深圳前海自贸区建设法治政府服务。

关键词： 自贸区　法治　法治政府　行政体制改革　深圳前海

---

* 吴燕妮，深圳社会科学院经济所副研究员，中国社科院法学所博士后；张钦昱，中国政法大学民商经济法学院副教授，硕士生导师。

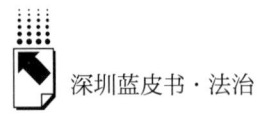

一 现代意义上法治政府的内涵

法律是治国之重器。党的十九大报告中明确提出"全面依法治国是国家治理的一场深刻革命,必须坚持厉行法治",要"建设法治政府,推进依法行政"。早在2004年,国务院发布《全面推进依法行政实施纲要》,就已经明确提出建设法治政府。随着中国经济社会的不断发展进步,在法治政府理论和实践十余年的发展历程中,其内涵也在不断丰富。2014年10月,党的十八届四中全会通过的《中共中央关于全面推进依法治国若干重大问题的决定》则大大拓展了"依法治国"的内涵与外延,特别强调"在整个改革过程中,都要高度重视运用法治思维和法治方式,发挥法治的引领和推动作用,确保在法治轨道上推进改革"。2015年,中共中央、国务院印发《法治政府建设实施纲要(2015~2020年)》,进一步明确"到2020年基本建成职能科学、权责法定、执法严明、公开公正、廉洁高效、守法诚信的法治政府",为中国法治政府建设指明了发展目标。

在国内学界,法治政府的研究成果也在近年不断得到丰富。我们统计了中国期刊出版库中有关"法治政府"的研究论文(共计10850篇)中关键词的分布情况(见图1)①,可以发现,国内学者对法治政府的研究中,其中的核心内涵词汇是"依法行政",词频出现的次数也最多,而其他研究中出现较多的内容还包括"政府职能""有限政府"以及"责任政府"等。这也从一方面反映出国内学者对法治政府的理解尽管各有不同,但大体上能够形成几个方面的共识:法治政府概念具有不唯一性和动态性,随着时间的推移和经济、社会、文化的发展而不断发生变化。

如果纵向来研究国内法治政府的学界论述,我们发现,"法治政府"这一概念的动态演进更加明显,特别是法治政府所包含的要素,在纵向发展上呈现出越来越丰富的特征(见图2)。

---

① 本文统计的数据为1980~2017年11月中国知网论文数量。

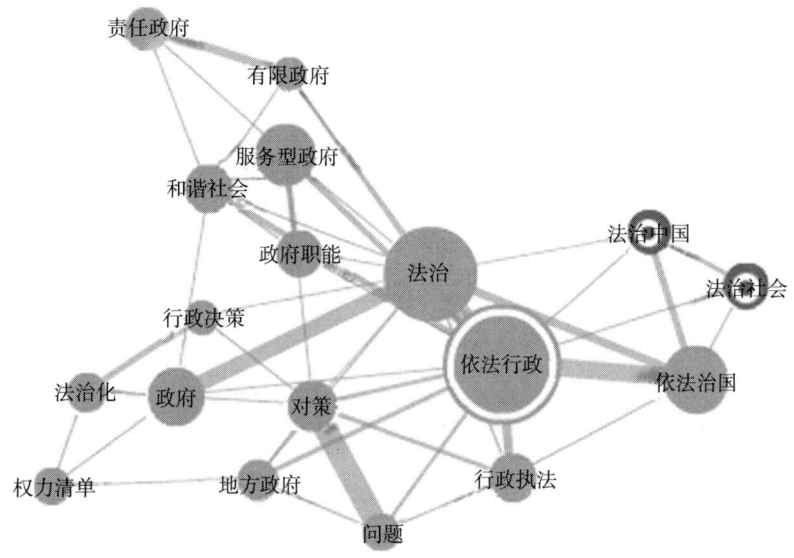

图 1　中国法治政府研究论文关键词词频网络图

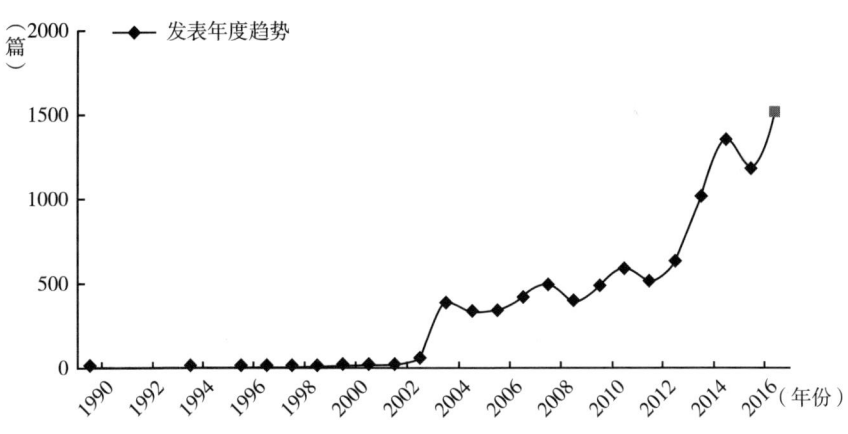

图 2　中国法治政府研究论文数量变化（1990~2017 年）

早期的国内学者多简单地从笼统理解西方法学语境下的法治出发，对法治政府进行简单概括，但随着社会的发展进步，特别是党的十八届四中全会以来，国内学界对法治政府的理解发生了较大的变化，突出表现是法治政府的内涵不断丰富，越来越多的内容被纳入法治政府的考量之中。

从中国学界对法治政府的研究中选取出现词频最高的五个关键词："依法行政""有限政府""责任政府""政府职能转变"以及"服务型政府"，以时间演进为维度，考察不同关键词在不同时期的词频变化，我们发现，近二十年，中国法学界对法治政府的研究中，法治政府的内涵不断发生变化，所蕴含的内容也在研究中不断得到丰富。特别是近年来，对"服务型政府"的阐述出现较快速度的增长，将"服务型政府"纳入法治政府研究的学者和成果数量呈现出越来越多的趋势，文献关注数量甚至超过了对"有限政府""责任政府"传统法治政府内涵的关注（见图3）。

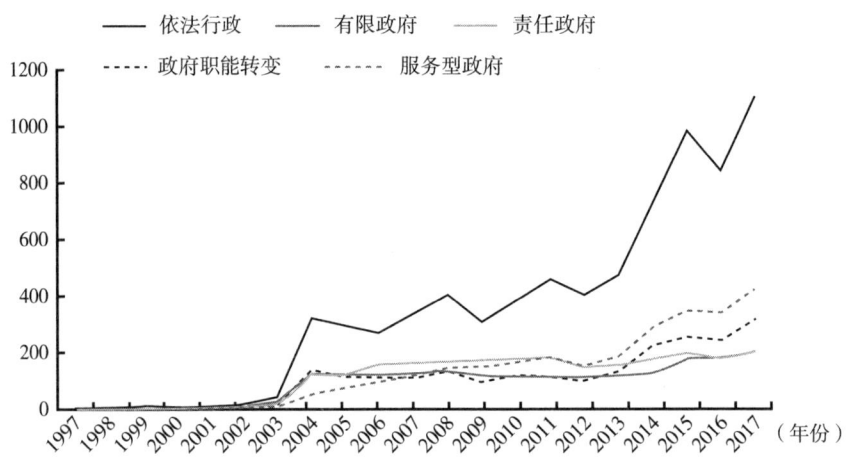

图3 中国法治政府研究论文关键词的变化情况（1997~2017年）

作为一个动态发展的概念，法治政府的含义本身是难以简单概括的。而作为中国先行先试试验田的自由贸易试验区，其在法治政府领域的改革创新探索，更为法治政府提供了全新的发展空间和实践。自上海自由贸易试验区成立以来，法治政府一直是自贸区探索改革创新的重点。在自贸区政策框架下，深圳业已开展的各项法治政府探索，无论是体制上试图打破原有条块分割的管理局面，还是机制上负面清单的多项改革尝试，都将自贸区和我国法治政府建设推向了新的起点。在组织运行上"职能科学、权责法定、执法严明"，在机制上"公开公正、廉洁高效、守法诚信"，是我国自贸区法治政府建设的改革目标,也意味着我们的法治政府建设之路还将继续。因此,从域外比较的角度,探讨我国自贸区法治政府,特别是深圳法治政府建设与境外自贸(园)区的法治政府建设的差异,进而获取经验,借鉴教训,就具有重要的实践和理论意义。

二 自贸区框架下深圳法治政府建设的实践探索

如前所述,法治政府是一个不断动态发展的概念。从我国自贸区发展的实践来看,法治政府建设也是一个从无到有、从有到优的动态过程。对于深圳而言,作为最早开始保税区改革尝试的试点城市之一,深圳从承载了早期法治政府探索的特别关税区、保税区到今天法治政府不断完善的自贸区,法治与改革探索始终相伴相生,法治政府建设也一直扮演着重要的角色。

(一)保税区时期的深圳法治政府建设探索

早在20世纪90年代,中国第一个保税区——上海外高桥保税区成立以来,就已经开始了以法治为核心的新区政府管理转型和改革。由于保税区的特殊海关监管地位,成立之初的保税区天然具有封闭管理的特性,也为小范围试验和改革提供了优良的管理环境。深圳的各保税区,以及上海、宁波、珠海等保税区管理制度中均规定了保税区的封闭区域管理特性,划定相应的区域,实行不同于当时内地的特别管理制度。这些特别制度一方面是指"区内关外"的特殊海关管理制度,例如1990年制定的《上海市外高桥保税区管理办法》即规定保税区"是一个封闭式综合性开放区域",天津、大连保税区还特别强调"保税区是'境内关外'特定经济区域";《深圳经济特区福田保税区条例》以及《深圳经济特区福田保税区管理规定》同样提出,保税区是"经国务院批准设立的特殊经济区域","主要发展国际贸易、仓储业、高科技和技术先进工业,相应发展金融、商贸服务、交通运输、通讯、信息等第三产业",区别于传统海关监管制度;另一方面,这些保税区

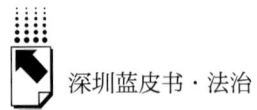

的特殊规定也隐含着简化行政审批、促进贸易便利化等体制改革的探索尝试。①

可以说，在20世纪90年代末成立的保税区，引入法治理念无疑是重大的进步。在政府体制改革的尝试和探索方面，保税区也率先开始试验通过管委会实行统一管理，简化行政审批手续、促进行政事务便利化。《深圳经济特区福田保税区条例》规定，保税区管理局"是市政府派出机构，代表市政府管理保税区的各项行政事务"，如负责保税区及生活区土地规划、办理土地使用权出让、转让有关手续，甚至保税区中方人员因公短期出国（境）的报批手续等。在涉及省内多个保税区的协调问题上，也开始强调宏观统筹管理的重要性，如《广东省保税区管理条例》即规定"全省保税区综合协调管理工作由省人民政府指定有关部门负责"。

由此可见，深圳在保税区早期的设置和建设探索，已经开始在管理体制改革方面做出了新的尝试，许多创新尝试其实也是现在自贸区建设法治创新的滥觞。例如《深圳经济特区福田保税区条例》所提出的国内外金融机构、保险机构在保税区内设立营业机构或办事处并提供服务的模式，就是目前自贸区金融管理探索的早期尝试。综合来看，早期的保税区在设立时均进行了综合管理的探索尝试，强调保税区管委会或管理局对区内行政事务的综合管理，以及管委会和海关、税务、商检等部门的相互协调配合机制。

总体而言，受限于时代背景和经济社会发展水平，早期深圳各个保税区有关法治政府改革的探索仍然不够成熟，多数探索仍只限于关税减让和贸易便利化，也缺乏足够的顶层设计。但是，保税区毕竟是深圳在法治政府领域改革创新的有益尝试，特别是在制度和规范建设、海关监管和政府管理机

---

① 例如《上海市外高桥保税区管理办法》规定保税区"发展对外贸易和转口贸易、港口、仓储、出口加工以及金融服务等业务"；《深圳经济特区福田保税区管理规定》同样提出，保税区是"经国务院批准设立的特殊经济区域"，"主要发展国际贸易、仓储业、高科技和技术先进工业，相应发展金融、商贸服务、交通运输、通讯、信息等第三产业"。《山东省青岛保税区管理条例》规定，"境内外的企业、机构以及其他经济组织和个人，经批准均可在保税区投资兴办企业和设立机构，其合法权益受法律保护"。

制、提高政府行政效率、提高政府管理水平等方面，为其后广东自由贸易试验区深圳前海片区的发展积累了宝贵的经验。

（二）自贸区框架下深圳法治政府的改革创新

自上海自由贸易试验区率先以"法治先行"作为统领自贸区建设的原则以来，我国自贸区法治政府的实践经历了由探索到快速发展的阶段，而伴随着广东自贸区的成立和发展，深圳前海蛇口片区同样在法治政府的实践中经历了由探索尝试到逐渐成熟的阶段。

一是法治政府改革创新的初步探索阶段。这一阶段以深圳前海社会主义法治示范区设立为发端，正式开始了深圳在法治政府领域的探索和试验。2010年8月，《前海深港现代服务业合作区总体发展规划》中首次提出打造"社会主义法治建设示范区"，国务院批复指出，要"充分利用全国人大授予的经济特区立法权，为前海现代服务业的发展创造优良的法治环境"。作为我国首个社会主义法治示范区，承担着在法治及法治政府诸多领域的改革重任，深圳的探索并没有可资借鉴的经验，因此，这一阶段的探索性质表现较为明显。通过"负面清单"这一突破口，深圳尝试以"权力清单""责任清单"等明确的形式规范政府行为、界定行政审批边界、倒逼政府进行简政放权的职能改革。从初步改革的效果看，清单的范围仍然过宽，内容繁杂且部分表述并不清晰，较易引起歧义，但作为法治政府建设的初步尝试，深圳已经迈出了坚实的一步。

二是法治政府改革创新的快速发展阶段。这一阶段以广东自贸区的设立为标志，意味着法治政府建设在我国自贸区的地位得到确立和巩固。叠加自贸区政府框架的深圳前海片区在吸收上海自贸区法治政府建设经验的同时，还结合了自身的发展特色进行革新和优化，使法治政府在不同地域的探索除普遍性意义之外，还有了不同的地方特色。例如深圳率先构建"政府职能＋前海法定机构＋蛇口企业机构＋咨委会社会机构"的市场化运行管理机制，前海管理局吸纳了蛇口企业和咨询委员会等社会机构作为社会化管理的探索，走出了一条符合国际惯例、体现了国际先进的市场化运营管理的道路,在"小政府、大社会"方面做出了有价值的尝试。

三是法治政府的逐渐成熟和应用推广阶段。借助广东自贸区的政策优势,深圳前海积极借鉴香港经验的法治改革领域,研究制定了涵盖投资贸易规则、金融创新、深港合作等六大方面的制度,形成了多项可推广的改革创新成果。在中央驻深监管机构和深圳市政府的支持下,前海自贸区累计推出102项改革创新成果,其中全国首创达23项;31项成果纳入广东自贸区建设首批60条创新经验,占比过半;有14项在广东全省复制推广,另有18项在深圳全市范围内复制推广。这一阶段标志着深圳在自贸区框架下的法治政府建设进入了全面开展的新时代,意味着深圳在法治政府领域探索形成的法治政府成果将在更广的范围内获得认可和推广,与上海、广东、天津、福建等现有自贸试验区形成对比和互补,法治政府建设经验已经进入成熟阶段并将逐渐在全国其他地区落地。

三 境外自贸港(区)的法治政府建设经验

从全球经济发展的历程看,自由贸易(园)区无疑承担了扩大对外开放、推动贸易自由化和全球化的重要功能。总体而言,早已完成工业化的欧美发达国家的自由贸易园区发展最为成熟,韩国、中国香港、新加坡等新发展起来的工业化国家和地区则后来居上,成为全球自由贸易园区的新典型。2008年金融危机之后,随着互联网等新信息技术带来的新产业机会和国际贸易格局的新变化,以阿联酋迪拜等为代表的新兴国家的自由贸易园区快速发展,成为观测国际自由贸易园区未来发展趋势的热点园区。通过对新加坡、美国等自贸区政府管理模式的综合分析,我们可以发现国(境)外自贸区存在诸多共性。

(一)财税激励应当符合国际准则并作为短期工具使用

财税优惠能够在一定程度上降低企业的入驻和运营成本,是企业投资时所考虑的重要环境变量之一。因此,利用各种财税优惠来吸引企业入驻和投资是许多自贸园区发展首选的激励政策。尤其是在一些区位条件并不优越的园区或新建园区，当局的财税优惠力度往往会非常大。例如中东地区自贸园区就对区内企业和个人免征所有收入类税费。但是从国际经验来看，财税优惠并不是越大越好。一方面，一旦临近园区拥有类似或更加优惠的财税优惠，那么财税政策的激励作用也会越来越低；另一方面，简单地提供财税优惠会增加自贸园区管理部门的财政负担，从而增加其运营风险。这也正是中东和非洲等地区许多自贸园区运营失败的重要原因。因此，财税激励不适宜作为长期政策工具使用，其激励导向应当与国际准则一致，可适当倾向于"特定产业"，尤其是激励高新技术、知识产权和人才领域，而且不应当设立过高的适用门槛。

（二）实行便利化导向的监管框架

国际发展水平较高的自贸园区一般都建立起了便利化导向的监管框架，其中包括：简单流畅的市场准入规则与程序、外籍人才工作许可、取消进出口许可、一站式通关和便捷的外汇通道。欧洲、美国、日本、新加坡等地区自贸园区普遍采用"负面清单"式的市场准入管理方式，并设立了一站式办理大厅。在海关进出口方面，快速通关系统则被视为减少行政及文档审核的有效方式。

（三）建立灵活的管理体制

当前国际上自贸园区主要有四种管理体制：中央政府直属、地方政府管理局、管委会和投资公司。其中前两种政府管理体制为大多数国家所采用，韩国、巴西、菲律宾等国家和地区甚至还在中央设立专门的部门用于监管自贸园区。同时，在新加坡、肯尼亚等国家和地区，由投资公司所运营自贸园区则在当地占据了主导地位。总体而言，公司化运营和引入社会资本已经成为国际自贸园区发展的一种新现象。世界银行也指出，园区管理方应当将监管、投资和运营三权分开，同时建立类似管委会的架构，以联络中央政府和国内外投资者，并充分利用社会资本参与园区建设和运营。

（四）推动基础设施的专业化并谨慎运营

从国际经验来看，自贸园区持久竞争力的关键在于提供便利化的设施和服务。这要求园区的运营方需要谨慎选择区位、合理规划区内土地用途以及提供完善的基础设施。由于经济区位劣势导致的过高成本是非洲及拉美许多园区失败的重要原因之一，国际自贸园区的选址一般都要求与附近的人口集聚地和交通枢纽紧密相连。区内建设则要求园区运营方合理匹配工业及商业用地比例。随着国际经贸格局的变化，尤其是信息技术的发展和自由港等综合型自贸园区的兴起，大型的自贸园区应当全面审视土地用途和基础设施的配套，实现基础设施的专业化。此外，在建设自贸园区时，自贸园区内外基础设施的互通互联能够极大降低区内基建成本和提高区内外的经济联系。

四 自贸区框架下深圳法治政府建设路径

当前，进入新时代的深圳前海自贸区已经成为全国更高标准对外开放、全面法治建设的窗口，而推进依法治国、建设法治政府也是解放和增强社会活力、促进社会公平正义、维护社会和谐稳定、确保国家长治久安的根本要求。深圳前海自贸区要建立"法治化、国际化、便利化"的营商环境，法治化是重中之重，也是解决营商环境中各种困难和障碍的良方。

深圳前海自贸区法治政府建设的实践表明，法治政府探索正在逐步深入人心，不仅有利于推动自贸区营造公平透明、法治化、可预期的营商环境，也为中国经济在新时代实现高质量转型发展提供了优秀的样本。从境外自贸区的发展历程来看，自由贸易区，特别是新兴发展中国家的自贸区，一直是推动一国经济发展和法治政府进步的有效路径。例如东亚地区的新加坡、韩国、中国香港等国家和地区利用自贸园区成功实现经济的飞跃，后来居上，成为自贸园区发展的典型。总体而言，成功的自贸区核心竞争力在于便利化的基础设施和服务，这就要求自贸区要有更加市场化的运行模式、更加法治化的监管框架。

（一）妥善处理法治与改革的关系，以法治保障深圳自贸区改革创新

我国自由贸易试验区的设立和法治政府的探索，是党中央、国务院作出的重大决策，不仅有利于在新形势下推进改革开放，同时还是加快政府职能转变、探索管理模式创新的积极试验，进而为在全国范围内的全面深化改革服务，具有重要意义。因此，深圳前海自贸区除促进贸易自由化、市场改革发展等功能外，还承担着在建设法治化营商环境等方面，率先挖掘改革潜力，破解改革难题，深化行政管理体制改革，提高行政管理效能等法治领域的重要责任。但是，对现有规则的法制尊重和自贸区改革创新之间存在着一定的矛盾，这一矛盾已经在自贸区目前的建设中逐渐显现，例如现行法律中规定的部分行政审批制度与自贸区试验区减少审批、推动注册或备案的实践之间的矛盾，以及以行政区划与基础的行政执法依据与跨区域的自贸区之间矛盾等。在深圳前海自贸区，办理各类行政事务还存在凭老经验、老习惯办事的观念，改革与法治观念上的冲突依然存在。这一问题实际上对深圳前海自贸区的改革和法治的关系平衡的把握提出了更高要求。

从法理的角度看，法律的演进总是伴随着社会的发展而发展。法律既是适应一定时期内的社会需要而产生的，在一定时期内能够推动社会的前进和发展；又能够在一定情况下对社会的发展起反作用，特别是当跨越式进步出现时，现有规则的阻碍就愈加明显，例如早期梧桐树协议下的证券交易所，实质上是完全违反美国法律的地下组织，直至数十年后证券经纪已经成为不可逆转的经济发展趋势，纽约法院才正式通过判例改变了这一法制局面。因此，改革与法治本身就蕴含着一定程度的不平衡和冲突选择。

从境外的经验看，多数国家在发展自由贸易（园）区时，都对其特殊地位给予了一定程度上的认可，即承认自贸区本身就是为改变现有规则而出现的，应当允许一定程度的试错和容错空间。因为自贸区制度的逐渐推开，本身就是一种"试错"，改革又需要一定"容错"机制，这也就意味着自贸区的运作也是"边架桥、边过河"的模式。

但需要特别注意的是，自贸区的改革试错或容错并不是无限制的，境外市场特别是发达国家，往往在自贸区建设之初就以法治的形式划定了改革试错的空间，从而确保改革完全在法治的框架下进行。可见，法治的改革与稳定之间的平衡，即如何在自贸区的法治框架下，取得行政创新与社会稳定的平衡，是自贸区行政法治建设中所面临的重大难题。下一阶段深圳前海自贸区法治政府建设中的制度创新必须更加注重法治保障，强化立法先行，强化改革合法性，提高政策透明度与稳定性。一方面，要努力实现立法与改革决策相衔接，做到重大改革于法有据，立法主动适应改革和经济社会发展需要，解决深圳前海自贸区在司法改革、投资贸易便利化、服务贸易进一步开放、金融创新、深港合作、人才等各领域改革的瓶颈问题；另一方面，深圳也应当加快制定完善《深圳经济特区前海蛇口自贸片区条例》和修订《深圳前海深港现代服务业合作区条例》，巩固前海既有改革创新成果，为前海进一步改革创新提供强有力的法治保障。

（二）深化行政体制机制改革，对接国际先进行政管理体系

我国自贸区的改革实践探索，实质上是对现行行政体制和机制改革的"试水"。而深圳在自贸区框架下所做法治政府的实践，是实现法治中国的重要先行典范，更要以高标准对接国际先进行政管理体系，从而实现中国行政体制机制改革的不断深化和完善。从境外实践的经验看，法治政府和行政体制改革的重心在于政府在市场中的定位。发达国家所建设的自贸区，往往政府在其中扮演的是服务者和维护者的角色，而并不是市场的最终干预者。因此，自贸区行政体制和机制的改革，一方面要充分发挥市场的决定性作用，以市场实现要素的高效配置，行政应当为市场发展服务；另一方面，市场在出现问题或者"劣币驱逐良币"开始出现时，行政应当作为市场秩序维护者以强监管实现对市场行进路线的纠偏。从目前深圳前海自贸区法治政府的实践看，主要应在以下几个方面予以加强。

一是在制度建设上提高深圳自贸区内法制建设水平，积极对接国际贸易规则，使深圳经济真正融入国际贸易格局。从现有的规则看，当前深圳前海

自贸区的贸易规则建设仍然受限于全国政策,缺乏足够的法制创新和国际化标准,特别是涉及技术壁垒、检验检疫等方面,仍然与国际先进水平存在较大差距。因此,深圳前海自贸区应积极推动贸易规则的探索完善,对标国际贸易先进规则,积极参与国际事务和规则制定进程,真正融入国际贸易格局,推动自贸区的贸易规则法制化水平不断提高。

二是在行政管理机制建设上进一步细化对政府权力边界的界定,推动实现政府行政的透明化和公开化,从而提高行政公信力和行政管理机制的完善。同时,进一步理顺前海管理局作为法定机构的决策机制,借鉴香港、新加坡法定机构管理和运作经验,完善前海法定机构组织架构、薪酬绩效、资金保障、监督管理等机制,建立责权法定、监督制衡、专业规范、公开透明的运作模式,发挥法定机构市场化、自主、灵活、高效的特点,不断提高工作效率和公共服务水平。

三是提高政府行政透明度,强化自贸区各市场主体的知情权。从境外的经验看,透明度原则一直贯穿于政府行政的始终,特别是在自贸园区,作为一国改革创新尝试的集中试验田,政府透明度建设往往更加受到重视。但目前深圳前海自贸区行政管理的透明度仍然不足,部分行政措施或者行政过程仍然存在不透明、难以令人信服等问题,例如前海自贸区管理局已经承接了省、市有关部门转移的行政审批和行政服务事项,但相关业务部门在业务能力和经验方面都显不足,存在一定透明度不足的情况,应更加积极贯彻行政透明化规则,进一步扩大行政全过程的公众参与度,强化对自贸区各市场主体知情权的保障。

(三)探索综合执法机制,构建事中事后综合监管体系

如前所述,自贸区在法治政府领域探索的核心是摆正政府与市场间的关系,而政府作为市场的维护者和服务者,维护市场秩序、使市场发挥正常功能则是政府监管的重要内容。但受传统行政管理理念和机制影响,目前我国行政管理体制中"条""块"意识较为明显,行政管理和市场发展之间存在着较为明显的滞后。从境外的经验看,自贸区的运营通常是由一国(地区)

特别设立的专门机构完成的,这一机构不仅承担了一部分政府的职能,更重要的是对市场的综合监管能力大大加强,改变了传统政府监管"九龙治水"的局面。例如在现行监管执法体制之下,对市场主体的监管往往涉及工商管理、劳动监察、环境监管等诸多领域,一方面多头监管必然会导致监管套利和监管真空的问题,另一方面监管主体过多也极大增加了市场负担,使经营效率大打折扣。

因此,从完善深圳前海自贸区行政管理的角度出发,在深圳前海蛇口自贸片区综合行政执法局设立的基础上,探索建设完善自贸区综合执法机制、构建事中事后监管体系则成为一项具有重要实践意义的尝试。通过成立独立的综合执法机构,深圳前海自贸区在法治政府建设上可以继续推进依法行政,优化行政服务质量和水平,深化行政执法体制改革,进一步推动政府管理由注重事前审批向注重事中事后监管转变,推动设立与自贸区产业定位和功能布局相匹配的综合行政执法局,整合城市管理、土地监察、环境水务、劳动监察等执法资源,构建与国际化新城区建设相适应的综合执法体制。

此外,深圳前海自贸区还可以尝试进一步创新事中事后监管机制,使监管真正落在实处,成为市场健康发展的保障而不是市场前进的阻碍。一方面,深圳前海自贸区可以综合执法机制为抓手,实现不同政府部门间的信息共享和互联互通,从而大大节约监管资源,提高监管效率,避免重复监管和资源浪费;另一方面,前海自贸区也应转变监管思路,构建以征信为基础的监管机制,在前期简政放权的基础上,注重建设完善征信档案制度,以大数据、云计算、人工智能等先进的科技手段,构建企业信用监管与风险监测预警指标体系,既能够有效减轻企业负担,同时也能大大减少违法违规行为的发生,形成良性的市场环境。

B.16
深圳校外午托机构管理制度存在的问题及完善建议

深圳市社会科学院课题组*

摘　要： 深圳是全国最早建立校外午托机构管理制度的城市，但有关制度在实施过程中存在较大问题，学生健康和安全得不到有效保障。比较各地学生校外托管机构管理规定，有各种模式，其中有些经验值得借鉴。深圳应当全面修订校外午托机构管理办法，对校外午托机构重新定性，改革登记管理办法，实行分类管理，完善日常监管制度等，使更多校外午托机构能够依法设立，形成有效供给，更好地满足学生及家庭需求。从长远看，要大力推行校内午餐午休，使校外午托市场逐渐萎缩消失，从根本上消除安全隐患。

关键词： 校外午托　学生午餐　管理制度

一　深圳校外午托管理制度现状

深圳校外午托成规模发展是本世纪的事。作为移民城市的深圳，双职工核心家庭子女午餐午休大多依赖于学校，但并非所有学校均为学生提供午餐

---

* 课题组成员：李朝晖、谢志岿、徐宇珊、倪晓锋、邓达奇、徐秋菊。

午休服务，一些家庭以中午留饭的方式解决子女午餐，但对于低龄儿童而言，这无疑存在较大安全隐患。此外，随着互联网的普及，学生午间沉迷于网游的现象越来越多，出于安全考虑，越来越多家庭寻求学生的午间托管，专业的校外午托机构应运而生。近年来，由于深圳义务教育阶段学位持续紧张，许多原来提供学生午托的学校相继取消午托，校外午托队伍不断壮大，校外午托机构数量迅速增多，出现无序发展现象，消防、卫生等安全隐患突出，引起社会广泛关注。

为了规范校外午托机构，2008年末，深圳市制定并出台了《深圳市校外午托机构管理办法》（深圳市人民政府令第199号），在全国率先建立了比较完善的校外午托机构管理制度。按照管理办法的规定，校外午托机构被定性为公益性单位[1]，由各区教育行政部门监管，其设立程序为消防、卫生部门审核后，由区教育部门批复设立，最后在区民政部门登记为民办非企业。无证的校外午托机构则由街道综合执法部门负责查处。

《深圳市校外午托机构管理办法》出台后，深圳市公安消防局按照管理办法的要求，依据国家《消防法》、参照儿童活动场所的消防标准制定了《深圳市校外午托场所消防安全指引》和作为该指引附件的《校外午托场所的消防安全技术要求》。根据该指引和要求的规定，校外午托机构只能设置在民用建筑的首层至三层；如果设在居民住宅内，应设置在首层且有两个独立安全出口。该指引和要求并对安全出口的设置、内部装修、消防设施配备、人员密度、安全人员配备等做了详细规定。

当时的深圳市卫生局依据国家《食品安全法》以及《餐饮业食品卫生管理办法》《饮食建筑设计规范》《餐饮业和集体用餐配送单位卫生规范》《学校食堂与集体用餐卫生管理规定》等规章和规范性文件，制定了《深圳市校外午托机构食堂餐饮服务许可指引》。此后，2012年深圳市市场监督管

---

[1] 《深圳市校外午托机构管理办法》第二条规定："本办法所称校外午托机构，是指受中小学生监护人委托，为中小学生在上午放学后下午上课前在学校以外提供午餐、午休等公益性服务活动的单位。"

理局又制定了《深圳市餐饮服务许可（校外午托机构食堂）实施办法》等配套制度，进一步完善校外午托管理制度。

二 深圳市校外午托管理制度实施中存在的问题

（一）校外午托无序发展

《深圳市校外午托机构管理办法》出台并实施后，截至2017年10月，深圳全市取得校外午托机构行政许可、在民政部分办理登记的只有183家，可为1.2万名学生提供午餐午休服务。但深圳市城管部门2016年调查显示，全市有校外午托机构6264家，也就是说，无证午托机构占全部校外午托机构的97%以上，存在一定消防、卫生和人身方面的安全隐患。而且越是中心城区，正规校外午托机构越少。福田区只有4家正规校外午托机构，罗湖区也只有十多家。这主要因为中心城区普遍缺少符合《深圳市校外午托机构管理办法》及其配套规定关于消防规定的场所，导致无法取得消防许可而不能按规定办证。

（二）校外午托机构继续实施行政许可已缺乏法理依据

《深圳市校外午托机构管理办法》是深圳市政府规章，按照《行政许可法》第十五条的规定，不具有设定行政许可的权限，因此校外午托机构许可属非行政许可。按照《国务院关于清理国务院部门非行政许可审批事项的通知》（国发〔2014〕16号）和《深圳市人民政府关于清理深圳市级非行政许可审批事项的通知》（深府〔2015〕117号）等的规定，校外午托机构许可属于对非行政许可审批事项进行清理的对象。

同时，《深圳市校外午托机构管理办法》及其配套规定中有部分规定与近年来出台的一些上位规定不相符合。如关于消防行政许可规定方面，2012年公安部《建设工程消防监督管理规定》修订后，大部分申请开办的校外午托机构，已属于可以不申请办理施工许可证之列①，但《深圳市校外午托管理办法》和《深圳市校外午托场所消防安全指引》至今未进行相应修改，只是于2016年将涉及校外午托机构登记的审批项目变更为其他服务项目。

（三）对校外午托机构监管和执法困难

一是根据《深圳市校外午托机构管理办法》的规定，校外午托机构由教育部门监督管理，但由于校外午托机构提供的服务本质上是一种餐饮及短休服务而非教育教学行为，涉及消防、卫生、食品安全等专业领域，这些领域不是教育行政部门的法定职责范围，教育行政部门不具备对这些领域做出判断的职责和能力，无法实施有效的审批和监管。教育部门只能联合消防、卫生、食品安全监督部门进行联合检查和执法，无法实施常态化、日常化的监管。

二是根据《深圳市校外午托机构管理办法》的规定，由城管部门负责无证校外午托机构的查处。但如前文所述，校外午托机构的许可工作已无法开展，因此查处无证校外午托机构也就失去了法理依据。

三是随着《行政强制法》的实施，《深圳市校外午托机构管理办法》规定"街道综合执法部门可依法对其财产予以查封扣押"等行政强制措施的规定，由于缺乏上位法依据，无法执行。

四是许多无证校外午托机构规模小且隐藏于住宅楼，不易发现；加之有的无证午托机构举办者是下岗职工，并且客观上众多学生存在现实需求，强行取缔容易造成社会问题。

---

① 2012年公安部《建设工程消防监督管理规定》第二十四条第三款规定："依法不需要取得施工许可的建设工程，可以不进行消防设计、竣工验收消防备案。"结合住房和城乡建设部2014年施行的《建筑工程施工许可管理办法》第二条第二款"工程投资额在30万元以下或者建筑面积在300平方米以下的建筑工程，可以不申请办理施工许可证"的规定，已经明确除特殊建设工程外，投资额在30万元以下或者建筑面积在300平方米以下的建设工程可以不进行消防设计、竣工验收消防备案。而目前绝大多数校外午托投资额远低于30万元且建筑面积也低于300平方米。

综上所述，深圳市目前的校外午托管理体制已经无法适应校外午托管理的需要，亟须完善相关制度，以保障学生午餐午休安全。

三 各地学生校外托管机构管理模式比较

学生校外托管是国内部分城市近十几年发展起来的新事物，如何规范管理，没有成熟经验，各地都处于探索之中。目前国内不少地方制定了学生校外托管机构管理制度，建立起不同的管理模式。总体上，目前学生校外托管机构管理模式有三种：第一种是登记为社会组织，如深圳、东莞、清远等；第二种是登记为商事主体，如广州、福州、河南新密等；第三种是按食品生产加工小作坊和食品摊贩管理，如山东省各市县。

（一）登记为社会组织

除深圳外，广东的东莞、清远等地方的校外午托机构也是登记为社会组织，但在具体规定上略有差别。例如，在登记程序上，深圳市规定教育行政部门是校外午托机构的业务主管部门，而东莞市则实行直接在民政部门登记的方式进行管理；在消防方面，东莞、清远均实行分类管理。

1. 东莞的规定

东莞市2016年修订了《东莞市学生校外托管理机构管理办法》，规定校外托管机构直接在民政部门登记，由市民政局牵头，会同市公安消防等多个部门共同负责管理，市教育行政部门依法协助做好学生校外托管机构的管理。

同时对校外托管机构的消防要求实行分类管理：对于设置在住宅类民用建筑内的既有学生校外托管机构，只要工作人员、学生总人数不超过30人，仍可继续开办。但对于总人数超过30人的学生校外托管机构，则提出了较高的消防安全要求，即必须符合国家消防技术标准中公共建筑（儿童活动场所）的要求。

其主要优点是：各部门各负其责，职责明确。并且因为取消前置审批和对小规模托管机构降低消防标准，有证校外午托管理机构占比高，总体有序。缺点是：虽然管理办法明确了校外托管机构是非营利性服务机构，但校外托管机构实际上绝大多数都以营利为目的，存在名实不符现象。

2. 清远的规定

清远市2014年发布《清远市中小学生校外托管机构管理试行办法》，规定校外托管机构由教育部门初审、民政登记、街道社会事务办负责日常监管，消防、食药监、卫生等部门在职责范围内进行监督管理。在消防方面也实行分类管理，对300平方米以上与以下实行不同标准。由于涉及的部门多，办证流程长，有很多无证午托机构存在。

（二）登记为商事主体

1. 广州的规定

广州没有制定关于校外托管机构的专门规定。目前广州校外托管机构实行工商登记，须在经营范围备案事项办理"家庭服务""学生托管"备案。具体要求须根据《食品安全法》取得《餐饮服务许可证》后才能提供午膳等餐饮服务，以及根据《旅馆业治安管理办法》取得《特种行业许可证》后才能提供午休等住宿服务。

总体而言，校外托管机构取得商事主体资格容易。但受学生托管具体服务内容许可门槛限制，大多数校外托管机构存在超范围经营或无证经营。目前有营业执照的学生托管机构，大部分经营范围不包括学生接送、住宿、膳食服务，在广州市工商局登记经营范围为"学生托管"的企业及个体工商户数量极少，新登记的托管机构备案经营范围多为家庭服务。

2. 福州的规定

福州2009年就在《关于加强学生课后托管服务管理工作的通知》明确规定校外托管是经营性社会服务机构，纳入家政服务的管理范围，由工商部门负责注册登记①。2010年福建省教育厅转发了福州市关于加强学生课后托管服务管理工作的通知（闽教基〔2010〕41号），要求各地结合实际，学习借鉴福州市的做法。此外，2015年福建省家庭服务业协会专门成立了托管专委会，并制定自律公约，进行行业自律管理。

总体上，由于福州的校外托管机构实行商事登记，且没有前置审批，设立容易；将校外托管机构纳入家政服务管理范围，便于管理；成立行业组织，通过自律管理提高了服务水平。但与许多城市一样，受房价、租金不断攀升影响，收费不断上涨，许多家长感觉不堪重负。

（三）按食品生产加工小作坊和食品摊贩管理"小饭桌"

山东省2011年出台《山东省学生小饭桌食品安全监督管理暂行办法》（鲁食药监餐〔2011〕233号）），其第一条明确了制定依据是根据《山东省人民政府办公厅关于加强食品生产加工小作坊和食品摊贩监督管理工作的意见》，该办法明确了省、市餐饮服务食品安全监管部门负责学生小饭桌食品安全的监督管理工作，县（市、区）餐饮服务食品安全监管部门承担学生小饭桌的登记和食品安全监管的具体工作，并建立了学生小饭桌学期登记公示制度。之后济南、青岛等市县制定了相应的实施细则、意见等，进一步细化了规定。其主要特点：一是以"小饭桌"代指校外午托机构；二是监管内容主要为食品卫生等；三是实行学期登记公示制度，在校门口公布片区所有"小饭桌"的信息，方便家长选择。

由于责任部门明确，监管内容单一，容易操作；进行公示，便于学生选择。但由于仅监管了食品部分，未考虑到午睡情况，未涉及消防等问题，而且"小饭桌"存在扰民问题，居民投诉较多。

---

① 2009年福州市教育局、人事局、财政局、工商局、卫生局、消队支队、地税局、市政府纠风办等八个部门联合下发了《关于加强学生课后托管服务管理工作的通知》（榕教办2010〔45〕号），该通知明确规定："校外托管是经营性社会服务机构受学生监护人的委托，为学生在学校非教学时段在校外提供的接送、餐饮、休息等服务。""校外托管服务纳入家政服务的管理范围，向工商部门申请注册登记。教育、卫生、公安消防、公安派出所等部门按照职责分工负责相应的监管工作。"

（四）主要经验

从总体上看，目前东莞、福州、济南等校外托管机构纳入管理状况较好，持证经营的托管机构比例高。东莞市实行学生校外托管机构直接登记后，登记取得民办非企业单位登记证书的学生校外托管机构数量急速上升，校外托管机构管理秩序趋好。但校外托管机构事实上是营利性组织，按民办非企业单位登记终究体制不够顺畅，也影响了社会对真正民办非企业单位的认识，不利于社会组织的发展。而福州等城市将校外托管机构定性为经营性社会服务机构，符合校外托管机构的本质。东莞、清远等地对校外托管机构在消防方面分类管理，使更多校外托管机构能够达到消防要求，这一点有较大参考价值。济南实行的"小饭桌"公示制度，既加强了监督，又有利于家长进行比较选择，也能督促经营者提高经营水平，这一做法值得借鉴。

四 完善校外午托机构管理的建议

针对深圳目前校外午托机构管理存在的问题，借鉴其他城市经验与做法，建议全面修订校外午托机构管理办法，并重点从以下几个方面完善校外午托机构管理制度。

（一）重新定性校外午托机构并完善登记管理办法

1. 校外午托机构定性

众所周知，社会人员开办校外午托机构大多以营利为目的，其本质是商业经营行为，应当顺应市场发展规律，在制度上应当允许开办营利性校外午托机构，使校外午托机构回归社会服务本质，促进存量"黑午托"择机转正，并升级改造、规范管理、优化服务。当然，可以继续鼓励社区和各种社会组织开办非营利性校外托管机构，实行营利性商事主体和非营利性公益组织并行。

2.校外午托机构登记管理办法

校外午托的服务对象虽是学生,但午餐午休本身不属于教育行为,又发生在校外,教育部门缺乏相应的管理手段和措施,由教育部门负责监管不合理也发挥不了作用。同时,如前所述,随着国家《行政许可法》的贯彻实施和行政审批制度改革的深入,目前实行的校外午托机构由消防、食药部门前置审批,教育部门批准,民政部门登记的管理体制已经不符合规定,必须进行改革。建议非营利性校外午托机构实行直接登记制,营利性校外午托机构实行商事登记制度,并通过部门间的信息互通共享完善事中事后监管。特别是大量营利性校外午托机构实行商事登记有利于简化登记流程,将游离于监管之外的午托机构切实纳入政府监管视野,在主体身份明确的情况下由市场监管、消防、食药、卫生等部门根据各自职责加强日常监管和情况公示,并结合企业信用信息系统加强校外午托机构及其经营管理人员的监督制约,切实保障学生的合法权益。

(二)实行校外午托机构分类管理

目前校外午托机构在消防方面的高标准要求导致符合标准的场地不足,是导致"黑午托"泛滥的重要原因。从现行消防法规要求、现实合理性以及东莞等地实践情况看,应当改变"一刀切"的管理方式,在确保安全基础上合理设定消防标准,可以根据校外午托机构的规模和服务内容,实行差异化的设立和管理标准,根据午托场地的具体条件核定具体服务内容,按照是否提供自行供餐、是否提供午休等不同服务内容,分别设置卫生、消防等方面的要求,从而使更多校外午托机构能够依法设立,形成有效供给,更好满足学生及家庭需求。事实上,中国在许多领域有实行按差异化标准进行管理的做法。例如在民宿管理上,2017年出台的《农家乐(民宿)建筑防火导则》《旅游民宿基本要求与评价》等规定,就对民宿实行与旅馆业不同的消防要求与标准。这说明,立法上已经逐渐接受不同的经营规模和经营方式的相似业务,在管理上可以设定差异化的标准,以适应差异化的需求。校外午托机构完全可以根据经营规模和服务内容制定差异化的标准。

（三）完善校外午托机构日常监管制度

安全管理，设定准入进行事前管理固然重要。经营和服务提供过程中的安全保障更为重要。对于校外午托机构要加强登记设立之后的事中、事后协同监管，消防、食药监等部门要加强对正规校外午托机构的日常监管，并将有关检查情况张贴于学校门口，予以公示，供家长参考选择。城管部门要加强社区巡查，及时查处无证校外午托机构。同时，应当设立举报热线，鼓励家长和学生对涉及校外午托的违法行为进行监督和举报，形成社会共治机制。

（四）引导校外午托机构完善内部管理制度

相关政府部门应当就各自领域制定或者共同制定校外午托机构内部管理指引，引导校外午托机构建立完善学生接送制度、点名制度、食品安全管理制度、保洁制度、午休制度、家长沟通交流制度等内部管理制度，提升管理的规范化、服务的优质化。

（五）提升校外午托机构行业自我监督自我管理能力

鼓励校外午托机构成立行业协会，加强沟通交流，制定行业规范，进行行业自律管理。

（六）大力发展校内午餐午休，减少校外午托需求

校外午托涉及学生安全，不可能过多降低设立标准。在目前城市形态和高房价下，不可能有充足的租金适当又符合消防安全要求的场地，因此正规校外午托机构的数量和规模必然是有限的，靠正规校外午托显然无法满足所有学生的需求。从国内其他城市的做法与经验来看，尚没有一个城市能够很好解决校外午托机构的管理问题。考察没有校外午托管理问题的城市（如北京、上海等），会发现它们均以校内解决学生午餐午休为主，使校外午托机构没有生存空间，从根本上解决了管理难题。因此，深圳要从根本上解决

学生午餐午休问题，还得靠学校，只有所有学校为有需求的学生提供午餐午休服务，满足学生的基本需求，压缩对校外午托的需求，才能从根本上解决校外午托无序发展问题。因此，近期可以建立以校内为主、校外为辅的学生午餐午休供给模式，从长远看，随着校内午餐午休服务的完善，校外午托市场将逐渐萎缩消失，从根本消除安全隐患。

B.17
深圳参与式预算建设的实践研究

戴航宁*

摘　要： 公共预算与公民政治生活和社会生活紧密相关，财税体制进一步改革的稳步进行有助于实现国家治理体系和治理能力现代化。参与式预算的建设，是发展协商民主、优化社区治理的重要途径，是对十九大报告等相关文件内容的响应和落实。深圳市基层协商民主持续发展成熟、社区治理模式不断探索创新、预算监督与预算参与稳步改善强化，这些都是参与式预算在深圳落地实施的良好前提。在此基础上，深圳市还应从参与主体、参与范围、参与途径等方面入手，促进参与式预算的本土化发展，更好地发挥参与式预算的积极效应。

关键词： 协商民主　参与式预算　社区治理

一　问题的引入——推进参与式预算建设的现实需要

十九大报告强调，要健全人民当家作主制度体系，发展社会主义民主政治，要"发展社会主义协商民主，健全民主制度，丰富民主形式，拓宽民主渠道，保证人民当家作主落实到国家政治生活和社会生活之中"，要"打造共建共治共享的社会治理格局"，"加强社区治理体系建设，推动社会治

---

* 戴航宁，西南政法大学经济法学院，博士研究生。

理重心向基层下移,发挥社会组织作用,实现政府治理和社会调节、居民自治良性互动"。① 公共预算与公民政治生活和社会生活有着紧密联系,财税体制改革也是国家治理中不可或缺的环节。十八届三中全会审议通过的《中共中央关于全面深化改革若干重大问题的决定》(以下简称《决定》)指出:"全面深化改革的总目标是完善和发展中国特色社会主义制度,推进国家治理体系和治理能力现代化。"② 《决定》还指出,要深化财税体制改革,要"改进预算制度","实施全面规范、公开透明的预算制度"。政府治理方式从强制、命令走向协商、对话。从治理层面谈公共预算,更侧重于关注政府对其权力行使的效率性,更关注多元主体的通力合作,更重视拓宽公民参与度和公民预算参与权的落实。

《中华人民共和国预算法》于 2014 年进行了修订,开宗明义地将立法宗旨修改为"规范政府收支行为,强化预算约束,加强对预算的管理和监督,建立健全全面规范、公开透明的预算制度,保障经济社会的健康发展",而修改前的立法宗旨着力于国家对预算的管理、监督职能。相比而言,新的立法宗旨是对传统预算概念的优化,较好地体现了预算作为"治理政府的工具"这一功能性升级。由此带来的一系列转变包括但不限于在预算中加强民意的体现、增强公众参与等。

中国经济社会发展进入新时期,各方面又上新台阶,公民意识也紧跟时代步伐不断增强,主观上更愿意参与预算,客观上也更有能力参与预算。推动参与式预算建设意味着要从实体权利和程序权利上保障公民在预算治理中的参与权,扩大公民参与范围,深化公民参与程度,提高公民参与质量,最终达致预算法治的目标。

参与式预算建设具有重大而深远的意义。

---

① 新华网:《决胜全面建成小康社会 夺取新时代中国特色社会主义伟大胜利——在中国共产党第十九次全国代表大会上的报告》,2017 年 10 月 27 日,http://www.xinhuanet.com/politics/19cpcnc/2017-10/27/c_1121867529.htm,最后访问日期:2018 年 4 月 11 日。
② 中华人民共和国中央人民政府网:《中共中央关于全面深化改革若干重大问题的决定》,2013 年 11 月 15 日,http://www.gov.cn/jrzg/2013-11/15/content_2528179.htm,最后访问日期:2018 年 4 月 11 日。

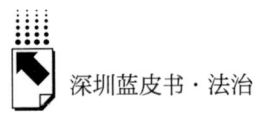

（一）促进预算决策科学化、民主化

预算决策于国于民关系重大，而享有预算决策权力的政府本身也并非尽善尽美，其主观偏好也是客观存在的。因此，有必要通过丰富公民参与预算的途径，一方面，在了解更广泛公民群体利益需求的同时，也能借助集体的智慧提高决策的科学性、民主性；另一方面，也是公民有序参与政治生活的体现，有力促进民主决策的实现。

（二）发展基层协商民主，提高民主素养，优化社会治理格局

高质量的公民参与有助于培育良好的民主氛围。作为预算参与者的公民，需要不断强化其自身的参与、监督预算的意识和能力。通过推进参与式预算建设，提高公民参与预算的水平和质量，在全社会逐步营造关注预算、参与预算的氛围，使公民学会遵守规则和秩序，学会相互尊重和包容，从而有助于培养公民的责任感，以及让步、协调和共赢的心态，为社会治理格局优化提供动力。

（三）制约预算权滥用，逐步强化政府公信力

要用好预算这一"管理政府的工具"，需要保障公民预算参与权的实现，而政府财政收支行为也得到事先审查、事中监督、事后追责，政府预算权得以划定界限、不被滥用。为逐步实现十九大报告中所提出的"建立全面规范透明、标准科学、约束有力的预算制度，全面实施绩效管理"目标提供助力。

二 可行性分析——深圳推行参与式预算的现有实践基础

（一）推进基层协商民主

深圳市基层协商民主的推进，不仅是对十九大报告中民主法治建设的响

应和落实，也为深圳市参与式预算推行奠定了良好的群众基础，营造了良好的社会氛围。政协深圳市委员会创立的委员议事厅，具有形式开放、参与广泛、协商充分等优点；宝安福永借助互联网技术，使得民主协商更为便捷化，信息公开更为精准化；坪山区的重大民生决策咨询委员会，聚焦重大民生决策事项，把投票权落实到参会委员手中。

1. 政协深圳市委员会：创立委员议事厅，打造协商新平台

2014年，政协深圳市委员会创新推出委员议事厅，打造协商于民工作新平台。形式开放包容，社会各界广泛参与。委员议事厅每月举办一场，年内举办11场，有83位政协委员、27位专家学者、40位政府职能部门代表、近6000名市民参与。活动围绕民生热点问题，开展讨论、辩论及协商，听众可对嘉宾观点自由点"赞"或点"嘘"。

委员议事厅注重协商实效，引导理性思维，不预设讨论立场，各个界别、委员嘉宾和市民充分表达意见、充分辩论；专家学者发挥智库作用，答疑解惑，引导市民理性思考；政府部门就相关问题现状和解决措施，与委员、市民面对面交流，充分"释政"；市民踊跃参与互动，民意得到充分尊重。选题紧扣民生，充分协商于民。"委员议事厅"协商的问题得到政府部门关注，如教育用地被挤占挪用问题已经着手清查，教育部门与市政协就教育资源如何合理配置进一步协商。"委员议事厅"得到新闻媒体关注，《人民日报》以"把协商平台搬到市民中间"为题作了长篇报道，新华网等16家门户网站在首页转发，41家地方政府网、行业网站转发该报道。

2. 宝安福永："互联网+"理念创新开展基层协商民主

宝安区福永街道，借助"互联网+"打造"阳光福永"微信平台，进一步提升了基层政务服务管理的质量。据介绍，"阳光福永"微信公众号功能多样，内容丰富，为实现政府有关部门和群众之间的互联互通提供了渠道，包括：手机预约党代表、开辟网上党建阵地；发现问题扫二维码一键举报；搭建社会综合治理线上线下"两张网"；实时通知精确送达居民，最大范围地实现信息公开等功能。

3. 坪山新区：重大民生决策咨询委员会，把关重大民生决策事项

根据《坪山新区重大民生决策群众咨询委员工作办法》的明确规定，新区范围内凡是关系到群众切身利益且涉及面广的重大民生决策事项，原则上均应由重大民生决策群众咨询委员征询民意，之后再进行决策。① 群众咨询委员会主要由三类人员组成，包括常任群众代表、专项群众代表和群众志愿观察员，决策机制实行"一人一票"制，咨询结果将以书面会议纪要的形式向新区管委会报告，并且向社会公布。

（二）创新社区治理模式

社区治理模式的不断创新，是"打造共建共治共享的社会治理格局"的最佳诠释，强化了公众参与，落实了法治保障，提升了社会治理的社会化、法治化水平，也为深圳市参与式预算的实施提供了组织机构层面的支持。通过对社区、街道治理模式的创新，提高了基层自治水平，让更多居民参与到社区治理中来，同时也在参与过程中不断提高自身的素养、水平，进而使公众参与更有实效。

1. 福田："民生微实事"，关注百姓身边事

社区治理模式的创新，政府效率的提高，提高了居民参与度，完善监督机制，确保公开透明，完善宣传推广机制，提高市民知晓率，完善项目运作机制，激发社会参与活力。2014年4月，福田区出台《"民生微实事"改革项目工作指引》，以期提高民生项目的公开度和透明度。根据该文件规定，政府部门不再局限于以往推进项目的各项反复流程（如资金拨付、项目征集、决议程序、审批流程、项目采购、决算审计、效果测评等），而是进一步落实简政放权，区直属部门原则上以指导为主，由各街道根据决策方向和本地区民意，结合实际情况制定具体的实施方

---

① 深圳新闻网：《坪山新区成立重大民生决策群众咨询委员会》，2014年8月28日，http://www.sznews.com/news/content/2014-08/28/content_10089269.htm，最后访问日期：2018年4月11日。

案和操作流程。①

2. 盐田区：多管齐下，强化居委会职能

盐田区民政局采取了多种形式发展基层民主。一是规范居民代表会议。居民代表会议是促进群众参政议政的重要抓手，每年举行两次，主题为社区工作汇报总结、社区大事通报、议事表决等。居民代表由每个居民小组选举2~3名，每届任期三年，可连选连任。居民代表中，在职职工和在职党员应占一定比例。召开居民代表会议时，要求居民代表2/3以上出席表决方为有效。居民代表会议的决定，由居委会负责组织实施，确保落实。二是持续推进居民论坛。居民论坛每年至少举行一次，主题由各个社区根据实际情况自选，由社区居民自愿参加，共议社区事。三是首创居民自治指数。民政局将基层民主直选率、居民自治制度执行率、居务公开和财务公开等要素纳入居民自治指数测量，以此推动基层民主发展。

（三）强化预算监督

预算监督工作的加强，有力促进了预算审查工作的规范性和科学性，宝安区侧重扩大民主参与，福田区注重点面结合，均取得了不错的效果，为参与式预算的实施打下了坚实基础。

1. 宝安区：完善财经监督工作机制，扩大民主参与

根据相关工作部署，增强审查工作的专业性和民主性，充分发挥计划预算审查咨询专家的作用，邀请部分法工委、教科文卫侨工委委员参加初审工作。听取和审议了计划预算执行情况报告、决算和审计工作报告，批准"十二五"规划中期评估报告和年度计划预算调整方案，推动政府提高计划安排、预算编制科学化水平。通过《宝安区全口径预算决算审查监督办法》的出台及后续执行，对预决算监督的对象范围、工作程序和审查内容等方面进行规范。除了人大代表，还组织了市民群众参与初审工作，在相当程度上

---

① 网易新闻：《为福田在民生领域的改革点赞》，2015年1月8日，http://news.163.com/15/0108/06/AFDSAV3O000014AED.html，最后访问日期：2018年4月11日。

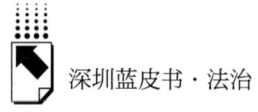

提升了审查监督的民主性和广泛性。从提前介入审查开始,强化监督,覆盖全过程。

2. 福田区:突出重点点面结合,"介入式"监督效果显著

2013年7月30日,福田区人大、区政府共同举行"介入式"监督面商会,正式启动"介入式"监督工作。"介入式"监督模式,重点在于人大对监督权力的依法行使,人大代表通过对财政预决算、政府投资计划、财政审计和绩效审计工作等展开全口径、全过程监督,实质性介入政府财政预决算和政府投资项目审查监督,以切实发挥人大作用,提高监督效力。通过此项工作的开展,实现监督政府"钱袋子"从"马后炮"转变为"马前卒"。①"介入式"监督工作的开展突出重点,讲求实效。

"介入式"监督模式的优越性在于监督的全面性和全程性。全面监督,能够将横向上的财政收支纳入人大监督范围,主要包括公共财政预算、政府性基金预算、国有资本经营预算等;全程监督囊括政府投资项目的工作全过程,尤其强调事前监督。通过选取重大项目进行讨论,充分发挥人大代表的职能,在项目起步阶段收集民情民意,汇集民智,实现科学设计。对于方案设计中不尽科学合理的地方,由专业代表给出优化意见;对于不具备上马条件的项目,则建议暂缓。

(四)提高人大代表预算参与度

人大代表是预算工作的重要参与者,对人大代表预算参与度的提高,让人大代表更深入、更多层面参与到预算中,避免"走过场"的情形,是参与式预算实施的重要前提。

1. 罗湖区:"参与式阳光预审"

"参与式阳光预审"的改革,是罗湖区人大借鉴浙江温岭的做法,结合

---

① 凤凰网:《福田人大"介入式"监督"钱袋子"》,2013年8月6日,http://news.ifeng.com/gundong/detail_ 2013_ 08/06/28307180_ 0.shtml,最后访问日期:2018年4月11日。

罗湖区的实际,对罗湖区的政府部门预算试行阳光式审查监督的尝试。通过创新人大监督审查政府财政预算的工作方式,致力于实现对政府财政资金使用的实质性、全过程跟踪监督。参与式阳光预审的主要环节在于预算前期的编制和审查过程,主要采用民主恳谈会的形式,吸纳各个层面群众和代表的意见和建议,使政府预算更为公开化透明化,从封闭的内部决策转为鼓励公民广泛参与的公开决策。提高公民的主动性和参与性,政府决策不仅要做到"为民做主",也要兼顾"由民做主"。与此同时,这也进一步落实了人大和人大代表职能,有助于人大代表切实行使对财政预算的审查监督权。[①]

在监督政府花钱的问题上,罗湖这两年动作不少。2013年底,罗湖区就将政府投资的民生项目拿出来PK,由人大代表现场投票表决,得票多者进入政府预算;2014年的政府预算草案也在"两会"之前进行过预审,吸纳了代表的意见。

2. 盐田区:启动全口径预决算审查

盐田区人大多措并举,启动全口径预决算审查,通过多种形式积极履行监督职责,创新性地探索推进参与式预决算协商,以期提高人大代表的协商效能,更好地发挥协商沟通作用。盐田区人大通过对盐田街道办事处及区属国有企业资本经营预算编制和执行情况的监督,督促区政府及有关部门、区属国有企业依法理财。在审查过程中,组建计划预算审查组,有步骤地先行介入区政府下年度计划预算编制工作,将监督关口前移,提升了计划预算编制的科学性、准确性和合理性。并根据党的十八大开展全口径预决算审查监督的要求,盐田区人大常委会组织专题调研组赴外地和兄弟区考察学习,主动与政府及财政部门等沟通协商,达成分步启动全口径预决算审查的实施意见,明确具体推进的"路线图"和"时间表"。

[①] 搜狐网:《"参与式阳光审查"首轮改革圆满收官》,2016年4月25日,http://www.sohu.com/a/71369574_161794,最后访问日期:2018年4月11日。

三 实现路径——深圳市促进参与式预算的建议

从实践来看,深圳市实行参与式预算具有如下有利条件:一是基层协商民主相对成熟,从市级层面到区级层面,从官方到民间,从专家学者到普通民众,都重视民意的表达与尊重;二是社区治理模式不断创新,基层组织职能得到有效强化和优化,社区治理颇有成效;三是市人大、区人大及各级政府对预算的重视,加强预算监督、扩大民主参与、提升人大代表在预决算监督中的作用。在此基础上,还应在参与主体、参与范围、参与途径等方面予以关注,更好地促进参与式预算在深圳本土落地扎根。

(一)谁来参与:纳入多方主体,促进良性互动

参与式预算的实现离不开主体的多元化,既要保障现有主体权利的实现,也要进一步引入其他各方主体参与其中。一方面,要保障人大代表职能的实现。根据宪法和法律规定,人大及其常委会的一项重要职权是审查批准本级预决算并监督其执行。可以通过一系列具体的程序来对人大预算制度程序进行相应的创新,比如增加审查次数、延长审查时间、增加辩论环节等。另一方面,引入公民、社会组织、行业协会等主体参与到预算制度中来,从而提高预算的民主化和科学化程度。持续的公民参与程序,不仅是对公民参与权利的落实,也有利于提升公民意识。社会组织、行业协会等,具有其特有的专业性,同时也代表了某一特定团体的利益,将其纳入预算过程中,有利于各方利益体的良性博弈,在最大范围内达成共识。

(二)参与范围:完善相关法律规范,科学界定参与范围

现代法治国家依法办事,参与式预算的多元主体也不例外,其在何种范围内行使何种权利,势必需要依照法律规范的相关规定而行。预算决算在横

向上的时间跨度长，应当根据实际情况，将预算决算过程按阶段合理划分，规范各类主体参与过程中的行为，从而构建起良好的预算秩序。从事前的预算项目确定、编制，到事中的预算执行、监督，乃至于事后的预算评估，每个阶段都应考虑在内。预算参与权囊括了一系列权利。① 从预算的编制、执行，到预算的监督、评估，涉及的预算相关权利包括但不限于预算知情权、预算监督权、预算表达权等，这些权利行使的有权主体、行为方式、内容范围等都应有明确的法律法规作为依据，相应的责任和救济程序也应有所规定。

（三）如何参与：丰富民主参与渠道，构建长效参与机制

预算参与权的落实是参与式预算的重中之重。在明确了参与主体和参与范围的前提下，参与途径的多元化、参与机制的制度化便显得尤为重要，这关系到公民预算参与权是否能最终落实。

1. 加强信息公开，保障预算参与

信息的获取是公民预算知情权的重要内容。信息是决策的基础和前提，能够保障公民对预算的有效参与。② 要实现公民预算知情权，有赖于所获取信息的"质"和"量"。信息的"质"，强调信息的准确性和有用性。要注重所公开信息的及时性、准确性，注重提升政府公信力，增强主体间的彼此信任，从而提升对话的有效性。为了让广大市民群众能够更方便、更容易了解深圳市预算的制定及执行等方面的情况并参与到预算中来，要有步骤有计划地细化预算项目、降低查阅门槛、提升预算信息的透明度。信息的"量"的实现可以借助更多技术手段，除了在现有各类政务公开网站上公开相关信

---

① 陈治：《论中国乡村治理中的参与式预算——价值、困境与法制化出路》，《东北师范大学学报》（哲学社会科学版）2014 年第 4 期，第 76 页。
② 关于公众获取信息的重要性，学者有过这样的论述：公众要想成为自己的主人，就必须用可得的知识中隐含的权力武装自己；政府如果不能为公众提供充分的信息，或者公众缺乏畅通的信息渠道，那么所谓面向公众的政府，也就沦为一场滑稽剧或悲剧或悲喜剧的序幕。参见斯蒂格利茨《自我、知情权和公共话语——透明化在公共生活中的作用》，宋华琳译，《环球法律评论》2002 年第 3 期。

息,还可以顺应"互联网+"潮流,利用微信公众号、微博等载体来构建更为立体的信息公开平台,充分发挥线上平台的优势作用,与线下平台形成合力,促进多元主体与政府间的平等、双向交流。

2.丰富多元主体参与形式,拓宽多元主体参与渠道

要为多元主体参与到预算中来,提供更为多元、更为便捷的参与形式,稳步推进参与式预算的制度化、规范化。根据雪莉·阿恩斯坦的公众参与阶梯理论,公众参与层次可以分为八个梯度。① 这八个梯度代表了不同深度的参与形式,有的是较为表面的、低层次的参与,有的则是更为深入的、高层次的参与,采取何种参与形式,应当结合预算的不同阶段,综合考虑参与目的、时间成本、资源等方面因素进行考量,不应一刀切。可以先通过小范围试点,探索因地制宜、因时制宜的参与形式,在适当的时候通过规范性文件加以固化、逐步推广开来。

3.健全社会组织,鼓励其积极参与

社会组织的参与对参与式预算建设大有裨益。介于个体的公民与整体的国家之间的社会组织,其具有的独特功能正是鼓励和要求公众参与的"治理"话语和"公民社会"所承诺的。② 一方面,社会组织天然具有亲和力,更容易与公民沟通。社会组织能够更全面考量各方利益,尤其保障弱势群体的利益。③ 通过整合不同个体、相异群体之间的需求,化解矛盾,求同存异,无形中提供了利益冲突的缓冲区,提高了私权利与公权力合作的效率。另一方面,社会组织能更好地代表公民权益,在法律法规规定的范围内,以公正科学的立场、合法合理的途径与有关部门交谈。社会组织具有更高的专

---

① 雪莉·阿恩斯坦的公众参与阶梯理论,具体为操纵(Manipulation)、训导(Therapy)、告知(Informing)、咨询(Consulting)、展示(Placation)、合作(Partnership)、授权(Delegated Power)、公众控制(Citizen Control)。按照参与程度由浅到深,又可划分为假参与、表面参与、高层次表面参与、深度参与四个层面。
② 王锡锌:《利益组织化、公众参与和个体权利保护》,《东方法学》2008年第4期,第36页。
③ 程国琴:《社会学视野下的公共预算改革——从社团促进权利和权力竞争与合作的角度分析》,《当代财经》2012年第11期,第26~34页。

业化程度，其自身的专业知识有助于参与预算的公民更好地了解预算。社会组织具有更丰富的与新闻媒体交流合作的经验，能够在舆论监督中发挥正面作用。

4. 增强多元主体参与预算能力

因为预算具有较强的专业性，政府可从以下两方面提高多元主体参与预算的能力。一是提高作为个体的公民的参与能力，这就意味着要让更多的公民具备参与预算所需具备的相关知识。要向更广泛范围的公民开展预算知识培训，考虑到培训的时间、人力、物力等各类成本，可以通过举办讲座、发放读本、录制视频等方式，并借助微博、微信、各类网站等平台加以传播，扩大受众范围。二是提高公民群体整体的参与能力。可借助社会组织力量，组建专门小组并辅以专家协助，提升集体参与能力和水平。除了预算决策阶段，预算评估阶段也不能忽视公民参与。对于预算评估，公民是最切身的观察者和感受者，应当在预算绩效评估制度中加入适当的公民参与元素。

B.18
深圳市政府投资体制改革现状与展望

深圳市企业评价协会*

摘　要： 在国务院简政放权、深化投融资体制改革的工作要求下，深圳市不断探索政府投资管理的新模式。报告通过梳理深圳市政府以及区政府2017年起草、修订、出台和新实施的政策制度文件，归纳总结深圳市政府投资体制改革工作开展情况；以福田区政府投资管理体系和深圳市政府投资项目后评价工作为例，深入研究深圳市政府投资系统化管理和闭环式管理机制；结合深圳市投资体制改革现状和政策导向，展望深圳市政府投资体制改革趋向。

关键词： 政府投资　代建制　项目后评价　政府与社会资本合作

一　深圳市政府投资体制改革总体情况

自改革开放以来，政府在通过直接投资大力建设基础设施项目的同时，逐步采用贷款贴息、投资补助、资本金注入以及设立各类基金等多种间接投资方式积极引导社会资本投向，激发民间投资潜力和创新活力。2016年国务院发布《关于深化投融资体制改革的意见》（以下简称《意见》），提出要完善政府投资体制，发挥好政府投资的引导和带动作用，并从明确政府投资范围、优化政府投资安排方式、规范政府投资管理、

---

* 执笔人：李亚平，深圳市企业评价协会秘书长；蒋彬，深圳市企业评价协会项目研究员。

加强政府投资事中事后监督以及鼓励政府和社会资本合作等方面提出具体要求。深圳市及各区政府积极响应，经过深入调研论证，出台了一系列政府投资体制改革相关的政策文件，不断推进深圳市投融资体制改革工作。

（一）深圳市级政府投资体制改革动态

1. 总体改革动向

2017年2月深圳市人民政府印发了《深圳市第五轮市区政府投资事权划分实施方案》，深入推进简政放权，贯彻落实强区放权。通过第五轮投资事权划分，进一步推进政府投资事权管理中心下移，拓宽区政府投资事权覆盖范围，增强政府投资的引导和带动能力。该实施方案中提出积极推广政府和社会资本合作，并鼓励企业参与政府投资项目代建。深圳市人民政府办公厅也印发《深圳市加强事中事后监管、进一步转变政府职能工作方案》，要求加快推进政府管理中心由事前审批向事中事后监管转变，厘清监管职责，防止过度监管、不当监管，有效开展动态监管，健全社会监督机制。

2. 政府投资监管

各政府部门根据监管职责，完善监管制度，使政府投资不同阶段的监管工作均有章可循。前期工作阶段，为规范工程项目造价，深圳市住房和建设局、深圳市发展和改革委员会对城市轨道交通、建筑和市政工程概算编制规程进行修编，并于2017年8月印发《深圳市城市轨道交通工程概算编制规程（2017）》和《深圳市建筑和市政工程概算编制规程（2017）》。

招投标采购阶段，为维护政府采购市场秩序，深圳市财政委员会于2017年6月印发《深圳市政府采购供应商诚信管理暂行办法》；为解决政府采购中标供应商"融资难""融资贵"的问题，深圳市财政委员会于2016年11月印发《深圳市政府采购订单融资试点方案》并开展政府采购订单融资改革试点工作。

建设施工阶段，为提升工程建设安全生产水平，深圳市住房和建设局于

2017年9月印发《关于严厉惩处建设工程安全生产违法违规行为的若干措施（试行）》；同时，为保障安全生产和预防事故发生，深圳市安全管理委员会办公室、中国保险监督管理委员会深圳监管局、深圳市人民政府金融发展服务办公室和深圳市安全生产监督管理局于2017年10月联合印发《深圳市推行安全生产责任保险试点工作方案》。

项目验收阶段，根据全国人大常委会法工委、省人大常委会法工委关于对地方性法规中以审计结果作为政府投资建设项目竣工结算依据有关规定进行清理的要求，深圳市政府于2017年组织修订了《深圳经济特区政府投资项目审计监督条例》《深圳经济特区政府投资项目管理条例》《深圳市政府投资项目验收管理暂行办法》等文件（已于2018年初印发），全面采用社会中介机构对政府投资项目建设工程结算报告、竣工决算报告进行审核并出具审核报告，审计部门依法履行其审计监督职责。

运营维护阶段，为加强政府投资项目事后监管，提高政府投资决策水平、建设管理水平和项目效益，深圳市发展和改革委员会2017年研究起草了《深圳市政府投资项目后评价管理办法》。

3.社会投资引导

通过多种方式引导社会投资。一是政企合作方面，为全面贯彻中共中央、国务院、国家发展改革委和财政部关于深化投融资体制改革、加强政府和社会资本合作（PPP）等文件精神，深圳市人民政府办公室于2017年9月印发《深圳市开展政府和社会资本合作实施方案》。通过该实施方案的出台，确立了PPP项目管理工作的总体思路和基本原则，建立了工作机制，划定了项目范围，编制了基本流程，并完善了配套政策和保障机制，积极引导社会资本参与投资基础设施和公共服务领域。

二是城市更新方面，2016年底，深圳市人民政府和深圳市人民政府办公厅先后印发《关于施行城市更新工作改革的决定》《深圳市城市更新办法》《加强和改进城市更新实施工作的暂行措施》，进一步推进城市更新领域强区放权，多项事权调整至区级政府，提出零散旧住宅区可由政府与市场主体联合申报、重点更新单元由政府主导市场主体实施等措施。

三是产业扶持方面,为切实发挥市级财政资金的主导作用,推动深圳市产业转型升级,深圳市财政委员会、深圳市经济贸易和信息化委员会于2016年底印发《深圳市产业转型升级专项资金管理办法》。为进一步提高专项资金扶持计划的质量和效益,深圳市财政委员会于2017年对原《深圳市财政产业专项资金股权投资管理办法(试行)》进行修订。为进一步规范重点产业项目遴选行为,深圳市人民政府办公厅于2017年7月印发《深圳市市级重点产业项目遴选实施办法》,成立市级重点产业项目遴选小组,确定各产业项目牵头部门及相关部门职责,明确申报遴选程序和相关要求。在专项资金管理的总体政策指导下,各产业项目主管部门在2017年修订和新出台了一系列政策、计划和措施,主要包括:《深圳市2017年新能源汽车推广应用财政支持政策》《深圳市支持外经贸发展专项资金管理办法》《深圳市民办教育发展专项资金管理办法》《关于促进体育产业发展若干措施的通知》《关于印发扶持金融业发展若干措施的通知》《市经贸信息委市级重点产业项目遴选实施办法》《组织实施深圳市战略性新兴产业新一代信息技术信息安全专项2017年扶持计划》《深圳市产业转型升级专项资金特色工业园资助资金操作规程》《深圳市小微企业创业创新基地城市示范专项资金知识产权项目操作规程(暂行)》。

(二)区级政府投资体制改革动态

1. 总体改革动向

在简政放权和强区放权的政策下,为顺利承接上级政府下放的多项投资事权,区级政府需不断完善政府投资体制,对相关领域采取相关改革措施。2017年,深圳市各行政区起草、修订、出台和实施了一系列政府投资体制改革相关的政策文件。区级政府投资体制改革相关政策文件主要包括三类:一是根据上级政府要求制定的区级政策文件,例如重点产业项目遴选办法等;二是根据区情改变适时修订的政策文件,例如政府投资项目管理办法;三是区级政府先行试点创新的政策文件,例如代建制管理办法。

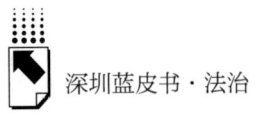

2. 政府投资监管

在政府投资监管方面，2017年深圳各个行政区均有制定新的政府投资监管相关政策文件，总共达28件。区级政府制定和修订的相关政策主要关注点包括：完善政府投资管理办法、建立政府投资项目代建新模式、优化招投标采购监督、提升工程建设质量、加强事后监督。其中，以福田区政府为典范，制定（或正在制定）、修订的政府投资监管相关政策文件达10件，对政府投资项目全过程各阶段的监管工作进行优化和创新，并带动了其他辖区相关改革工作的开展。

3. 社会投资引导

在社会投资引导方面，2017年深圳各个行政区均有制定新的政府投资引导相关政策文件，总数达36件。区级政府制定和修订的相关政策主要关注点包括：规范政府与社会资本合作项目管理、改革城市更新工作、提升产业发展资助效益、推动股份合作公司发展。各行政区根据辖区发展规划特点，在产业发展专项资金总体政策的基础上针对特定产业出台实施细则。

二 系统化政府投资管理体系构建——以福田区为例

2017年，福田区固定资产投资创下建区以来历史新高，完成固定资产投资370亿元，增长23.3%。福田区固定资产投资的高速增长和投资项目的顺利推进，体现出福田区近年来在政府投资管理体制改革的不断探索和努力中取得的成效。2017年福田区投融资改革强势推进，完成多项创新举措，打造出具有"福田特色"的政府投资管理体系。

（一）福田区政府投资管理体系特点

随着政府投资管理相关政策的逐步完善，福田区已形成了具有"福田特色"的系统化政府投资管理体系，覆盖政府投资项目的全生命周期。

1. 全过程全链条管理

建立并不断完善政府投资项目全过程管理办法，从总体上实现对政府投资项目的全过程全链条管理，同时为加强各重要环节管理进一步研究出台相应制度文件。通过建立各类预选库、项目储备库和保险机制，提高政府投资项目建设准入门槛，保障政府投资项目。深入优化审批程序，在最大程度上合理简化审批流程，加快项目进程。结合信息化手段应用，对政府投资项目全过程进行可视化监督，实现全过程各环节的可追溯。引入项目后评价机制，加强事后监督，为政府投资管理优化方向和措施提供参考依据。

2. 内外并重创新管理

在加强政府投资自建项目监督管理的同时，向社会专业力量适当转移部分政府职能。将政府职能逐步由管理转向服务，管理中实现服务，服务中实现管理。对于政府自身投资的项目，引入代建制、EPC总承包制和前期单位预选制，建立相应制度文件对代建单位、EPC总承包单位和前期咨询单位严格管理，培育相关市场主体并推动建筑业持续健康发展。为应对政府基础设施和公共服务供给力量不足的现状，引入社会资本参与投资建设，创新优化管理制度，对社会资本投资建设项目合法合规性实现约束的同时，有效激发社会资本投资的动力和活力。

（二）福田区系统化政府投资管理体系打造

1. 政府投资项目全过程管理改革

自2014年《福田区政府投资项目全过程管理暂行办法》印发后，福田区制定了一系列优化政府投资项目管理的文件，并开发建设了全过程跟踪管理系统。2017年，福田区进一步深化政府投资项目全过程管理改革，出台了《福田区政府投资项目全过程管理办法》，对政府投资项目计划管理、审批管理、建设管理、竣工管理、终止管理和监督管理等工作内容进一步优化和规范，建立政府投资项目储备库，单列"审批简易程序"一章创新简化项目审批流程，通过"一张流程图"覆盖项目从立项到验收移交的110项申报和审批事项，结合全过程跟踪管理系统，运用信息化手段对政府投资项目实现全过程全链条管理。

针对福田区政府投资项目实行 EPC 工程总承包过程中存在的问题，2017年特制定《福田区政府投资项目 EPC 工程总承包管理办法（试行）》，从制度设计上规范 EPC 总承包的实施流程，培育相关市场主体，从而完善政府投资工程建设管理，提高政府投资项目的投资效益。

为强化政府投资项目事中事后监管，进一步完善项目后评价机制，福田区通过深入调研和试点评价等一系列工作，在 2015 年制定的《政府投资项目后评价管理暂行办法》的基础上，于 2017 年出台了《政府投资项目后评价实施细则》和《政府投资项目后评价操作指引》。

2. 政府投资项目全过程咨询培育

在现有政府集中代建模式的基础上，福田区针对政府投资项目投建管用多位一体的现状，研究制定了《福田区政府投资建设项目代建制管理办法（试行）》及《福田区政府投资代建项目工程质量潜在缺陷保险实施细则》，对代建单位选择、合同订立、职责分工、实施流程和法律责任等作出明确规定。福田区政府投资项目建设从过去的区建工局代建模式，转为面向市场选择代建主体。福田区政府投资项目代建制新模式通过建立预选库机制引入高水平代建企业，通过代建合同设计厘清各方权责，通过保险制度引入加强风险管控，并且通过保证最大工程费用、终身责任制、保证金制度等提高代建单位履约意识，最终实现政府投资代建项目建设管理水平和投资效益的双提升。2017 年 9 月，福田区已正式完成了代建单位预选库和保险单位预选库的建立工作，拟在借助市场化力量保障政府投资代建项目高质量推进的同时，培育壮大一批高资质高水平的全过程工程咨询单位。

为保障政府投资项目前期咨询服务质量，福田区研究制定了《政府投资项目前期咨询单位预选库管理办法（试行）》，通过公开招标预选的方式建立了包括全过程咨询、投资咨询、勘察咨询和设计咨询等四类前期咨询预选库。通过设置高门槛预选一批高水准前期咨询单位，一方面为政府投资项目前期工作开展提供优质咨询服务，另一方面培育一批具有全过程咨询能力的前期咨询单位，为建设单位提供专业的项目管理服务，为代建制和 EPC 总承包制提供后备力量。

3. 政府与社会资本合作模式优化

福田区于 2015 年出台了《福田区政府和社会资本合作项目操作流程》和《深圳市福田区人民政府办公室关于建立福田区政府与社会资本合作管理联席会议制度的通知》，并逐步开展了多个 PPP 试点项目。2017 年，在总结近几年 PPP 试点项目经验教训的基础上，根据国务院、财政部和发改委的一系列 PPP 相关政策文件指示，福田区出台了《福田区政府与社会资本合作项目实施办法（试行）》（以下简称《实施办法》）及配套文件。该《实施办法》对 PPP 模式的适用范围、实施方式、部门权责、包括项目发起与入库、实施方案编制与审批、社会资本方选择与签约、项目实施与考核、项目移交与评价、项目实施保障及法律责任予以明确，并编制了操作流程图、项目建议书提纲以及实施方案提纲。该《实施办法》明确了政府部门和社会资本方均可作为 PPP 项目发起单位，提出了建立 PPP 项目储备库并实行动态管理，规范了社会资本方采购方式、平台和合同文本，出台了多项措施和制约机制严格监管项目实施，提供了包括财政资金、关联资源、专业力量、简政放权等一系列支持。通过该《实施办法》的出台，积极引导社会资本参与原本由政府负责的基础设施项目和公共服务项目建设，激活社会资本投资效益的同时有效监督 PPP 项目实行。

三 闭环式政府投资管理机制构建——后评价制度引入

国家发改委于 2008 年制定《中央政府投资项目后评价管理办法（试行）》，经过 6 年的实践检验，于 2014 年修订并正式发布《中央政府投资项目后评价管理办法》及《中央政府投资项目后评价报告编制大纲（试行）》。2016 年，《中共中央国务院关于深化投融资体制改革的意见》再次提出"完善政府投资监管机制""建立后评价制度"。

（一）后评价制度之于闭环式投资管理的意义

参考质量管理的 PDCA 循环管理理念，即在质量管理活动中要求按照

"计划、执行、检查、调整"的工作程序,形成全过程循环管理。所谓"闭环式投资管理",即在投资管理过程中按照"计划、实施、监督、反馈、调整"的工作程序,形成首尾相连的闭环,反复检验投资管理全过程中存在的问题,并持续不断对问题进行修正。

政府投资管理的主要关注点通常在于前期审批、建设施工、投资控制,往往轻视项目竣工验收后的运营管理和效益实现情况。这种"重建设轻管理"的现象,导致政府投资项目建设中的经验和问题未及时反馈至相关管理部门,更无法应用于后续项目的规划建设。

政府投资项目后评价,是在政府投资项目建设完成或投入使用一段时间后,对项目的决策、建设、运营(行)、效益等进行全面评估,通过对比预期效果与实际效果评价项目目标实现情况及其可持续性,以政府投资项目为评价对象发现政府投资管理存在的问题和成功经验,为后续政府投资决策、建设管理、运营维护提供参考,从而实现政府投资管理水平和投资效益的全面提升。通过开展政府投资项目后评价,能够发现已完工项目存在的个性问题,找出政府投资项目存在的共性问题,分析投资效益低于预期的原因,也可总结出政府投资项目的一些好的经验,将信息反馈到决策、审批、管理等相关部门,帮助其结合项目行业特点发现现行政策和管理程序不完善之处,促进政府投资项目管理体系不断完善[1],同时有效约束项目参建单位,也将推动外部监管体系的逐步健全,进而推动投资体制改革不断深化。

开展政府项目后评价工作,有利于事前监督,防止投资决策失误;有利于事中监督,完善项目建设管理机制;有利于事后监督,完善政府投资监管体系。通过后评价制度的建立,逐步推进并规范政府投资项目后评价工作,完善政府投资监督机制,总结经验教训并反馈至相关单位,实现当前投资项目和未来投资规划的实时调整,从而形成了政府投资的闭环式管理,进而实现政府投资管理的全面优化。

---

[1] 参见魏啸亮《后评价:为项目稽察提供创新思路——访市发改委稽察办杨玉林处长》,《投资北京》2007年5月5日。

（二）深圳市政府投资项目后评价管理制度建立

1. 市级政府后评价制度建立

深圳市发改委通过开展一系列调查研究工作，于2014年编写并刊发了《加强项目后评价工作，提高政府投资项目管理水平》的专题报告，提出深圳市开展项目后评价的若干建议。近年来，为探索政府投资项目后评价在深圳市的可行性，深圳市发改委不断深入研究并逐步推进该项工作的进程，采取相关措施为后评价工作的正式开展做好准备。

2016年，深圳市发改委发布《关于征集政府投资项目稽查、验收和后评价专家的通知》，通过公开报名、严格筛选的方式，建立深圳市政府投资项目管理监督的专家库，为进一步开展政府投资项目后评价工作组建起专家团队①。2017年，深圳市发改委研究起草《深圳市政府投资项目后评价管理办法（征求意见稿）》，并向多方发起意见征集，根据意见反馈进一步修改完善。

2. 区级政府后评价制度建立

福田区于2015年印发《福田区政府投资项目后评价管理暂行办法》，在2016年组织开展进一步的调研工作并选取试点项目开展后评价工作，2017年正式出台《福田区政府投资项目后评价实施细则》及《福田区政府投资项目后评价操作指引》。《福田区政府投资项目后评价实施细则》对福田区开展政府投资项目后评价工作的职责分工、工作程序、报告编制、成果应用和管理监督等内容进行重新梳理和细化。将工作程序划分为准备、实施、总结三大阶段，一张流程图厘清工作步骤和各方职责；提出建立后评价项目库及专项小组，确保后评价工作顺利推进；要求开展社会调查，注重社会公众反馈；强调后评价成果主要应用于发现问题、总结经验、改进工作，为提升政府投资管理水平和投资效益服务。《福田区政府投资项目后评价操

---

① 叶仕春、许琴飞、张智：《创新评价机制　提高政府投资管理水平》，《中国改革报》2017年11月27日。

作指引》具体明确了项目后评价的原则、行为准则、依据、内容、方法、工作程序、等级划分和报告框架，并建立了工程建设类项目的后评价指标体系，为政府投资项目后评价工作建立了具体评价依据。《福田区政府投资项目（工程建设）后评价指标体系》分为一般性指标体系框架（包括4个一级指标和11个二级指标）和三级指标集（44个），总体从目标评价、过程评价、效益评价、持续性评价四个维度对政府投资项目进行后评价，具体根据政府投资的不同方式、项目的不同类型、后评价的重点和管理要求选择适用的指标并科学确定指标权重。

盐田区于2017年组建政府投资项目后评价工作机制研究课题组，由区长挂帅、区发改局主导，开展《构建适应"强区放权"要求的区政府投资项目后评价工作机制》改革课题。经多方调研和反复论证，课题组撰写了《盐田区政府投资项目后评价工作机制研究报告》，提出包括管理体系、保障体系、评价体系、运行体系四个主要组成部分的后评价工作机制，明确后评价统筹部门、项目单位、执行机构和参与单位的职责，建立项目后评价管理办法、操作指引并引入业务培训作为支撑，确定项目后评价对象、内容、方法和指标的选取范围，规范项目后评价组织实施程序及成果应用范围。依据该研究成果，盐田区进一步起草并印发了《盐田区政府投资项目后评价管理办法（试行）》。盐田区改变"先建后评"的传统模式，将后评价项目选取程序前置，在编制年度政府投资项目计划阶段，将后评价项目列入盐田区政府投资项目年度计划，并提请盐田区区人大审议，以规范化的程序确定后评价项目，增强对项目单位的约束力，提高后评价工作效率。在项目全过程评价的常规形式基础上，增加批量评价和专题评价，前者是对同类型或相互关联的多个项目进行批量评价，后者是对分期项目分阶段进行专题评价，三种后评价形式有机结合，为区政府投资决策提供参考依据。优化"先自评再复评"的复杂流程，取消项目单位自评环节，改由第三方评价机构直接调研项目单位获取具体项目信息，编制项目后评价任务书，项目后评价任务书替代了以往的自评报告，有效保障了后评价工作的质量。

四 深圳市政府投资体制改革展望

深圳市不断深化政府投资体制改革，在市政府指导下各区积极创新，在2017年取得了一定的改革成果。近年来新出台了一系列改革措施，形成了一系列政府投资管理相关的制度文件。接下来，深圳市将进一步完善政府投资管理体制，推广创新监管模式与合作模式，进一步实现深圳市政府投资体制改革的新突破。

（一）政府投资项目审计监督模式转变

根据2018年1月出台的《深圳经济特区政府投资项目管理条例》《深圳经济特区政府投资项目审计监督条例》《深圳市政府投资项目验收管理暂行办法》，政府投资项目工程结算报告、竣工决算报告转由市预选中介机构库的社会中介机构审核，审计部门、财政部门依法履行监督责任。从2018年起，新报审项目的结算、决算审核审计工作全面转向第三方专业机构，政府部门通过建立社会中介机构预选库的方式，保障第三方审核审计工作质量，制定相关管理办法约束参与各方行为。根据深圳市政府审计监督政策的调整，各区级政府将适时修订相关管理办法和规章制度文件，全面推进政府投资项目审计监督模式的转变。

（二）政府投资项目代建制新模式推广

2017年，福田区率先打造首个全过程全链条、深度市场化专业化的代建制新模式，受到省、市领导的高度肯定，深圳市及各区有关部门纷纷到福田区调研学习。目前，福田区代建制新模式已在罗湖、盐田、光明等区实现复制推广。福田区代建制新模式将行政化代建模式转向市场化代建，并将市场化代建与全过程代建相融合，实现政府投资改革的重大突破。代建制新模式的成功经验将在全市范围内推广，并在实践应用中不断优化调整，进一步研究相关配套措施，逐步完善代建制新模式下的管理与服务。

（三）公共领域投资政企合作模式优化

根据国务院、国家发展改革委和财政部关于加强政府和社会资本合作的指示，深圳市政府将PPP模式建设作为投融资体制改革的一项重要工作，各区政府亦积极响应政策号召制定并出台相关政策措施。激活社会资本在公共领域的投资活力，促进政企合作不断加深，将是深圳市探索政府职能转变和投资管理体制改革的重点方向。深圳市将进一步研究划分政府投资和社会投资范围，探索社会投资激励措施和管控手段，促进基础设施和公共服务等公共产品的供给提升，不断优化公共领域投资的政企合作模式。

（四）全过程一体化监管信息平台建设

随着政府投资管理体制改革的不断深入，各种投资建设模式不断丰富，对政府投资领域各部门协同工作水平提出了更高的要求。深圳市和各区政府均在信息化管理方面投入了大量的精力，各管理职能部门逐步建立和完善管理信息平台。为实现多部门高效协同合作，深圳市将推进统一化信息监管平台的搭建工作，实现各职能部门工作串联、信息共享、循环管理、流程优化，从而达成多部门在同一平台上实施综合监管的目标。

区域法治篇

Regional Rule of Law

B.19
深圳沙头角边境特别管理区条例立法评析

黄祥钊*

摘　要： 深圳沙头角是全国独有的边境特别管理区，作为深圳经济特区中的特区，深圳通过特区立法为沙头角边境特别管理区制定管理条例。本报告对该项立法的背景、立法的必要性、立法涉及的主要内容，以及立法的意义和启示进行分析，以期能为研究特区立法提供一个不同的视角。

关键词： 沙头角　中英街　特别管理区　立法

---

* 黄祥钊，深圳市人民政府法制办公室经济法规处处长。

为了维护深圳沙头角边境特别管理区（俗称"中英街"）的社会管理秩序，加强出入边境特别管理区的人员、车辆和货物管理，打击各种走私行为，深圳市人民政府组织起草了《深圳经济特区沙头角边境特别管理区管理条例（草案）》（以下简称《条例》），于2017年10月提请深圳市人大常委会审议。经深圳市第六届人民代表大会常务委员会第二十二次会议于2018年1月12日审议获得通过，并自2018年3月1日起施行。本报告就该项立法的背景、立法的必要性、立法涉及的主要内容以及立法的意义和启示进行分析，以期能为研究特区立法提供一个不同的视角。

一 "中英街"管理体制的历史沿革

（一）"中英街"的由来

沙头角边境特别管理区，位于深圳市盐田区沙头角街道深港边界，长不足0.5公里，宽不到7米，面积只有0.17平方公里。19世纪末，租借给英国，租期为99年。1898年，英国殖民者以坚船利炮强迫清朝政府签订了不平等条约，强行租借深圳河以南的九龙及包括大屿山等230多个岛屿，为此清光绪年间地方政府在街中心立下"光绪皇帝二十四年中英地界第×号"的界碑，将沙头角一分为二。东侧属中方管辖，西侧属英方管辖，故名"中英街"。1997年香港回归后，东侧属深圳管辖，西侧属香港管辖。"中英街"界碑石至今仍是"一国两制"分界线的标志。"中英街"也就成了沙头角边境特别管理区的俗称或简称。

（二）"中英街"管理的历史沿革

中华人民共和国成立前，沙头角边界是开放的，两边的居民可自由来往，不受边境管制。1949年10月中华人民共和国成立后，港英政府发布了一系列法例，限制内地人士自由出入"中英街"的香港一侧。随后，中共华南分局也制定了《沙头角边境出入境管理办法》，规定实施出入境通行证制度，有计划地管理沙头角的边境边界，从此"中英街"港方一侧成了严格的边防管理区。1951年，广东省政府将"中英街"列为边防禁区，所有进出"中英街"的人员均须办理特别通行证。1997年7月1日，中国政府恢复对香港行使主权后，"中英街"延续以前管理方式实行"一街两制"①。2000年9月经国务院批准，"中英街"中方一侧改为"沙头角边境特别管理区"，继续实施严格的边防管理制度，对出入"中英街"的人员、车辆和货物等仍实行严格管理，凡是进入"中英街"的人员，都要到公安边防部门办理"前往边防禁区特许通行证"，故"中英街"又被称作特区中的特区。

此前的1990年11月，深圳市成立"中英街管理办公室"，负责协调社会治安和经营秩序综合管理，劝阻游客不准越界购物，打击走私活动，组织罚没收入等工作。盐田区成立后，"中英街管理办公室"被确定为盐田区委政法委下属副处级事业单位。但因其级别较低，且受职能限制，难以协调中央、广东省和深圳市各相关执法部门。2014年12月，"中英街管理办公室"升格为处级的"中英街管理局"，并被赋予相应的行政执法权和行政处罚权，并负责协助公安机关维护社会治安和交通秩序，协助市场管理部门维护市场经营秩序，协助海关和打击走私部门做好辖区内打击走私综合治理工作等。

（三）"中英街"原管理体制存在的问题

1. "一街两制"，管理协调难度大

"中英街"管理的最大难题是"一街两制"，又是全国独有的"边境特别管理区"，相邻香港一侧属于边境关口，对人员管理、物资管理及社会管理尤为复杂。在"中英街"进行执法的有关部门跟香港政府有关部门的沟通和协调不够顺畅。"中英街"有许多社会管理事务涉及香港政府管理事务，需要国家、广东省、深圳市与香港政府相关部门沟通联系，涉及面广，

---

① 所谓"一街两制"，是指一侧由香港特别行政区政府管理，实施资本主义制度；一侧由深圳市政府管理，实施社会主义制度。"中英街"也属于香港的"禁区"，香港居民须出示香港警署签发的"禁区纸"方能进入。

协调难度大。

2. 监管缺失，"水客"走私泛滥

深圳海关在深圳沙头角街道进入"中英街"的桥头设有沙头角海关，所以，"中英街"正好处在"中英街"桥头关口之外，属于"境内关外"的特殊区域。因有沙头角街道的普通居民在里面工作和生活，所以"中英街"不是一个正式口岸，不能像普通口岸一样进行管理。"中英街"作为连接深港两地的边境特别管理区，受香港购物天堂的辐射，港货在关税及价差等方面的磁吸效应，使港货在"中英街"成为抢手货，走私现象也就成为必然。据有关部门统计，进出"中英街"的人员中有三分之二是专业"水客"，众多"水客""蚂蚁搬家"式携带货物赚取差价。此外，作为弹丸之地的边境特别管理区，人员进出不方便、商业欺诈、"洋垃圾"随"水客"进入内地等问题也备受诟病。长期以来，"中英街"在人员进出、货物管理和商贸发展等方面的监管缺失，严重影响了"中英街"的健康发展和整体形象。

3. "多头执法"，难以形成合力

在弹丸之地的"中英街"边境特别管理区，有边防、海关、检验检疫、公安、市场监管、城管、旅游、税务等多个隶属于不同上级机关的管理部门进行执法管理，客观上存在管理和执法主体过多的现象。海关和边防等部门将"中英街"视为关外区域，只对进出沙头角关口的人员、货物、车辆进行监督管理，"中英街"辖区内涉嫌从事走私货物的商家以及"水客"，未被纳入执法监管范围，使"中英街"成为海关、边防监管的"真空"地带。走私人员便利用这一执法监管漏洞，通过雇用相当数量的持证人员，每天往返进出"中英街"充当"水客"，以蚂蚁搬家的方式进行货物走私。而在"中英街"负责执法的各有关部门，因执法依据分散，加上缺乏有力的统筹协调，各执法部门往往是各自为政，分别依照各自的执法依据分头执法，对打击走私行为很难形成合力。

4. 缺少立法授权，管理机构难执法

中英街管理局作为盐田区政府下属的处级事业单位，虽然编制部门赋予其相应的管理职能，但因没有立法授权，其执法主体资格以及执法权限受到很大制约，对"中英街"日益泛滥的"水客"走私问题存在取证难、处理难问题。中英街管理局的性质及其执法地位，无法协调海关、检验检疫、边防、公安、市场监管、税务等中央、广东省和深圳市垂直管理的部门，也难以组织开展联合执法行动，更加无法协调香港政府的相关管理部门，造成了"中英街"管理体制不顺、管理效果不佳的困难局面。

二 "中英街"立法的必要性

"中英街"由"边境禁区"转变为"边境特别管理区"以来，盐田区政府以及"中英街"管理机构希望能够通过立法，明确"中英街"的性质与功能，赋予其管理主体相应的管理权能与执法权限，进一步加强"中英街"的人员、车辆和货物管理，以促进"中英街"的繁荣发展。在国家层面，目前尚未专门针对"边境特别管理区"制定法律，地方立法机关也未制定"中英街"管理立法。"中英街"是全国独有的"边境特别管理区"，但国家、广东省和深圳市也未就其治安和社会管理等相关工作做出具体规定。因此，为"中英街"量身定制立法，制定一部专门条例就显得十分必要。

一是"中英街"边境管理的现实需要。"中英街"作为"边境特别管理区"，其管理模式、管理方法、管理措施以及管理依据，均缺少法规明确规范。自1990年深圳市设立"中英街"管理机构至今已经28年，与"中英街"仅一街之隔的香港，自1997年回归至今也已经20余年，但是"中英街"的管理依然无法可依，其管理的主要依据仍然是20世纪八九十年代的有关规定，这些规定已经远远不能适应"边境特别管理区"现实管理的需要。由于"中英街"属于非正式边境口岸，在上位法缺失的情况下，应当通过地方立法对"中英街"的性质和功能做出定位，赋予其管理机构相应的管理权限和管理手段，使其能够统筹协调海关、边防、检验检疫、公安、市场监管和税务等有关部门，促进"中英街"的协调管理。同时，由于海关、边防、检验检疫等边境管理部门属于国家垂直管理机构,级别较高,需要通过特区立法才能比较顺畅地进行协调统筹。

二是进一步打击走私的需要。由于"中英街"的地理区位特殊,国务院将其定位为"边境特别管理区",海关、边防等部门将其视为关外区域,仅对进出沙头角海关关口的人员、货物、车辆进行监管,对"中英街"内涉嫌从事走私货物的商家以及"水客"走私行为,却无法纳入执法监管范围,这就使"中英街"成了海关、边防监管的"真空"地带,客观上造成"水客"走私现象泛滥,而得不到有效的打击和治理。据统计,"中英街"走私案件数量2012年只有零零星星的50多宗,至2017年猛增到390多宗,5年内激增了6倍多。2016~2017年,经过多部门的联合整治,走私案件数量虽然受到遏制,但"水客"走私现象仍时有发生。因此,需要通过特区立法加大对走私违法行为的处罚力度,进一步遏制并有效打击走私违法行为。

三是强化中英街管理局执法职权的需要。根据编制部门的机构设置方案,中英街管理局负责"中英街"辖区内社会管理、公共服务、城市管理和综合协调等方面的管理职能,同时接受市、区两级政府职能部门的委托,在辖区内行使有关行政执法工作职权,但因这些职权均来源于行政委托,中英街管理局还得以委托单位的名义行使相关职权,管理职权有限,尤其是缺少法规授权,难以有效打击和治理走私行为。通过特区立法授权赋予中英街管理局行政管理职能和执法权限,并对违反边境治安管理、违规携带货物进出边境、违反旅游市场管理等规定的行为进行查处,有利于理顺作为特区中的特区、窗口里的窗口的"中英街"的管理体制。

四是加强管理部门共管共治的需要。由于缺少一个牵头部门进行综合协调,进驻各执法部门往往是各自为政、单独执法,执法信息也没有互联互通,造成执法力量分散难以形成合力,执法效果自然大打折扣。通过特区立法明确相关执法部门在"中英街"的执法职能和职责,设立部门之间的工作联席会议制度,建立常态化的日常协调管理机制,并通过信息共享、违法案件通报等制度建设,有利于推动有关部门对"中英街"的共管共治,进一步提高有关部门的综合执法效能,形成对走私行为的震慑威力。

三 "中英街"立法的主要内容

(一)明确界定"中英街"的区域范围

关于"中英街"的区域范围,原来的界定不够严谨。通过反复协商并结合历史形成的现状,《条例》对"中英街"的区域范围进行了界定。

(二)明确立法调整的范围

从名称上看,《条例》是为加强"中英街"管理而制定的一部综合性法规,立法调整的范围本应更加全面和更具高度,立法本应突出"中英街"的综合定位,包括"中英街"的经济社会发展定位,"中英街"的商贸旅游、通关口岸、历史文化和爱国教育等内容,甚至还可考虑兼有"自贸区"发展功能等。但是,鉴于"中英街"最突出的问题是边境秩序管理混乱,走私情况严重,最迫切的立法需求是治理社会治安管理秩序,有效打击走私行为。因此《条例》虽然出于影响力考虑采用了综合性立法的名称,但本着急用先立原则,实际调整内容有限,主要侧重调整进出"中英街"的人员、车辆和货物的管理,同时赋予中英街管理局和有关执法部门相应的执法权限,并针对违反《条例》的有关行为规定了相应的处罚及法律责任。

(三)规定多部门执法协调联动

加强"中英街"管理涉及诸多监管部门之间的配合与合作,要进一步完善"中英街"管理机构和有关执法部门的协调配合和保障机制,尤其是加强对货物仓储、小额走私的管理和处罚,推动各方各尽其责。为此,《条例》关于部门执法联动的内容,明确了管理和执法部门联席会议制度及其职责,规定联席会议由盐田区人民政府负责召集,中英街管理局以及盐田区市场监管、公安、文体旅游、海防打私和驻盐田区的边防、海关、检验检疫等部门参加,要求建立信息共享平台,共享进出"中英街"的车辆、人员、物资、物品以及商铺和出租屋登记备案等管理信息。通过加强部门联动，发挥各部门优势，形成监管合力，实现无缝衔接。在执法联动方面，《条例》还进一步明确"建立管理机构与市场监管、公安、文体旅游、边防、海关、检验检疫以及海防打私等各部门的案件移交、通报和反馈机制，加强执法与突发事件应急处置协调"。

（四）明确中英街管理局的执法职权

根据市、区政府赋予的管理权限和中英街管理局机构设置方案，《条例》明确规定中英街管理局为综合管理机构，不仅履行社会管理、公共服务、市场管理、交通管理和综合协调等方面的职能，以及市、区有关部门委托行使的行政执法权限，还具有对辖区内的人员、车辆进行检查管理和执法处罚权。通过特区立法将中英街管理局的职能法定化，明晰执法依据，提升执法地位。《条例》明确规定中英街管理局主要履行下列职责：一是承担管理区城市管理、社会治理和公共服务等方面的职责；二是根据法律、法规的规定和市、区人民政府有关部门的委托，行使相关行政执法职权；三是负责管理区有关涉港事务的协调、合作；四是协助公安、边防、海关、检验检疫以及海防打私等部门开展执法活动；五是协助文体旅游等部门开展文物保护和爱国主义教育等活动；六是配合市场监管部门维护管理区的经营秩序；七是盐田区人民政府交办的其他工作。

（五）规定对进出人员、货物和车辆的检查和管理

针对"中英街"管理漏洞造成的"水客"走私猖獗问题，《条例》规定进入"中英街"辖区内的人员、车辆，应当服从中英街管理局的管理和检查，对涉嫌无证通行、非法滞留的人员，中英街管理局可视情况予以警告、移送边防部门带离管理区，对涉嫌违法携带货物物品、以牟利为目的替他人携带货物物品出关的人员和非机动车辆可依法进行检查，经查实涉嫌走私的，可以扣押有关货物物品或移送海关等有关部门处理。对进出"中英街"的人员，如果无通行证或无有效通行证件，持伪造、变造通行证件，

冒用他人通行证件或者非法滞留的,中英街管理局有权给予警告,并将其移交公安、边防部门依法处理。

(六) 设立物资进入管理区相关监管制度

"中英街"并非国家对外开放口岸,严禁从事货物进出口贸易。但由于"中英街"的特殊性,深圳与香港管理区域之间并未实施物理隔离,在"中英街"生活和工作的人员可以自由往来,如果不对物资进出"中英街"进行监管,跨境走私的风险难以管控;另外,由于历史原因,"中英街"内除现有居民以外,还存在着多个国家机关、企业事业单位和其他组织,如果一律禁止物资进出管理区,势必对"中英街"内的居民正常生活以及国家机关、企业事业单位和其他组织的工作造成严重影响。因此,为便于"中英街"内的单位和个人生产和生活,客观上应当在满足"中英街"内办公、经营、生活需要的基础上,通过加强对经营者经营行为的监管,防止一般贸易货物通过"中英街"进行走私。因此《条例》一方面加强物资进出监管,规定:"市场监管部门应当对经营者从管理区外输入的物资进行监督,发现明显超出合理自用范围的,及时将有关情况通报海关依法处理。"另一方面,为保障"中英街"内合理需要,《条例》结合海关等部门的职责,规定"输入管理区的物资应当以满足管理区内生活或者生产经营合理需要的数量为限"。

(七) 加强对企业单位雇请人员进行走私的监管

《条例》规定"中英街"内的企业和其他单位不得雇请无有效边境通行证件的人员,需要雇请、使用人员的,应当将拟雇请、使用人员的基本信息报送中英街管理局,经核实后再送边防部门审批办理边境通行证,在边境通行证的发放环节有效控制"水客"嫌疑人的数量。

(八) 规定社会管理的相关内容

根据盐田区委、区政府关于"中英街"发展的定位,"中英街"的管理

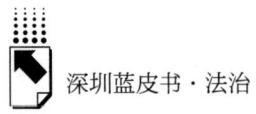

工作还包括其历史文化保护、商贸旅游以及爱国主义教育等功能,这些功能都与民生息息相关,为此,《条例》还针对这些方面规定了社会管理的相关内容,以实现对"中英街"的综合治理。

(九)明确对违反《条例》的有关行为的处罚

《条例》对违反边境管理区上述规定的行为均规定了处罚规定,特别是针对"水客"走私的各种情形的处理均有详细规定。

四 "中英街"立法的意义与启示

"中英街"作为全国独有的"边境特别管理区",无论是国家、广东省和深圳市,此前均没有专门就边境特别管理区进行立法。随着"中英街"管理体制的演变,尤其是随着香港的回归,"中英街"这块面积狭小但地理区位特殊的特别管理区,在管理实践中碰到了许多新问题和新现象,管理难度越来越大,管理的要求也越来越高,需要针对"中英街"管理中存在的各种问题出台相关法规,以便更好地实行依法治理。对"中英街"特别管理区进行立法,并以特区立法形式制定专门条例,填补了边境特别管理区的立法空白,凸显出此项立法的特殊意义。该项立法的出台实施,有以下几点启示。

其一,特殊区域要特别立法。深圳作为全国建立最早的经济特区之一,自1992年取得特区立法权以来,已经制定特区法规300多部。"中英街"作为边境特别管理区,可以说是特区中的特区,管理区面积只有区区0.17平方公里,专门为如此特殊的狭小区域立法,而且主要针对打击"水客"走私行为而制定特区法规,足以看出其特别之处,特殊区域就需要用特别立法。

其二,特区立法必须创新。创新是特区立法的根本所在,立法要实现制度创新,才是特区立法之本。创新性和先行性,也是特区立法的题中应有之义。"中英街"立法本身就是最大的创新,创新了边境管理模式,创新了垂直管理部门和所在地执法部门的联合执法方式，还明确赋予"中英街"管理机构调查权和处罚权。"中英街"立法的创新性，就是在国家尚未立法的情况下，由深圳特区遵循法和法律的基本原则，结合"中英街"边境管理的实际，制定出创新性特区法规，在特区内先行先试，为国家立法提供经验。

其三，立法要坚持问题导向。地方立法的主要任务就是解决区域内的实际问题，这就要求地方立法应当着重关注本地区的实际情况和特殊问题，准确把握问题的实质和特点，以具体可行的制度方案解决特定问题。"中英街"的立法正是一种以问题为导向的立法，立足于边境特别管理区的实际情况，针对打击并解决"水客"走私行为这一特定问题而进行的特别立法。

其四，一事可以立一法。"中英街"立法指向性明确，针对性特别强，总共只有28条，不分章节。这体现了立法不一定要贪大求全，特殊问题可以一事立一法。这类立法的条文宜精简，有几条就写几条，每一条都写实写细，在管用上下功夫，增强立法的可操作性。立法要防止"大而全"或者"小而全"，突出实用性，立管用之法。

B.20
《深圳经济特区大鹏新区条例》立法若干问题研究

吕春宝　马菁　王玮*

摘　要： 深圳市大鹏新区成立于2011年，随着新区发展建设不断深入推进，逐步暴露出一些制度上的问题。为进一步贯彻落实党的十九大关于生态文明建设的重要精神，理顺大鹏新区管理体制，亟须制定《深圳经济特区大鹏新区条例》（以下简称《大鹏条例》），从根本上解决制约大鹏新区发展的制度问题。报告在介绍大鹏新区的建立与管理体制概况及分析发展存在的主要问题的基础上，论证了制定《大鹏条例》的必要性和可行性，并对《大鹏条例》的制定提出有针对性、实操性的意见和建议，即明确新区的定位，并授权新区制定具体措施的权限；完善新区管理体制；解决新区规划建设问题；授权新区制定生态文明建设相关措施的权限；完善新区发展保障机制。

关键词： 新区立法　管理机构　生态文明　全域旅游　生态补助

一　大鹏新区的建立与管理体制概况

（一）大鹏新区的建立

大鹏新区的行政区划属于深圳市龙岗区，位于深圳东南部，辖区面积

---

* 吕春宝，深圳市大鹏新区综合办公室调研员，法学硕士；马菁，深圳市大鹏新区综合办公室职员，法学硕士；王玮，深圳市大鹏新区综合办公室法律助理，法学硕士。

607平方公里，下辖大鹏、南澳、葵涌三个办事处，25个居委会。2011年10月，深圳市委、市政府通报将启动在龙岗新增一个功能新区，暂定为"大鹏新区"。2011年12月21日，市编办印发《关于成立深圳市大鹏新区管理委员会（中共深圳市大鹏新区工作委员会及纪律检查工作委员会）的通知》（深编〔2011〕85号），明确市委、市政府决定设立大鹏新区，并明确了新区的管理机构。2011年12月30日，大鹏新区正式揭牌成立，作为深圳的四个功能区之一。① 2012年1月，市政府公布《深圳市龙华新区和大鹏新区管理暂行规定》（市政府2012年第237号令），从立法层面确认设立大鹏新区。

（二）管理体制概况

大鹏新区已经形成了一套包括新区管理委员会（以下简称新区管委会）、管委会直属机构、办事处、市直相关部门派出机构以及派驻法庭和检察室等在内的一套较为完整的管理体制。

1. 新区管委会

根据市编办文件，新区管委会的行政是市政府派出机构，按正局级建制。新区管委会的定位是全面负责大鹏新区经济发展、城市建设和管理等工作，行使市政府决定由区级政府行使的职责。新区管委会直属机构负责承担具体职能事项。

2. 驻区机构

大鹏新区现有市规划国土委大鹏管理局、市交通运输委大鹏交通运输局、市公安局大鹏分局、市公安局交警支队大鹏大队、市市场和质量监管委大鹏局以及市社保基金管理局大鹏分局六个驻区机构。

3. 司法机构

大鹏新区已经设立深圳市龙岗区人民法院大鹏法庭（以下简称大鹏

---

① 深圳市原有四个功能区，分别是坪山新区、光明新区、龙华新区和大鹏新区。随着龙华新区和坪山新区相继成为行政区，光明新区成立行政区也被提上日程，大鹏新区可能成为仅剩的一个功能区。

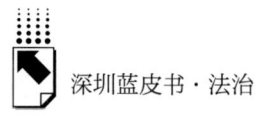

法庭)和龙岗区人民检察院派驻大鹏新区检察室(以下简称大鹏检察室)。

(三)发展存在的问题与困难

1.大鹏新区战略定位有待法定化

功能区大多通过相应法规明确战略定位。例如前海合作区、珠海横琴新区、广州南沙新区、宁波杭州湾新区、天津滨海新区等其他功能区均通过法规对其战略定位予以固定。大鹏新区则缺乏在法律层面上的定位。目前确认大鹏新区战略定位("美丽大鹏"和"三岛一区")的文件是《深圳市大鹏新区国民经济和社会发展第十三个五年规划纲要》。与前海合作区等其他功能区相比较,有关大鹏新区战略定位的文件层级不够高。定位不明确,导致新区制定区属发展政策的依据不充分,进行改革创新发展的动力不足。

2.现有管理体制机制不顺畅

新区管委会职责权限与其定位不匹配。市编办文件规定新区管委会"全面负责大鹏新区经济发展、城市建设和管理、社会事务管理工作",但在职能设置方面,新区通过有关委托协议实际获得的职权范围并不包括区政府的全部职权,比如,新区暂未获得海域审批、滩涂管理等方面权限,缺乏行政强制权,极大地限制了新区管委会在大鹏新区建设发展中发挥作用。管理体制机制不顺畅,带来了行政执法、复议和诉讼机制不顺畅的问题,增加了管理难度,降低了管理效能。① 一是新区执法职权本身是受委托而来,依照现行法律规定②不得再委托给办事处或直属机构,导致新区执法人员压力

---

① 深圳市法制办于2016年草拟了《深圳市人民代表大会常务委员会关于深圳经济特区光明、坪山、龙华和大鹏新区行政执法若干问题的决定》(以下简称《决定》),以解决新区管理体制机制不顺畅的问题。该《决定》已进入公开征求意见阶段。但随着其他新区相继成立行政区,制定《决定》的理由不再充分。对于现存的新区,管理体制机制不顺畅的问题仍旧存在。

② 根据《行政处罚法》第十八条的规定,受委托组织不得再委托其他任何组织或者个人实施行政处罚。

较大；同时，执法时只能以委托机关的名义进行执法，不仅容易造成行政相对人的误解，产生执法矛盾，而且因为无法获得行政强制权，造成执法不顺畅，执法成本增大。二是行政复议和行政诉讼方面，也出现行政复议和行政诉讼对象不顺，因新区管委会执法产生的行政复议和行政诉讼，行政相对人只能向龙岗区政府或者市级主管部门提出行政复议或诉讼，权责不对等的问题较为突出；行政复议和行政诉讼中，也因龙岗区政府及市政府相关部门不是直接执法主体，往往对执法情况不了解、不掌握，只能由新区管委会相关直属机构提供具体情况和答复意见，再以龙岗区政府名义回复相关申请人和原告，传达层级多容易导致信息错漏，办理机制不顺，增加申请人和行政诉讼原告的负担。三是执法监管方面，龙岗区政府及市政府相关部门作为委托执法机关，在整个执法和复议过程中，只能扮演"二传手"角色，无法切实履行行政复议监督指导职能。

3. 新区创新发展缺乏稳定的立法赋权保障

市委、市政府决定设立大鹏新区，提高大鹏半岛生态环境保护的效率，对大鹏半岛的旅游、生态资源进行有序性的开发利用，并使新区内宝贵的旅游、生态资源得到高水平、生态化、有序性的开发利用。因此，大鹏新区设立伊始，就在生态文明建设等多个领域承担着先行先试的重要使命。但由于缺少立法保障，目前面临许多问题：一是生态文明建设面临新挑战。大鹏新区成立前后十年，深圳出台多个生态建设方面的政策文件，提出"编制自然资源资产负债表""探索大鹏半岛生态系统生产总值（GEP）核算体系（取消考核GDP）""建立领导干部离任生态审计和环保责任终身追究制度""改革生态环保监管执法体制""完善生态环保监管司法保障机制"等多项创新措施，但均未上升至立法高度。二是生态补助机制有待进一步完善。深圳市和大鹏新区通过一系列政策文件开展生态补助试点，解决生态保护对当地居民的影响问题。但由于政策变动较快，基本实行"一年一批"，缺乏稳定的制度化补助机制，容易引发社会矛盾。补助机制单一，主要采用发放"补助金"的方式进行生态补助，且补助额度较低，难以调动原村民保护和改善环境的积极性。三是缺乏有效措施保护大鹏生态环境。新区需要制定和执行更为严格的环境保护标准，但作为深圳的旅游胜地，旅游业人流涌动带来较多环境问题，大鹏发展生态文明建设示范区的远景面临挑战。四是旅游业发展问题较为突出。尤其是民宿越来越多，由于缺乏相应的监管机制，安全隐患较多。

二 新区立法的必要性和可行性

（一）立法的必要性分析

1. 是创新完善功能区管理体制的需要

大鹏新区作为功能区，在管理机构行政职能履行上还存在较多合法性问题，导致管理体制不顺，更加掣肘了新区的发展。因此，运用特区立法权的优势，通过制定《大鹏条例》给予新区管理机构的充分授权、理顺新区管理体制，为新区的规划开发、产业促进、生态文明、社会治理等各方面建设提供强有力的法治保障，对于推进新区乃至整个深圳市东部地区的发展，落实东进战略等深圳市相关核心发展战略，都有着极为重大的意义。深圳是改革开放的前沿地，创新是深圳这座城市的灵魂和发展核心动力。在功能区管理体制方面，深圳充分运用了特区立法的优势，已有重大创新成果，比如前海的法定机构管理运作等创新管理机制等，在全国都被广为学习和借鉴。大鹏新区成立以来，在生态文明建设等领域也推出了不少创新举措，取得了显著成效，但在整个新区管理体制方面，创新突破略显不足，未能充分发挥功能区管理的体制机制优势。因此，有必要通过特区立法制定《大鹏条例》，在功能区管理体制机制方面进一步改革创新，提升新区管理的精细化水平，为创新完善功能区管理体制蹚出一条新路。

2. 是明确新区功能定位的需要

大鹏新区设立伊始时即定位为功能区。但是，大鹏新区在实际管理过程中，管理范围几乎涵盖了经济、社会、文化、生态等各方面，使得大鹏新区的功能定位不能够很好地凸显出来。同时，大鹏新区虽然在生态保护、全域旅游、海洋渔业等管理方面积极探索实践，但因为缺少必要的管理权限，很多事项无法突破。因此，有必要通过《大鹏条例》对大鹏新区的功能定位进行明确，并在管理权限等方面给予立法支撑。另外，按照市委市政府强区放权改革的内容，投资、城市更新、规划国土、交通运输、水污染治理、工程建设等领域部分事权将下放区级政府行使。为此有必要通过《大鹏条例》赋予大鹏新区管委会区级行政审批权限，作为市政府的派出机构，甚至可以赋予部分市级管理权限。

3. 是明确新区管委会管理体制的需要

根据设立大鹏新区的机构编制文件，新区党工委、管委会是市委、市政府的派出机构，但在行政法上，管委会被定位于具有行政管理职能的组织，并不具有完全的区级政府管理职能，导致大鹏新区管委会与市政府、龙岗区政府之间的关系不顺畅。比如行政执法方面，虽然大鹏新区管委会是市政府的派出机构，但是却需要受龙岗区政府及其工作部门的委托。根据市领导相关指示精神和大鹏新区实际情况，大鹏新区完全走行政区的路子有很大难度，仿照前海的做法也需要广东省乃至国务院的审批，可以说在较长时间内大鹏新区都要按照新区的模式来管理运作。因此，在维持现有大鹏新区管理机构法律地位不变的情况下，需要通过制定《大鹏条例》重新明确大鹏新区管委会的管理体制，根据实际需要授权有关的管理职能。

4. 是解决行政执法困境的需要

大鹏新区作为承担县区级政府职能的功能新区，行政执法职权主要来自与龙岗区签订的行政执法委托协议。但根据行政法相关原理及法律规定，被委托行使行政处罚等执法权限的主体，不得将相关职权再次委托，因此，大鹏新区相关部门无法再将相关执法权力委托给办事处、下属事业单位行使，相关执法权限由大鹏新区直属部门集中行使，负担较重，效果也不尽理想。根据法律规定，行政强制不得委托，除法律、法规授权外，大鹏新区无法通过委托执法模式取得行政强制权，严重制约新区执法工作的有效开展。比较突出的是大鹏新区缺乏安全生产监管、渔政、海监等领域的行政强制权，影响执法效果。因此，有必要通过《大鹏条例》对《行政强制法》的有关规定进行立法突破,并规定委托办事处执法的依据,以解决大鹏新区行政执法的困境。

(二)立法的可行性分析

1. 深圳有特区立法权可供使用①

1992年全国人大常委会授权深圳特区立法权以来,深圳利用特区立法权进行了大量冲破性、创新性立法。近年深圳市多部特区立法已逐步赋予新区所属机构以自己名义行使的行政检查、行政处罚、行政强制权。例如,2014年《深圳经济特区促进全民健身条例》、2015年《深圳经济特区人口与计划生育条例》已赋予新区所属机构以自己名义行使的行政检查、行政处罚权等;2014年《深圳经济特区规划土地监察条例》第六十四条已赋予新区规划土地监察机构行使包括行政强制权在内的行政执法权。以特区立法方式制定《大鹏条例》,突破现行法律的部分规定,对大鹏新区改革创新和发展进行专门赋权切实可行。

2. 划分事权属于市政府可以决定的事项

根据《地方各级人民政府机构设置和编制管理条例》第八条第二款授权各地方各级人民政府根据实际履职的需要,相应适时调整其行政机构。根据上述立法规定,市政府作为龙岗区的上级政府,应该可以根据实际管理体制的需要,将原龙岗区行使的行政管理权,划归至其派出机构——大鹏新区管委会,甚至可以授予大鹏新区管委会行使部分市级行政管理职能。划分事权属于市政府层面可以决定的事项,应该也可以在《大鹏条例》中一并规定,以解决大鹏新区管理体制不顺畅和缺少必要发展权限的问题。

3. 国内其他功能区有相关立法可供经验借鉴

采他山之石为己用,是重要的立法经验。功能区管理机构不是人民政

---

① 中国国家高新区立法呈现从无到有、从碎片化到系统化的趋势,初步形成了以科技产业立法为主导,区域立法为补充的全方位立法体系的雏形。其中以地方立法占绝对主导。见邹鑫《我国国家高新区立法问题研究》,《社会科学家》2017年第10期。

府，不能直接行使法律赋予区、县人民政府的管理权限，在行政审批、执法资格等方面影响了功能区管理机构的职能行使和制度创新，各类功能区条例都在立法中赋予功能区更多管理权限。功能区条例大都规定了管理体制、规划建设、产业发展、投资促进、生态文明建设、社会治理等方面内容。在功能区的立法方面，各省市一般以地方立法的形式，制定新区条例以保障功能区开发建设。19个国家级新区中，天津滨海新区与广州南沙新区出台了新区条例，自贸区、高新开发区、示范区等其他类型功能区也陆续出台了一些条例，如上海、天津、福建出台了自贸区条例，广西出台了《广西北部湾经济区条例》，珠海市出台《珠海经济特区横琴新区条例》，湖北省出台《东湖国家自主创新示范区条例》，宁波市出台了《宁波杭州湾新区条例》。对于功能区来说，最重要的是通过立法获得进行开发建设、社会治理等需要的管理权限。

三 其他功能区主要立法经验

从各类功能区立法经验来看，可以借鉴的有以下方面。

1.战略定位方面

功能区是政府为了特定目的设立，拥有相应的配套措施的区域。不同的功能区在战略定位上不同，发展方向也不同，因此大多数功能区条例都会在开头规定本功能区的战略定位。如《天津滨海新区条例》明确滨海新区作为综合改革创新区[1]；《广州市南沙新区条例》规定南沙新区的战略定位是具有世界先进水平的综合服务枢纽和社会管理服务创新试验区[2]；《中国

---

[1] 《天津滨海新区条例》第三条规定："滨海新区应当依托京津冀协同发展、服务环渤海、辐射'三北'、面向东北亚，建设成为中国北方对外开放的门户、高水平的现代制造业和研发转化基地、北方国际航运中心和国际物流中心、投资与服务贸易便利化综合改革创新区，逐步成为经济繁荣、社会和谐、环境优美的宜居生态型新城区。"

[2] 《广州市南沙新区条例》第三条规定："南沙新区的战略定位是建设粤港澳优质生活圈、新型城市化典范、以生产性服务业为主导的现代产业新高地、具有世界先进水平的综合服务枢纽和社会管理服务创新试验区，打造粤港澳全面合作示范区。"

（福建）自由贸易试验区条例》指明了自贸试验区应当在服务经济转型发展、对台合作和21世纪海上丝绸之路核心区建设中发挥示范引领作用①。大鹏新区可将"三岛一区"的战略定位在条例中确定下来。

2. 管理机构的法律地位方面

功能区的管理采取以下两种模式：一是成立管委会，作为上级政府的派出机构，代表上级政府行使功能区内的管理权，负责功能区内行政事务；二是成立法定机构，承担功能区内公共事务管理职能，不列入行政机构序列，具有独立法人地位。为赋予功能区更多自主权，立法一般通过概括性授权、权限下放等方式赋予功能区更多的管理权限。比如在对大鹏新区的坝光国际生物谷的管理问题上，可以参考《深圳经济特区前海深港现代服务业合作区条例》的规定，授权新区设立大鹏新区生物谷管理局等法定机构，加快推进生物谷建设。功能区管理机构是上级政府的派出机构，代表上级政府行使功能区内的管理权，负责功能区内建设规划、土地管理、城乡建设、城市管理等事务。功能区立法一般会专门设立一条明确管理机构的法律地位，使功能区管理机构"名正言顺"，如《广州市南沙新区条例》在立法中明确了南沙新区管理机构的地位②、《宁波杭州湾新区条例》明确授权宁波杭州湾新区开发建设管理委员会管理职权③。

3. 管理权限方面

功能区管理机构不是人民政府，不能直接行使法律赋予区、县人民政府的管理权限，在行政审批、执法资格等方面影响了功能区管理机构的职能行使和制度创新，各类功能区条例都在立法中赋予功能区更多管理权限。（1）对功能区管理机构进行概括性授权，如《宁波杭州湾新区条例》授权

---

① 《中国（福建）自由贸易试验区条例》第四条规定："自贸试验区应当成为投资开放、贸易便利、金融创新功能突出、服务体系健全、监管高效便捷、法治环境规范的自由贸易园区，在服务经济转型发展、对台合作和21世纪海上丝绸之路核心区建设中发挥示范引领作用。"

② 《广州市南沙新区条例》第六条规定："市人民政府设立的南沙新区管理机构负责南沙新区的规划、建设、管理和服务等工作，并组织实施本条例。"

③ 《宁波杭州湾新区条例》第四条规定："宁波杭州湾新区开发建设管理委员会（以下简称新区管委会）是宁波市人民政府的派出机构，负责新区内的开发、建设和管理工作。"

新区管委会市级经济管理权和相当于县级社会行政管理权。①（2）规定上级政府可将其管理权限下放给功能区管理机构，如《天津滨海新区条例》授权或者委托滨海新区人民政府及其职能部门行使相关职权。②（3）在审批权限下放、提高审批效率方面，《广州市南沙新区条例》规定由委托南沙新区管理机构行使市级审批权，且市级审批权限和执法权限原则上不得收回。③（4）一定程度的地方立法权限。如《天津滨海新区条例》授权滨海新区改革和创新涉及法律、法规、规章未规定的事项。④

4. 法律适用方面

对功能区内法律适用问题，立法一般规定作出适用决定的主体，如《珠海经济特区横琴新区条例》规定法规、规章不适应横琴新区实际情况的，具体可由有权机关作出专门规定。⑤《广州市南沙新区条例》规定，市人民代表大会或者其常务委员会就不适应南沙新区发展的，有权作出决定或者对有关地方性法规进行修改。⑥《中国（福建）自由贸易试验区条例》规

---

① 《宁波杭州湾新区条例》第四条规定："在保持慈溪市行政区划不变、司法管辖不变、汇总统计口径不变的前提下，新区管委会在其管理范围内行使宁波市人民政府授予的相关市级经济管理权限和相当于县级社会行政管理权限。"

② 《天津滨海新区条例》第九条规定："除依法应当由市人民政府管理或者需要全市统筹的事项以外，市人民政府及其职能部门可以将市级管理权限授权或者委托滨海新区人民政府及其职能部门行使，具体事项范围由市人民政府规定。"

③ 《广州市南沙新区条例》第十条规定："市人民政府应当在本条例施行之日起一年内制定交由南沙新区管理机构行使的市级审批权限、执法权限目录并明确南沙新区管理机构的其他具体行政管理职责、公共服务的范围以及市人民政府各有关行政管理部门在南沙新区的职责，向社会公布。交由南沙新区管理机构行使的市级审批权限和执法权限原则上不得收回。"

④ 《天津滨海新区条例》规定："赋予滨海新区更大的自主改革、创新权。在法制统一的前提下，滨海新区改革和创新涉及法律、法规、规章未规定的事项，政府和人大可以在职权范围内作出相关决定。"

⑤ 《珠海经济特区横琴新区条例》第四十九条规定："本市制定的地方性法规不适应横琴新区实际情况的，市人民政府可以提请市人民代表大会及其常务委员会就其在横琴新区的适用作出相应规定；本市制定的规章不适应横琴新区实际情况的，管委会可以建议市人民政府就适用问题作出决定。"

⑥ 《广州市南沙新区条例》第九条规定："本市制定的地方性法规不适应南沙新区发展的，市人民政府可以提请市人民代表大会或者其常务委员会就其在南沙新区的适用作出决定或者对有关地方性法规进行修改。"

定根据需要可以暂时调整或停止适用有关法律、行政法规、部门规章的部分规定。①

5. 制度创新方面

在制度创新方面，横琴新区和天津滨海新区都规定了集中行使行政许可、行政处罚的内容，《珠海经济特区横琴新区条例》规定管委会应当通过相对集中行使行政许可权，组织相关部门联合办理、集中办理行政许可。②《天津滨海新区条例》规定滨海新区人民政府可以相对集中行使行政许可权、行政复议权。③ 福建自贸区、上海自贸区、天津滨海新区还规定了加强事中事后监管的内容，如《天津滨海新区条例》规定，滨海新区实行以加强事中、事后监管为主的动态监管。④

6. 简政放权方面

简政放权是政府改革的客观要求，也是实现政府职能转变的必然选择和实施路径。一些功能区规定了下放行政管理权的内容，如《广州市南沙新区条例》规定南沙新区管理机构根据国务院及其行政管理部门、省人民政府及其行政管理部门的授权或委托，行使行政管理权。⑤《中国（福建）自

---

① 《中国（福建）自由贸易试验区条例》第五十九条规定："自贸试验区改革创新需要暂时调整或停止适用有关法律、行政法规、部门规章的部分规定的，有关部门应当及时提出意见，依法定程序争取国家支持自贸试验区先行先试。"

② 《珠海经济特区横琴新区条例》第五十一条规定："管委会应当通过相对集中行使行政许可权，组织相关部门联合办理、集中办理行政许可，建立重大项目优先办理等方式，精简行政许可程序、缩短行政许可周期。"第五十二条规定："横琴新区内的行政处罚权可以依法相对集中行使，由管委会相关行政执法部门负责实施。"

③ 《天津滨海新区条例》第十一条规定："滨海新区人民政府应当深化行政审批制度改革，减少审批事项和环节，根据改革实践需要和国家相关要求，相对集中行使行政许可权，完善相对集中实施行政许可相关制度。"第十三条规定："经市人民政府批准，滨海新区人民政府可以相对集中行使行政处罚权、行政复议权。"

④ 《天津滨海新区条例》第十二条规定："滨海新区人民政府及其职能部门应当创新行政管理方式，优化管理制度、管理流程和管理措施，实行以加强事中、事后监管为主的动态监管。"

⑤ 《广州市南沙新区条例》第十条规定："南沙新区管理机构根据国务院及其行政管理部门、省人民政府及其行政管理部门的决定，行使其委托、下放或者以其他方式交由南沙新区管理机构行使的行政管理权。"

由贸易试验区条例》省政府、市政府依照法定程序授权或者委托片区管理机构进行管理。① 深圳正在进行"强区放权"改革，意在促使市级政府职权、事权的减量优化，促进区级政府职能的优化整合，带动街道和社区工作的改善加强。可借鉴其他功能区简政放权的规定，在新区条例中规定强区放权有关内容。

四 《大鹏条例》的立法建议

制定《大鹏条例》应当遵循立法基本原则，确保条例制定的合法性、民主性和科学性原则，要按照法定的权限进行，要体现立法内容的人民性和立法程序的正当性，要从实际出发，总结实践经验进行立法。

制定《大鹏条例》应当充分利用特区立法权。根据全国人大对特区立法的相关授权决定，特区立法可以在不违反法律法规基本原则的前提下，进行创新或者对上位法进行变通。《大鹏条例》立法应当充分利用特区立法的权限，在管理体制、规划建设、生态文明建设等各方面都大胆创新，并在新区管理机构授权等方面对上位法作了相应的变通，如立法变通赋予新区管委会及其职能机构行使区级政府及其部门的全部职能权限、变通新区行政复议工作机制等。条例重点围绕上述问题以及新区在生态文明建设的主要功能区职能定位，有针对性地通过立法解决存在的问题和障碍：通过立法授权解决管委会及其职能机构权限不足的问题；通过规划土地海洋管理方面的授权，赋予新区在规划编制、土地利用以及海洋开发方面更大的自主权限；通过人、财、物方面的立法支持、保障性规定，给予新区发展所需的更强有力保障。具体内容应当包括以下几个方面。

1. 明确新区的定位，并授权新区制定具体措施的权限

要明确大鹏新区产业发展的方向与重点。结合新区定位及产业发展实

---

① 《中国（福建）自由贸易试验区条例》第十一条规定："省人民政府和片区所在设区的市人民政府及其有关部门、平潭综合实验区应当遵循简政放权、高效便捷的原则，将经济社会管理权限依照法定程序授权或者委托给片区管理机构。"

际，明确新区优先发展环保、生物等战略性新兴产业和旅游、文化创意、电子信息等现代服务业。二是研究突破产业发展分区控制机制。通过特区法规适当放宽新区三级建设控制区内产业发展的范围；探索制定大鹏新区产业发展负面清单，明确新区禁止发展的产业范围。三是解决旅游业发展问题。包括为旅游业发展提供用地支持、加快交通基础设施建设、建设高端酒店、强化民宿监管和海滨浴场管理法律依据等多个方面。

2. 完善新区管理体制

一是明确新区管委会职能。通过《大鹏条例》明确新区管委会承担的全部职能，解决新区职权来源复杂、随意的问题。二是授予新区相当于区县一级政府的行政管理权限。通过特区法规授权新区相当于区县一级政府的行政管理职权，明确新区以自己名义行使立法规定由区县级政府行使的行政审批、行政执法、行政处罚、行政检查等方面行政管理职能。三是理顺行政复议和诉讼途径。明确因新区履行管理（含执法）职能产生的复议或诉讼，行政相对人直接针对新区提起复议或诉讼。

3. 解决新区规划建设问题

一是通过特区法规协调环境保护与经济发展的关系，拓展新区规划建设空间。二是通过特区法规授权新区以自己名义行使海域使用权审核、沿海滩涂管理等重要的规划建设权限。三是加强财政保障，加大道路等基础设施建设投入。四是完善土地收益留存及使用机制。参照《珠海经济特区横琴新区条例》等的规定，提升新区国有土地使用权出让、租赁收益留存大鹏新区的比例，并拓展使用范围。

4. 授权新区制定生态文明建设相关措施的权限

一是确立"生态立区"战略。明确将"生态立区"定为大鹏新区发展战略，以生态文明建设引领开发建设与产业协调发展；明确授权新区在自然资源资产管理、生态环境法治监管、生态补偿与有偿使用、海陆统筹机制等方面先行先试。二是完善"生态红线"制度规范。进一步明确和整合大鹏新区不同类型保护区的功能定位与管理体制，明确规定建立新区保护区分类体系，创新生态保护机制，建立统一协调和分级管控、分区管理、分类指导的管理体系。三是完善生态补助机制。明确规定建立以政府投入为主、市场推进和社会参与为补充的多元化生态保护补偿机制，以生态系统服务价值、生态文明建设要求为依据确定生态补偿标准。同时规定享受生态补偿的单位和个人的生态保护义务，明确对不履行生态保护义务的单位和个人终止发放其生态保护专项补助费。四是构建绿色循环经济体系。充分体现十九大报告中关于加快绿色发展的要求，建设绿色循环低碳发展先行区。构建资源循环利用、再生资源回收的体系化建设，注重资源利用节约化和集约化，在资源能支撑、环境可容纳的基础上发展产业经济，实现生产、消费、流通各环节绿色化、循环化、低碳化。五是改革生态环境监管体制。为落实十九大报告中提出的"改革生态环境监管体制"、"设立国有自然资源资产管理和自然生态监管机构"等具体要求，《大鹏条例》明确规定在大鹏新区开展改革生态环境监管体制改革，成立生态资源环境综合执法机构，统一实施国土空间用途管制，行使全民所有自然资源资产所有者职责、生态保护修复职责、污染排放监管和行政执法职责。

5. 完善新区发展保障机制

一是赋予创新强区放权体制机制的权力。通过特区法规授权新区以自己名义行使省、市政府下放的管理事项及职权，理顺下放事权承接履行机制；按照"费随事定、因事定员"的原则加强新区承接下放事权的人、财、物保障；合理划分新区、街道以及社区事权。二是赋予制定创新人才引进和培育政策的权力。通过特区法规授权新区适度提升新区人才奖励补贴待遇，加大人才住房保障力度；放宽新区人才补贴政策在年龄、学历、户籍、工作年限等方面的限制；支持新区创新制定中层次人才和紧缺人才补贴政策；支持新区借鉴前海等地先进经验，探索设立专门的法定机构负责坝光等核心片区的开发建设。三是完善新区财政保障机制。围绕"强区放权"改革和"东进战略"，进一步提升新区与市级财政共享税收分成、分享国有土地收入分配的比例，加大对新区专项转移支付的支持力度，强化新区财力保障。

总之，《大鹏条例》立法不仅应"站在巨人的肩膀上"，还应将特区立法运用得当，解决大鹏新区目前存在的现实问题，成为深圳创新管理体制的典范。

B.21
前海建设有中国特色社会主义法治示范区的探索历程

黄瑞栋*

摘　要： 建设有中国特色社会主义法治示范区是前海的重要使命。报告回顾2012年12月习近平总书记视察深圳前海5年以来，前海建设有中国特色社会主义法治示范区的实践，包括法治建设的背景、立法和制度建设、法治机构建设、审判改革、检察创新、公安改革等，提出了建设有中国特色社会主义法治示范区的展望与建议，即以习近平新时代中国特色社会主义思想和十九大精神为指导，推进法治示范区建设；重点推进现代服务业发展法治营商环境建设；着力构建有利于深港合作和国际化的法治环境；坚持先行先试和创新。

关键词： 前海　法制机构　法治示范区　中国特色社会主义法治体系

2012年12月7日，习近平任总书记后离京考察第一站来到深圳，在深圳的前海，习近平总书记强调："前海的改革，要相信法治的力量。"并做出重要指示："前海可以在建设有中国特色的社会主义法治示范区方面积极探索，先行先试。"[①] 五年来，深圳及前海坚决贯彻落实习近平总书记的指示要求，在法治理念、法治主体、立法司法执法等诸多领域不断创新、大胆

---

* 黄瑞栋，深圳市史志办公室（市委党史研究室）。
① 王腾飞：《前海全力推进社会主义法治示范区建设》，《深圳特区报》2014年11月17日。

探索，建设有中国特色的社会主义法治示范区取得初步成效，前海法治优势得到初步彰显。

一 前海建设有中国特色社会主义法治示范区的背景

党的十八大以来，党和国家事业发生了历史性变革，取得了历史性成就，全面依法治国的理论和实践进入新境界，深圳前海就是在这个新的时代背景下开展建设有中国特色社会主义法治示范区的探索。

（一）党和国家提出"建设中国特色社会主义法治体系，建设社会主义法治国家"的依法治国总目标

党的十八大选举出新一届中央委员会，并提出了夺取中国特色社会主义新胜利的基本要求。会议强调把法治作为治国理政的基本方式，对全面推进依法治国做出了全面部署，提出完善中国特色社会主义法律体系、推进依法行政、进一步深化司法体制改革、加强法制宣传教育等具体的法治建设措施和要求。

之后的2014年党的十八届四中全会通过了《中共中央关于全面推进依法治国若干重大问题的决定》，确定了建设中国特色社会主义法治体系、建设社会主义法治国家的依法治国总目标。对中国特色社会主义法治国家的内涵、要求等作出了明确规定。

（二）深圳市委、市政府提出"建设一流法治城市"以及把前海"建成最能展示深圳市场化、法治化、国际化形象的城市板块"的战略目标

党的十八大以来，深圳市提出建设"一流法治城市"的战略目标，作出一系列加强法治化建设的部署。2013年12月3日，深圳市召开全市加快建设一流法治城市工作会议，制定并出台《深圳加快建设一流法治城市工作实施方案》，其中提出"开展前海法治化国际化营商环境建设提速专项行

动",要求充分依托特区拥有立法权的优势,积极争取全国人大支持,在前海加快建立与国际接轨的商事法律体系。在前海法院、国际仲裁院、境外律师事务所办事处或分所设立和工作机构完善方面进行探索。2014年10月召开的深圳市委五届十九次全会第二次全体会议强调,在实施加快建设一流法治城市的《重点工作方案》时,必须充分利用好前海平台,在现代警务改革、建立国际律师学院、探索跨区域设置法院等领域大胆探索、率先突破。2015年5月召开的深圳市第六次党代会提出"加快自贸区和前海开发开放,充分发挥自贸区和深港现代服务业合作区的叠加优势","建成最能展示深圳市场化、法治化、国际化形象的城市板块"[①]。深圳市六届人大一次会议上,时任市长许勤也在政府工作报告中特别指出要建设前海蛇口自贸区与国际对接的投资贸易规则体系。

(三)前海打造社会主义法治建设示范区的明确提出

《前海深港现代服务业合作区总体发展规划》2010年8月26日获得国务院批复。根据该规划,前海管理局享有相当于计划单列市的审批管理权限,广东省和深圳市政府陆续将部分行政审批事项移交前海承担。该规划"保障措施"部分提出了"打造社会主义法治建设示范区"的目标要求,明确前海要在全国人大授予深圳的经济特区立法权限内制定法规、促进深港法治合作、健全法治工作机制。

(四)自贸区法治建设要求

2015年4月27日,"中国(广东)自由贸易试验区深圳前海蛇口片区管理委员会"在前海正式挂牌。2015年7月20日,广东省人民政府下发《中国(广东)自由贸易试验区建设实施方案》,明确了广东自贸区的总体要求、功能布局、主要任务和具体措施、工作要求等,在总体要求部分提出

---

① 马兴瑞:《解放思想、真抓实干,勇当"四个全面"排头兵,努力建成现代化国际化创新型城市》,《深圳特区报》2015年6月16日。

要以制度创新为核心、以探索建立面向国际的高标准规则体系为重点,按照法治引领的原则,探索法治化的营商环境。

在全面依法治国方略下,在一流法治城市建设目标的引领下,在自贸区法治建设的叠加推动下,前海社会主义法治建设示范区建设取得了突出成绩。

二 前海立法和制度建设

前海的建设具有法治先行的特点,"一条例两办法"是前海制度体系基本框架。前海成立之初的2011年6月,深圳市人大常委会即通过《深圳经济特区前海深港现代服务业合作区条例》明确了前海管理局职能、土地利用方式、税收优惠政策等基本制度。同年9月深圳市政府先后通过了《深圳市前海深港现代服务业合作区管理局暂行办法》和《深圳前海湾保税港区管理暂行办法》,前者对前海管理局的职责、规划建设管理等方面作了规定,后者明确了前海保税港区的管理、开发、建设、经营等方面的基本制度。在此基础上,前海通过不断制定规章和规范性文件,不断丰富完善法规规章制度体系。

2012年12月24日印发的《深圳前海深港现代服务业合作区境外高端人才和紧缺人才个人所得税财政补贴暂行办法》,明确在前海工作、符合前海优惠产业方向的境外高端人才和紧缺人才,其在前海缴纳的工资薪金所得个人所得税已纳税额超过工资薪金应纳税所得额的15%部分由市财政补贴。

2013年发布了《深圳前海深港现代服务业合作区行政审批和行政服务管理暂行办法》《香港特别行政区会计专业人士申请成为前海深港现代服务业合作区会计师事务所合伙人暂行办法》《深圳市外商投资股权投资企业试点工作操作规程》《深圳前海深港现代服务业合作区现代服务业综合试点项目管理办法》《前海外籍高层次人才居留管理暂行办法》《深圳市前海深港现代服务业合作区社会投资项目备案核准管理暂行办法》等文件,进一步规范行政审批和行政服务,推进前海现代服务业发展,规范外商投资股权投资企业试点申请受理、审核等工作，为在前海从业的外籍高层次人才提供居留便利，增强深圳的国际人才竞争优势，等等。

2014年印发了《关于推进前海湾保税港区开展融资租赁业务的试点意见》，支持和规范前海海湾保税港区探索融资租赁业务创新。

2015年前海制度建设工作加速推进，《商务部关于支持自由贸易试验区创新发展的意见》以及《深圳前海深港现代服务业合作区产业发展资金管理暂行办法》《深圳市国家税务局关于创新自贸试验区税收服务10项措施的通告》《深圳市前海深港现代服务业合作区共同沟管理暂行办法》《深圳前海深港现代服务业合作区企业所得税优惠产业认定操作指引（试行）》等先后制定并出台。

2016年又先后制定并出台《中国（广东）自由贸易试验区深圳前海蛇口片区跨境电子认证应用管理暂行办法》以及《深圳市前海深港现代服务业合作区土地使用权招标拍卖挂牌出让若干规定（试行）》《深圳前海深港现代服务业合作区产业投资引导基金管理暂行办法》《深圳前海深港现代服务业合作区总部企业认定及产业扶持资金申报指南》《深圳前海深港现代服务业合作区现代服务业综合试点专项资金管理办法（修订版）》《深圳市前海深港现代服务业合作区工程质量保修担保管理办法》（试行）《深圳市前海深港现代服务业合作区人才住房管理暂行办法》等法律法规和制度。

2017年先后制定《深圳前海深港现代服务业合作区现代服务业综合试点项目验收指引（试行）》《深圳市前海深港现代服务业合作区土地租赁管理办法（试行）》《深圳市前海深港现代服务业合作区法律服务业专项扶持资金实施细则》《深圳市前海深港现代服务业合作区临时用地管理办法（试行）》《深圳市前海深港现代服务业合作区土地储备管理办法（试行）》等。

三 法治机构建设

前海在探索建设中国特色社会主义法治示范区过程中，创设了众多富有特色的法治机构。

前海法律专业咨询委员会。该委员会委员来自香港、澳门和内地，都是各自领域的顶级专家，目的在于充分发挥各位委员个人能力，充分利用法咨委平台，为前海法治创新、深港法治合作建言献策、贡献才智。前海管理局内设法治处室，主要职责有区域内立法合法合理审查、法治建设与社会建设的统筹协调，如法制建设、立法申报、法务审查等工作，推进深港法治融合，加快营造前海国际化法治化营商环境。

前海廉政监督局。2013年5月8日挂牌成立，集中了纪委以及监察、检察、公安、审计等部门的廉政和职务犯罪监督的新机制，人员由本局编内人员和市级检察、公安、审计派驻人员组成，分小组对接前海有关部门，工作中实行开放式监督，吸收专业和社会人员参与监督。

深圳国际仲裁院。2013年进驻前海，是中国内地第一家，也是目前唯一一家推行法定机构改革，并实行以国际化的理事会为核心的法人治理机制的仲裁机构。

前海法院。2015年1月28日挂牌成立，管辖前海合作区内的一审民事、商事和执行案件，并集中管辖深圳全市基层法院一审涉外、涉港澳台商事案件。前海法院受理案件数量增长很快，从2015年的约1000件、2016年的约4000件增长到2017年的11980件。2017年，仅涉港商事案件就达1122件。

前海检察院。2016年4月挂牌成立，是深圳市人民检察院按照中央统一部署和全国人大常委会授权的试点决定，在前海设立的新型检察院，统一负责全市知识产权刑事案件，及全市涉外、涉港澳台民商事案件的监督。

深圳知识产权法庭和深圳金融法庭。2017年12月正式揭牌办公，作为深圳市中级人民法院的派出法庭。

此外，还有众多法律服务机构落户前海。如中国港澳台和外国法律查明研究中心以及最高人民法院港澳台和外国法律查明研究基地、最高人民法院港澳台和外国法律查明基地、前海公证处、数十家律师事务所及分所、多家粤港澳联营律师事务所，广东公标、安证计算机司法鉴定所等知识产权司法鉴定机构，他们共同组成了一条完整的前海法律服务链条。

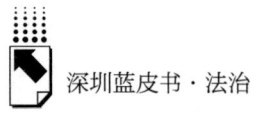

四 执法司法和法律服务工作创新

（一）审判改革

前海法院是最高法院明确要求建设的综合性司法改革试点法院，该院确立去"地方化"、去"行政化"、去"大众化"等改革方向，在多方面进行创新：重新配置内部职权，不再设立传统的业务庭室，建立一个法官配置两个法官助理、一个书记员的审判小组作为审判基本运作单位，并探索任期制法官制度；探索适用香港法或域外法进行案件审理，建立符合国际惯例的调解、仲裁等多元化纠纷解决机制；健全司法权运行机制，强化庭审中心化实质化，实现涉外涉港澳台案件审判的现代化国际化；探索审判和执行相对分离的制度。此外，还在答辩制度、案件繁简分流、判决书说理和少数意见载明、送达机制等细节方面进行改革创新。

（二）检察改革

前海检察院统一负责深圳全市知识产权刑事案件，及全市涉外、涉港澳台民事、商事案件的监督，并探索特殊案件的跨行业管辖。市检察院制定并出台有关服务保障前海建设的意见，率先探索检察机关提起公益诉讼制度，实行检察官负责制。同时设立检察官监督委员会，加强和改善检察自身监督。

（三）公安执法机制创新

强化行政处罚的程序正义，试行"庭审式"警务裁处机制，引入非公安机关的人员参与案件审议，充分听取行政相对人的陈述申辩，引入法律援助和律师服务，公安机关要说明处罚认定和处罚过程，提升了执法的透明度和公正性，保障了相对人的合法权利，强化了对执法人员的监督，体现了行政处罚的公正性、公开原则和参与原则。

(四)法律服务创新

前海着眼于提升商事法律服务"国际化"水平,建立法律查明"一中心两基地"。加强公证改革,通过建立在线预约、在线申办平台,实现37类公证业务网上办理,引入人证识别一体机,建立公证"大数据"系统,实现公证移动式办公,建立前海融资租赁"业务+公证"系统。完善信用体系,建立企业信用警务预警平台。

在取得一系列成绩的同时,也要看到前海的法治化建设存在突破性的改革创新、可复制推广的经验不够多,示范效应不够强,法治优势和法治核心竞争力还没有得到充分彰显等问题,需要通过进一步改革探索创新更好发挥示范作用。

五 展望与建议

党的十九大作出了"中国特色社会主义进入新时代"的重大判断,提出了建设中国特色社会主义法治体系、建设社会主义法治国家的全面推进依法治国总目标,并做出了一系列法治建设的新部署。前海作为国家批复的、唯一的建设有中国特色社会主义法治示范区,要按照习近平总书记"前海可以在建设有中国特色的社会主义法治示范区方面积极探索,先行先试"[1]的指示要求,在立法、司法、行政管理等方面继续创新发展,为深圳建设竞争力影响力卓著的创新引领型全球城市发挥"特区中的特区"的作用。

(一)要以习近平新时代中国特色社会主义思想和十九大精神为指导推进法治示范区建设

十九大提出要深化依法治国实践,对立法、依法行政、司法、普法等方面工作做了部署。前海学习贯彻十九大精神,加强法治建设,首先要提高政

---

[1] 王腾飞:《前海全力推进社会主义法治示范区建设》,《深圳特区报》2014年11月17日。

治站位，全面深入贯彻落实习近平新时代中国特色社会主义法治思想。坚持党对法治全过程和各方面的领导，树立中国特色社会主义法治理念，建设社会主义法治地区。其次要坚持立法先行，制定"良法"。良法是促发展、保善治的手段，也是发展和善治要追求的目标。前海为中国特色社会主义法治建设先行先试，必须根据国家法治发展需要，结合前海实际推进科学立法，坚持实事求是、坚持问题导向，在更多基础领域、细化领域、实施领域制定出更多可复制、可推广的"前海法制"。要统筹推进前海立法工作，加强立法项目的调研、起草工作，灵活运用委托立法等形式提升立法质量。再次要推进依法行政。中国提出2020年"基本建成法治政府"的目标，法治政府的核心内涵和关键是依法行政。要深化行政机构和执法体制改革，建立行政集中执法机构；提升行政服务质量和水平，提高行政审批效率；推动政府管理由注重事前审批向注重事中事后监管，建设综合行政执法信息平台。最后要继续深化司法改革。党的十八大以来，中国司法改革快速推进，现在进入改革深化阶段。要抓好"综合配套"改革，坚持顶层设计的前提下，完善体制机制，优法司法环境，解决新问题；抓住司法责任制这个"关键点"，严格落实办案质量终身负责、错案责任倒查问责等制度。同时，要加大普法力度。推进社会主义法治文化建设，促进法治文化传播。

（二）要重点推进现代服务业发展法治营商环境建设

前海是深港合作、自由贸易的载体，需要更为高效和便利的管理手段，在自贸区尝试更加灵活、更加市场化的管理方式和法治环境也是世界各国的通行做法。国家统计局深圳调查队调查报告显示，75.29%的企业在问及为什么选择在前海投资时，表示最看重的是前海公平公正的法治环境[①]。因此，推进前海发展和前海中国特色社会主义法治示范区建设，需要着力在营造稳定公平透明、可预期的高标准营商环境上下功夫。要严格落实深圳市

---

① 马培贵：《前海探索适用香港法律之路 打造一流的法治营商环境》，《深圳特区报》2016年11月25日。

《关于加大营商环境改革力度的若干措施》,坚持稳定公平透明、可预期原则,提升服务效率,规范行政管理,降低企业运营成本,实行严格的知识产权保护制度,建立完善的财产权保护机制。

(三)要着力构建有利于深港合作和国际化的法治环境

根据国家对前海的发展定位,前海是对接香港、通达世界、辐射全国的国际化现代服务业中心。前海加强法治建设要始终着眼于国际化,使国际化成为前海不同于国内其他开发区的独特优势。要积极落实国家"一带一路"倡议、粤港澳大湾区等发展战略,做好香港和外国优秀商事法律和惯例移植到前海的工作,推进商事法律与国际通行规划对接,根据国际惯例办事,参与世界规则的制定,以国际化的手段去配置全球性资源。加强国际仲裁机制的探索,加速与国际商事审判规则接轨。探索涉港合同选择香港法律实施的路径。

(四)要坚持先行先试和创新

改革创新是深圳的根,深圳的魂。深圳因改革开放而立,因改革开放而兴。党和国家赋予深圳、前海先行先试的使命。国家批复前海为全国唯一一个建设有中国特色社会主义法治示范区,授予前海法治先行先试、先行探索的权力,就是要前海在中国建设有中国特色社会主义法治上为中国积累经验。阿联酋城市迪拜在自身自然资源禀赋不足的情况下,在20世纪70年代崛起成为中东地区的经济和金融中心,获得了巨大成功,原因之一就是进行法治创新,将自贸区内经营的公司视为境外实体,使迪拜独立于传统阿拉伯法律监管,解决了传统法律制度不适应现代服务业特别是金融业发展的问题。法治创新带来的巨大核心竞争优势已经得到实证。因此,法治先行、法治创新是前海发展之关键,是前海发展相较于国内其他自贸区的重大优势。

在法治创新中,首先,要强化法治创新意识。将法治建设作为前海的重要工作任务,用好用足法治先行先试的政策,不断推进法治研究创新、立法创新、行政执法创新、司法创新,以及其他各个法治环节的创新,重点在金融中心建设、营造国际化营商环境以及运用法律保障现代服务业发展方面先行先试。其次,是要注重法治"微创新"。中国是成文法国家,成文法在全国统一实施是法治国家的基本要求。随着中国特色社会主义法治体系日益完善,如何在现有国家基本法律制度框架下进行法治改革创新是一个十分艰巨的任务,十分具有挑战性。在这种情况下更应当注重在法律制度细节、执法和司法程序等领域的创新,对司法改革快速推进过程中遇到的新情况、新问题进行认真研究,不断补充、完善现有法律制度,通过一个个小创新、微创新,汇聚法治创新的力量,使法制更加科学完备、司法更加公平正义、执法更加公正文明。最后,要加强新事物、新技术等新领域方面的法治创新。前海面向港澳、连通世界,依托深圳这个改革开放前沿和创新性城市,我们可以预见前海法治建设过程中将更早地遇到新生事物、新的技术引发的法治需要和带来的法治问题,这也是前海法治创新得天独厚的条件。加强这些新领域的法治研究,提出法治化应对和治理路径,将是前海法治创新的重要方面和突破口。

附 录
Appendices

B.22
2017年深圳法治大事记

王庆恩 李朝星*

1. 深圳市中级人民法院打造"执转破"无缝衔接样本

2017年2月,深圳市中级人民法院成立了全国首个跨立案、破产和执行三个机构的"执转破"合议庭,对"执转破"案件实行专业化审理。"执转破"即执行案件移送破产审查,执行法院发现被执行企业法人资不抵债、符合破产条件,经有关当事人同意后及时将企业移送破产,通过破产程序来化解相关矛盾纠纷。"执转破"有利于健全市场主体救治和退出机制,对债权人进行平等保护,改善营商环境;也有利于化解执行积案,释放司法资源。

2. 深圳前海推出全国首个"一带一路"法治地图

2017年3月21日,"一带一路"法治地图项目在深圳前海正式启动,

---

* 王庆恩,就职于深圳市方志馆;李朝星,就职于深圳市社会科学院。

系全国首个服务于"一带一路"建设的大型中文法律公共数据库和国际化公共法律服务平台。该项目涉及5大法系、64个国家、3000多部重点法律、50余种语言、44亿人口。截至2017年底,已完成中亚、西亚、南亚片区22个国家和地区共计300余万字法律的编译工作。"一带一路"法治地图作为企业海外投资的法治"导航仪",对提升深圳市国际化、法治化营商环境具有重要意义。

3. 深圳诞生国内首部全面推进质量发展的地方法规

2017年5月9日,深圳市人大常委会正式发布《深圳经济特区质量条例》,这是国内首部宏观质量管理领域的地方法规。该条例以立法方式对"大质量"建设的目标内容作出了规范,为加快探索质量型发展模式提供了法制保障。2017年12月23日,在2017"质量之光"年度质量盛典上,"国内首部全面推进质量发展的地方法规在深圳诞生"被评为2017年十大质量事件之一。

4. 深圳实施刑事案件认罪认罚从宽机制

2017年5月11日,深圳市罗湖区委政法委发布《深圳市罗湖区刑事案件认罪认罚从宽机制实施方案(试行)》及《深圳市罗湖区办理拒不执行判决、裁定罪案件实施细则(试行)》。6月22日,深圳市罗湖区人民法院适用简易程序,公开庭审了秦某钢贩卖毒品案、刘某平盗窃案,这两宗案件为罗湖法院受理的首批认罪认罚案件。刑事案件认罪认罚从宽机制体现了现代司法的宽容精神和人文关怀。

5. 深圳发起"好人举手,共建品质消费生态圈"活动

消费作为质量创新第一驱动力,从需求侧出发引导品质消费,倒逼供给侧质量提升。2017年5月22日,深圳市市场和质量监督管理委员会等发起的"品质消费"共建活动,按照"好人举手、一流标准、品质挑战、众筹监督"的创新机制,联合行业和企业共建"品质消费生态圈",给优质产品点赞。"好人举手"活动在社会上引起热烈反响,得到广泛关注。

6. 深圳市公安局成功侦破"609"特大制贩毒专案

2017年6月,深圳市公安局专案组成功侦破"609"特大制贩毒专案,

抓获犯罪嫌疑人7名，捣毁毒品加工厂1间、毒品仓库3间，缴获各类毒品共计约2.5吨，一举摧毁了横跨粤港两地跨境走私、制造、贩卖毒品的特大犯罪团伙，斩断一条跨境制贩毒品的国际通道。该案单案缴获2.5吨的天量毒品成绩全国罕见，创深圳市最高单案缴毒数历史最高纪录。

7. 深圳发布反贿赂管理体系深圳标准

2017年6月12日，深圳发布了反贿赂管理体系深圳标准，这是国内首个反贿赂管理地方标准，为企业对贿赂事件说"不"提供了标准和指南。该标准明确了企业等各类组织建立和实施反贿赂管理体系的整个流程，要求采取尽职调查、财务控制、非财务控制、规范礼物招待及类似好处、要求商业伙伴实施标准等八大管控措施，为企业有效发现、预防和管控贿赂风险，积极应对反贿赂贸易要求提供了全面管理框架和指南。该标准是运用标准化手段提升企业反腐水平的积极探索，也是推动预防腐败工作向社会领域延伸的重要突破。

8. 《深圳市司法体制改革第三方评估报告》由中国法学会发布

2017年7月6日，中国法学会在北京发布《深圳市司法体制改革第三方评估报告》。评估报告由中国法学会组织中国人民大学、清华大学、北京师范大学的知名法学专家共同完成，全面展示了2014年以来深圳改革经验。由中立第三方按照完善的评估体系对改革试点的实际效果进行评价分析，对于公正准确评价分析司法改革试点，总结可复制、可推广的经验，确定司法体制改革下一步最迫切、最需要、最合时宜的行动方案，促进司法改革目标更好更快实现具有重要意义。

9. 深圳率先全国上线运行行政诉讼的服务平台

2017年7月12日，深圳市中级人民法院、盐田区人民法院启动"法智云端"平台。该平台是全国首个专门针对行政诉讼的服务平台，可为行政机关提供：网上立案、网上答辩、电子送达、网上阅卷、案件管理、网上庭审、案例查询、统计分析等八方面诉讼服务。未来将逐步建成面向所有诉讼当事人的行政诉讼服务平台，实现网上预约、网上立案、网上缴费、信息查询、材料收转、网上阅卷、材料下载等功能，为所有行政诉讼当事人提供

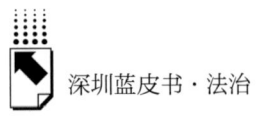

"e站式"诉讼服务,从而进一步方便行政诉讼当事人诉讼,提高行政审判质量和效率。

10. 深圳市知识产权法律保护研究中心揭牌启动

2017年7月,深圳被国家知识产权局确定为第一批知识产权综合管理改革试点地方。在深圳市人民检察院的推动下,在腾讯公司的大力支持下,经民政局批准,深圳市人民检察院以原有的知识产权刑事法律保护研究中心为基础,升级注册登记了"深圳市知识产权法律保护研究中心"。"深圳市知识产权法律保护研究中心"于7月31日揭牌启动。

11. 深圳市政府建立首批12家立法联系点

2017年7月28日,深圳市政府法制办组织召开政府立法工作联系点授牌仪式暨民主立法工作座谈会,选取深圳市工业总会、深圳市留学生创业园、深圳市外商投资协会等12家单位作为政府立法的首批联系点。这是深圳市政府进一步完善科学立法、民主立法机制,不断提高立法工作质量的又一举措。

12. 深圳市委出台《法治中国示范城市建设实施纲要(2017~2020年)》

2017年8月4日,深圳市委出台《法治中国示范城市建设实施纲要(2017~2020年)》,明确提出2020年基本建成法治中国示范城市的总体目标。这是深圳对当前改革发展中一系列新挑战的现实考虑,也是推动实现更高质量发展的战略谋划。12月27日,深圳市召开建设法治中国示范城市工作会议对各项进行全面部署实施,推动以法治促发展、保障改革、助推创新、支撑开放、约束权力、加强治理,打造全面落实依法治国基本方略的法治先行区。

13. 深圳成立知识产权保护中心

2017年8月8日,深圳市知识产权保护中心在前海蛇口自贸片区揭牌。该中心是在深圳市标准技术研究院加挂"深圳市知识产权保护中心"牌子,并相应增加知识产权保护业务咨询、维权指引、纠纷调解、侵权分析、鉴定评估、监测预警、快速维权服务等职能,从而建立起知识产权保护的综合性服务平台。

14. 深圳环保部门开出深圳史上最大的环保罚单

2017年，深圳环保部门联合公安等部门持续开展"利剑一号"等执法行动，重拳打击环境违法行为，严惩环境违法企业。8月，深圳环保部门对深圳市永利鑫五金制品有限公司拒不改正暗管直排废水的违法行为处以1239万元的罚款，并责令停产整治、吊销排污许可证，这是深圳史上金额最高的环保罚单。其法定代表人也在此后被判处有期徒刑六个月，产生极大的震慑与警示作用。

15. 深圳南山推进"以审判为中心的刑事诉讼制度改革"

2017年8月17日，深圳市南山区人民法院、南山区人民检察院、南山区公安分局会签出台了《深圳市南山区侦查人员出庭作证工作指引》、《深圳市南山区鉴定人出庭作证工作指引》两份规范性文件。两个指引对侦查人员、鉴定人出庭作证的启动、操作、证据质证以及出庭人员的人身保护等具体程序作了明确规定，强化了侦查人员、鉴定人主体责任，形成对出庭作证工作的刚性约束和制度保障，推进了庭审实质化，让"事实调查在法庭、证据展示在法庭、控诉辩护在法庭、裁判说理在法庭"落到实处，提升司法公正公信力。

16. 深圳首家外国律师事务所驻华代表处获司法部批准设立

2017年9月，司法部批准同意布林克斯律师事务所在深圳市设立代表处，这是广东省自贸区内首家，也是深圳市历史上首家外国律师事务所驻华代表处。12月1日，美国布林克斯律师事务所深圳代表处在广东省深圳市南山区开业。

17. 法律服务机器人"艾娃"亮相

2017年9月24日，在"2017人工智能与模式创新—法律服务业变革之路"论坛上，法律服务机器人"艾娃"亮相，推动了人工智能（AI）和互联网对传统法律服务行业的冲击和法律服务行业变革的讨论。"艾娃"可存储100000余条法律法规、30000个典型案例数据、5000多条案情分析点及海量专业问答信息，现已具有申请援助、援助审查、援助实施、法律咨询等服务模块，具有智能语音识别技能，可实现法律援助及法律咨询中的人工智能化。

18. 深圳荣获"法治政府建设典范城市"称号

2017年9月26日,中国政法大学法治政府研究院发布《法治政府蓝皮书:中国法治政府评估报告2017》,对国内100个城市的法治政府建设情况进行全面评估。深圳因自2014年至今的评估中,每年排名始终名列前茅,政府建设的制度体系相对完备,政府决策相对规范,法律实施效果较好,行政复议和行政诉讼运行良好,被认为在法治政府建设方面具有典范意义。

19. 深圳法院"千场直播、当庭宣判"助力司法公开

2017年9月19日至12月31日,深圳中院在全市两级法院开展"千场直播、当庭宣判"专项活动,全年共在中国庭审公开网进行了1891场直播,累计观看量为310万人次。通过中国庭审公开网进行庭审公开直播,向广大市民以可视化的方式展示庭审过程,不仅体现了法院公开审理原则和庭审过程规范化,还进一步提升了司法为民、公正司法的能力和水平。

20. 深圳首家具有国家级重点实验室的司法鉴定机构揭牌成立

2017年10月24日,深圳市首家具有国家级重点实验室的司法鉴定机构——广东国检司法鉴定所揭牌成立。该所是深圳市司法局承接省级司法鉴定行政许可事项后批准设立的首家司法鉴定机构,是深圳出入境检验检疫局食品检验检疫技术中心整合9大国家级重点实验室、3个国家级基准实验室为主体设立的法医物证、法医毒物、微量物证三个鉴定类别的第三方司法鉴定机构。该所依托国家级重点实验室平台,高起点、高资质,实验室规模大、技术能力和研发水平强,智慧实验室和全程溯源系统可实现鉴定过程智能化管理,最大限度避免人为因素影响,确保司法鉴定意见客观准确、公平公正。

21. 福田区人民法院"融平台"正式上线

2017年11月1日,福田区人民法院正式上线运行智能便捷的"融平台"。该平台是多元化纠纷解决机制信息化平台,把多元化纠纷解决机制从线下搬至线上,在全国率先实现诉前调解全流程线上进行,在全省首推在线司法确认,形成法院引领、社会协同的信息化纠纷化解工作新格局。目前

"融平台"已实现在线立案、在线司法确认、类案推送、一键转诉讼立案四大功能,其在线工作模式,突破了时间和空间的限制,纠纷化解工作更便捷、智能、高效;类案繁简分值自动生成、案件状态变更短信自动发送等优势也能有效优化利用审判资源、减轻当事人诉累。

22. 深圳检察机关针对共享单车无序乱象开展检察监督

针对共享单车乱停乱放、押金难退、堵塞交通甚至消防通道等乱象,从维护公共利益出发,2017年11月16日,深圳市检察机关协同相关监管部门,举行共享单车民事行政检察监督约谈会,对7家共享单车企业进行约谈,督促其切实承担起社会责任,也督促行政监管单位加强执法力度、开展专项治理行动,推动共享单车投放运营秩序的改善。

23. 深圳市成功打造信用信息征管用一体化管理应用平台

2017年11月,深圳信用网2.0版全新建成并上线试运行,实现微信小程序等八种移动互联查询。该系统数据覆盖企业、个人、事业单位、社会组织四大主体,实现全市公共部门数据全口径归集。2017年归集个人信用信息13亿条,涵盖全市1854万人;市场主体信用总信息条数达到8072万条(6.3亿项),成功打造了深圳信用信息征、管、用一体化管理应用平台。平台集成企业信用画像和企业图谱关联分析,实现风险预警、精准监管和联动惩戒的智慧信用管理。

24. 深圳法援"机器人部队"投入使用

2017年11月23日,由深圳市司法局和南京擎盾信息科技有限公司联合研发的法律援助机器人正式投入使用。10台智能法援机器人"小法"从深圳市法律援助处服务大厅分赴十个区"服役",这是人工智能在公共服务领域的又一应用。造型可爱的深圳"小法",云端存储10万余条法律法规、10万余个法律问题、8000多条案情分析点及海量专业问答信息,基于法律人工智能和机器深度学习的技术,可以智能分析群众在工作生活中经常遇到的法律问题,为群众提供便捷、专业、全面的法律咨询服务。

25. 深圳出台《深圳经济特区警务辅助人员条例》

2017年12月1日,《深圳经济特区警务辅助人员条例》正式施行。该条例是全国首部规范公安机关辅警管理的地方性法规，通过特区立法引领辅警制度改革，对公安机关辅警的身份性质、职责权限进行创新性规定，赋予辅警一定的行政执法权限。同时，对辅警的招聘录用、层级晋升、日常管理、监督约束、职业保障等进行具体规范，解决了以往公安机关辅警法律地位不明、职责权限不清、职业保障偏低、管理使用不规范等突出问题，为规范辅警管理、解决城市警力不足问题探索出了新路径，也为全国公安机关辅警管理改革提供了"深圳经验"。

26. 深圳国际仲裁院入选2017年中国互联网法律服务创新项目

2017年12月15日，以"建设网络强国 共建法治生态"为主题的第三届中国互联网法治大会在北京召开。深圳国际仲裁院的"基于移动互联网的办案平台"项目从全国100多个项目中脱颖而出，成功入选"2017年互联网法律服务创新项目"。该项目以微信服务号为服务载体，通过深入整合移动互联网办案平台与仲裁案件管理系统，植入国内领先的仲裁人工智能机器人3i等方式，为当事人、仲裁员、办案秘书及业务关联方提供全智能、多层次、多维度、全闭环、便捷高效的互联网争议解决服务，大大提升了当事人的仲裁体验。

27. 深圳聘任首批60名特邀行政执法监督员

2017年12月21日，深圳市政府为首批聘任的60名特邀行政执法监督员颁发聘书。60名特邀执法监督员涵盖了10个社会领域，将参与到2017年的行政处罚案卷评查和法治政府建设考评工作中，监督各区、各部门的依法行政、行政执法工作情况。聘任首批特邀监督员，将相对"封闭"的执法工作"敞开大门"，让更多普通市民成为执法工作的参与者和监督者，将进一步促进执法的规范性、有效性，大大增强法律的公信力和权威性。

28. 深圳国际仲裁院通过国内首例仲裁机构合并产生

2017年12月25日，深圳市机构编制委员会发布关于优化资源配置整合设立仲裁机构的通知，宣布华南国际经济贸易仲裁委员会（深圳国际仲裁院）与深圳仲裁委员会整合成为深圳国际仲裁院（深圳仲裁委员会）。这是国内首例仲裁机构合并事件。

29. 深圳成立知识产权法庭、金融法庭

2017年12月26日，经最高人民法院批复同意，深圳知识产权法庭、深圳金融法庭正式揭牌。这两个法庭分别负责办理由深圳中级人民法院管辖的知识产权案件和深圳市辖区内除基层法院管辖范围之外的第一审民商事金融案件、不服基层法院审理的第一审民商事金融案件的上诉案件。两个法庭肩负着探索建立符合知识产权和金融司法规律、契合现代信息技术发展形势的审判机制的重任，将为全国法院推出更多可复制可推广的经验。

30. 深圳清理完成建市以来39万份红头文件

2017年，深圳市政府法制办完成了市政府规范性文件的集中清理工作。2016年开始，深圳对1979～2015年以市政府和市政府办公厅名义发布的39万余份红头文件进行了全面清理。清理工作历时1年半，清理出不需要继续实施的规范性文件1050件、需继续实施的规范性文件291件，形成了深圳市规范性文件有效目录和失效目录。这是深圳建市以来首次全面文件清理，在全省乃至全国范围内率先完成并对外公布有效目录，对监督政府权力、建设法治政府具有里程碑式意义。

31. 深圳市命案侦防工作首次实现"命案必破"

2017年，深圳市命案侦防工作连创三项历史最佳——首次实现"命案必破"，破案率100%创建市以来历史最高；命案发案同比下降近三成，创历史降幅最大；抓获命案逃犯近百人，创历史最多。深圳还创全国先河，构筑了命案防范体系，首创可防性命案新标准，开展命案防范宣讲工作，切实提升调处矛盾、防范命案的能力和水平，让深圳成为世界上最安全的大型现代化城市之一。

B.23
2017年深圳新法规规章

王庆恩*

一 2017年深圳制定、修改和废止的法规

1. 废止《深圳经济特区人口与计划生育条例》

2017年3月21日深圳市第六届人民代表大会常务委员会第十五次会议通过《深圳市人民代表大会常务委员会关于废止〈深圳经济特区人口与计划生育条例〉的决定》,自2017年3月21日起生效。《深圳经济特区人口与计划生育条例》于2012年10月30日深圳市第五届人民代表大会常务委员会第十八次会议通过,2013年1月开始施行,2015年10月,国家"全面两孩"政策正式实施后,《中华人民共和国人口与计划生育法》和《广东省人口与计划生育条例》都进行了相应修订,国家的法律和省的条例已经对计划生育政策、再生育条件、生育奖励和社会保障、服务管理、社会抚养费征收等内容作了明确的规定,深圳已无必要继续保留和适用该特区条例,故予以废止。

2. 制定《深圳经济特区质量条例》

2017年4月27日深圳市第六届人民代表大会常务委员会第十六次会议通过《深圳经济特区质量条例》,自2017年7月1日起施行。该条例将有关深圳质量的重点工作和行之有效的经验做法以法规的形式予以确定,是国内首部宏观层面的质量地方法规。

---

* 王庆恩,就职于深圳市方志馆。

3. 暂停适用《深圳经济特区出租小汽车管理条例》部分条款

2017年4月27日深圳市第六届人民代表大会常务委员会第十六次会议通过《深圳市人民代表大会常务委员会关于暂时停止适用〈深圳经济特区出租小汽车管理条例〉部分条款的决定》，自2017年5月5日起生效。暂停适用的条款主要涉及出租车营运牌照有偿使用及公开拍卖、出租车租费实行政府定价、出租车排气量等方面的规定。

4. 修订《深圳经济特区环境保护条例》

2017年4月27日深圳市第六届人民代表大会常务委员会第十六次会议通过《深圳市人民代表大会常务委员会关于修改〈深圳经济特区环境保护条例〉的决定》，自2017年5月16日起施行。修改的条款主要涉及排污许可制度，增强了排污许可管理和违法处罚力度。

5. 修订《深圳经济特区水资源管理条例》

2017年4月27日深圳市第六届人民代表大会常务委员会第十六次会议通过《深圳市人民代表大会常务委员会关于修改〈深圳经济特区水资源管理条例〉的决定》，自2017年5月16日起施行。此次修订将取水许可审批由市水务部门调整为由市区水务部门按照权限分工分别办理，并取消了取水许可证年审。

6. 修订《深圳经济特区城市供水用水条例》

2017年4月27日深圳市第六届人民代表大会常务委员会第十六次会议通过《深圳市人民代表大会常务委员会关于修改〈深圳经济特区城市供水用水条例〉的决定》，自2017年5月16日起施行。此次修订取消了由市政府制定城市供用水合同标准格式、供水企业暂停供水审批和备案的规定，规定由区水务主管部门行使相关审批权。

7. 修订《深圳经济特区水土保持条例》

2017年4月27日深圳市第六届人民代表大会常务委员会第十六次会议通过《深圳市人民代表大会常务委员会关于修改〈深圳经济特区水土保持条例〉的决定》，自2017年5月16日起施行。此次修订优化了开办生产建设项目有关编报水土保持方案的相关审批程序，建立了分类管理制度。

8. 修订《深圳经济特区注册会计师条例》

2017年4月27日深圳市第六届人民代表大会常务委员会第十六次会议通过《深圳市人民代表大会常务委员会关于修改〈深圳经济特区注册会计师条例〉的决定》，自2017年5月16日起施行。此次修订删除了经批准在特区设立的境外会计师事务所的常驻代表机构向市财政部门报送资料的规定和接受市财政部门监管的规定及有关罚则，并将会计师事务所每年度向财政部门报送业务信息修改为向注册会计师协会报送信息及其相关罚则。

9. 修订《深圳经济特区规划土地监察条例》

2017年4月27日深圳市第六届人民代表大会常务委员会第十六次会议通过《深圳市人民代表大会常务委员会关于修改〈深圳经济特区规划土地监察条例〉的决定》，自2017年5月16日起施行。主要对市区土地监察权力责任重新划分，下放部分土地监察权力。

10. 修订《深圳经济特区公证条例》

2017年4月27日深圳市第六届人民代表大会常务委员会第十六次会议通过《深圳市人民代表大会常务委员会关于修改〈深圳经济特区公证条例〉的决定》，对办理公证的情形以及公证员的回避相关规定进行修改完善，自2017年5月16日起施行。

11. 修订《深圳经济特区档案与文件收集利用条例》

2017年4月27日深圳市第六届人民代表大会常务委员会第十六次会议通过《深圳市人民代表大会常务委员会关于修改〈深圳经济特区档案与文件收集利用条例〉的决定》，自2017年5月16日起施行。删除了有关市、区重点建设项目、重大科学技术研究和技术改造项目实行档案登记制度的相关规定。

12. 修订《深圳经济特区人才市场条例》

2017年4月27日深圳市第六届人民代表大会常务委员会第十六次会议通过《深圳市人民代表大会常务委员会关于修改〈深圳经济特区人才市场条例〉的决定》，自2017年5月16日起施行。将开展人力资源服务业务从行政许可制修改为登记备案制。

13. 修订《深圳经济特区机动车排气污染防治条例》

2017年4月27日深圳市第六届人民代表大会常务委员会第十六次会议通过《深圳市人民代表大会常务委员会关于修改〈深圳经济特区机动车排气污染防治条例〉的决定》，自2017年5月16日起施行。删除由市环境保护部门委托机动车排气污染检测单位、环保标志等的相关规定。

14. 修订《深圳经济特区建筑节能条例》

2017年4月27日深圳市第六届人民代表大会常务委员会第十六次会议通过《深圳市人民代表大会常务委员会关于修改〈深圳经济特区建筑节能条例〉的决定》，自2017年5月16日起施行。删除有关由市主管部门建筑物围护结构和用能系统使用标准和技术规范中未涵盖的节能新技术、新工艺、新设备、新材料、新产品的，建设单位或者施工单位应当向市主管部门申请评估。市主管部门组织专家完成评估节能新技术、新工艺、新设备、新材料、新产品的相关规定，并修改有关施工图设计文件审查、太阳能利用等的规定。

15. 修订《深圳经济特区建设项目环境保护条例》

2017年4月27日深圳市第六届人民代表大会常务委员会第十六次会议通过《深圳市人民代表大会常务委员会关于修改〈深圳经济特区建设项目环境保护条例〉的决定》，自2017年5月16日起施行。细化了建设项目环境影响评价和环境保护设施竣工验收的有关规定。

16. 修订《深圳市节约用水条例》

2017年4月27日深圳市第六届人民代表大会常务委员会第十六次会议通过《深圳市人民代表大会常务委员会关于修改〈深圳市节约用水条例〉的决定》，2017年11月30日广东省第十二届人民代表大会常务委员会第三十七次会议批准，自2017年12月12日起施行。删除"经市水务主管部门考核认定，达到国家节水型企业（单位）标准的重点单位用户，其下一年度用水计划根据实际需要报市水务主管部门备案"的规定。

17. 修订《深圳市燃气条例》

2017年4月27日深圳市第六届人民代表大会常务委员会第十六次会议通过《深圳市人民代表大会常务委员会关于修改〈深圳市燃气条例〉的决

定》，2017年11月30日广东省第十二届人民代表大会常务委员会第三十七次会议批准，自2017年12月12日起施行。对燃气相关企业经营资质相关的审批事项、管理主体等方面的规定进行修改。

18. 修订《深圳市排水条例》

2017年4月27日深圳市第六届人民代表大会常务委员会第十六次会议通过《深圳市人民代表大会常务委员会关于修改〈深圳市排水条例〉的决定》，2017年11月30日广东省第十二届人民代表大会常务委员会第三十七次会议批准，自2017年12月12日起施行。此次修订对排水项目建设、排污许可证等方面做了全面修改，以与上位法衔接。

19. 制定《深圳经济特区人才工作条例》

2017年8月17日深圳市第六届人民代表大会常务委员会第十九次会议通过《深圳经济特区人才工作条例》，自2017年11月1日起施行。条例共分为七章，总则和附则外，依次为人才培养、人才引进与流动、人才评价、人才激励、人才服务与保障等部分。该条例将长期适用的政策和实践中成熟的经验、做法法定化，旨在以立法推动和促进人才发展体制机制改革，破除制约创新和发展的体制机制障碍。

20. 制定《深圳经济特区警务辅助人员条例》

2017年8月17日深圳市第六届人民代表大会常务委员会第十九次会议通过《深圳经济特区警务辅助人员条例》，自2017年12月1日起施行。《条例》对全国辅警改革进行创新突破，明确辅警身份为"公安机关工作人员"，赋予辅警有限执法权，大幅度提高辅警薪酬待遇水平，并以法规形式加以确认。

21. 修订《深圳经济特区消防条例》

2017年10月17日深圳市第六届人民代表大会常务委员会第二十次会议通过《深圳市人民代表大会常务委员会关于修改〈深圳经济特区消防条例〉的决定》，自2017年10月17日起施行。增加了有关建设单位在依法申请建设工程消防设计审核或者消防设计备案以及消防验收和竣工验收消防备案应当提供的资料的规定。

二 2017年深圳制定、修改和废止的政府规章

1. 修订六项规章

2017年1月4日深圳市人民政府六届六十六次常务会议审议通过《深圳市人民政府关于修改〈深圳经济特区城市雕塑管理规定〉等六项规章的决定》对《深圳经济特区城市雕塑管理规定》、《深圳经济特区生活饮用水二次供水管理规定》、《深圳市计划用水办法》、《深圳经济特区在用机动车排气污染检测与强制维护实施办法》、《深圳市房地产市场监管办法》、《深圳市绿色建筑促进办法》等六项规章予以修订，主要是取消了部分审批事项。该决定于2017年2月8日发布，自2017年2月8日起施行。

2. 制定《深圳市实施〈校车安全管理条例〉若干规定》

2017年2月13日深圳市人民政府六届六十九次常务会议审议通过《深圳市实施〈校车安全管理条例〉若干规定》，2017年3月1日发布，自2017年4月1日起施行。《深圳市校车交通安全管理暂行办法》（市政府令第150号）同时废止。

3. 制定《深圳仲裁委员会管理办法》

2017年4月14日深圳市人民政府六届七十四次常务会议审议通过《深圳仲裁委员会管理办法》，2017年8月4日发布，自2017年10月1日起施行。

4. 制定《深圳市地下综合管廊管理办法（试行）》

2017年4月14日深圳市人民政府六届七十四次常务会议审议通过《深圳市地下综合管廊管理办法（试行）》，2017年8月7日发布，自2017年10月1日起施行。

5. 制定《深圳市人民政府关于深化规划国土体制机制改革的决定》

2017年5月5日深圳市人民政府六届七十六次常务会议审议通过《深圳市人民政府关于深化规划国土体制机制改革的决定》，2017年8月12日发布，自2017年8月12日起施行。

6. 制定《深圳市公共信用信息管理办法》

2017年5月12日深圳市人民政府六届七十七次常务会议审议通过《深圳市公共信用信息管理办法》，2017年8月10日发布，自2017年10月1日起施行。

7. 制定《深圳市龙华现代有轨电车运营管理暂行办法》

2017年8月7日深圳市人民政府六届八十七次常务会议审议通过《深圳市龙华现代有轨电车运营管理暂行办法》，2017年8月20日发布，自2017年9月20日起施行。

8. 废止《深圳市坪山新区管理暂行规定》

2017年9月4日深圳市人民政府六届九十二次常务会议审议通过《深圳市人民政府关于废止〈深圳市坪山新区管理暂行规定〉的决定》，2017年12月15日发布，自2017年12月15日起施行。《深圳市坪山新区管理暂行规定》（于2009年8月17日深圳市人民政府令第205号发布）

9. 制定《深圳市计划生育若干规定》

2017年9月18日深圳市人民政府六届九十四次常务会议审议通过《深圳市计划生育若干规定》，2017年10月12日发布，自2017年11月12日起施行。

10. 制定《深圳市大鹏新区管理规定》

2017年9月18日深圳市人民政府六届九十四次常务会议审议通过《深圳市大鹏新区管理规定》，2017年11月1日发布，自2017年11月1日起施行。《深圳市龙华新区和大鹏新区管理暂行规定》（于2012年1月9日深圳市人民政府令第237号发布）同时废止。

Abstract

Annual Report on the Rule of Law in Shenzhen (2018) is edited by Shenzhen Academy of Social Sciences. The Report comprehensively concludes the basic situation, outstanding features in the development of rule of law during 2017 from the perspective of legislation, law-based government, judicature, law-governed society, analyses the existing questions, and puts forward with countermeasures and suggestions.

During 2017, Shenzhen has positively push the construction of demonstration city for China Ruling by Law Project and pilot zone for implementing the basic principle of rule of law. On legislation, Shenzhen pays equal attention on law making and law revision. The system of its regulations and rules are continuously perfected. At the same time, in order to improve the scientific legislation mechanism, Shenzhen conducts both pre-legislation assessment and post-legislation assessment. On law-based government, Shenzhen set the principles of strict scrutiny, unified labels, regular inspections so that it can manage regulatory documents from the source. The standardization and normalization of administration is continuously improved, the administrative supervision is strengthened. The administrative effect is obvious. Furthermore, Shenzhen constantly improve the process for administrative reconsideration so that it can play more effective role in error correction. On judicature, the number of the cases accepted by courts all around Shenzhen has kept a rapid increasing in these years and the number of the cases accepted by procuratorates also increase a little. Through deepening reformation, the courts and procuratorates continuously improve their judicial effectiveness and credibility. On law-governed society, the legal service industry develops rapidly, the lawyer number and their total revenue increase over 10%. With the completion of legal service system, Shenzhen is trying to set up various new public platform for legal services.

There are two outstanding features in the development of rule of law in 2017, one is constantly deepening the reform on commercial system, reforming and strengthening commercial arbitration institutions, strengthening the protection for IPR, etc. The business environment is constantly being improved; and the other one is highly combination of administration, judicature and legal services with information technologies. Intellectualization is now becoming a new feature in the field of legal service.

The year 2018 is the first year after the success holding of the 19th National Congress of the Communist Party of China. As a special economic zone, Shenzhen shall take the responsibility to construct the pilot zone of socialist modernization. Based on the requirements of The Implementation Outline of the Construction of the Rule of Law China's Demonstration Cities, Shenzhen will continuously deepen its practices on ruling the city by law, construct a law-based pilot zone for implementing the basic principle of rule of law.

Keywords: Shenzhen; Rule of Law; Comprehensive Implement Rule of Law

Contents

I General Report

B. 1 The Development Condition of Rule of Law in
Shenzhen in 2017 and the Outlook and Suggestion for 2018

Li Zhaohui, Qin qin / 001

1. Promoting the construction of the rule of law in
China's demonstration cities / 002
2. Focusing on deepening the reform of the commercial system
and strengthening the protection of intellectual property rights,
optimizing the international business environment / 016
3. Deep integration of law enforcement, judicial
and legal services and information technology / 018
4. Prospects and recommendations in 2018 / 022

Abstract: This article reviews the new progress in the construction of the first class rule of law in Shenzhen in 2017 from the aspects of legislation, the rule of law of the government, the judicature and the rule of law in the society, and points out that in the development of the rule of law in Shenzhen in the year of 2017, which are the optimization of the business environment through deepening of the reform of the commercial system, the development of commercial arbitration, the strengthening of the protection of intellectual property rights and so on, as well as the trend towards intellectualization of the law enforcement, Judicature and legal services through deep integration with information technology. This paper also looks forward to the development of the rule of law in Shenzhen in 2018, and puts forward relevant countermeasures and suggestions.

Keywords: Rule of Law in Shenzhen; The Rule of Law in China; Business Environment

II Local Legislation

B. 2 Conclusion and Reflection at the 25th Anniversary of Delegated Legislation of Shenzhen Special Economic Zone

Zhang Jing / 028

Abstract: The authorized legislation of Shenzhen special economic zone has gone through 25 years of development. In the past 25 years, Shenzhen has promoted the innovation of institutional mechanism through pre trial, flexible reform and legislative innovation, and has become an experimental area for the rule of law. It has made important contributions to the economic and social development of Shenzhen. Under the new situation that the legal system of socialism with Chinese characteristics has been formed, the legislation of Shenzhen special economic zone will continue to play an important role in exploring innovative development, high quality development, building a country under the rule of law, and promoting the modernization of social governance in the context of maintaining national legal unity and establishing the legislative system of Chinese characteristics.

Keywords: Special Administrative Region Legislation; Innovation-driven Development; High Quality Development; Country Under the Rule of Law; Social Governance

B. 3　Report on Research of Rule of Law Development on

　　　　Urban Planning of Shenzhen　　　　　　　　*Zhong Cheng* / 040

Abstract: At the beginning of the construction of the city, Shenzhen attaches great importance to the urban planning work. In the past twenty years of the city, the three trilogy of "formulating the overall planning of the city-formulating planning guidelines-making urban planning legislation" has completed the process of urban planning from focusing on technology to the rule of law. At present, a relatively perfect urban planning legislation system, a scientific urban planning approval mechanism and a strict urban planning law enforcement system have been established. Urban planning not only guarantees the needs of urban construction and economic and social development, but also persists in the bottom line of public interest and ensures ecological balance. At present, the shortage of land resources in Shenzhen, the urban planning work is facing the new situation of "going to the sky and the earth", "land and sea planning" and "reconstructing the old area". It is necessary to strengthen the legal system, improve the system of the urban planning committee, enhance the public participation, and make a strict legal map revision.

Keywords: Urban Planning; Space Interest; Statutory Chart; Public Participation

B. 4　Legislation Research on Safety Production of Shenzhen

　　　　　　　　　　　　　　　　　　Weng Honghong, Wang Rong / 051

Abstract: This report, in view of the problems existing in the Shenzhen safety production legislation, combined with the new situation of Shenzhen's safety production and the actual needs, introduces the ideas and key contents of the legislation of Shenzhen's safety production, and puts forward the path, framework and concrete proposals of the legislation of the Shenzhen production safety. The report thinks that the legislative path of safety management can be divided into

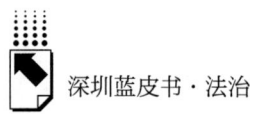

comprehensive legislation and special legislation. In the new safety production legislation, it should be considered to strengthen the government supervision of the safety production, strengthen the implementation of the responsibility of the main body of the safety production enterprises, and promote the social co governance of the safety production.

Keywords: Shenzhen; Safe Production; Local Legislation

B.5 Pre-Legislation Assessment Research on Management Ordinance on Video Image Information of Public Safety of Shenzhen Special Economic Zone

Huang Xiangzhao / 065

Abstract: The purpose, the main content, the feasibility, the implementation conditions and the social influence of the Shenzhen Special Economic Zone's public safety video and image information system management legislation are analyzed and evaluated, and the objective evaluation conclusions are formed. The article will provide information for the regulations for the management of the information system of the public safety video and image information system of the special economic zones of Shenzhen.

Keywords: Public Security; Video Management; Pre Legislative Assessment

B.6 Report of Research of Shenzhen Post-Legislation Assessment
—taking Ordinance on Environment Protection of Shenzhen Special Economic Zone as example

Deng Daqi / 076

Abstract: Shenzhen is one of the oldest city in china to explore the evaluation after legislation. Over the years, great progress has been made in post legislative evaluation. It has played an important role in improving the quality of legislation and ensuring the rapid development of the economy and society. At present, the post legislative evaluation of Shenzhen mainly includes the professionalism of the evaluation subjects, the rigor of the evaluation procedure, the advanced nature of the work style and the clarity of the evaluation basis. However, Shenzhen's legislative post assessment still has room for improvement in three aspects: subject, procedure and content. The future mechanism of post legislative should be perfected by expanding the diversity of the evaluation subjects, enriching the evaluation system, setting up the linkage mechanism of post legislative evaluation and legislative revision.

Keywords: Post Legislative Assessment; Shenzhen Legislation; Evaluation Subject; Evaluation Content; The Quality of Legislation

III Administration and Judicature

B. 7 Research on Mechanism of Shenzhen Procuratorate's Conduction of Litigation Review in Arrest Cases

Huang Haibo / 088

Abstract:

It is one of the key points in the reform of procuratorial organs' investigation and supervision system to explore the mechanism of litigation review in arrest cases. The procuratorial organs of Shenzhen have explored and established the open review mechanism of the arrest cases, trying to form a more standardized mode of litigation examination on the basis of practical exploration, in order to enhance the judicial attribute of the examination and arrest and improve the level of the rule of law of investigation supervision.

Keywords: Review and Arrest; Litigious; Public Review

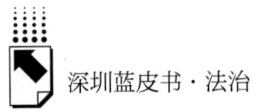

B.8 Research on Strengthening Judicial Protection on IPR
in Shenzhen   *Research Team of Shenzhen Intermediate Court* / 100

Abstract: The Report of the Nineteenth Congress of the Communist Party of China put forward that innovation is the first driving force to lead the development and the strategic support for the construction of a modern economic system, and to strengthen the creation, protection and application of intellectual property right. As the first batch of the national demonstration city of intellectual property, the national independent innovation demonstration zone and the first batch of pilot cities for the comprehensive management system of intellectual property rights in the state, Shenzhen proposed to implement the strictest intellectual property protection system. Judiciary is the most effective, fundamental and authoritative means to protect intellectual property rights. The implementation of the most stringent intellectual property protection system requires that there are still some problems and shortcomings in judicial protection. We should further strengthen the strength of judicial protection, build a high standard of Intellectual Property Court (court), explore and perfect the trial mechanism and procedure, strengthen the coordination of judicial protection and administrative protection, give full play to the leading role of intellectual property rights in judicial protection, promote the multiple resolution of the case of intellectual property rights, and promote the creation of Shenzhen. That is benefit for the good environment for the rule of law, which will promote the innovative development of Shenzhen.

Keywords: Shenzhen; Judicial Protection; Intellectual Property Tribunal

B.9 Practice and Reflection on Shenzhen Courts Resolving
Contradiction between Judicial Supply and Demand
Tian Juan / 116

Abstract: While the economic development of the Shenzhen special economic zone is developing at a high speed, the cases of contradictions and disputes are increasing and the nature is complex and pluralistic, which makes the cases of Shenzhen courts increase greatly and the contradiction of judicial supply and demand more and more prominent. To this end, the Shenzhen court has made a useful exploration in solving the contradiction between supply and demand of justice by innovating a number of mechanisms, such as diversified dispute resolution, simplified and simplified diversion, and so on. However, at present, there are still problems in the actual work of the court, such as the diversion of disputes and the imperfect mechanism of resource allocation. We should further optimize the construction of the mechanism to improve the judicial capacity of the court of Shenzhen.

Keywords: Shenzhen Court; Contradiction Between Supply and Demand of Judicature; Multiple Dispute Resolution Mechanism; Simplified Dive

B. 10　Scope and Boundary for Courts Purchasing Socialized Services　　　　　　　　　　*Cheng Shaoyong, Wang Jie* / 128

Abstract: The purchase of social services by the court is still in its infancy. In practice, the problems of the court's purchase service are not clear and the boundary is unclear. The paper analyzes the concept of social services purchased by the court, and summarizes the main business matters of the court based on the importance and professionalism. On this basis, it puts forward the scope and boundary of the court buying social services.

Keywords: The Purchase of Social Services by the Court; Service Outsourcing; Adjudication; Judicial Services; logistic Service

B. 11 On Anti-Counterfeits in Export of Inspection and
Quarantine Institution
—taking the anti-counterfeits word conducted by Shenzhen
ports as example
　　　　　Qin Xingwei, Si Xiaoni, Lai Bin, Wu Na and Deng Xianfang / 141

Abstract: In order to comprehensively improve the quality of "made in China", maintain a good order of import and export, as the inspection and quarantine organ of the import and export commodity quality supervision department, it will severely crack down on the counterfeit and shoddy behavior according to the general requirements of the national quality strategic policy. This report, starting from the practice of the Shenzhen inspection and Quarantine Bureau at the port anti‐counterfeiting, reviews and summarizes the work of the Bureau in recent years, discusses the problems and difficulties of the current inspection and quarantine work at the port of inspection and quarantine, and makes a preliminary probe into how to build a better port for anti-counterfeiting mechanism so as to play the Department of inspection and quarantine's good role in the field of export and anti-counterfeiting.

Keywords: Inspection and Quarantine; Counterfeit and Shoddy; Anti-counterfeiting by Port

Ⅳ　Society Ruled by Law

B. 12 Comprehensive Analysis and Countermeasures on
Economic Crimes in Shenzhen during 2017　　Lin Xiuping / 153

Abstract: At present, China's economic development has entered a new normal state, and the reform has entered the hard and deep waters. The economic and social problems accumulated in the long run are concentrated and superimposed on each other. Shenzhen is at the forefront of reform and opening up. It is a demonstration window of China's opening to the outside world and a experimentation area for cross-border RMB business innovation. It has now become an important cross-border financial center in China and the largest gathering area of new financial and financial institutions. At the same time, it is one of the most active cities in the world economy. It also brings about the new situation of economic crime to specialization, group, cross regionalization and family development, especially the high incidence of economic crime, the serious situation, the concentration of economic risk and the new type of economic crime. Now. The report focuses on the analysis of the situation, characteristics and reasons of the economic crime in Shenzhen in 2017, and makes a study on the trend of economic crime in Shenzhen in 2018, and puts forward the countermeasures, namely, to contain the momentum of the crime of the stakeholder type, to crack down on the criminal activities of the underground banks, to attack the common multiple economic crimes in the high pressure and to establish the prevention and control center against the economic crime. improve the level of propaganda and so on.

Keywords: Shenzhen ; Economic Crime; Illegal Fund-raising

B.13 Report on Investigation of Development Status of Shenzhen Yang Lawyers

Research Team of Shenzhen Lawyers' Association / 166

Abstract: Through the combination of online and offline, the Shenzhen Lawyers Association conducted a survey on the development status of young lawyers in Shenzhen, and made use of the cross contrast analysis of large data to understand and master the practice situation of the young lawyers in this city, analyze the problems and difficulties faced in the process of their practice, and analyze the training and development of young lawyers. In order to help young lawyers grow healthily and promote the sustainable and healthy development of

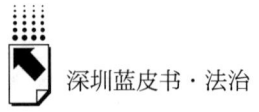

Shenzhen lawyers' team, we put forward corresponding countermeasures.

Keywords: Young Lawyers; Bar Association; Practice Status

V Research on Special Topics

B. 14 Certain Questions and Revision Suggestions on Shenzhen Special Economic Zone Property Management Regulation　　*Li Zhaohui, Xu Yushan and Li Yifei* / 184

Abstract: There are many problems in the field of property management in Shenzhen, which is directly related to the imperfections of the regulations of the Shenzhen Special Economic Zone on property management. Through the phenomenal problems in the field of property management, the paper analyzes the theoretical and practical problems in the design of the specific system of property management, owner autonomy, industry management, and government supervision. On this basis, the construction of owner autonomy, government supervision mode, related supporting system and industry management Detailed revisions are put forward in the system.

Keywords: Property Management; Owner Autonomy; General Meeting of Proprietors; Property Services

B. 15 Construction of Rule of Law Government under the Perspective of Comparison　　*Wu Yanni, Zhan Qinyu* / 205

Abstract: The Report of the Nineteenth Congress of the Communist Party of China put forward that we must uphold the rule of law, build a government under the rule of law, promote administration according to law, and ensure reform in the track of rule of law. As a pilot field of pilot reform in China, the development of Shenzhen free trade zone can not be successful without a highly developed rule of law. As the leader of China's reform and opening up, Shenzhen is shouldering the responsibility of taking the first place in many fields. At present, the exploration of the government of the rule of law in the Guangdong free trade area is gradually being deeply rooted in the hearts of the people. The exploration of the rule of law under the framework of the free trade zone is not only conducive to the promotion of a fair, transparent, legal and predictable business environment for the free trade area, but also provides an excellent sample for the Chinese economy to achieve high quality transformation and development in the new era. On the basis of foreign experience, we should not only properly deal with the relationship between the rule of law and reform, realize the rule of law of the reform, but also deepen the reform of the administrative system and mechanism, construct the administrative system of the international standard, explore the comprehensive law enforcement mechanism, construct the comprehensive supervision system in the event and before the event, and jointly build the government of Qianhai free trade area under the rule of law in Shenzhen.

Keywords: The Free Trade Area; Rule by Law; Government Under the Rule of Law; The Reform of the Administrative System; Qianhai, Shenzhen

B. 16 Existing Problems and Improvement Suggestions on Manage System on Out-School Children Custodian Institutions

Research Team of Chinese Academy of Social Sciences / 219

Abstract: Shenzhen is the first city in the country to establish the management system of the after-school care on noon, but there are a lot of problems in the implementation process, and the health and safety of the students can not be effectively guaranteed. There are various models for comparing the regulations on the management of school trustees outside schools, some of which are worth learning from. Shenzhen should make a comprehensive revision of the

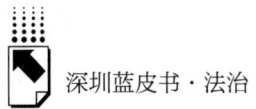

management methods of the after-school care institutions, redefine the facilities of the after-school care, reform the registration management methods, implement the classification management, improve the daily supervision system, so as to enable more after-school care institutions to establish an effective supply and better meet the needs of the students and families. In the long run, we should vigorously implement lunch and break at school, so that the after-school care market will gradually shrink and disappear, and fundamentally eliminate potential safety hazards.

Keywords: The After-school Care On Noon; Student Luncheon; Management System

B.17 Research on the Practices on the Construction of Participatory Budgeting of Shenzhen　　*Dai Hangning* / 230

Abstract: The public budget is closely related to the political and social life of the citizens. The steady progress of the further reform of the fiscal and tax system will help to realize the modernization of the national governance system and the ability to govern. The construction of participatory budget is an important way to develop consultative democracy and optimize community governance. It is the response and implementation of relevant documents such as The Rreport of the Nineteenth Congress of the Communist Party of China. The sustainable development of democratic consultative democracy in Shenzhen, the continuous exploration and innovation of the mode of community governance, the steady improvement of budget supervision and budget participation are the good prerequisites for the implementation of the participatory budget in Shenzhen. On this basis, Shenzhen should also start with the participation of the main body, the scope of participation, the way of participation and other aspects to promote the local development of the participatory budget, and better play the active effect of the participatory budget.

Keywords: Negotiated Democracy; Participatory Budget; Community Governance

Contents

B.18　Status and Outlook of System Reformation on
　　　　Governmental Investment of Shenzhen
　　　　　　　　　　　　　　Enterprises Evaluation Association / 242

Abstract: Under the requirements of the State Council's decentralization and deepening the reform of investment and financing system, Shenzhen has continuously explored the new mode of government investment management. By combing the documents of the Shenzhen municipal government and the policy system of the district government drafting, revising, promulgation and new implementation in 2017, the report sums up the situation of the reform of the investment system of the Shenzhen municipal government, and takes the investment management system of the Futian District government and the post evaluation of the investment project of the Shenzhen municipal government as an example to study the Shenzhen municipal government in depth, further research the systematic management of investment and the closed loop management mechanism, and looking forward to the trend of the reform of the investment system of the Shenzhen municipal government, combined with the current situation and policy orientation of the investment system reform in Shenzhen.

Keywords: Government Investment; Agent System; Post Project Evaluation; The Cooperation Between Government and Social Capital

Ⅵ　Regional Rule of Law

B.19　Evaluation and Analysis on Legislation of Regulation on
　　　　Special Management Region of Shatoujiao's border, Shenzhen
　　　　　　　　　　　　　　Huang Xiangzhao / 255

Abstract: Shenzhen Sha Tau Kok is a special border Special Administrative Region of the whole country. As a special zone in Shenzhen, Shenzhen has formulated management regulations for the Special Administrative Region of the

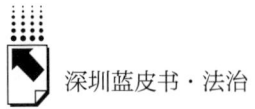

Sha Tau Kok border through special administrative region legislation. It analyses the background, necessity and main contents of the legislation, and the significance and Enlightenment of the legislation, which provides a different perspective for the study of SAR legislation.

Keywords: Sha Tau Kok; Zhongying Street; Special Management Area; Legislation

B.20 Research on Certain Questions on Legislation of Regulation of Dapeng New District, Shenzhen Special Economic Zone

Lv Chunbao, Ma Jing and Wang Wei / 266

Abstract: Shenzhen Dapeng new district was founded in 2011. With the development of the new area, some problems in the system are gradually exposed. In order to further implement The Nineteenth Congress of the Communist Party of China's spirit about construction of ecological civilization and to straighten out the management system of the Dapeng new area, the regulations on the new area of the Shenzhen Special Economic Zone (hereinafter referred to as "the Dapeng regulations") need be urgently formulated to solve the problem of restricting the development of Dapeng new area. On the basis of introducing the general situation of the establishment and management system of Dapeng new area and the main problems existing in the analysis and development, the report demonstrates the necessity and feasibility of making the "Dapeng regulations", and puts forward some pertinent and practical suggestions and suggestions for the formulation of the "Dapeng regulations".

Keywords: New District Legislation; Management Agency; Ecological Civilization; Whole Domain Tourism; Ecological Subsidy

B. 21　Explorations on Constructing Demonstration Region of
　　　　Rule of Law with Chinese Features in Qianhai

Huang Ruidong / 280

Abstract: Building a socialist rule of law demonstration zone with Chinese characteristics is an important mission of Qianhai. The report reviews the practice of building a demonstration area of socialist rule of law with Chinese characteristics in Qianhai for 5 years, Shenzhen in December 2012, which includes the background of the construction of the rule of law, the construction of legislation and system, the construction of the rule of law, the reform of the trial, the innovation of procuratorial work, the reform of the police and so on. The report puts forward the prospects and suggestions of the demonstration area of the rule of law with chinese characteristics. With the guidance of the thought of socialism with Chinese characteristics in the new era of Xi Jinping and The Nineteenth Congress of the Communist Party of China's spirit the government should promote the construction of the business environment of the modern service industry of the rule of law , and build a rule of law environment conducive to the cooperation and Internation of the Shenzhen and Hong Kong. And innovation and the experiment is allowed.

Keywords: Qianhai; Rule of Law Institutions; Demonstration Area of the Rule of Law; The Rule of Law System of Socialism With Chinese Characteristics

Ⅶ　Appendices

B. 22　Influential Events of Shenzhen Judicial Practice in 2017

Wang Qingen, Li Zhaoxing / 291

B. 23　New Rules and Regulations Promulgated by Authorities
　　　　in Shenzhen during 2017　　　　　　　*Wang Qingen* / 300

社会科学文献出版社 皮书系列

✤ 皮书起源 ✤

"皮书"起源于十七、十八世纪的英国,主要指官方或社会组织正式发表的重要文件或报告,多以"白皮书"命名。在中国,"皮书"这一概念被社会广泛接受,并被成功运作、发展成为一种全新的出版形态,则源于中国社会科学院社会科学文献出版社。

✤ 皮书定义 ✤

皮书是对中国与世界发展状况和热点问题进行年度监测,以专业的角度、专家的视野和实证研究方法,针对某一领域或区域现状与发展态势展开分析和预测,具备原创性、实证性、专业性、连续性、前沿性、时效性等特点的公开出版物,由一系列权威研究报告组成。

✤ 皮书作者 ✤

皮书系列的作者以中国社会科学院、著名高校、地方社会科学院的研究人员为主,多为国内一流研究机构的权威专家学者,他们的看法和观点代表了学界对中国与世界的现实和未来最高水平的解读与分析。

✤ 皮书荣誉 ✤

皮书系列已成为社会科学文献出版社的著名图书品牌和中国社会科学院的知名学术品牌。2016年,皮书系列正式列入"十三五"国家重点出版规划项目;2013~2018年,重点皮书列入中国社会科学院承担的国家哲学社会科学创新工程项目;2018年,59种院外皮书使用"中国社会科学院创新工程学术出版项目"标识。

中国皮书网

（网址：www.pishu.cn）

发布皮书研创资讯，传播皮书精彩内容
引领皮书出版潮流，打造皮书服务平台

栏目设置

关于皮书：何谓皮书、皮书分类、皮书大事记、皮书荣誉、
皮书出版第一人、皮书编辑部

最新资讯：通知公告、新闻动态、媒体聚焦、网站专题、视频直播、下载专区

皮书研创：皮书规范、皮书选题、皮书出版、皮书研究、研创团队

皮书评奖评价：指标体系、皮书评价、皮书评奖

互动专区：皮书说、社科数托邦、皮书微博、留言板

所获荣誉

2008年、2011年，中国皮书网均在全国新闻出版业网站荣誉评选中获得"最具商业价值网站"称号；

2012年，获得"出版业网站百强"称号。

网库合一

2014年，中国皮书网与皮书数据库端口合一，实现资源共享。

权威报告·一手数据·特色资源

皮书数据库
ANNUAL REPORT(YEARBOOK) DATABASE

当代中国经济与社会发展高端智库平台

所获荣誉

- 2016年，入选"'十三五'国家重点电子出版物出版规划骨干工程"
- 2015年，荣获"搜索中国正能量 点赞2015""创新中国科技创新奖"
- 2013年，荣获"中国出版政府奖·网络出版物奖"提名奖
- 连续多年荣获中国数字出版博览会"数字出版·优秀品牌"奖

成为会员

通过网址www.pishu.com.cn访问皮书数据库网站或下载皮书数据库APP，进行手机号码验证或邮箱验证即可成为皮书数据库会员。

会员福利

- 使用手机号码首次注册的会员，账号自动充值100元体验金，可直接购买和查看数据库内容（仅限PC端）。
- 已注册用户购书后可免费获赠100元皮书数据库充值卡。刮开充值卡涂层获取充值密码，登录并进入"会员中心"—"在线充值"—"充值卡充值"，充值成功后即可购买和查看数据库内容（仅限PC端）。
- 会员福利最终解释权归社会科学文献出版社所有。

数据库服务热线：400-008-6695
数据库服务QQ：2475522410
数据库服务邮箱：database@ssap.cn
图书销售热线：010-59367070/7028
图书服务QQ：1265056568
图书服务邮箱：duzhe@ssap.cn

卡号：718963259432
密码：

皮书系列

2018年

智库成果出版与传播平台

社会科学文献出版社
SOCIAL SCIENCES ACADEMIC PRESS (CHINA)

社长致辞

蓦然回首，皮书的专业化历程已经走过了二十年。20年来从一个出版社的学术产品名称到媒体热词再到智库成果研创及传播平台，皮书以专业化为主线，进行了系列化、市场化、品牌化、数字化、国际化、平台化的运作，实现了跨越式的发展。特别是在党的十八大以后，以习近平总书记为核心的党中央高度重视新型智库建设，皮书也迎来了长足的发展，总品种达到600余种，经过专业评审机制、淘汰机制遴选，目前，每年稳定出版近400个品种。"皮书"已经成为中国新型智库建设的抓手，成为国际国内社会各界快速、便捷地了解真实中国的最佳窗口。

20年孜孜以求，"皮书"始终将自己的研究视野与经济社会发展中的前沿热点问题紧密相连。600个研究领域，3万多位分布于800余个研究机构的专家学者参与了研创写作。皮书数据库中共收录了15万篇专业报告，50余万张数据图表，合计30亿字，每年报告下载量近80万次。皮书为中国学术与社会发展实践的结合提供了一个激荡智力、传播思想的入口，皮书作者们用学术的话语、客观翔实的数据谱写出了中国故事壮丽的篇章。

20年跨步千里，"皮书"始终将自己的发展与时代赋予的使命与责任紧紧相连。每年百余场新闻发布会，10万余次中外媒体报道，中、英、俄、日、韩等12个语种共同出版。皮书所具有的凝聚力正在形成一种无形的力量，吸引着社会各界关注中国的发展，参与中国的发展，它是我们向世界传递中国声音、总结中国经验、争取中国国际话语权最主要的平台。

皮书这一系列成就的取得，得益于中国改革开放的伟大时代，离不开来自中国社会科学院、新闻出版广电总局、全国哲学社会科学规划办公室等主管部门的大力支持和帮助，也离不开皮书研创者和出版者的共同努力。他们与皮书的故事创造了皮书的历史，他们对皮书的拳拳之心将继续谱写皮书的未来！

现在，"皮书"品牌已经进入了快速成长的青壮年时期。全方位进行规范化管理，树立中国的学术出版标准；不断提升皮书的内容质量和影响力，搭建起中国智库产品和智库建设的交流服务平台和国际传播平台；发布各类皮书指数，并使之成为中国指数，让中国智库的声音响彻世界舞台，为人类的发展做出中国的贡献——这是皮书未来发展的图景。作为"皮书"这个概念的提出者，"皮书"从一般图书到系列图书和品牌图书，最终成为智库研究和社会科学应用对策研究的知识服务和成果推广平台这整个过程的操盘者，我相信，这也是每一位皮书人执着追求的目标。

"当代中国正经历着我国历史上最为广泛而深刻的社会变革，也正在进行着人类历史上最为宏大而独特的实践创新。这种前无古人的伟大实践，必将给理论创造、学术繁荣提供强大动力和广阔空间。"

在这个需要思想而且一定能够产生思想的时代，皮书的研创出版一定能创造出新的更大的辉煌！

社会科学文献出版社社长
中国社会学会秘书长
2017年11月

社会科学文献出版社简介

社会科学文献出版社(以下简称"社科文献出版社")成立于1985年,是直属于中国社会科学院的人文社会科学学术出版机构。成立至今,社科文献出版社始终依托中国社会科学院和国内外人文社会科学界丰厚的学术出版和专家学者资源,坚持"创社科经典,出传世文献"的出版理念、"权威、前沿、原创"的产品定位以及学术成果和智库成果出版的专业化、数字化、国际化、市场化的经营道路。

社科文献出版社是中国新闻出版业转型与文化体制改革的先行者。积极探索文化体制改革的先进方向和现代企业经营决策机制,社科文献出版社先后荣获"全国文化体制改革工作先进单位"、中国出版政府奖·先进出版单位奖,中国社会科学院先进集体、全国科普工作先进集体等荣誉称号。多人次荣获"第十届韬奋出版奖""全国新闻出版行业领军人才""数字出版先进人物""北京市新闻出版广电行业领军人才"等称号。

社科文献出版社是中国人文社会科学学术出版的大社名社,也是以皮书为代表的智库成果出版的专业强社。年出版图书2000余种,其中皮书400余种,出版新书字数5.5亿字,承印与发行中国社科院院属期刊72种,先后创立了皮书系列、列国志、中国史话、社科文献学术译库、社科文献学术文库、甲骨文书系等一大批既有学术影响又有市场价值的品牌,确立了在社会学、近代史、苏东问题研究等专业学科及领域出版的领先地位。图书多次荣获中国出版政府奖、"三个一百"原创图书出版工程、"五个'一'工程奖"、"大众喜爱的50种图书"等奖项,在中央国家机关"强素质·做表率"读书活动中,入选图书品种数位居各大出版社之首。

社科文献出版社是中国学术出版规范与标准的倡议者与制定者,代表全国50多家出版社发起实施学术著作出版规范的倡议,承担学术著作规范国家标准的起草工作,率先编撰完成《皮书手册》对皮书品牌进行规范化管理,并在此基础上推出中国版芝加哥手册——《社科文献出版社学术出版手册》。

社科文献出版社是中国数字出版的引领者,拥有皮书数据库、列国志数据库、"一带一路"数据库、减贫数据库、集刊数据库等4大产品线11个数据库产品,机构用户达1300余家,海外用户百余家,荣获"数字出版转型示范单位""新闻出版标准化先进单位""专业数字内容资源知识服务模式试点企业标准化示范单位"等称号。

社科文献出版社是中国学术出版走出去的践行者。社科文献出版社海外图书出版与学术合作业务遍及全球40余个国家和地区,并于2016年成立俄罗斯分社,累计输出图书500余种,涉及近20个语种,累计获得国家社科基金中华学术外译项目资助76种、"丝路书香工程"项目资助60种、中国图书对外推广计划项目资助71种以及经典中国国际出版工程资助28种,被五部委联合认定为"2015-2016年度国家文化出口重点企业"。

如今,社科文献出版社完全靠自身积累拥有固定资产3.6亿元,年收入3亿元,设置了七大出版分社、六大专业部门,成立了皮书研究院和博士后科研工作站,培养了一支近400人的高素质与高效率的编辑、出版、营销和国际推广队伍,为未来成为学术出版的大社、名社、强社,成为文化体制改革与文化企业转型发展的排头兵奠定了坚实的基础。

 宏观经济类 | 皮书系列 重点推荐

宏观经济类

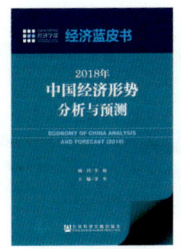

经济蓝皮书

2018年中国经济形势分析与预测

李平 / 主编　2017年12月出版　定价：89.00元

◆ 本书为总理基金项目，由著名经济学家李扬领衔，联合中国社会科学院等数十家科研机构、国家部委和高等院校的专家共同撰写，系统分析了2017年的中国经济形势并预测2018年中国经济运行情况。

城市蓝皮书

中国城市发展报告 No.11

潘家华　单菁菁 / 主编　2018年9月出版　估价：99.00元

◆ 本书是由中国社会科学院城市发展与环境研究中心编著的，多角度、全方位地立体展示了中国城市的发展状况，并对中国城市的未来发展提出了许多建议。该书有强烈的时代感，对中国城市发展实践有重要的参考价值。

人口与劳动绿皮书

中国人口与劳动问题报告 No.19

张车伟 / 主编　2018年10月出版　估价：99.00元

◆ 本书为中国社会科学院人口与劳动经济研究所主编的年度报告，对当前中国人口与劳动形势做了比较全面和系统的深入讨论，为研究中国人口与劳动问题提供了一个专业性的视角。

宏观经济类·区域经济类

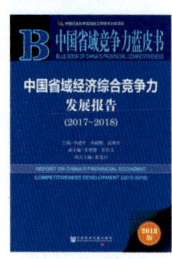

中国省域竞争力蓝皮书
中国省域经济综合竞争力发展报告（2017~2018）

李建平 / 李闽榕 / 高燕京 / 主编　2018年5月出版　估价：198.00元

◆ 本书融多学科的理论为一体，深入追踪研究了省域经济发展与中国国家竞争力的内在关系，为提升中国省域经济综合竞争力提供有价值的决策依据。

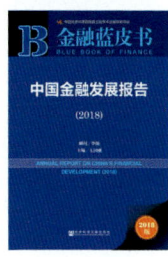

金融蓝皮书
中国金融发展报告（2018）

王国刚 / 主编　2018年6月出版　估价：99.00元

◆ 本书由中国社会科学院金融研究所组织编写，概括和分析了2017年中国金融发展和运行中的各方面情况，研讨和评论了2017年发生的主要金融事件，有利于读者了解掌握2017年中国的金融状况，把握2018年中国金融的走势。

区域经济类

京津冀蓝皮书
京津冀发展报告（2018）

祝合良 / 叶堂林 / 张贵祥 / 等著　2018年6月出版　估价：99.00元

◆ 本书遵循问题导向与目标导向相结合、统计数据分析与大数据分析相结合、纵向分析和长期监测与结构分析和综合监测相结合等原则，对京津冀协同发展新形势与新进展进行测度与评价。

 社会政法类

社会政法类

社会蓝皮书
2018年中国社会形势分析与预测

李培林　陈光金　张翼/主编　2017年12月出版　定价：89.00元

◆ 本书由中国社会科学院社会学研究所组织研究机构专家、高校学者和政府研究人员撰写，聚焦当下社会热点，对2017年中国社会发展的各个方面内容进行了权威解读，同时对2018年社会形势发展趋势进行了预测。

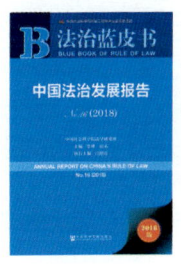

法治蓝皮书
中国法治发展报告 No.16（2018）

李林　田禾/主编　2018年3月出版　定价：128.00元

◆ 本年度法治蓝皮书回顾总结了2017年度中国法治发展取得的成就和存在的不足，对中国政府、司法、检务透明度进行了跟踪调研，并对2018年中国法治发展形势进行了预测和展望。

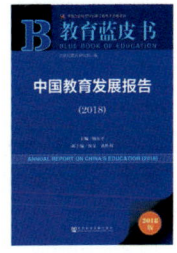

教育蓝皮书
中国教育发展报告（2018）

杨东平/主编　2018年3月出版　定价：89.00元

◆ 本书重点关注了2017年教育领域的热点，资料翔实，分析有据，既有专题研究，又有实践案例，从多角度对2017年教育改革和实践进行了分析和研究。

皮书系列 重点推荐　社会政法类

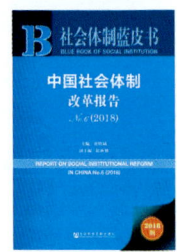

社会体制蓝皮书
中国社会体制改革报告 No.6（2018）

龚维斌 / 主编　2018年3月出版　定价：98.00元

◆ 本书由国家行政学院社会治理研究中心和北京师范大学中国社会管理研究院共同组织编写，主要对2017年社会体制改革情况进行回顾和总结，对2018年的改革走向进行分析，提出相关政策建议。

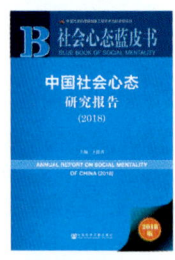

社会心态蓝皮书
中国社会心态研究报告（2018）

王俊秀　杨宜音 / 主编　2018年12月出版　估价：99.00元

◆ 本书是中国社会科学院社会学研究所社会心理研究中心"社会心态蓝皮书课题组"的年度研究成果，运用社会心理学、社会学、经济学、传播学等多种学科的方法进行了调查和研究，对于目前中国社会心态状况有较广泛和深入的揭示。

华侨华人蓝皮书
华侨华人研究报告（2018）

贾益民 / 主编　2017年12月出版　估价：139.00元

◆ 本书关注华侨华人生产与生活的方方面面。华侨华人是中国建设21世纪海上丝绸之路的重要中介者、推动者和参与者。本书旨在全面调研华侨华人，提供最新涉侨动态、理论研究成果和政策建议。

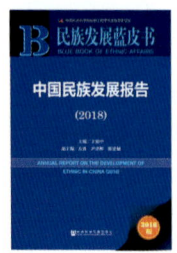

民族发展蓝皮书
中国民族发展报告（2018）

王延中 / 主编　2018年10月出版　估价：188.00元

◆ 本书从民族学人类学视角，研究近年来少数民族和民族地区的发展情况，展示民族地区经济、政治、文化、社会和生态文明"五位一体"建设取得的辉煌成就和面临的困难挑战，为深刻理解中央民族工作会议精神、加快民族地区全面建成小康社会进程提供了实证材料。

 产业经济类·行业及其他类 | 皮书系列 重点推荐

产业经济类

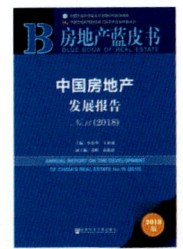

房地产蓝皮书
中国房地产发展报告 No.15（2018）

李春华 王业强 / 主编　2018年5月出版　估价：99.00元

◆ 2018年《房地产蓝皮书》持续追踪中国房地产市场最新动态，深度剖析市场热点，展望2018年发展趋势，积极谋划应对策略。对2017年房地产市场的发展态势进行全面、综合的分析。

新能源汽车蓝皮书
中国新能源汽车产业发展报告（2018）

中国汽车技术研究中心　日产（中国）投资有限公司
东风汽车有限公司 / 编著　2018年8月出版　估价：99.00元

◆ 本书对中国2017年新能源汽车产业发展进行了全面系统的分析，并介绍了国外的发展经验。有助于相关机构、行业和社会公众等了解中国新能源汽车产业发展的最新动态，为政府部门出台新能源汽车产业相关政策法规、企业制定相关战略规划，提供必要的借鉴和参考。

行业及其他类

旅游绿皮书
2017～2018年中国旅游发展分析与预测

中国社会科学院旅游研究中心 / 编　2018年1月出版　定价：99.00元

◆ 本书从政策、产业、市场、社会等多个角度勾画出2017年中国旅游发展全貌，剖析了其中的热点和核心问题，并就未来发展作出预测。

民营医院蓝皮书
中国民营医院发展报告（2018）

薛晓林 / 主编　　2018年11月出版　　估价：99.00元

◆ 本书在梳理国家对社会办医的各种利好政策的前提下，对我国民营医疗发展现状、我国民营医院竞争力进行了分析，并结合我国医疗体制改革对民营医院的发展趋势、发展策略、战略规划等方面进行了预估。

会展蓝皮书
中外会展业动态评估研究报告（2018）

张敏 / 主编　　2018年12月出版　　估价：99.00元

◆ 本书回顾了2017年的会展业发展动态，结合"供给侧改革"、"互联网+"、"绿色经济"的新形势分析了我国展会的行业现状，并介绍了国外的发展经验，有助于行业和社会了解最新的展会业动态。

中国上市公司蓝皮书
中国上市公司发展报告（2018）

张平　王宏淼 / 主编　　2018年9月出版　　估价：99.00元

◆ 本书由中国社会科学院上市公司研究中心组织编写的，着力于全面、真实、客观反映当前中国上市公司财务状况和价值评估的综合性年度报告。本书详尽分析了2017年中国上市公司情况，特别是现实中暴露出的制度性、基础性问题，并对资本市场改革进行了探讨。

工业和信息化蓝皮书
人工智能发展报告（2017~2018）

尹丽波 / 主编　　2018年6月出版　　估价：99.00元

◆ 本书国家工业信息安全发展研究中心在对2017年全球人工智能技术和产业进行全面跟踪研究基础上形成的研究报告。该报告内容翔实、视角独特，具有较强的产业发展前瞻性和预测性，可为相关主管部门、行业协会、企业等全面了解人工智能发展形势以及进行科学决策提供参考。

国际问题与全球治理类

皮书系列
重点推荐

国际问题与全球治理类

世界经济黄皮书
2018年世界经济形势分析与预测

张宇燕 / 主编　2018年1月出版　定价：99.00元

◆ 本书由中国社会科学院世界经济与政治研究所的研究团队撰写，分总论、国别与地区、专题、热点、世界经济统计与预测等五个部分，对2018年世界经济形势进行了分析。

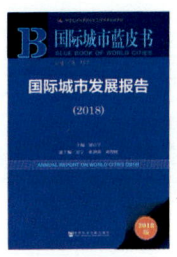

国际城市蓝皮书
国际城市发展报告（2018）

屠启宇 / 主编　2018年2月出版　定价：89.00元

◆ 本书作者以上海社会科学院从事国际城市研究的学者团队为核心，汇集同济大学、华东师范大学、复旦大学、上海交通大学、南京大学、浙江大学相关城市研究专业学者。立足动态跟踪介绍国际城市发展时间中，最新出现的重大战略、重大理念、重大项目、重大报告和最佳案例。

非洲黄皮书
非洲发展报告 No.20（2017~2018）

张宏明 / 主编　2018年7月出版　估价：99.00元

◆ 本书是由中国社会科学院西亚非洲研究所组织编撰的非洲形势年度报告，比较全面、系统地分析了2017年非洲政治形势和热点问题，探讨了非洲经济形势和市场走向，剖析了大国对非洲关系的新动向；此外，还介绍了国内非洲研究的新成果。

皮书系列 重点推荐　国别类

国别类

美国蓝皮书
美国研究报告（2018）

郑秉文　黄平 / 主编　2018 年 5 月出版　估价：99.00 元

◆ 本书是由中国社会科学院美国研究所主持完成的研究成果，它回顾了美国 2017 年的经济、政治形势与外交战略，对美国内政外交发生的重大事件及重要政策进行了较为全面的回顾和梳理。

德国蓝皮书
德国发展报告（2018）

郑春荣 / 主编　2018 年 6 月出版　估价：99.00 元

◆ 本报告由同济大学德国研究所组织编撰，由该领域的专家学者对德国的政治、经济、社会文化、外交等方面的形势发展情况，进行全面的阐述与分析。

俄罗斯黄皮书
俄罗斯发展报告（2018）

李永全 / 编著　2018 年 6 月出版　估价：99.00 元

◆ 本书系统介绍了 2017 年俄罗斯经济政治情况，并对 2016 年该地区发生的焦点、热点问题进行了分析与回顾；在此基础上，对该地区 2018 年的发展前景进行了预测。

 文化传媒类　　皮书系列 重点推荐

文化传媒类

新媒体蓝皮书
中国新媒体发展报告No.9（2018）

唐绪军/主编　2018年6月出版　估价：99.00元

◆ 本书是由中国社会科学院新闻与传播研究所组织编写的关于新媒体发展的最新年度报告，旨在全面分析中国新媒体的发展现状，解读新媒体的发展趋势，探析新媒体的深刻影响。

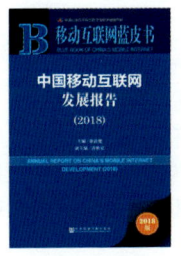

移动互联网蓝皮书
中国移动互联网发展报告（2018）

余清楚/主编　2018年6月出版　估价：99.00元

◆ 本书着眼于对2017年度中国移动互联网的发展情况做深入解析，对未来发展趋势进行预测，力求从不同视角、不同层面全面剖析中国移动互联网发展的现状、年度突破及热点趋势等。

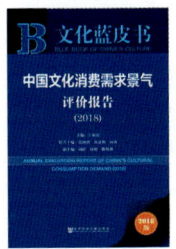

文化蓝皮书
中国文化消费需求景气评价报告（2018）

王亚南/主编　2018年3月出版　定价：99.00元

◆ 本书首创全国文化发展量化检测评价体系，也是至今全国唯一的文化民生量化检测评价体系，对于检验全国及各地"以人民为中心"的文化发展具有首创意义。

11

地方发展类

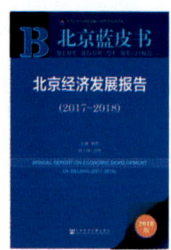

北京蓝皮书
北京经济发展报告（2017～2018）

杨松／主编　2018年6月出版　估价：99.00元

◆ 本书对2017年北京市经济发展的整体形势进行了系统性的分析与回顾，并对2018年经济形势走势进行了预测与研判，聚焦北京市经济社会发展中的全局性、战略性和关键领域的重点问题，运用定量和定性分析相结合的方法，对北京市经济社会发展的现状、问题、成因进行了深入分析，提出了可操作性的对策建议。

温州蓝皮书
2018年温州经济社会形势分析与预测

蒋儒标　王春光　金浩／主编　2018年6月出版　估价：99.00元

◆ 本书是中共温州市委党校和中国社会科学院社会学研究所合作推出的第十一本温州蓝皮书，由来自党校、政府部门、科研机构、高校的专家、学者共同撰写的2017年温州区域发展形势的最新研究成果。

黑龙江蓝皮书
黑龙江社会发展报告（2018）

王爱丽／主编　2018年1月出版　定价：89.00元

◆ 本书以千份随机抽样问卷调查和专题研究为依据，运用社会学理论框架和分析方法，从专家和学者的独特视角，对2017年黑龙江省关系民生的问题进行广泛的调研与分析，并对2017年黑龙江省诸多社会热点和焦点问题进行了有益的探索。这些研究不仅可以为政府部门更加全面深入了解省情、科学制定决策提供智力支持，同时也可以为广大读者认识、了解、关注黑龙江社会发展提供理性思考。

宏观经济类

城市蓝皮书
中国城市发展报告（No.11）
著(编)者：潘家华 单菁菁
2018年9月出版 / 估价：99.00元
PSN B-2007-091-1/1

城乡一体化蓝皮书
中国城乡一体化发展报告（2018）
著(编)者：付崇兰
2018年9月出版 / 估价：99.00元
PSN B-2011-226-1/2

城镇化蓝皮书
中国新型城镇化健康发展报告（2018）
著(编)者：张占斌
2018年8月出版 / 估价：99.00元
PSN B-2014-396-1/1

创新蓝皮书
创新型国家建设报告（2018~2019）
著(编)者：詹正茂
2018年12月出版 / 估价：99.00元
PSN B-2009-140-1/1

低碳发展蓝皮书
中国低碳发展报告（2018）
著(编)者：张希良 齐晔
2018年6月出版 / 估价：99.00元
PSN B-2011-223-1/1

低碳经济蓝皮书
中国低碳经济发展报告（2018）
著(编)者：薛进军 赵忠秀
2018年11月出版 / 估价：99.00元
PSN B-2011-194-1/1

发展和改革蓝皮书
中国经济发展和体制改革报告No.9
著(编)者：邹东涛 王再文
2018年1月出版 / 估价：99.00元
PSN B-2008-122-1/1

国家创新蓝皮书
中国创新发展报告（2017）
著(编)者：陈劲 2018年5月出版 / 估价：99.00元
PSN B-2014-370-1/1

金融蓝皮书
中国金融发展报告（2018）
著(编)者：王国刚
2018年6月出版 / 估价：99.00元
PSN B-2004-031-1/7

经济蓝皮书
2018年中国经济形势分析与预测
著(编)者：李平 2017年12月出版 / 定价：89.00元
PSN B-1996-001-1/1

经济蓝皮书春季号
2018年中国经济前景分析
著(编)者：李扬 2018年5月出版 / 估价：99.00元
PSN B-1999-008-1/1

经济蓝皮书夏季号
中国经济增长报告（2017~2018）
著(编)者：李扬 2018年9月出版 / 估价：99.00元
PSN B-2010-176-1/1

农村绿皮书
中国农村经济形势分析与预测（2017~2018）
著(编)者：魏后凯 黄秉信
2018年4月出版 / 定价：99.00元
PSN G-1998-003-1/1

人口与劳动绿皮书
中国人口与劳动问题报告No.19
著(编)者：张车伟 2018年11月出版 / 估价：99.00元
PSN G-2000-012-1/1

新型城镇化蓝皮书
新型城镇化发展报告（2017）
著(编)者：李伟 宋敏
2018年3月出版 / 定价：98.00元
PSN B-2005-038-1/1

中国省域竞争力蓝皮书
中国省域经济综合竞争力发展报告（2016~2017）
著(编)者：李建平 李闽榕
2018年2月出版 / 定价：198.00元
PSN B-2007-088-1/1

中小城市绿皮书
中国中小城市发展报告（2018）
著(编)者：中国城市经济学会中小城市经济发展委员会
中国城镇化促进会中小城市发展委员会
《中国中小城市发展报告》编纂委员会
中小城市发展战略研究院
2018年11月出版 / 估价：128.00元
PSN G-2010-161-1/1

区域经济类

东北蓝皮书
中国东北地区发展报告（2018）
著(编)者：姜晓秋　　2018年11月出版／估价：99.00元
PSN B-2006-067-1/1

金融蓝皮书
中国金融中心发展报告（2017~2018）
著(编)者：王力 黄育华　　2018年11月出版／估价：99.00元
PSN B-2011-186-6/7

京津冀蓝皮书
京津冀发展报告（2018）
著(编)者：祝合良 叶堂林 张贵祥
2018年6月出版／估价：99.00元
PSN B-2012-262-1/1

西北蓝皮书
中国西北发展报告（2018）
著(编)者：王福生 马廷旭 董秋生
2018年1月出版／定价：99.00元
PSN B-2012-261-1/1

西部蓝皮书
中国西部发展报告（2018）
著(编)者：璋勇 任保平　　2018年8月出版／估价：99.00元
PSN B-2005-039-1/1

长江经济带产业蓝皮书
长江经济带产业发展报告（2018）
著(编)者：吴传清　　2018年11月出版／估价：128.00元
PSN B-2017-666-1/1

长江经济带蓝皮书
长江经济带发展报告（2017~2018）
著(编)者：王振　　2018年11月出版／估价：99.00元
PSN B-2016-575-1/1

长江中游城市群蓝皮书
长江中游城市群新型城镇化与产业协同发展报告（2018）
著(编)者：杨刚强　　2018年11月出版／估价：99.00元
PSN B-2016-578-1/1

长三角蓝皮书
2017年创新融合发展的长三角
著(编)者：刘飞跃　　2018年5月出版／估价：99.00元
PSN B-2005-038-1/1

长株潭城市群蓝皮书
长株潭城市群发展报告（2017）
著(编)者：张萍 朱有志　　2018年6月出版／估价：99.00元
PSN B-2008-109-1/1

特色小镇蓝皮书
特色小镇智慧运营报告（2018）：顶层设计与智慧架构标准
著(编)者：陈劲　　2018年1月出版／定价：79.00元
PSN B-2018-692-1/1

中部竞争力蓝皮书
中国中部经济社会竞争力报告（2018）
著(编)者：教育部人文社会科学重点研究基地南昌大学中国
　　　　　中部经济社会发展研究中心
2018年12月出版／估价：99.00元
PSN B-2012-276-1/1

中部蓝皮书
中国中部地区发展报告（2018）
著(编)者：宋亚平　　2018年12月出版／估价：99.00元
PSN B-2007-089-1/1

区域蓝皮书
中国区域经济发展报告（2017~2018）
著(编)者：赵弘　　2018年5月出版／估价：99.00元
PSN B-2004-034-1/1

中三角蓝皮书
长江中游城市群发展报告（2018）
著(编)者：秦尊文　　2018年9月出版／估价：99.00元
PSN B-2014-417-1/1

中原蓝皮书
中原经济区发展报告（2018）
著(编)者：李英杰　　2018年6月出版／估价：99.00元
PSN B-2011-192-1/1

珠三角流通蓝皮书
珠三角商圈发展研究报告（2018）
著(编)者：王先庆 林至颖　　2018年7月出版／估价：99.00元
PSN B-2012-292-1/1

社会政法类

北京蓝皮书
中国社区发展报告（2017~2018）
著(编)者：于燕燕　　2018年9月出版／估价：99.00元
PSN B-2007-083-5/8

殡葬绿皮书
中国殡葬事业发展报告（2017~2018）
著(编)者：李伯森　　2018年6月出版／估价：158.00元
PSN G-2010-180-1/1

城市管理蓝皮书
中国城市管理报告（2017-2018）
著(编)者：刘林 刘承水　　2018年5月出版／估价：158.00元
PSN B-2013-336-1/1

城市生活质量蓝皮书
中国城市生活质量报告（2017）
著(编)者：张连城 张平 杨春学 郎丽华
2017年12月出版／定价：89.00元
PSN B-2013-326-1/1

社会政法类 皮书系列 2018全品种

城市政府能力蓝皮书
中国城市政府公共服务能力评估报告（2018）
著（编）者： 何艳玲　2018年5月出版／估价：99.00元
PSN B-2013-338-1/1

创业蓝皮书
中国创业发展研究报告（2017～2018）
著（编）者： 黄群慧　赵卫星　钟宏武
2018年11月出版／估价：99.00元
PSN B-2016-577-1/1

慈善蓝皮书
中国慈善发展报告（2018）
著（编）者： 杨团　2018年6月出版／估价：99.00元
PSN B-2009-142-1/1

党建蓝皮书
党的建设研究报告No.2（2018）
著（编）者： 崔建民　陈东平　2018年6月出版／估价：99.00元
PSN B-2016-523-1/1

地方法治蓝皮书
中国地方法治发展报告No.3（2018）
著（编）者： 李林　田禾　2018年6月出版／估价：118.00元
PSN B-2015-442-1/1

电子政务蓝皮书
中国电子政务发展报告（2018）
著（编）者： 李季　2018年8月出版／估价：99.00元
PSN B-2003-022-1/1

儿童蓝皮书
中国儿童参与状况报告（2017）
著（编）者： 苑立新　2017年12月出版／定价：89.00元
PSN B-2017-682-1/1

法治蓝皮书
中国法治发展报告No.16（2018）
著（编）者： 李林　田禾　2018年3月出版／定价：128.00元
PSN B-2004-027-1/3

法治蓝皮书
中国法院信息化发展报告No.2（2018）
著（编）者： 李林　田禾　2018年2月出版／定价：118.00元
PSN B-2017-604-3/3

法治政府蓝皮书
中国法治政府发展报告（2017）
著（编）者： 中国政法大学法治政府研究院
2018年3月出版／定价：158.00元
PSN B-2015-502-1/2

法治政府蓝皮书
中国法治政府评估报告（2018）
著（编）者： 中国政法大学法治政府研究院
2018年9月出版／估价：168.00元
PSN B-2016-576-2/2

反腐倡廉蓝皮书
中国反腐倡廉建设报告No.8
著（编）者： 张英伟　2018年12月出版／估价：99.00元
PSN B-2012-259-1/1

扶贫蓝皮书
中国扶贫开发报告（2018）
著（编）者： 李培林　魏后凯　2018年12月出版／估价：128.00元
PSN B-2016-599-1/1

妇女发展蓝皮书
中国妇女发展报告No.6
著（编）者： 王金玲　2018年9月出版／估价：158.00元
PSN B-2006-069-1/1

妇女教育蓝皮书
中国妇女教育发展报告No.3
著（编）者： 张李玺　2018年10月出版／估价：99.00元
PSN B-2008-121-1/1

妇女绿皮书
2018年：中国性别平等与妇女发展报告
著（编）者： 谭琳　2018年12月出版／估价：99.00元
PSN G-2006-073-1/1

公共安全蓝皮书
中国城市公共安全发展报告（2017～2018）
著（编）者： 黄育华　杨文明　赵বাজ辉
2018年6月出版／估价：99.00元
PSN B-2017-628-1/1

公共服务蓝皮书
中国城市基本公共服务力评价（2018）
著（编）者： 钟君　刘志昌　吴正杲
2018年12月出版／估价：99.00元
PSN B-2011-214-1/1

公民科学素质蓝皮书
中国公民科学素质报告（2017～2018）
著（编）者： 李群　陈雄　马宗文
2017年12月出版／定价：89.00元
PSN B-2014-379-1/1

公益蓝皮书
中国公益慈善发展报告（2016）
著（编）者： 朱健刚　胡小军　2018年6月出版／估价：99.00元
PSN B-2012-283-1/1

国际人才蓝皮书
中国国际移民报告（2018）
著（编）者： 王辉耀　2018年6月出版／估价：99.00元
PSN B-2012-304-3/4

国际人才蓝皮书
中国留学发展报告（2018）No.7
著（编）者： 王辉耀　苗绿　2018年12月出版／估价：99.00元
PSN B-2012-244-2/4

海洋社会蓝皮书
中国海洋社会发展报告（2017）
著（编）者： 崔凤　宋宁而　2018年3月出版／定价：99.00元
PSN B-2015-478-1/1

行政改革蓝皮书
中国行政体制改革报告No.7（2018）
著（编）者： 魏礼群　2018年6月出版／估价：99.00元
PSN B-2011-231-1/1

皮书系列 2018全品种 社会政法类

华侨华人蓝皮书
华侨华人研究报告（2017）
著(编)者：张禹东 庄国土　2017年12月出版／定价：148.00元
PSN B-2011-204-1/1

互联网与国家治理蓝皮书
互联网与国家治理发展报告（2017）
著(编)者：张志安　2018年1月出版／定价：98.00元
PSN B-2017-671-1/1

环境管理蓝皮书
中国环境管理发展报告（2017）
著(编)者：李金惠　2017年12月出版／定价：98.00元
PSN B-2017-678-1/1

环境竞争力绿皮书
中国省域环境竞争力发展报告（2018）
著(编)者：李建平 李闽榕 王金南
2018年11月出版／估价：198.00元
PSN G-2010-165-1/1

环境绿皮书
中国环境发展报告（2017~2018）
著(编)者：李波　2018年6月出版／估价：99.00元
PSN G-2006-048-1/1

家庭蓝皮书
中国"创建幸福家庭活动"评估报告（2018）
著(编)者：国务院发展研究中心"创建幸福家庭活动评估"课题组
2018年12月出版／估价：99.00元
PSN B-2015-508-1/1

健康城市蓝皮书
中国健康城市建设研究报告（2018）
著(编)者：王鸿春 盛继洪　2018年12月出版／估价：99.00元
PSN B-2016-564-2/2

健康中国蓝皮书
社区首诊与健康中国分析报告（2018）
著(编)者：高和荣 杨叔禹 姜杰
2018年6月出版／估价：99.00元
PSN B-2017-611-1/1

教师蓝皮书
中国中小学教师发展报告（2017）
著(编)者：曾晓东 鱼霞
2018年6月出版／估价：99.00元
PSN B-2012-289-1/1

教育扶贫蓝皮书
中国教育扶贫报告（2018）
著(编)者：司树杰 王文静 李兴洲
2018年12月出版／估价：99.00元
PSN B-2016-590-1/1

教育蓝皮书
中国教育发展报告（2018）
著(编)者：杨东平　2018年3月出版／定价：89.00元
PSN B-2006-047-1/1

金融法治建设蓝皮书
中国金融法治建设年度报告（2015~2016）
著(编)者：朱小黄　2018年6月出版／估价：99.00元
PSN B-2017-633-1/1

京津冀教育蓝皮书
京津冀教育发展研究报告（2017~2018）
著(编)者：方中雄　2018年6月出版／估价：99.00元
PSN B-2017-608-1/1

就业蓝皮书
2018年中国本科生就业报告
著(编)者：麦可思研究院　2018年6月出版／估价：99.00元
PSN B-2009-146-1/2

就业蓝皮书
2018年中国高职高专生就业报告
著(编)者：麦可思研究院　2018年6月出版／估价：99.00元
PSN B-2015-472-2/2

科学教育蓝皮书
中国科学教育发展报告（2018）
著(编)者：王康友　2018年10月出版／估价：99.00元
PSN B-2015-487-1/1

劳动保障蓝皮书
中国劳动保障发展报告（2018）
著(编)者：刘燕斌　2018年9月出版／估价：158.00元
PSN B-2014-415-1/1

老龄蓝皮书
中国老年宜居环境发展报告（2017）
著(编)者：党俊武 周燕珉　2018年6月出版／估价：99.00元
PSN B-2013-320-1/1

连片特困区蓝皮书
中国连片特困区发展报告（2017~2018）
著(编)者：游俊 冷志明 丁建军
2018年6月出版／估价：99.00元
PSN B-2013-321-1/1

流动儿童蓝皮书
中国流动儿童教育发展报告（2017）
著(编)者：杨东平　2018年6月出版／估价：99.00元
PSN B-2017-600-1/1

民调蓝皮书
中国民生调查报告（2018）
著(编)者：谢耘耕　2018年12月出版／估价：99.00元
PSN B-2014-398-1/1

民族发展蓝皮书
中国民族发展报告（2018）
著(编)者：王延中　2018年10月出版／估价：188.00元
PSN B-2006-070-1/1

女性生活蓝皮书
中国女性生活状况报告No.12（2018）
著(编)者：韩湘景　2018年7月出版／估价：99.00元
PSN B-2006-071-1/1

社会政法类

皮书系列 2018全品种

汽车社会蓝皮书
中国汽车社会发展报告（2017～2018）
著(编)者：王俊秀　2018年6月出版 / 估价：99.00元
PSN B-2011-224-1/1

青年蓝皮书
中国青年发展报告（2018）No.3
著(编)者：廉思　2018年6月出版 / 估价：99.00元
PSN B-2013-333-1/1

青少年蓝皮书
中国未成年人互联网运用报告（2017～2018）
著(编)者：季为民 李文革 沈杰
2018年11月出版 / 估价：99.00元
PSN B-2010-156-1/1

人权蓝皮书
中国人权事业发展报告No.8（2018）
著(编)者：李君如　2018年9月出版 / 估价：99.00元
PSN B-2011-215-1/1

社会保障绿皮书
中国社会保障发展报告No.9（2018）
著(编)者：王延中　2018年6月出版 / 估价：99.00元
PSN G-2001-014-1/1

社会风险评估蓝皮书
风险评估与危机预警报告（2017～2018）
著(编)者：唐钧　2018年8月出版 / 估价：99.00元
PSN B-2012-293-1/1

社会工作蓝皮书
中国社会工作发展报告（2016~2017）
著(编)者：民政部社会工作研究中心
2018年8月出版 / 估价：99.00元
PSN B-2009-141-1/1

社会管理蓝皮书
中国社会管理创新报告No.6
著(编)者：连玉明　2018年11月出版 / 估价：99.00元
PSN B-2012-300-1/1

社会蓝皮书
2018年中国社会形势分析与预测
著(编)者：李培林 陈光金 张翼
2017年12月出版 / 定价：89.00元
PSN B-1998-002-1/1

社会体制蓝皮书
中国社会体制改革报告No.6（2018）
著(编)者：龚维斌　2018年3月出版 / 定价：98.00元
PSN B-2013-330-1/1

社会心态蓝皮书
中国社会心态研究报告（2018）
著(编)者：王俊秀　2018年12月出版 / 估价：99.00元
PSN B-2011-199-1/1

社会组织蓝皮书
中国社会组织报告（2017-2018）
著(编)者：黄晓勇　2018年6月出版 / 估价：99.00元
PSN B-2008-118-1/2

社会组织蓝皮书
中国社会组织评估发展报告（2018）
著(编)者：徐家良　2018年12月出版 / 估价：99.00元
PSN B-2013-366-2/2

生态城市绿皮书
中国生态城市建设发展报告（2018）
著(编)者：刘举科 孙伟平 胡文臻
2018年9月出版 / 估价：158.00元
PSN G-2012-269-1/1

生态文明绿皮书
中国省域生态文明建设评价报告（ECI 2018）
著(编)者：严耕　2018年12月出版 / 估价：99.00元
PSN G-2010-170-1/1

退休生活蓝皮书
中国城市居民退休生活质量指数报告（2017）
著(编)者：杨一帆　2018年6月出版 / 估价：99.00元
PSN B-2017-618-1/1

危机管理蓝皮书
中国危机管理报告（2018）
著(编)者：文学国 范正青
2018年8月出版 / 估价：99.00元
PSN B-2010-171-1/1

学会蓝皮书
2018年中国学会发展报告
著(编)者：麦可思研究院　2018年12月出版 / 估价：99.00元
PSN B-2016-597-1/1

医改蓝皮书
中国医药卫生体制改革报告（2017～2018）
著(编)者：文学国 房志武
2018年11月出版 / 估价：99.00元
PSN B-2014-432-1/1

应急管理蓝皮书
中国应急管理报告（2018）
著(编)者：宋英华　2018年9月出版 / 估价：99.00元
PSN B-2016-562-1/1

政府绩效评估蓝皮书
中国地方政府绩效评估报告 No.2
著(编)者：贠杰　2018年12月出版 / 估价：99.00元
PSN B-2017-672-1/1

政治参与蓝皮书
中国政治参与报告（2018）
著(编)者：房宁　2018年8月出版 / 估价：128.00元
PSN B-2011-200-1/1

政治文化蓝皮书
中国政治文化报告（2018）
著(编)者：邢元敏 魏大鹏 龚克
2018年8月出版 / 估价：128.00元
PSN B-2017-615-1/1

中国传统村落蓝皮书
中国传统村落保护现状报告（2018）
著(编)者：胡彬彬 李向军 王晓波
2018年12月出版 / 估价：99.00元
PSN B-2017-663-1/1

皮书系列 2018全品种

社会政法类·产业经济类

中国农村妇女发展蓝皮书
农村流动女性城市生活发展报告（2018）
著（编）者：谢丽华　　2018年12月出版 / 估价：99.00元
PSN B-2014-434-1/1

宗教蓝皮书
中国宗教报告（2017）
著（编）者：邱永辉　　2018年8月出版 / 估价：99.00元
PSN B-2008-117-1/1

产业经济类

保健蓝皮书
中国保健服务产业发展报告 No.2
著（编）者：中国保健协会　　中共中央党校
2018年7月出版 / 估价：198.00元
PSN B-2012-272-3/3

保健蓝皮书
中国保健食品产业发展报告 No.2
著（编）者：中国保健协会
　　　　　　中国社会科学院食品药品产业发展与监管研究中心
2018年8月出版 / 估价：198.00元
PSN B-2012-271-2/3

保健蓝皮书
中国保健用品产业发展报告 No.2
著（编）者：中国保健协会
　　　　　　国务院国有资产监督管理委员会研究中心
2018年6月出版 / 估价：198.00元
PSN B-2012-270-1/3

保险蓝皮书
中国保险业竞争力报告（2018）
著（编）者：保监会　　2018年12月出版 / 估价：99.00元
PSN B-2013-311-1/1

冰雪蓝皮书
中国冰上运动产业发展报告（2018）
著（编）者：孙承华　杨占武　刘戈　张鸿俊
2018年9月出版 / 估价：99.00元
PSN B-2017-648-3/3

冰雪蓝皮书
中国滑雪产业发展报告（2018）
著（编）者：孙承华　伍斌　魏庆华　张鸿俊
2018年9月出版 / 估价：99.00元
PSN B-2016-559-1/3

餐饮产业蓝皮书
中国餐饮产业发展报告（2018）
著（编）者：邢颖
2018年6月出版 / 估价：99.00元
PSN B-2009-151-1/1

茶业蓝皮书
中国茶产业发展报告（2018）
著（编）者：杨江帆　李闽榕
2018年10月出版 / 估价：99.00元
PSN B-2010-164-1/1

产业安全蓝皮书
中国文化产业安全报告（2018）
著（编）者：北京印刷学院文化产业安全研究院
2018年12月出版 / 估价：99.00元
PSN B-2014-378-12/14

产业安全蓝皮书
中国新媒体产业安全报告（2016~2017）
著（编）者：肖丽　　2018年6月出版 / 估价：99.00元
PSN B-2015-500-14/14

产业安全蓝皮书
中国出版传媒产业安全报告（2017~2018）
著（编）者：北京印刷学院文化产业安全研究院
2018年6月出版 / 估价：99.00元
PSN B-2014-384-13/14

产业蓝皮书
中国产业竞争力报告（2018）No.8
著（编）者：张其仔　　2018年12月出版 / 估价：168.00元
PSN B-2010-175-1/1

动力电池蓝皮书
中国新能源汽车动力电池产业发展报告（2018）
著（编）者：中国汽车技术研究中心
2018年8月出版 / 估价：99.00元
PSN B-2017-639-1/1

杜仲产业绿皮书
中国杜仲橡胶资源与产业发展报告（2017~2018）
著（编）者：杜红岩　胡文臻　俞锐
2018年6月出版 / 估价：99.00元
PSN G-2013-350-1/1

房地产蓝皮书
中国房地产发展报告No.15（2018）
著（编）者：李春华　王业强
2018年5月出版 / 估价：99.00元
PSN B-2004-028-1/1

服务外包蓝皮书
中国服务外包产业发展报告（2017~2018）
著（编）者：王晓红　刘德军
2018年6月出版 / 估价：99.00元
PSN B-2013-331-2/2

服务外包蓝皮书
中国服务外包竞争力报告（2017~2018）
著（编）者：刘春生　王力　黄育华
2018年12月出版 / 估价：99.00元
PSN B-2011-216-1/2

产业经济类

皮书系列 2018全品种

工业和信息化蓝皮书
世界信息技术产业发展报告（2017~2018）
著(编)者：尹丽波　2018年6月出版 / 估价：99.00元
PSN B-2015-449-2/6

工业和信息化蓝皮书
战略性新兴产业发展报告（2017~2018）
著(编)者：尹丽波　2018年6月出版 / 估价：99.00元
PSN B-2015-450-3/6

海洋经济蓝皮书
中国海洋经济发展报告（2015~2018）
著(编)者：殷克东　高金田　方胜民
2018年3月出版 / 定价：128.00元
PSN B-2018-697-1/1

康养蓝皮书
中国康养产业发展报告（2017）
著(编)者：何莽　2017年12月出版 / 定价：88.00元
PSN B-2017-685-1/1

客车蓝皮书
中国客车产业发展报告（2017~2018）
著(编)者：姚蔚　2018年10月出版 / 估价：99.00元
PSN B-2013-361-1/1

流通蓝皮书
中国商业发展报告（2018~2019）
著(编)者：王雪峰　林诗慧
2018年7月出版 / 估价：99.00元
PSN B-2009-152-1/2

能源蓝皮书
中国能源发展报告（2018）
著(编)者：崔民选　王军生　陈义和
2018年12月出版 / 估价：99.00元
PSN B-2006-049-1/1

农产品流通蓝皮书
中国农产品流通产业发展报告（2017）
著(编)者：贾敬敦　张东科　张玉玺　张鹏毅　周伟
2018年6月出版 / 估价：99.00元
PSN B-2012-288-1/1

汽车工业蓝皮书
中国汽车工业发展年度报告（2018）
著(编)者：中国汽车工业协会
　　　　　中国汽车技术研究中心
　　　　　丰田汽车公司
2018年5月出版 / 估价：168.00元
PSN B-2015-463-1/2

汽车工业蓝皮书
中国汽车零部件产业发展报告（2017~2018）
著(编)者：中国汽车工业协会
　　　　　中国汽车工程研究院深圳市沃特玛电池有限公司
2018年9月出版 / 估价：99.00元
PSN B-2016-515-2/2

汽车蓝皮书
中国汽车产业发展报告（2018）
著(编)者：中国汽车工程学会
　　　　　大众汽车集团（中国）
2018年11月出版 / 估价：99.00元
PSN B-2008-124-1/1

世界茶业蓝皮书
世界茶业发展报告（2018）
著(编)者：李闽榕　冯廷佺
2018年5月出版 / 估价：168.00元
PSN B-2017-619-1/1

世界能源蓝皮书
世界能源发展报告（2018）
著(编)者：黄晓勇　2018年6月出版 / 估价：168.00元
PSN B-2013-349-1/1

石油蓝皮书
中国石油产业发展报告（2018）
著(编)者：中国石油化工集团公司经济技术研究院
　　　　　中国国际石油化工联合有限责任公司
　　　　　中国社会科学院数量经济与技术经济研究所
2018年2月出版 / 估价：98.00元
PSN B-2018-690-1/1

体育蓝皮书
国家体育产业基地发展报告（2016~2017）
著(编)者：李颖川　2018年6月出版 / 估价：168.00元
PSN B-2017-609-5/5

体育蓝皮书
中国体育产业发展报告（2018）
著(编)者：阮伟　钟秉枢
2018年12月出版 / 估价：99.00元
PSN B-2010-179-1/5

文化金融蓝皮书
中国文化金融发展报告（2018）
著(编)者：杨涛　金巍
2018年6月出版 / 估价：99.00元
PSN B-2017-610-1/1

新能源汽车蓝皮书
中国新能源汽车产业发展报告（2018）
著(编)者：中国汽车技术研究中心
　　　　　日产（中国）投资有限公司
　　　　　东风汽车有限公司
2018年8月出版 / 估价：99.00元
PSN B-2013-347-1/1

薏仁米产业蓝皮书
中国薏仁米产业发展报告No.2（2018）
著(编)者：李发耀　石明　秦礼康
2018年8月出版 / 估价：99.00元
PSN B-2017-645-1/1

邮轮绿皮书
中国邮轮产业发展报告（2018）
著(编)者：汪泓　2018年10月出版 / 估价：99.00元
PSN G-2014-419-1/1

智能养老蓝皮书
中国智能养老产业发展报告（2018）
著(编)者：朱勇　2018年10月出版 / 估价：99.00元
PSN B-2015-488-1/1

中国节能汽车蓝皮书
中国节能汽车发展报告（2017~2018）
著(编)者：中国汽车工程研究院股份有限公司
2018年9月出版 / 估价：99.00元
PSN B-2016-565-1/1

产业经济类·行业及其他类

中国陶瓷产业蓝皮书
中国陶瓷产业发展报告（2018）
著(编)者：左和平 黄速建
2018年10月出版 / 估价：99.00元
PSN B-2016-573-1/1

装备制造业蓝皮书
中国装备制造业发展报告（2018）
著(编)者：徐东华
2018年12月出版 / 估价：118.00元
PSN B-2015-505-1/1

行业及其他类

"三农"互联网金融蓝皮书
中国"三农"互联网金融发展报告（2018）
著(编)者：李勇坚 王弢
2018年8月出版 / 估价：99.00元
PSN B-2016-560-1/1

SUV蓝皮书
中国SUV市场发展报告（2017~2018）
著(编)者：靳军
2018年9月出版 / 估价：99.00元
PSN B-2016-571-1/1

冰雪蓝皮书
中国冬季奥运会发展报告（2018）
著(编)者：孙承华 伍斌 魏庆华 张鸿俊
2018年9月出版 / 估价：99.00元
PSN B-2017-647-2/3

彩票蓝皮书
中国彩票发展报告（2018）
著(编)者：益彩基金
2018年6月出版 / 估价：99.00元
PSN B-2015-462-1/1

测绘地理信息蓝皮书
测绘地理信息供给侧结构性改革研究报告（2018）
著(编)者：库热西·买合苏提
2018年12月出版 / 估价：168.00元
PSN B-2009-145-1/1

产权市场蓝皮书
中国产权市场发展报告（2017）
著(编)者：曹和平
2018年5月出版 / 估价：99.00元
PSN B-2009-147-1/1

城投蓝皮书
中国城投行业发展报告（2018）
著(编)者：华景斌
2018年11月出版 / 估价：300.00元
PSN B-2016-514-1/1

城市轨道交通蓝皮书
中国城市轨道交通运营发展报告（2017~2018）
著(编)者：崔学忠 贾文峥
2018年3月出版 / 定价：89.00元
PSN B-2018-694-1/1

大数据蓝皮书
中国大数据发展报告（No.2）
著(编)者：连玉明
2018年5月出版 / 估价：99.00元
PSN B-2017-620-1/1

大数据应用蓝皮书
中国大数据应用发展报告No.2（2018）
著(编)者：陈军君
2018年8月出版 / 估价：99.00元
PSN B-2017-644-1/1

对外投资与风险蓝皮书
中国对外直接投资与国家风险报告（2018）
著(编)者：中债资信评估有限责任公司
　　　　　中国社会科学院世界经济与政治研究所
2018年6月出版 / 估价：189.00元
PSN B-2017-606-1/1

工业和信息化蓝皮书
人工智能发展报告（2017~2018）
著(编)者：尹丽波
2018年6月出版 / 估价：99.00元
PSN B-2015-448-1/6

工业和信息化蓝皮书
世界智慧城市发展报告（2017~2018）
著(编)者：尹丽波
2018年6月出版 / 估价：99.00元
PSN B-2017-624-6/6

工业和信息化蓝皮书
世界网络安全发展报告（2017~2018）
著(编)者：尹丽波
2018年6月出版 / 估价：99.00元
PSN B-2015-452-5/6

工业和信息化蓝皮书
世界信息化发展报告（2017~2018）
著(编)者：尹丽波
2018年6月出版 / 估价：99.00元
PSN B-2015-451-4/6

工业设计蓝皮书
中国工业设计发展报告（2018）
著(编)者：王晓红 于炜 张立群
2018年9月出版 / 估价：168.00元
PSN B-2014-420-1/1

公共关系蓝皮书
中国公共关系发展报告（2017）
著(编)者：柳斌杰
2018年1月出版 / 定价：89.00元
PSN B-2016-579-1/1

行业及其他类 皮书系列 2018全品种

公共关系蓝皮书
中国公共关系发展报告（2018）
著（编）者：柳斌杰　2018年11月出版／估价：99.00元
PSN B-2016-579-1/1

管理蓝皮书
中国管理发展报告（2018）
著（编）者：张晓东　2018年10月出版／估价：99.00元
PSN B-2014-416-1/1

轨道交通蓝皮书
中国轨道交通行业发展报告（2017）
著（编）者：仲建华　李闻榕
2017年12月出版／定价：98.00元
PSN B-2017-674-1/1

海关发展蓝皮书
中国海关发展前沿报告（2018）
著（编）者：干春晖　2018年6月出版／估价：99.00元
PSN B-2017-616-1/1

互联网医疗蓝皮书
中国互联网健康医疗发展报告（2018）
著（编）者：芮晓武　2018年6月出版／估价：99.00元
PSN B-2016-567-1/1

黄金市场蓝皮书
中国商业银行黄金业务发展报告（2017~2018）
著（编）者：平安银行　2018年6月出版／估价：99.00元
PSN B-2016-524-1/1

会展蓝皮书
中外会展业动态评估研究报告（2018）
著（编）者：张敏　任中峰　聂鑫焱　牛盼强
2018年12月出版／估价：99.00元
PSN B-2013-327-1/1

基金会蓝皮书
中国基金会发展报告（2017~2018）
著（编）者：中国基金会发展报告课题组
2018年6月出版／估价：99.00元
PSN B-2013-368-1/1

基金会绿皮书
中国基金会发展独立研究报告（2018）
著（编）者：基金会中心网　中央民族大学基金会研究中心
2018年6月出版／估价：99.00元
PSN G-2011-213-1/1

基金会透明度蓝皮书
中国基金会透明度发展研究报告（2018）
著（编）者：基金会中心网
　　　　　　清华大学廉政与治理研究中心
2018年9月出版／估价：99.00元
PSN B-2013-339-1/1

建筑装饰蓝皮书
中国建筑装饰行业发展报告（2018）
著（编）者：葛道顺　刘晓一
2018年10月出版／估价：198.00元
PSN B-2016-553-1/1

金融监管蓝皮书
中国金融监管报告（2018）
著（编）者：胡滨　2018年3月出版／定价：98.00元
PSN B-2012-281-1/1

金融蓝皮书
中国互联网金融行业分析与评估（2018~2019）
著（编）者：黄国平　伍旭川　2018年12月出版／估价：99.00元
PSN B-2016-585-7/7

金融科技蓝皮书
中国金融科技发展报告（2018）
著（编）者：李扬　孙国峰　2018年10月出版／估价：99.00元
PSN B-2014-374-1/1

金融信息服务蓝皮书
中国金融信息服务发展报告（2018）
著（编）者：李平　2018年5月出版／估价：99.00元
PSN B-2017-621-1/1

金蜜蜂企业社会责任蓝皮书
金蜜蜂中国企业社会责任报告研究（2017）
著（编）者：殷格非　于志宏　管竹笋
2018年1月出版／定价：99.00元
PSN B-2018-693-1/1

京津冀金融蓝皮书
京津冀金融发展报告（2018）
著（编）者：王爱俭　王璟怡　2018年10月出版／估价：99.00元
PSN B-2016-527-1/1

科普蓝皮书
国家科普能力发展报告（2018）
著（编）者：王康友　2018年5月出版／估价：138.00元
PSN B-2017-632-4/4

科普蓝皮书
中国基层科普发展报告（2017~2018）
著（编）者：赵立新　陈玲　2018年9月出版／估价：99.00元
PSN B-2016-568-3/4

科普蓝皮书
中国科普基础设施发展报告（2017~2018）
著（编）者：任福君　2018年6月出版／估价：99.00元
PSN B-2010-174-1/3

科普蓝皮书
中国科普人才发展报告（2017~2018）
著（编）者：郑念　任嵘嵘　2018年7月出版／估价：99.00元
PSN B-2016-512-2/4

科普能力蓝皮书
中国科普能力评价报告（2018~2019）
著（编）者：李富强　李群　2018年8月出版／估价：99.00元
PSN B-2016-555-1/1

临空经济蓝皮书
中国临空经济发展报告（2018）
著（编）者：连玉明　2018年9月出版／估价：99.00元
PSN B-2014-421-1/1

皮书系列 2018全品种 — 行业及其他类

旅游安全蓝皮书
中国旅游安全报告（2018）
著（编）者：郑向敏 谢朝武　2018年5月出版／估价：158.00元
PSN B-2012-280-1/1

旅游绿皮书
2017~2018年中国旅游发展分析与预测
著（编）者：宋瑞　2018年1月出版／定价：99.00元
PSN G-2002-018-1/1

煤炭蓝皮书
中国煤炭工业发展报告（2018）
著（编）者：岳福斌　2018年12月出版／估价：99.00元
PSN B-2008-123-1/1

民营企业社会责任蓝皮书
中国民营企业社会责任报告（2018）
著（编）者：中华全国工商业联合会
2018年12月出版／估价：99.00元
PSN B-2015-510-1/1

民营医院蓝皮书
中国民营医院发展报告（2017）
著（编）者：薛晓林　2017年12月出版／定价：89.00元
PSN B-2012-299-1/1

闽商蓝皮书
闽商发展报告（2018）
著（编）者：李闽榕 王日根 林琛
2018年12月出版／估价：99.00元
PSN B-2012-298-1/1

农业应对气候变化蓝皮书
中国农业气象灾害及其灾损评估报告（No.3）
著（编）者：矫梅燕　2018年6月出版／估价：118.00元
PSN B-2014-413-1/1

品牌蓝皮书
中国品牌战略发展报告（2018）
著（编）者：汪同三　2018年10月出版／估价：99.00元
PSN B-2016-580-1/1

企业扶贫蓝皮书
中国企业扶贫研究报告（2018）
著（编）者：钟宏武　2018年12月出版／估价：99.00元
PSN B-2016-593-1/1

企业公益蓝皮书
中国企业公益研究报告（2018）
著（编）者：钟宏武 汪杰 黄晓娟
2018年12月出版／估价：99.00元
PSN B-2015-501-1/1

企业国际化蓝皮书
中国企业全球化报告（2018）
著（编）者：王辉耀 苗绿　2018年11月出版／估价：99.00元
PSN B-2014-427-1/1

企业蓝皮书
中国企业绿色发展报告No.2（2018）
著（编）者：李红玉 朱光辉
2018年8月出版／估价：99.00元
PSN B-2015-481-2/2

企业社会责任蓝皮书
中资企业海外社会责任研究报告（2017~2018）
著（编）者：钟宏武 叶柳红 张蒽
2018年6月出版／估价：99.00元
PSN B-2017-603-2/2

企业社会责任蓝皮书
中国企业社会责任研究报告（2018）
著（编）者：黄群慧 钟宏武 张蒽 汪杰
2018年11月出版／估价：99.00元
PSN B-2009-149-1/2

汽车安全蓝皮书
中国汽车安全发展报告（2018）
著（编）者：中国汽车技术研究中心
2018年8月出版／估价：99.00元
PSN B-2014-385-1/1

汽车电子商务蓝皮书
中国汽车电子商务发展报告（2018）
著（编）者：中华全国工商业联合会汽车经销商商会
　　　　　　北方工业大学
　　　　　　北京易观智库网络科技有限公司
2018年10月出版／估价：158.00元
PSN B-2015-485-1/1

汽车知识产权蓝皮书
中国汽车产业知识产权发展报告（2018）
著（编）者：中国汽车工程研究院股份有限公司
　　　　　　中国汽车工程学会
　　　　　　重庆长安汽车股份有限公司
2018年12月出版／估价：99.00元
PSN B-2016-594-1/1

青少年体育蓝皮书
中国青少年体育发展报告（2017）
著（编）者：刘扶民 杨桦　2018年6月出版／估价：99.00元
PSN B-2015-482-1/1

区块链蓝皮书
中国区块链发展报告（2018）
著（编）者：李伟　2018年9月出版／估价：99.00元
PSN B-2017-649-1/1

群众体育蓝皮书
中国群众体育发展报告（2017）
著（编）者：刘国永 戴健　2018年5月出版／估价：99.00元
PSN B-2014-411-1/3

群众体育蓝皮书
中国社会体育指导员发展报告（2018）
著（编）者：刘国永 王欢　2018年6月出版／估价：99.00元
PSN B-2016-520-3/3

人力资源蓝皮书
中国人力资源发展报告（2018）
著（编）者：余兴安　2018年11月出版／估价：99.00元
PSN B-2012-287-1/1

融资租赁蓝皮书
中国融资租赁业发展报告（2017~2018）
著（编）者：李光荣 王力　2018年8月出版／估价：99.00元
PSN B-2015-443-1/1

行业及其他类

皮书系列 2018全品种

商会蓝皮书
中国商会发展报告No.5（2017）
著(编)者：王钦敏　2018年7月出版　估价：99.00元
PSN B-2008-125-1/1

商务中心区蓝皮书
中国商务中心区发展报告No.4（2017~2018）
著(编)者：李红红　单菁菁　2018年9月出版　估价：99.00元
PSN B-2015-444-1/1

设计产业蓝皮书
中国创新设计发展报告（2018）
著(编)者：王晓红　张立群　于炜
2018年11月出版　估价：99.00元
PSN B-2016-581-2/2

社会责任管理蓝皮书
中国上市公司社会责任能力成熟度报告No.4（2018）
著(编)者：肖红军　王晓光　李伟阳
2018年12月出版　估价：99.00元
PSN B-2015-507-2/2

社会责任管理蓝皮书
中国企业公众透明度报告No.4（2017~2018）
著(编)者：黄速建　熊梦　王晓光　肖红军
2018年6月出版　估价：99.00元
PSN B-2015-440-1/2

食品药品蓝皮书
食品药品安全与监管政策研究报告（2016~2017）
著(编)者：唐民皓　2018年6月出版　估价：99.00元
PSN B-2009-129-1/1

输血服务蓝皮书
中国输血行业发展报告（2018）
著(编)者：孙俊　2018年12月出版　估价：99.00元
PSN B-2016-582-1/1

水利风景区蓝皮书
中国水利风景区发展报告（2018）
著(编)者：董建文　兰思仁
2018年10月出版　估价：99.00元
PSN B-2015-480-1/1

数字经济蓝皮书
全球数字经济竞争力发展报告（2017）
著(编)者：王振　2017年12月出版　定价：79.00元
PSN B-2017-673-1/1

私募市场蓝皮书
中国私募股权市场发展报告（2017~2018）
著(编)者：曹和平　2018年12月出版　估价：99.00元
PSN B-2010-162-1/1

碳排放权交易蓝皮书
中国碳排放权交易报告（2018）
著(编)者：孙永平　2018年11月出版　估价：99.00元
PSN B-2017-652-1/1

碳市场蓝皮书
中国碳市场报告（2018）
著(编)者：定金彪　2018年11月出版　估价：99.00元
PSN B-2014-430-1/1

体育蓝皮书
中国公共体育服务发展报告（2018）
著(编)者：戴健　2018年12月出版　估价：99.00元
PSN B-2013-367-2/5

土地市场蓝皮书
中国农村土地市场发展报告（2017~2018）
著(编)者：李光荣　2018年6月出版　估价：99.00元
PSN B-2016-526-1/1

土地整治蓝皮书
中国土地整治发展研究报告（No.5）
著(编)者：国土资源部土地整治中心
2018年7月出版　估价：99.00元
PSN B-2014-401-1/1

土地政策蓝皮书
中国土地政策研究报告（2018）
著(编)者：高延利　张建平　吴次芳
2018年1月出版　估价：98.00元
PSN B-2015-506-1/1

网络空间安全蓝皮书
中国网络空间安全发展报告（2018）
著(编)者：惠志斌　覃庆玲
2018年11月出版　估价：99.00元
PSN B-2015-466-1/1

文化志愿服务蓝皮书
中国文化志愿服务发展报告（2018）
著(编)者：张永新　良警宇　2018年11月出版　估价：128.00元
PSN B 2016 596 1/1

西部金融蓝皮书
中国西部金融发展报告（2017~2018）
著(编)者：李忠民　2018年8月出版　估价：99.00元
PSN B-2010-160-1/1

协会商会蓝皮书
中国行业协会商会发展报告（2017）
著(编)者：景朝阳　李勇　2018年6月出版　估价：99.00元
PSN B-2015-461-1/1

新三板蓝皮书
中国新三板市场发展报告（2018）
著(编)者：王力　2018年8月出版　估价：99.00元
PSN B-2016-533-1/1

信托市场蓝皮书
中国信托业市场报告（2017~2018）
著(编)者：用益金融信托研究院
2018年6月出版　估价：198.00元
PSN B-2014-371-1/1

信息化蓝皮书
中国信息化形势分析与预测（2017~2018）
著(编)者：周宏仁　2018年8月出版　估价：99.00元
PSN B-2010-168-1/1

信用蓝皮书
中国信用发展报告（2017~2018）
著(编)者：章政　田侃　2018年6月出版　估价：99.00元
PSN B-2013-328-1/1

休闲绿皮书
2017~2018年中国休闲发展报告
著(编)者：宋瑞　2018年7月出版　估价：99.00元
PSN G-2010-158-1/1

休闲体育蓝皮书
中国休闲体育发展报告（2017~2018）
著(编)者：李相如　钟秉枢
2018年10月出版　估价：99.00元
PSN B-2016-516-1/1

养老金融蓝皮书
中国养老金融发展报告（2018）
著(编)者：董克用　姚余栋
2018年9月出版　估价：99.00元
PSN B-2016-583-1/1

遥感监测绿皮书
中国可持续发展遥感监测报告（2017）
著(编)者：顾行发　汪克强　潘教峰　李闽榕　徐东华　王琦安
2018年6月出版　估价：298.00元
PSN B-2017-629-1/1

药品流通蓝皮书
中国药品流通行业发展报告（2018）
著(编)者：佘鲁林　温再兴
2018年7月出版　估价：198.00元
PSN B-2014-429-1/1

医疗器械蓝皮书
中国医疗器械行业发展报告（2018）
著(编)者：王宝亭　耿鸿武
2018年10月出版　估价：99.00元
PSN B-2017-661-1/1

医院蓝皮书
中国医院竞争力报告（2017~2018）
著(编)者：庄一强　2018年3月出版　定价：108.00元
PSN B-2016-528-1/1

瑜伽蓝皮书
中国瑜伽业发展报告（2017~2018）
著(编)者：张永建　徐华锋　朱泰余
2018年6月出版　估价：198.00元
PSN B-2017-625-1/1

债券市场蓝皮书
中国债券市场发展报告（2017~2018）
著(编)者：杨农　2018年10月出版　估价：99.00元
PSN B-2016-572-1/1

志愿服务蓝皮书
中国志愿服务发展报告（2018）
著(编)者：中国志愿服务联合会
2018年11月出版　估价：99.00元
PSN B-2017-664-1/1

中国上市公司蓝皮书
中国上市公司发展报告（2018）
著(编)者：张鹏　张平　黄胤英
2018年9月出版　估价：99.00元
PSN B-2014-414-1/1

中国新三板蓝皮书
中国新三板创新与发展报告（2018）
著(编)者：刘平安　闻召林
2018年8月出版　估价：158.00元
PSN B-2017-638-1/1

中国汽车品牌蓝皮书
中国乘用车品牌发展报告（2017）
著(编)者：《中国汽车报》社有限公司
　　　　　博世（中国）投资有限公司
　　　　　中国汽车技术研究中心数据资源中心
2018年1月出版　定价：89.00元
PSN B-2017-679-1/1

中医文化蓝皮书
北京中医药文化传播发展报告（2018）
著(编)者：毛嘉陵　2018年6月出版　估价：99.00元
PSN B-2015-468-1/2

中医文化蓝皮书
中国中医药文化传播发展报告（2018）
著(编)者：毛嘉陵　2018年7月出版　估价：99.00元
PSN B-2016-584-2/2

中医药蓝皮书
北京中医药知识产权发展报告No.2
著(编)者：汪洪　屠志涛　2018年6月出版　估价：168.00元
PSN B-2017-602-1/1

资本市场蓝皮书
中国场外交易市场发展报告（2016~2017）
著(编)者：高峦　2018年6月出版　估价：99.00元
PSN B-2009-153-1/1

资产管理蓝皮书
中国资产管理行业发展报告（2018）
著(编)者：郑智　2018年7月出版　估价：99.00元
PSN B-2014-407-2/2

资产证券化蓝皮书
中国资产证券化发展报告（2018）
著(编)者：沈炳熙　曹彬　李哲平
2018年4月出版　定价：98.00元
PSN B-2017-660-1/1

自贸区蓝皮书
中国自贸区发展报告（2018）
著(编)者：王力　黄育华
2018年6月出版　估价：99.00元
PSN B-2016-558-1/1

国际问题与全球治理类

"一带一路"跨境通道蓝皮书
"一带一路"跨境通道建设研究报（2017~2018）
著(编)者：余鑫 张秋生　2018年1月出版／定价：89.00元
PSN B-2016-557-1/1

"一带一路"蓝皮书
"一带一路"建设发展报告（2018）
著(编)者：李永全　2018年3月出版／定价：98.00元
PSN B-2016-552-1/1

"一带一路"投资安全蓝皮书
中国"一带一路"投资与安全研究报告（2018）
著(编)者：邹统钎 梁昊光　2018年4月出版／定价：98.00元
PSN B-2017-612-1/1

"一带一路"文化交流蓝皮书
中阿文化交流发展报告（2017）
著(编)者：王辉　2017年12月出版／定价：89.00元
PSN B-2017-655-1/1

G20国家创新竞争力黄皮书
二十国集团（G20）国家创新竞争力发展报告（2017~2018）
著(编)者：李建平 李闽榕 赵新力 周天勇
2018年7月出版／估价：168.00元
PSN Y-2011-229-1/1

阿拉伯黄皮书
阿拉伯发展报告（2016~2017）
著(编)者：罗林　2018年6月出版／估价：99.00元
PSN Y-2014-381-1/1

北部湾蓝皮书
泛北部湾合作发展报告（2017~2018）
著(编)者：吕余生　2018年12月出版／估价：99.00元
PSN B-2008-114-1/1

北极蓝皮书
北极地区发展报告（2017）
著(编)者：刘惠荣　2018年7月出版／估价：99.00元
PSN B-2017-634-1/1

大洋洲蓝皮书
大洋洲发展报告（2017~2018）
著(编)者：喻常森　2018年10月出版／估价：99.00元
PSN B-2013-341-1/1

东北亚区域合作蓝皮书
2017年"一带一路"倡议与东北亚区域合作
著(编)者：刘亚政 金美花
2018年5月出版／估价：99.00元
PSN B-2017-631-1/1

东盟黄皮书
东盟发展报告（2017）
著(编)者：杨晓强 庄国土　2018年6月出版／估价：99.00元
PSN Y-2012-303-1/1

东南亚蓝皮书
东南亚地区发展报告（2017~2018）
著(编)者：王勤　2018年12月出版／估价：99.00元
PSN B-2012-240-1/1

非洲黄皮书
非洲发展报告No.20（2017~2018）
著(编)者：张宏明　2018年7月出版／估价：99.00元
PSN Y-2012-239-1/1

非传统安全蓝皮书
中国非传统安全研究报告（2017~2018）
著(编)者：潇楠 罗中枢　2018年8月出版／估价：99.00元
PSN B-2012-273-1/1

国际安全蓝皮书
中国国际安全研究报告（2018）
著(编)者：刘慧　2018年7月出版／估价：99.00元
PSN B-2016-521-1/1

国际城市蓝皮书
国际城市发展报告（2018）
著(编)者：屠启宇　2018年2月出版／估价：89.00元
PSN B-2012-260-1/1

国际形势黄皮书
全球政治与安全报告（2018）
著(编)者：张宇燕　2018年1月出版／估价：99.00元
PSN Y-2001-016-1/1

公共外交蓝皮书
中国公共外交发展报告（2018）
著(编)者：赵启正 雷蔚真　2018年6月出版／估价：99.00元
PSN B-2015-457-1/1

海丝蓝皮书
21世纪海上丝绸之路研究报告（2017）
著(编)者：华侨大学海上丝绸之路研究院
2017年12月出版／定价：89.00元
PSN B-2017-684-1/1

金砖国家黄皮书
金砖国家综合创新竞争力发展报告（2018）
著(编)者：赵新力 李闽榕 黄茂兴
2018年8月出版／估价：128.00元
PSN Y-2017-643-1/1

拉美黄皮书
拉丁美洲和加勒比发展报告（2017~2018）
著(编)者：袁东振　2018年6月出版／估价：99.00元
PSN Y-1999-007-1/1

澜湄合作蓝皮书
澜沧江-湄公河合作发展报告（2018）
著(编)者：刘稚　2018年9月出版／估价：99.00元
PSN B-2011-196-1/1

国际问题与全球治理类

欧洲蓝皮书
欧洲发展报告（2017~2018）
著(编)者：黄平 周弘 程卫东
2018年6月出版 / 定价：99.00元
PSN B-1999-009-1/1

葡语国家蓝皮书
葡语国家发展报告（2016~2017）
著(编)者：王成安 张敏 刘金兰
2018年6月出版 / 定价：99.00元
PSN B-2015-503-1/2

葡语国家蓝皮书
中国与葡语国家关系发展报告·巴西（2016）
著(编)者：张曙光
2018年8月出版 / 估价：99.00元
PSN B-2016-563-2/2

气候变化绿皮书
应对气候变化报告（2018）
著(编)者：王伟光 郑国光
2018年11月出版 / 估价：99.00元
PSN G-2009-144-1/1

全球环境竞争力绿皮书
全球环境竞争力报告（2018）
著(编)者：李建平 李闽榕 王金南
2018年12月出版 / 估价：198.00元
PSN G-2013-363-1/1

全球信息社会蓝皮书
全球信息社会发展报告（2018）
著(编)者：丁波涛 唐涛
2018年10月出版 / 估价：99.00元
PSN B-2017-665-1/1

日本经济蓝皮书
日本经济与中日经贸关系研究报告（2018）
著(编)者：张季风
2018年6月出版 / 估价：99.00元
PSN B-2008-102-1/1

上海合作组织黄皮书
上海合作组织发展报告（2018）
著(编)者：李进峰
2018年6月出版 / 估价：99.00元
PSN Y-2009-130-1/1

世界创新竞争力黄皮书
世界创新竞争力发展报告（2017）
著(编)者：李建平 李闽榕 赵新力
2018年6月出版 / 估价：168.00元
PSN Y-2013-318-1/1

世界经济黄皮书
2018年世界经济形势分析与预测
著(编)者：张宇燕
2018年1月出版 / 定价：99.00元
PSN Y-1999-006-1/1

世界能源互联互通蓝皮书
世界能源清洁发展与互联互通评估报告（2017）：欧洲篇
著(编)者：国网能源研究院
2018年1月出版 / 定价：128.00元
PSN B-2018-695-1/1

丝绸之路蓝皮书
丝绸之路经济带发展报告（2018）
著(编)者：任宗哲 白宽犁 谷孟宾
2018年1月出版 / 定价：89.00元
PSN B-2014-410-1/1

新兴经济体蓝皮书
金砖国家发展报告（2018）
著(编)者：林跃勤 周文
2018年8月出版 / 估价：99.00元
PSN B-2011-195-1/1

亚太蓝皮书
亚太地区发展报告（2018）
著(编)者：李向阳
2018年5月出版 / 估价：99.00元
PSN B-2001-015-1/1

印度洋地区蓝皮书
印度洋地区发展报告（2018）
著(编)者：汪戎
2018年6月出版 / 估价：99.00元
PSN B-2013-334-1/1

印度尼西亚经济蓝皮书
印度尼西亚经济发展报告（2017）：增长与机会
著(编)者：左志刚
2017年11月出版 / 定价：89.00元
PSN B-2017-675-1/1

渝新欧蓝皮书
渝新欧沿线国家发展报告（2018）
著(编)者：杨柏 黄森
2018年6月出版 / 估价：99.00元
PSN B-2017-626-1/1

中阿蓝皮书
中国-阿拉伯国家经贸发展报告（2018）
著(编)者：张廉 段庆林 王林聪 杨巧红
2018年12月出版 / 估价：99.00元
PSN B-2016-598-1/1

中东黄皮书
中东发展报告No.20（2017~2018）
著(编)者：杨光
2018年10月出版 / 估价：99.00元
PSN Y-1998-004-1/1

中亚黄皮书
中亚国家发展报告（2018）
著(编)者：孙力
2018年3月出版 / 定价：98.00元
PSN Y-2012-238-1/1

国别类・文化传媒类

皮书系列
2018全品种

国别类

澳大利亚蓝皮书
澳大利亚发展报告（2017-2018）
著（编）者：孙有中 韩锋　2018年12月出版 / 估价：99.00元
PSN B-2016-587-1/1

巴西黄皮书
巴西发展报告（2017）
著（编）者：刘国枝　2018年5月出版 / 估价：99.00元
PSN Y-2017-614-1/1

德国蓝皮书
德国发展报告（2018）
著（编）者：郑春荣　2018年6月出版 / 估价：99.00元
PSN B-2012-278-1/1

俄罗斯黄皮书
俄罗斯发展报告（2018）
著（编）者：李永全　2018年6月出版 / 估价：99.00元
PSN Y-2006-061-1/1

韩国蓝皮书
韩国发展报告（2017）
著（编）者：牛林杰 刘宝全　2018年6月出版 / 估价：99.00元
PSN B-2010-155-1/1

加拿大蓝皮书
加拿大发展报告（2018）
著（编）者：唐小松　2018年9月出版 / 估价：99.00元
PSN B-2014-389-1/1

美国蓝皮书
美国研究报告（2018）
著（编）者：郑秉文 黄平　2018年5月出版 / 估价：99.00元
PSN B-2011-210-1/1

缅甸蓝皮书
缅甸国情报告（2017）
著（编）者：祝湘辉
2017年11月出版 / 定价：98.00元
PSN B-2013-343-1/1

日本蓝皮书
日本研究报告（2018）
著（编）者：杨伯江　2018年4月出版 / 定价：99.00元
PSN B-2002-020-1/1

土耳其蓝皮书
土耳其发展报告（2018）
著（编）者：郭长刚 刘义　2018年9月出版 / 估价：99.00元
PSN B-2014-412-1/1

伊朗蓝皮书
伊朗发展报告（2017~2018）
著（编）者：冀开运　2018年10月 / 估价：99.00元
PSN B-2016-574-1/1

以色列蓝皮书
以色列发展报告（2018）
著（编）者：张倩红　2018年8月出版 / 估价：99.00元
PSN B-2015-483-1/1

印度蓝皮书
印度国情报告（2017）
著（编）者：吕昭义　2018年6月出版 / 估价：99.00元
PSN B-2012-241-1/1

英国蓝皮书
英国发展报告（2017~2018）
著（编）者：王展鹏　2018年12月出版 / 估价：99.00元
PSN B-2015-486-1/1

越南蓝皮书
越南国情报告（2018）
著（编）者：谢林城　2018年11月出版 / 估价：99.00元
PSN B-2006-056-1/1

泰国蓝皮书
泰国研究报告（2018）
著（编）者：庄国土 张禹东 刘文正
2018年10月出版 / 估价：99.00元
PSN B-2016-556-1/1

文化传媒类

"三农"舆情蓝皮书
中国"三农"网络舆情报告（2017~2018）
著（编）者：农业部信息中心
2018年6月出版 / 估价：99.00元
PSN B-2017-640-1/1

传媒竞争力蓝皮书
中国传媒国际竞争力研究报告（2018）
著（编）者：李本乾 刘强 王大可
2018年8月出版 / 估价：99.00元
PSN B-2013-356-1/1

传媒蓝皮书
中国传媒产业发展报告（2018）
著（编）者：崔保国
2018年5月出版 / 估价：99.00元
PSN B-2005-035-1/1

传媒投资蓝皮书
中国传媒投资发展报告（2018）
著（编）者：张向东 谭云明
2018年6月出版 / 估价：148.00元
PSN B-2015-474-1/1

皮书系列 2018全品种 — 文化传媒类

非物质文化遗产蓝皮书
中国非物质文化遗产发展报告（2018）
著（编）者：陈平　2018年6月出版／估价：128.00元
PSN B-2015-469-1/2

非物质文化遗产蓝皮书
中国非物质文化遗产保护发展报告（2018）
著（编）者：宋俊华　2018年10月出版／估价：128.00元
PSN B-2016-586-2/2

广电蓝皮书
中国广播电影电视发展报告（2018）
著（编）者：国家新闻出版广电总局发展研究中心
2018年7月出版／估价：99.00元
PSN B-2006-072-1/1

广告主蓝皮书
中国广告主营销传播趋势报告No.9
著（编）者：黄升民　杜国清　邵华冬　等
2018年10月出版／估价：158.00元
PSN B-2005-041-1/1

国际传播蓝皮书
中国国际传播发展报告（2018）
著（编）者：胡正荣　李继东　姬德强
2018年12月出版／估价：99.00元
PSN B-2014-408-1/1

国家形象蓝皮书
中国国家形象传播报告（2017）
著（编）者：张昆　2018年6月出版／估价：128.00元
PSN B-2017-605-1/1

互联网治理蓝皮书
中国网络社会治理研究报告（2018）
著（编）者：罗昕　支庭荣
2018年9月出版／估价：118.00元
PSN B-2017-653-1/1

纪录片蓝皮书
中国纪录片发展报告（2018）
著（编）者：何苏六　2018年10月出版／估价：99.00元
PSN B-2011-222-1/1

科学传播蓝皮书
中国科学传播报告（2016~2017）
著（编）者：詹正茂　2018年6月出版／估价：99.00元
PSN B-2008-120-1/1

两岸创意经济蓝皮书
两岸创意经济研究报告（2018）
著（编）者：罗昌智　董泽平
2018年10月出版／估价：99.00元
PSN B-2014-437-1/1

媒介与女性蓝皮书
中国媒介与女性发展报告（2017~2018）
著（编）者：刘利群　2018年5月出版／估价：99.00元
PSN B-2013-345-1/1

媒体融合蓝皮书
中国媒体融合发展报告（2017~2018）
著（编）者：梅宁华　支庭荣
2017年12月出版／定价：98.00元
PSN B-2015-479-1/1

全球传媒蓝皮书
全球传媒发展报告（2017~2018）
著（编）者：胡正荣　李继东　2018年6月出版／估价：99.00元
PSN B-2012-237-1/1

少数民族非遗蓝皮书
中国少数民族非物质文化遗产发展报告（2018）
著（编）者：肖远平（彝）　柴立（满）
2018年10月出版／估价：118.00元
PSN B-2015-467-1/1

视听新媒体蓝皮书
中国视听新媒体发展报告（2018）
著（编）者：国家新闻出版广电总局发展研究中心
2018年7月出版／估价：118.00元
PSN B-2011-184-1/1

数字娱乐产业蓝皮书
中国动画产业发展报告（2018）
著（编）者：孙立军　孙平　牛兴侦
2018年10月出版／估价：99.00元
PSN B-2011-198-1/2

数字娱乐产业蓝皮书
中国游戏产业发展报告（2018）
著（编）者：孙立军　刘跃军　2018年10月出版／估价：99.00元
PSN B-2017-662-2/2

网络视听蓝皮书
中国互联网视听行业发展报告（2018）
著（编）者：陈鹏　2018年2月出版／定价：148.00元
PSN B-2018-688-1/1

文化创新蓝皮书
中国文化创新报告（2017·No.8）
著（编）者：傅才武　2018年6月出版／估价：99.00元
PSN B-2009-143-1/1

文化建设蓝皮书
中国文化发展报告（2018）
著（编）者：江畅　孙伟平　戴茂堂
2018年5月出版／估价：99.00元
PSN B-2014-392-1/1

文化科技蓝皮书
文化科技创新发展报告（2018）
著（编）者：于平　李凤亮　2018年10月出版／估价：99.00元
PSN B-2013-342-1/1

文化蓝皮书
中国公共文化服务发展报告（2017~2018）
著（编）者：刘新成　张永新　张旭
2018年12月出版／估价：99.00元
PSN B-2007-093-2/10

文化蓝皮书
中国少数民族文化发展报告（2017~2018）
著（编）者：武翠英　张晓明　任乌晶
2018年9月出版／估价：99.00元
PSN B-2013-369-9/10

文化蓝皮书
中国文化产业供需协调检测报告（2018）
著（编）者：王亚南　2018年3月出版／估价：99.00元
PSN B-2013-323-8/10

文化传媒类 · 地方发展类-经济

皮书系列 2018全品种

文化蓝皮书
中国文化消费需求景气评价报告（2018）
著(编)者：王亚南　2018年3月出版／定价：99.00元
PSN B-2011-236-4/10

文化蓝皮书
中国公共文化投入增长测评报告（2018）
著(编)者：王亚南　2018年3月出版／定价：99.00元
PSN B-2014-435-10/10

文化品牌蓝皮书
中国文化品牌发展报告（2018）
著(编)者：欧阳友权　2018年5月出版／估价：99.00元
PSN B-2012-277-1/1

文化遗产蓝皮书
中国文化遗产事业发展报告（2017~2018）
著(编)者：苏杨　张颖岚　卓杰　白海峰　陈晨　陈叙容
2018年8月出版／估价：99.00元
PSN B-2008-119-1/1

文学蓝皮书
中国文情报告（2017~2018）
著(编)者：白烨　2018年5月出版／估价：99.00元
PSN B-2011-221-1/1

新媒体蓝皮书
中国新媒体发展报告No.9（2018）
著(编)者：唐绪军　2018年7月出版／估价：99.00元
PSN B-2010-169-1/1

新媒体社会责任蓝皮书
中国新媒体社会责任研究报告（2018）
著(编)者：钟瑛　2018年12月出版／估价：99.00元
PSN B-2014-423-1/1

移动互联网蓝皮书
中国移动互联网发展报告（2018）
著(编)者：余清楚　2018年6月出版／估价：99.00元
PSN B-2014-282-1/1

影视蓝皮书
中国影视产业发展报告（2018）
著(编)者：司若　陈鹏　陈锐
2018年6月出版／估价：99.00元
PSN B-2016-529-1/1

舆情蓝皮书
中国社会舆情与危机管理报告（2018）
著(编)者：谢耘耕
2018年9月出版／估价：138.00元
PSN B-2011-235-1/1

中国大运河蓝皮书
中国大运河发展报告（2018）
著(编)者：吴欣　2018年2月出版／估价：128.00元
PSN B-2018-691-1/1

地方发展类-经济

澳门蓝皮书
澳门经济社会发展报告（2017~2018）
著(编)者：吴志良　郝雨凡
2018年7月出版／估价：99.00元
PSN B-2009-138-1/1

澳门绿皮书
澳门旅游休闲发展报告（2017~2018）
著(编)者：郝雨凡　林广志
2018年5月出版／估价：99.00元
PSN G-2017-617-1/1

北京蓝皮书
北京经济发展报告（2017~2018）
著(编)者：杨松　2018年6月出版／估价：99.00元
PSN B-2006-054-2/8

北京旅游绿皮书
北京旅游发展报告（2018）
著(编)者：北京旅游学会
2018年7月出版／估价：99.00元
PSN G-2012-301-1/1

北京体育蓝皮书
北京体育产业发展报告（2017~2018）
著(编)者：钟秉枢　陈杰　杨铁黎
2018年9月出版／估价：99.00元
PSN B-2015-475-1/1

滨海金融蓝皮书
滨海新区金融发展报告（2017）
著(编)者：王爱俭　李向前　2018年4月出版／估价：99.00元
PSN B-2014-424-1/1

城乡一体化蓝皮书
北京城乡一体化发展报告（2017~2018）
著(编)者：吴宝新　张宝秀　黄序
2018年5月出版／估价：99.00元
PSN B-2012-258-2/2

非公有制企业社会责任蓝皮书
北京非公有制企业社会责任报告（2018）
著(编)者：宋贵伦　冯培
2018年6月出版／估价：99.00元
PSN B-2017-613-1/1

皮书系列 2018全品种
地方发展类-经济

福建旅游蓝皮书
福建省旅游产业发展现状研究（2017~2018）
著(编)者：陈敏华 黄远水　2018年12月出版 / 估价：128.00元
PSN B-2016-591-1/1

福建自贸区蓝皮书
中国(福建)自由贸易试验区发展报告(2017~2018)
著(编)者：黄茂兴　2018年6月出版 / 估价：118.00元
PSN B-2016-531-1/1

甘肃蓝皮书
甘肃经济发展分析与预测（2018）
著(编)者：安文华 罗哲　2018年1月出版 / 定价：99.00元
PSN B-2013-312-1/6

甘肃蓝皮书
甘肃商贸流通发展报告（2018）
著(编)者：张应华 王福生 王晓芳
2018年1月出版 / 定价：99.00元
PSN B-2016-522-6/6

甘肃蓝皮书
甘肃县域和农村发展报告（2018）
著(编)者：包东红 朱智文 王建兵
2018年1月出版 / 定价：99.00元
PSN B-2013-316-5/6

甘肃农业科技绿皮书
甘肃农业科技发展研究报告（2018）
著(编)者：魏胜文 乔德华 张东伟
2018年12月出版 / 估价：198.00元
PSN B-2016-592-1/1

甘肃气象保障蓝皮书
甘肃农业对气候变化的适应与风险评估报告（No.1）
著(编)者：鲍文中 周广胜
2017年12月出版 / 定价：108.00元
PSN B-2017-677-1/1

巩义蓝皮书
巩义经济社会发展报告（2018）
著(编)者：丁同民 朱军　2018年6月出版 / 估价：99.00元
PSN B-2016-532-1/1

广东外经贸蓝皮书
广东对外经济贸易发展研究报告（2017~2018）
著(编)者：陈万灵　2018年6月出版 / 估价：99.00元
PSN B-2012-286-1/1

广西北部湾经济区蓝皮书
广西北部湾经济区开放开发报告（2017~2018）
著(编)者：广西壮族自治区北部湾经济区和东盟开放合作办公室
广西社会科学院
广西北部湾发展研究院
2018年5月出版 / 估价：99.00元
PSN B-2010-181-1/1

广州蓝皮书
广州城市国际化发展报告（2018）
著(编)者：张跃国　2018年8月出版 / 估价：99.00元
PSN B-2012-246-11/14

广州蓝皮书
中国广州城市建设与管理发展报告（2018）
著(编)者：张其有 陈小钢 王宏伟　2018年8月出版 / 估价：99.00元
PSN B-2007-087-4/14

广州蓝皮书
广州创新型城市发展报告（2018）
著(编)者：尹涛　2018年6月出版 / 估价：99.00元
PSN B-2012-247-12/14

广州蓝皮书
广州经济发展报告（2018）
著(编)者：张跃国 尹涛　2018年7月出版 / 估价：99.00元
PSN B-2005-040-1/14

广州蓝皮书
2018年中国广州经济形势分析与预测
著(编)者：魏明海 谢博能 李华
2018年6月出版 / 估价：99.00元
PSN B-2011-185-9/14

广州蓝皮书
中国广州科技创新发展报告（2018）
著(编)者：于欣伟 陈爽 邓佑满　2018年8月出版 / 估价：99.00元
PSN B-2006-065-2/14

广州蓝皮书
广州农村发展报告（2018）
著(编)者：朱名宏　2018年7月出版 / 估价：99.00元
PSN B-2010-167-8/14

广州蓝皮书
广州汽车产业发展报告（2018）
著(编)者：杨再高 冯兴亚　2018年7月出版 / 估价：99.00元
PSN B-2006-066-3/14

广州蓝皮书
广州商贸业发展报告（2018）
著(编)者：张跃国 陈杰 荀振英
2018年7月出版 / 估价：99.00元
PSN B-2012-245-10/14

贵阳蓝皮书
贵阳城市创新发展报告No.3（白云篇）
著(编)者：连玉明　2018年5月出版 / 估价：99.00元
PSN B-2015-491-3/10

贵阳蓝皮书
贵阳城市创新发展报告No.3（观山湖篇）
著(编)者：连玉明　2018年5月出版 / 估价：99.00元
PSN B-2015-497-9/10

贵阳蓝皮书
贵阳城市创新发展报告No.3（花溪篇）
著(编)者：连玉明　2018年5月出版 / 估价：99.00元
PSN B-2015-490-2/10

贵阳蓝皮书
贵阳城市创新发展报告No.3（开阳篇）
著(编)者：连玉明　2018年5月出版 / 估价：99.00元
PSN B-2015-492-4/10

贵阳蓝皮书
贵阳城市创新发展报告No.3（南明篇）
著(编)者：连玉明　2018年5月出版 / 估价：99.00元
PSN B-2015-496-8/10

贵阳蓝皮书
贵阳城市创新发展报告No.3（清镇篇）
著(编)者：连玉明　2018年5月出版 / 估价：99.00元
PSN B-2015-489-1/10

地方发展类-经济 | 皮书系列 2018全品种

贵阳蓝皮书
贵阳城市创新发展报告No.3（乌当篇）
著(编)者：连玉明　2018年5月出版 / 估价：99.00元
PSN B-2015-495-7/10

贵阳蓝皮书
贵阳城市创新发展报告No.3（息烽篇）
著(编)者：连玉明　2018年5月出版 / 估价：99.00元
PSN B-2015-493-5/10

贵阳蓝皮书
贵阳城市创新发展报告No.3（修文篇）
著(编)者：连玉明　2018年5月出版 / 估价：99.00元
PSN B-2015-494-6/10

贵阳蓝皮书
贵阳城市创新发展报告No.3（云岩篇）
著(编)者：连玉明　2018年5月出版 / 估价：99.00元
PSN B-2015-498-10/10

贵州房地产蓝皮书
贵州房地产发展报告No.5（2018）
著(编)者：武廷方　2018年7月出版 / 估价：99.00元
PSN B-2014-426-1/1

贵州蓝皮书
贵州册亨经济社会发展报告（2018）
著(编)者：黄德林　2018年6月出版 / 估价：99.00元
PSN B-2016-525-8/9

贵州蓝皮书
贵州地理标志产业发展报告（2018）
著(编)者：李发耀 黄其松　2018年8月出版 / 估价：99.00元
PSN B-2017-646-10/10

贵州蓝皮书
贵安新区发展报告（2017～2018）
著(编)者：马长青 吴大华　2018年6月出版 / 估价：99.00元
PSN B-2015-459-4/10

贵州蓝皮书
贵州国家级开放创新平台发展报告（2017～2018）
著(编)者：申晓庆 吴大华 季泓
2018年11月出版 / 估价：99.00元
PSN B-2016-518-7/10

贵州蓝皮书
贵州国有企业社会责任发展报告（2017～2018）
著(编)者：郭丽　2018年12月出版 / 估价：99.00元
PSN B-2015-511-6/10

贵州蓝皮书
贵州民航业发展报告（2017）
著(编)者：申振东 吴大华　2018年6月出版 / 估价：99.00元
PSN B-2015-471-5/10

贵州蓝皮书
贵州民营经济发展报告（2017）
著(编)者：杨静 吴大华　2018年6月出版 / 估价：99.00元
PSN B-2016-530-9/5

杭州都市圈蓝皮书
杭州都市圈发展报告（2018）
著(编)者：洪庆华 沈翔　2018年4月出版 / 定价：98.00元
PSN B-2012-302-1/1

河北经济蓝皮书
河北省经济发展报告（2018）
著(编)者：马树强 金浩 张贵　2018年6月出版 / 估价：99.00元
PSN B-2014-380-1/1

河北蓝皮书
河北经济社会发展报告（2018）
著(编)者：康振海　2018年1月出版 / 定价：99.00元
PSN B-2014-372-1/3

河北蓝皮书
京津冀协同发展报告（2018）
著(编)者：陈璐　2017年12月出版 / 定价：79.00元
PSN B-2017-601-2/3

河南经济蓝皮书
2018年河南经济形势分析与预测
著(编)者：王世炎　2018年3月出版 / 定价：89.00元
PSN B-2007-086-1/1

河南蓝皮书
河南城市发展报告（2018）
著(编)者：张占仓 王建国　2018年5月出版 / 估价：99.00元
PSN B-2009-131-3/9

河南蓝皮书
河南工业发展报告（2018）
著(编)者：张占仓　2018年5月出版 / 估价：99.00元
PSN B-2013-317-5/9

河南蓝皮书
河南金融发展报告（2018）
著(编)者：喻新安 谷建全
2018年6月出版 / 估价：99.00元
PSN B-2014-390-7/9

河南蓝皮书
河南经济发展报告（2018）
著(编)者：张占仓 完世伟
2018年6月出版 / 估价：99.00元
PSN B-2010-157-4/9

河南蓝皮书
河南能源发展报告（2018）
著(编)者：国网河南省电力公司经济技术研究院
　　　　　河南省社会科学院
2018年6月出版 / 估价：99.00元
PSN B-2017-607-9/9

河南商务蓝皮书
河南商务发展报告（2018）
著(编)者：焦锦淼 穆荣国　2018年5月出版 / 估价：99.00元
PSN B-2014-399-1/1

河南双创蓝皮书
河南创新创业发展报告（2018）
著(编)者：喻新安 杨雪梅
2018年8月出版 / 估价：99.00元
PSN B-2017-641-1/1

黑龙江蓝皮书
黑龙江经济发展报告（2018）
著(编)者：朱宇　2018年1月出版 / 定价：89.00元
PSN B-2011-190-2/2

31

皮书系列 2018全品种
地方发展类-经济

湖南城市蓝皮书
区域城市群整合
著(编者):童中贤 韩未名　2018年12月出版 / 估价:99.00元
PSN B-2006-064-1/1

湖南蓝皮书
湖南城乡一体化发展报告(2018)
著(编者):陈文胜 王文强 陆福兴
2018年8月出版 / 估价:99.00元
PSN B-2015-477-8/8

湖南蓝皮书
2018年湖南电子政务发展报告
著(编者):梁志峰　2018年5月出版 / 估价:128.00元
PSN B-2014-394-6/8

湖南蓝皮书
2018年湖南经济发展报告
著(编者):卞鹰　2018年5月出版 / 估价:128.00元
PSN B-2011-207-2/8

湖南蓝皮书
2016年湖南经济展望
著(编者):梁志峰　2018年5月出版 / 估价:128.00元
PSN B-2011-206-1/8

湖南蓝皮书
2018年湖南县域经济社会发展报告
著(编者):梁志峰　2018年5月出版 / 估价:128.00元
PSN B-2014-395-7/8

湖南县域绿皮书
湖南县域发展报告(No.5)
著(编者):袁准 周小毛 黎仁寅
2018年6月出版 / 估价:99.00元
PSN G-2012-274-1/1

沪港蓝皮书
沪港发展报告(2018)
著(编者):尤安山　2018年9月出版 / 估价:99.00元
PSN B-2013-362-1/1

吉林蓝皮书
2018年吉林经济社会形势分析与预测
著(编者):邵汉明　2017年12月出版 / 定价:89.00元
PSN B-2013-319-1/1

吉林省城市竞争力蓝皮书
吉林省城市竞争力报告(2017~2018)
著(编者):崔岳春 张磊
2018年3月出版 / 定价:89.00元
PSN B-2016-513-1/1

济源蓝皮书
济源经济社会发展报告(2018)
著(编者):喻新安　2018年6月出版 / 估价:99.00元
PSN B-2014-387-1/1

江苏蓝皮书
2018年江苏经济发展分析与展望
著(编者):王庆五 吴先满
2018年7月出版 / 估价:128.00元
PSN B-2017-635-1/3

江西蓝皮书
江西经济社会发展报告(2018)
著(编者):陈石俊 龚建文　2018年10月出版 / 估价:128.00元
PSN B-2015-484-1/2

江西蓝皮书
江西设区市发展报告(2018)
著(编者):姜玮 梁勇
2018年10月出版 / 估价:99.00元
PSN B-2016-517-2/2

经济特区蓝皮书
中国经济特区发展报告(2017)
著(编者):陶一桃　2018年1月出版 / 估价:99.00元
PSN B-2009-139-1/1

辽宁蓝皮书
2018年辽宁经济社会形势分析与预测
著(编者):梁启东 魏红江　2018年6月出版 / 估价:99.00元
PSN B-2006-053-1/1

民族经济蓝皮书
中国民族地区经济发展报告(2018)
著(编者):李曦辉　2018年7月出版 / 估价:99.00元
PSN B-2017-630-1/1

南宁蓝皮书
南宁经济发展报告(2018)
著(编者):胡建华　2018年9月出版 / 估价:99.00元
PSN B-2016-569-2/3

内蒙古蓝皮书
内蒙古精准扶贫研究报告(2018)
著(编者):张志华　2018年1月出版 / 定价:89.00元
PSN B-2017-681-2/2

浦东新区蓝皮书
上海浦东经济发展报告(2018)
著(编者):周小平 徐美芳
2018年1月出版 / 估价:89.00元
PSN B-2011-225-1/1

青海蓝皮书
2018年青海经济社会形势分析与预测
著(编者):陈玮　2018年1月出版 / 定价:98.00元
PSN B-2012-275-1/2

青海科技绿皮书
青海科技发展报告(2017)
著(编者):青海省科学技术信息研究所
2018年3月出版 / 定价:98.00元
PSN G-2018-701-1/1

山东蓝皮书
山东经济形势分析与预测(2018)
著(编者):李广杰　2018年7月出版 / 估价:99.00元
PSN B-2014-404-1/5

山东蓝皮书
山东省普惠金融发展报告(2018)
著(编者):齐鲁财富网
2018年9月出版 / 估价:99.00元
PSN B2017-676-5/5

地方发展类–经济

皮书系列 2018全品种

山西蓝皮书
山西资源型经济转型发展报告（2018）
著(编)者：李志强　2018年7月出版／估价：99.00元
PSN B-2011-197-1/1

陕西蓝皮书
陕西经济发展报告（2018）
著(编)者：任宗哲　白宽犁　裴成荣
2018年1月出版／定价：89.00元
PSN B-2009-135-1/6

陕西蓝皮书
陕西精准脱贫研究报告（2018）
著(编)者：任宗哲　白宽犁　王建康
2018年4月出版／定价：89.00元
PSN B-2017-623-6/6

上海蓝皮书
上海经济发展报告（2018）
著(编)者：沈开艳　2018年2月出版／定价：89.00元
PSN B-2006-057-1/7

上海蓝皮书
上海资源环境发展报告（2018）
著(编)者：周冯琦　胡静　2018年2月出版／定价：89.00元
PSN B-2006-060-4/7

上海蓝皮书
上海奉贤经济发展分析与研判（2017~2018）
著(编)者：张兆安　朱平芳　2018年3月出版／定价：99.00元
PSN B-2018-698-8/8

上饶蓝皮书
上饶发展报告（2016~2017）
著(编)者：廖其志　2018年6月出版／估价：128.00元
PSN B-2014-377-1/1

深圳蓝皮书
深圳经济发展报告（2018）
著(编)者：张骁儒　2018年6月出版／估价：99.00元
PSN B-2008-112-3/7

四川蓝皮书
四川城镇化发展报告（2018）
著(编)者：侯水平　陈炜　2018年6月出版／估价：99.00元
PSN B-2015-456-7/7

四川蓝皮书
2018年四川经济形势分析与预测
著(编)者：杨钢　2018年1月出版／定价：158.00元
PSN B-2007-098-2/7

四川蓝皮书
四川企业社会责任研究报告（2017~2018）
著(编)者：侯水平　盛毅　2018年5月出版／估价：99.00元
PSN B-2014-386-4/7

四川蓝皮书
四川生态建设报告（2018）
著(编)者：李晟之　2018年5月出版／估价：99.00元
PSN B-2015-455-6/7

四川蓝皮书
四川特色小镇发展报告（2017）
著(编)者：吴志强　2017年11月出版／定价：89.00元
PSN B-2017-670-8/8

体育蓝皮书
上海体育产业发展报告（2017~2018）
著(编)者：张林　黄海燕
2018年10月出版／估价：99.00元
PSN B-2015-454-4/5

体育蓝皮书
长三角地区体育产业发展报（2017~2018）
著(编)者：张林　2018年6月出版／估价：99.00元
PSN B-2015-453-3/5

天津金融蓝皮书
天津金融发展报告（2018）
著(编)者：王爱俭　孔德昌
2018年5月出版／估价：99.00元
PSN B-2014-418-1/1

图们江区域合作蓝皮书
图们江区域合作发展报告（2018）
著(编)者：李铁　2018年6月出版／估价：99.00元
PSN B-2015-464-1/1

温州蓝皮书
2018年温州经济社会形势分析与预测
著(编)者：蒋儒标　王春光　金浩
2018年6月出版／估价：99.00元
PSN B-2008-105-1/1

西咸新区蓝皮书
西咸新区发展报告（2018）
著(编)者：李扬　王军
2018年6月出版／估价：99.00元
PSN B-2016-534-1/1

修武蓝皮书
修武经济社会发展报告（2018）
著(编)者：张占仓　袁凯声
2018年10月出版／估价：99.00元
PSN B-2017-651-1/1

偃师蓝皮书
偃师经济社会发展报告（2018）
著(编)者：张占仓　袁凯声　何武周
2018年7月出版／估价：99.00元
PSN B-2017-627-1/1

扬州蓝皮书
扬州经济社会发展报告（2018）
著(编)者：陈扬
2018年12月出版／估价：108.00元
PSN B-2011-191-1/1

长垣蓝皮书
长垣经济社会发展报告（2018）
著(编)者：张占仓　袁凯声　秦保建
2018年10月出版／估价：99.00元
PSN B-2017-654-1/1

遵义蓝皮书
遵义发展报告（2018）
著(编)者：邓彦　曾征　龚永育
2018年9月出版／估价：99.00元
PSN B-2014-433-1/1

地方发展类-社会

安徽蓝皮书
安徽社会发展报告（2018）
著(编)者：程桦　2018年6月出版／估价：99.00元
PSN B-2013-325-1/1

安徽社会建设蓝皮书
安徽社会建设分析报告（2017~2018）
著(编)者：黄家海　蔡宪
2018年11月出版／估价：99.00元
PSN B-2013-322-1/1

北京蓝皮书
北京公共服务发展报告（2017~2018）
著(编)者：施昌奎　2018年6月出版／估价：99.00元
PSN B-2008-103-7/8

北京蓝皮书
北京社会发展报告（2017~2018）
著(编)者：李伟东
2018年7月出版／估价：99.00元
PSN B-2006-055-3/8

北京蓝皮书
北京社会治理发展报告（2017~2018）
著(编)者：殷星辰　2018年7月出版／估价：99.00元
PSN B-2014-391-8/8

北京律师蓝皮书
北京律师发展报告No.4（2018）
著(编)者：王隽　2018年12月出版／估价：99.00元
PSN B-2011-217-1/1

北京人才蓝皮书
北京人才发展报告（2018）
著(编)者：敏华　2018年12月出版／估价：128.00元
PSN B-2011-201-1/1

北京社会心态蓝皮书
北京社会心态分析报告（2017~2018）
北京市社会心理服务促进中心
2018年10月出版／估价：99.00元
PSN B-2014-422-1/1

北京社会组织管理蓝皮书
北京社会组织发展与管理（2018）
著(编)者：黄江松
2018年6月出版／估价：99.00元
PSN B-2015-446-1/1

北京养老产业蓝皮书
北京居家养老发展报告（2018）
著(编)者：陆杰华　周明珍
2018年8月出版／估价：99.00元
PSN B-2015-465-1/1

法治蓝皮书
四川依法治省年度报告No.4（2018）
著(编)者：李林　杨天宗　田禾
2018年3月出版／定价：118.00元
PSN B-2015-447-2/3

福建妇女发展蓝皮书
福建省妇女发展报告（2018）
著(编)者：刘群英　2018年11月出版／估价：99.00元
PSN B-2011-220-1/1

甘肃蓝皮书
甘肃社会发展分析与预测（2018）
著(编)者：安文华　谢增虎　包晓霞
2018年1月出版／定价：99.00元
PSN B-2013-313-2/6

广东蓝皮书
广东全面深化改革研究报告（2018）
著(编)者：周林生　涂成林
2018年12月出版／估价：99.00元
PSN B-2015-504-3/3

广东蓝皮书
广东社会工作发展报告（2018）
著(编)者：罗观翠　2018年6月出版／估价：99.00元
PSN B-2014-402-2/3

广州蓝皮书
广州青年发展报告（2018）
著(编)者：徐柳　张强
2018年8月出版／估价：99.00元
PSN B-2013-352-13/14

广州蓝皮书
广州社会保障发展报告（2018）
著(编)者：张跃国　2018年8月出版／估价：99.00元
PSN B-2014-425-14/14

广州蓝皮书
2018年中国广州社会形势分析与预测
著(编)者：张强　郭志勇　何镜清
2018年6月出版／估价：99.00元
PSN B-2008-110-5/14

贵州蓝皮书
贵州法治发展报告（2018）
著(编)者：吴大华　2018年5月出版／估价：99.00元
PSN B-2012-254-2/10

贵州蓝皮书
贵州人才发展报告（2017）
著(编)者：于杰　吴大华
2018年9月出版／估价：99.00元
PSN B-2014-382-3/10

贵州蓝皮书
贵州社会发展报告（2018）
著(编)者：王兴骥　2018年6月出版／估价：99.00元
PSN B-2010-166-1/10

杭州蓝皮书
杭州妇女发展报告（2018）
著(编)者：魏颖
2018年10月出版／估价：99.00元
PSN B-2014-403-1/1

地方发展类-社会

皮书系列
2018全品种

河北蓝皮书
河北法治发展报告（2018）
著（编）者：康振海　2018年6月出版／估价：99.00元
PSN B-2017-622-3/3

河北食品药品安全蓝皮书
河北食品药品安全研究报告（2018）
著（编）者：丁锦霞
2018年10月出版／估价：99.00元
PSN B-2015-473-1/1

河南蓝皮书
河南法治发展报告（2018）
著（编）者：张林海　2018年7月出版／估价：99.00元
PSN B-2014-376-6/9

河南蓝皮书
2018年河南社会形势分析与预测
著（编）者：牛苏林　2018年5月出版／估价：99.00元
PSN B-2005-043-1/9

河南民办教育蓝皮书
河南民办教育发展报告（2018）
著（编）者：胡大白　2018年9月出版／估价：99.00元
PSN B-2017-642-1/1

黑龙江蓝皮书
黑龙江社会发展报告（2018）
著（编）者：王爱丽　2018年1月出版／定价：89.00元
PSN B-2011-189-1/2

湖南蓝皮书
2018年湖南两型社会与生态文明建设报告
著（编）者：卞鹰　2018年5月出版／估价：128.00元
PSN B-2011-208-3/8

湖南蓝皮书
2018年湖南社会发展报告
著（编）者：卞鹰　2018年5月出版／估价：128.00元
PSN B-2014-393-5/8

健康城市蓝皮书
北京健康城市建设研究报告（2018）
著（编）者：王鸿春　盛继洪
2018年9月出版／估价：99.00元
PSN B-2015-460-1/2

江苏法治蓝皮书
江苏法治发展报告No.6（2017）
著（编）者：蔡道通　龚廷泰
2018年8月出版／估价：99.00元
PSN B-2012-290-1/1

江苏蓝皮书
2018年江苏社会发展分析与展望
著（编）者：王庆五　刘旺洪
2018年8月出版／估价：128.00元
PSN B-2017-636-2/3

民族教育蓝皮书
中国民族教育发展报告（2017·内蒙古卷）
著（编）者：陈中永
2017年12月出版／定价：198.00元
PSN B-2017-669-1/1

南宁蓝皮书
南宁法治发展报告（2018）
著（编）者：杨维超　2018年12月出版／估价：99.00元
PSN B-2015-509-1/3

南宁蓝皮书
南宁社会发展报告（2018）
著（编）者：胡建华　2018年10月出版／估价：99.00元
PSN B-2016-570-3/3

内蒙古蓝皮书
内蒙古反腐倡廉建设报告No.2
著（编）者：张志华　2018年6月出版／估价：99.00元
PSN B-2013-365-1/1

青海蓝皮书
2018年青海人才发展报告
著（编）者：王宇燕　2018年9月出版／估价：99.00元
PSN B-2017-650-2/2

青海生态文明建设蓝皮书
青海生态文明建设报告（2018）
著（编）者：张西明　高华　2018年12月出版／估价：99.00元
PSN B-2016-595-1/1

人口与健康蓝皮书
深圳人口与健康发展报告（2018）
著（编）者：陆杰华　傅崇辉
2018年11月出版／估价：99.00元
PSN B-2011-228-1/1

山东蓝皮书
山东社会形势分析与预测（2018）
著（编）者：李善峰　2018年6月出版／估价：99.00元
PSN B-2014-405-2/5

陕西蓝皮书
陕西社会发展报告（2018）
著（编）者：任宗哲　白宽犁　牛昉
2018年1月出版／定价：89.00元
PSN B-2009-136-2/6

上海蓝皮书
上海法治发展报告（2018）
著（编）者：叶必丰　2018年9月出版／估价：99.00元
PSN B-2012-296-6/7

上海蓝皮书
上海社会发展报告（2018）
著（编）者：杨雄　周海旺
2018年2月出版／定价：89.00元
PSN B-2006-058-2/7

社会建设蓝皮书
2018年北京社会建设分析报告
著(编)者：宋贵伦 冯虹　2018年9月出版 / 估价：99.00元
PSN B-2010-173-1/1

深圳蓝皮书
深圳法治发展报告（2018）
著(编)者：张骁儒　2018年6月出版 / 估价：99.00元
PSN B-2015-470-6/7

深圳蓝皮书
深圳劳动关系发展报告（2018）
著(编)者：汤庭芬　2018年8月出版 / 估价：99.00元
PSN B-2007-097-2/7

深圳蓝皮书
深圳社会治理与发展报告（2018）
著(编)者：张骁儒　2018年6月出版 / 估价：99.00元
PSN B-2008-113-4/7

生态安全绿皮书
甘肃国家生态安全屏障建设发展报告（2018）
著(编)者：刘举科 喜文华
2018年10月出版 / 估价：99.00元
PSN G-2017-659-1/1

顺义社会建设蓝皮书
北京市顺义区社会建设发展报告（2018）
著(编)者：王学武　2018年9月出版 / 估价：99.00元
PSN B-2017-658-1/1

四川蓝皮书
四川法治发展报告（2018）
著(编)者：郑泰安　2018年6月出版 / 估价：99.00元
PSN B-2015-441-5/7

四川蓝皮书
四川社会发展报告（2018）
著(编)者：李羚　2018年6月出版 / 估价：99.00元
PSN B-2008-127-3/7

四川社会工作与管理蓝皮书
四川省社会工作人力资源发展报告（2017）
著(编)者：边慧敏　2017年12月出版 / 定价：89.00元
PSN B-2017-683-1/1

云南社会治理蓝皮书
云南社会治理年度报告（2017）
著(编)者：晏雄 韩全芳
2018年5月出版 / 估价：99.00元
PSN B-2017-667-1/1

地方发展类-文化

北京传媒蓝皮书
北京新闻出版广电发展报告（2017~2018）
著(编)者：王志　2018年11月出版 / 估价：99.00元
PSN B-2016-588-1/1

北京蓝皮书
北京文化发展报告（2017~2018）
著(编)者：李建盛　2018年5月出版 / 估价：99.00元
PSN B-2007-082-4/8

创意城市蓝皮书
北京文化创意产业发展报告（2018）
著(编)者：郭万超 张京成　2018年12月出版 / 估价：99.00元
PSN B-2012-263-1/7

创意城市蓝皮书
天津文化创意产业发展报告（2017~2018）
著(编)者：谢思全　2018年6月出版 / 估价：99.00元
PSN B-2016-536-7/7

创意城市蓝皮书
武汉文化创意产业发展报告（2018）
著(编)者：黄永林 陈汉桥　2018年12月出版 / 估价：99.00元
PSN B-2013-354-4/7

创意上海蓝皮书
上海文化创意产业发展报告（2017~2018）
著(编)者：王慧敏 王兴全　2018年8月出版 / 估价：99.00元
PSN B-2016-561-1/1

非物质文化遗产蓝皮书
广州市非物质文化遗产保护发展报告（2018）
著(编)者：宋俊华　2018年12月出版 / 估价：99.00元
PSN B-2016-589-1/1

甘肃蓝皮书
甘肃文化发展分析与预测（2018）
著(编)者：马廷旭 戚晓萍　2018年1月出版 / 定价：99.00元
PSN B-2013-314-3/6

甘肃蓝皮书
甘肃舆情分析与预测（2018）
著(编)者：王俊莲 张谦元　2018年1月出版 / 定价：99.00元
PSN B-2013-315-4/6

广州蓝皮书
中国广州文化发展报告（2018）
著(编)者：屈哨兵 陆志强　2018年6月出版 / 估价：99.00元
PSN B-2009-134-7/14

广州蓝皮书
广州文化创意产业发展报告（2018）
著(编)者：徐咏虹　2018年7月出版 / 估价：99.00元
PSN B-2008-111-6/14

海淀蓝皮书
海淀区文化和科技融合发展报告（2018）
著(编)者：陈名杰 孟景伟　2018年5月出版 / 估价：99.00元
PSN B-2013-329-1/1

地方发展类-文化

河南蓝皮书
河南文化发展报告（2018）
著(编)者：卫绍生　　2018年7月出版 / 估价：99.00元
PSN B-2008-106-2/9

湖北文化产业蓝皮书
湖北省文化产业发展报告（2018）
著(编)者：黄晓华　　2018年9月出版 / 估价：99.00元
PSN B-2017-656-1/1

湖北文化蓝皮书
湖北文化发展报告（2017~2018）
著(编)者：湖北大学高等人文研究院
　　　　　中华文化发展湖北省协同创新中心
2018年10月出版 / 估价：99.00元
PSN B-2016-566-1/1

江苏蓝皮书
2018年江苏文化发展分析与展望
著(编)者：王庆五　樊和平　2018年9月出版 / 估价：128.00元
PSN B-2017-637-3/3

江西文化蓝皮书
江西非物质文化遗产发展报告（2018）
著(编)者：张圣才　傅安平　2018年12月出版 / 估价：128.00元
PSN B-2015-499-1/1

洛阳蓝皮书
洛阳文化发展报告（2018）
著(编)者：刘福兴　陈启明　2018年7月出版 / 估价：99.00元
PSN B-2015-476-1/1

南京蓝皮书
南京文化发展报告（2018）
著(编)者：中共南京市委宣传部
2018年12月出版 / 估价：99.00元
PSN B-2014-439-1/1

宁波文化蓝皮书
宁波"一人一艺"全民艺术普及发展报告（2017）
著(编)者：张爱琴　　2018年11月出版 / 估价：128.00元
PSN B-2017-668-1/1

山东蓝皮书
山东文化发展报告（2018）
著(编)者：涂可国　　2018年5月出版 / 估价：99.00元
PSN B-2014-406-3/5

陕西蓝皮书
陕西文化发展报告（2018）
著(编)者：任宗哲　白宽犁　王长寿
2018年1月出版 / 定价：89.00元
PSN B-2009-137-3/6

上海蓝皮书
上海传媒发展报告（2018）
著(编)者：强荧　焦雨虹　2018年2月出版 / 定价：89.00元
PSN B-2012-295-5/7

上海蓝皮书
上海文学发展报告（2018）
著(编)者：陈圣来　　2018年6月出版 / 估价：99.00元
PSN B-2012-297-7/7

上海蓝皮书
上海文化发展报告（2018）
著(编)者：荣跃明　　2018年6月出版 / 估价：99.00元
PSN B-2006-059-3/7

深圳蓝皮书
深圳文化发展报告（2018）
著(编)者：张骁儒　　2018年7月出版 / 估价：99.00元
PSN B-2016-554-7/7

四川蓝皮书
四川文化产业发展报告（2018）
著(编)者：向宝云　张立伟　2018年6月出版 / 估价：99.00元
PSN B-2006-074-1/7

郑州蓝皮书
2018年郑州文化发展报告
著(编)者：王哲　　2018年9月出版 / 估价：99.00元
PSN B-2008-107-1/1

社会科学文献出版社　　　**皮书系列**

❖ 皮书起源 ❖

"皮书"起源于十七、十八世纪的英国，主要指官方或社会组织正式发表的重要文件或报告，多以"白皮书"命名。在中国，"皮书"这一概念被社会广泛接受，并被成功运作、发展成为一种全新的出版形态，则源于中国社会科学院社会科学文献出版社。

❖ 皮书定义 ❖

皮书是对中国与世界发展状况和热点问题进行年度监测，以专业的角度、专家的视野和实证研究方法，针对某一领域或区域现状与发展态势展开分析和预测，具备原创性、实证性、专业性、连续性、前沿性、时效性等特点的公开出版物，由一系列权威研究报告组成。

❖ 皮书作者 ❖

皮书系列的作者以中国社会科学院、著名高校、地方社会科学院的研究人员为主，多为国内一流研究机构的权威专家学者，他们的看法和观点代表了学界对中国与世界的现实和未来最高水平的解读与分析。

❖ 皮书荣誉 ❖

皮书系列已成为社会科学文献出版社的著名图书品牌和中国社会科学院的知名学术品牌。2016年，皮书系列正式列入"十三五"国家重点出版规划项目；2013~2018年，重点皮书列入中国社会科学院承担的国家哲学社会科学创新工程项目；2018年，59种院外皮书使用"中国社会科学院创新工程学术出版项目"标识。

中国皮书网

（网址：www.pishu.cn）

发布皮书研创资讯，传播皮书精彩内容
引领皮书出版潮流，打造皮书服务平台

栏目设置

关于皮书：何谓皮书、皮书分类、皮书大事记、皮书荣誉、
皮书出版第一人、皮书编辑部

最新资讯：通知公告、新闻动态、媒体聚焦、网站专题、视频直播、下载专区

皮书研创：皮书规范、皮书选题、皮书出版、皮书研究、研创团队

皮书评奖评价：指标体系、皮书评价、皮书评奖

互动专区：皮书说、社科数托邦、皮书微博、留言板

所获荣誉

2008年、2011年，中国皮书网均在全国新闻出版业网站荣誉评选中获得"最具商业价值网站"称号；

2012年，获得"出版业网站百强"称号。

网库合一

2014年，中国皮书网与皮书数据库端口合一，实现资源共享。

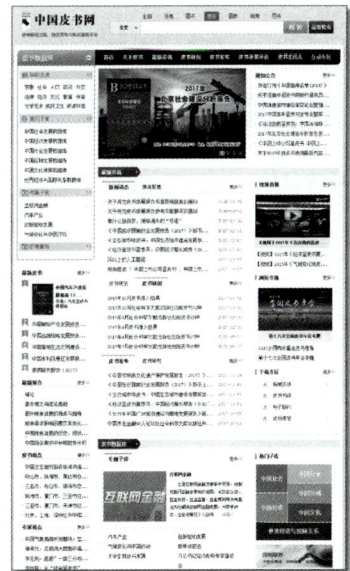

权威报告·一手数据·特色资源

皮书数据库
ANNUAL REPORT(YEARBOOK) DATABASE

当代中国经济与社会发展高端智库平台

所获荣誉

- 2016年，入选"'十三五'国家重点电子出版物出版规划骨干工程"
- 2015年，荣获"搜索中国正能量 点赞2015""创新中国科技创新奖"
- 2013年，荣获"中国出版政府奖·网络出版物奖"提名奖
- 连续多年荣获中国数字出版博览会"数字出版·优秀品牌"奖

成为会员

通过网址www.pishu.com.cn或使用手机扫描二维码进入皮书数据库网站，进行手机号码验证或邮箱验证即可成为皮书数据库会员（建议通过手机号码快速验证注册）。

会员福利

- 使用手机号码首次注册的会员，账号自动充值100元体验金，可直接购买和查看数据库内容（仅限使用手机号码快速注册）。
- 已注册用户购书后可免费获赠100元皮书数据库充值卡。刮开充值卡涂层获取充值密码，登录并进入"会员中心"—"在线充值"—"充值卡充值"，充值成功后即可购买和查看数据库内容。

数据库服务热线：400-008-6695　　图书销售热线：010-59367070/7028
数据库服务QQ：2475522410　　　　图书服务QQ：1265056568
数据库服务邮箱：database@ssap.cn　图书服务邮箱：duzhe@ssap.cn

更多信息请登录

皮书数据库
http://www.pishu.com.cn

中国皮书网
http://www.pishu.cn

皮书微博
http://weibo.com/pishu

皮书微信"皮书说"

请到当当、亚马逊、京东或各地书店购买,也可办理邮购

咨询 / 邮购电话:010-59367028 59367070
邮　　箱:duzhe@ssap.cn
邮购地址:北京市西城区北三环中路甲29号院3号楼
　　　　　华龙大厦13层读者服务中心
邮　　编:100029
银行户名:社会科学文献出版社
开户银行:中国工商银行北京北太平庄支行
账　　号:0200010019200365434